Diether Dehm

Pornographie und Klassenkampf

Bibliografische Information der Deutschen Bibliothek:
Die Deutsche Bibliothek verzeichnet diese Publikation
in der Deutschen Nationalbibliografie.
Detaillierte bibliografische Daten sind im Internet über
http://dnb.ddb.de abrufbar.

Coverfoto: Wikipedia
Lektorat: Kurt W. Fleming

Druck: CPI Clausen & Bosse Leck
Printed in Germany
ISBN: 978-3-85371-512-3

Fordern Sie die Kataloge unseres Verlags an:
Promedia Verlag
E-Mail: promedia@mediashop.at
Web: www.mediashop.at
www.verlag-promedia.de

Diether Dehm

Pornographie und Klassenkampf

Für eine materialistische Psychologie

PROMEDIA

Über den Autor

Diether Dehm, geboren 1950 in Frankfurt/Main, wirkt als Verleger, Komponist, Texter, Sänger und Politiker. Nach seinem Austritt aus der SPD im Jahre 1998 war er in verschiedenen Funktionen für die Partei PDS/Die Linke tätig. Er amtierte 17 Jahre für die SPD und Die Linke im Bundestag.

Inhalt

Sabine Kebir: Brutale Gesellschaft, brutale Bilder . . . 7

Vorwort . . . 11

Pornosucht als Erkrankung . . . 12

Zur Geschichte von Porne und Porno-Verboten . . . 32

Der Anteil der Arbeit an der Menschwerdung des Affen – der Psychologe Friedrich Engels . . . 52

Erkenne Dich selbst (an und mit anderen) . . . 61

Wissenschaft und Ästhetik – Antipoden des Erkennens . . . 64

Bild stützt Begriff, aber ersetzt ihn nicht . . . 79

Metapher und Begriff korrespondieren über denselben Lebensstoff . . . 81

Sozialisierung tendiert zur Individualität . . . 83

Metaphern leben kürzer und in Rudeln . . . 87

Das Elend der Metapherntheorie . . . 92

Wortklärung richtet sich auf die Tat – und wird von ihr erst gebrauchsfähig . . . 95

Der ganze Satz prägt seine Teile . . . 98

Ungeile Liebe . . . 100

Die praktische Spannung aus Abbild und Begriff . . . 103

Miteinander korrespondieren kann nur Verwandtes 117

Der Traum als Reparaturwerkstatt................................ 141

Freuds Sofa und die Verdrängung................................. 174

Schönheit ist nicht gottgegeben 190

Scham und Tauschwert 201

Trieb und Lüste gegen Kapital und Zeitregime 244

Die Befreiung der Lüste kratzt an kapitalgesetzten Grenzen............. 256

Vom Irrsinn der Prohibition und anderer Lustverbote................. 260

Roher Sex und andere Unterschichtsphobien 273

Rassismus und »die alten weißen Männer« 283

Die überschätzte Hormonwirkung 291

Wollen als Gewolltwerden 298

Brechts Liebesgedichte, Materialismus als Therapie versus Dummpornos .. 301

Literaturliste 311

Sabine Kebir
Brutale Gesellschaft, brutale Bilder

Friedrich Engels lobte den Vormärzdichter Georg Werth für seine »robuste Sinnlichkeit« und tadelte dessen Kollegen Ferdinand Freiligrath für die gegenteilige Haltung: »Wenn man z. B. Freiligraths Gedichte liest, so könnte man wirklich meinen, die Menschen hätten gar keine Geschlechtsteile. Und doch hatte niemand mehr Freude an einem stillen Zötlein als gerade der in der Poesie so ultrazüchtige Freiligrath. Es wird nachgerade Zeit, dass wenigstens die deutschen Arbeiter sich gewöhnen, von Dingen, die sie täglich oder nächtlich selbst treiben, von natürlichen, unentbehrlichen und äußerst vergnüglichen Dingen, ebenso unbefangen zu sprechen wie die romanischen Völker, wie Homer und Plato, wie Horaz und Juvenal, wie das Alte Testament und die ›Neue Rheinische Zeitung‹.«[1]

Ein Hindernis für unbefangenes Sprechen über die von Engels gepriesene menschliche Geschlechtlichkeit war und ist die Brutalisierung, die sie in der brutalen Gesellschaft weithin prägt. Wie sehr diese Brutalisierung die Phantasie des Geschlechtlichen determiniert, beweist bereits die deutsche Sprache, die keine adäquaten Begriffe und Diskurse für zärtliche Kreativität der körperlichen Liebe hervorgebracht hat. Stattdessen blühte kitschige Poesie wolkenverhangener Unbestimmtheit oder plump ordinäre Herabwürdigung. Heute versucht man, dem Kitsch durch Ersatz aus dem medizinisch-lateinischen Vokabular beizukommen.

Weil Bertolt Brecht die eigentliche Ursache des »Verfalls der Liebe« im sich zuspitzenden Verfall der kapitalgetriebenen Gesellschaft sah, widmete er den größten Teil seines Werks deren Bekämpfung. Ein vergleichsweise kleiner Teil, der sich explizit mit dem Geschlechtsleben befasst, gilt als pornographisch, weil er sich dem Kitsch verweigerte. Empört über die Rohheit des Geschlechtsakts in der verrohten Gesellschaft scheute der frühe Brecht in den »Augsburger Sonetten« nicht davor zurück, das Rohe auch mit dem rohen Wortmaterial auszudrücken.

Als sich in seiner Liebesbeziehung zu der aus der Arbeiterklasse stammenden Margarete Steffin die Benennung des bislang Unsagbaren endgültig erforderlich machte, entschied sich Brecht in den im skandinavischen Exil entstandenen Sonetten nochmals für das allbekannte, aber mit brutalen Bildern behaftete

1 Friedrich Engels: Georg Weerth, der erste und bedeutendste Dichter des deutschen Proletariats. In: Marx, Engels, Lenin: Über Kultur, Ästhetik, Literatur, Leipzig 1975, S. 506–507)

Wortmaterial des Geschlechtlichen. Er schlug vor, es durch Gebrauch in der zärtlichen Zuwendung positiv aufzuladen:

> […]
> Mit solchen Wörtern rufe ich den Schrecken
> Von einst zurück, als ich dich frisch begattet.
> Es läßt sich länger nunmehr nicht verdecken:
> Das Allerletzte hast du da gestattet!
> Wie konntest du dich nur in so was schicken!
> Das Wort, für das, was du da tatst, war[2]

Das vulgäre Wort wurde hier zum letzten Mal verschwiegen, um in künftigen Begegnungen, zärtlich gespült, gebrauchsfähig zu werden.

Ein spätes, in der Form eines englischen Sonetts abgefasstes Gedicht Brechts »Über die Verführung von Engeln« soll eine Polemik gegen Thomas Mann darstellen, der sich bei all seiner sprachlichen Gewandtheit um exakte Benennung des körperlichen Liebesgeschehens zu drücken pflegte. Es mutet derb pornographisch an:

> Engel verführt man gar nicht oder schnell.
> Verzieh ihn einfach in den Hauseingang
> Steck ihm die Zunge in den Mund und lang
> Ihm untern Rock, bis er sich nass macht, stell
> Ihn, das Gesicht zur Wand, heb ihm den Rock
> Und fick ihn. Stöhnt er irgendwie beklommen
> Dann halt ihn fest und lass ihn zwei Mal kommen
> Sonst hat er dir am Ende einen Schock.
> Ermahn ihn, dass er gut den Hintern schwenkt
> Heiß ihn dir ruhig an die Hoden fassen
> Sag ihm, er darf sich furchtlos fallen lassen
> die weil er zwischen Erd und Himmel hängt –
> Doch schau ihm nicht beim Ficken ins Gesicht
> und seine Flügel, Mensch, zerdrück sie nicht.[3]

2 Bertolt Brecht: Große kommentierte Berliner und Frankfurter Ausgabe, Berlin, Weimar, Frankfurt am Main, Bd. 11, 1997, S. 186.

3 Ebenda, Bd. 15, S. 193.

Ingeborg Arlt – Autorin des ersten Lesbenromans der DDR, »Das kleine Leben«, für den sie 1986 den Anna-Seghers-Preis erhielt, empfand dieses Sonett überhaupt nicht pornographisch. Sie urteilte, dass die »Flügel«, die nicht zerdrückt werden dürfen, für den Respekt vor der sexuellen Persönlichkeit des Engels stünden, der im Liebesakt unabdingbar ist und gelernt werden muss: »Die Flügel! Nichts Geringes, nicht wahr! Die Flügel. Und das, nachdem der Engel sich ruhig fallenlassen durfte. Nachdem ihm angeraten worden war, auch ja gut den Hintern zu schwenken, welches zweckmäßige Verhalten schließlich nicht allein dem Verführer, sondern dem Engel selbst zugutekommt. Und nachdem der Verführer einem Schock des Engels bewußt vorgebeugt hat, indem er ihn zweimal ›kommen‹ ließ.«[4]

Irmtraud Morgner hatte 1983 für die moderne Walpurgisnacht in ihrem Hexenroman »Amanda« auf Verse aus Goethes Paralipomena des »Faust« zurückgegriffen. Der dialektisch zu verstehende Satan empfiehlt den Hexen:

Für euch sind zwei Dinge
Von köstlichem Glanz
Das leuchtende Gold
Und ein glänzender Schwanz.
Drum wißt euch, ihr Weiber,
Am Gold zu ergetzen
Und mehr als das Gold
Die Schwänze zu schätzen![5]

Sabine Kebir, geboren 1949 in Leipzig, Essayistin und Literaturwissenschaftlerin, Mitglied im PEN-Zentrum Deutschland. Sie schreibt u.a. für die Frankfurter Rundschau, Die Zeit *und den* Freitag.

4 Ingeborg Arlt an mich, ca. 1985, zitiert nach: Sabine Kebir: *Ein akzeptabler Mann. Brecht und die Frauen*, Berlin 1987 u. 1998, S. 175f.

5 Wolfgang Johann Goethe: Faust, Frankfurt am Main 1956, S. 509.

»Erotik ist Bedürfnis nach Anderssein«

Octavio Paz

Gewidmet dem Kommunisten Günter Amendt
(der bereits als SDS-Führer 1968 sexuelle mit sozialer Befreiung verband):

Es gibt keinen Grund, sich auf seine Gefühle etwas einzubilden, für sich die höheren in Anspruch zu nehmen und den anderen die niederen Gefühle zu unterstellen. Unsere Lebensgeschichte mit all ihren gefühlsmäßigen Erfahrungen ist abhängig von dem sozialen und politischen Gefüge, in dem wir uns entwickeln. Wir bewegen uns in der Gefühlswelt der Menschen, mit denen wir leben, der Klasse, der wir angehören. Unsere »biologische Ausstattung« ist überformt von den sozialen, wirtschaftlichen und politischen Bedingungen, unter denen wir Erwachsene werden und erwachsen sind.

Günter Amendt – Das Sexbuch

Vorwort

Pornographie hat eine biografische und gesamtgeschichtliche Entwicklung hinter sich. Biografisch, weil sich aus der Sozialgeschichte und dem Arbeitsalltag eines einzelnen Menschen und deren Entfremdungen erholsamer Widerspiegelungsbedarf ergibt, aber somit auch notwendig schamlose Intim-Vorstellungen aus unverschämten Sozial-Verhältnissen aufsteigen. Gesamtgeschichtlich, weil Pornographie seit Tausenden von Jahren bildlich und literarisch wiedergegeben wird und nicht die Erfindung einer Sex-Kommerzindustrie darstellt. Insofern geht es darum, mit einem dialektisch-materialistischen Zugang zur Psychologie den Begriff Pornographie (und ihre lustvollen Potenziale!) »zurückzuerobern«. Dies kann an verschiedenen Beispielen veranschaulicht werden. So ist etwa der Umgang mit der sogenannten Pornosucht in weiten Bereichen therapeutisch unzureichend, soweit er den eigentlichen Gegenstand vom sozialen Leben, schmutzige Phantasien von schmutzigen Verhältnissen und Pornographie von der historisch wachsenden Entfremdung abgeschnitten als »abweichendes Verhalten« diskriminiert.

Damit, gleichsam von einer Spitze des Eisbergs, bin ich, weitgehend bis 2019, in dieses Thema eingestiegen.

Eiterfeld, im Januar 2023,
Diether Dehm

Pornosucht als Erkrankung

Die marxistische Philosophie ist voller denk- und merkwürdiger Sätze, die *letztendlich* jede Auflehnung gegen Entmächtigung von Individuen unterstützen. Zu Unrecht wird dem Marxismus prinzipielle Vernachlässigung von Subjektivität und eine »Übermächtigung« der Ökonomie nachgesagt.

Einer dieser merkwürdigen Sätze stammt von Marx, nämlich dass alle bisherige Geschichte eine Geschichte von Klassenkämpfen gewesen sei. Nun ist Geschichte natürlich auch aus Einzelgeschichten zusammengesetzt, sonst wäre Geschichte kein umfassender Begriff. Aber wo haben sich in den letzten 200 Jahren Kapitalisten und Arbeiterklasse wirklich geschlagen? Wie oft im deutschen Feudalismus die Leibeigenen mit ihren Eignern? Wie viele Sklavenaufstände gab es im alten Rom? Weil derer wenig aufzuzählen wären, kann Marx, der dies natürlich gewusst hatte, also nur einen anderen, tiefgehenderen Begriff von Klassenkampf gehabt haben, um ihm die hohe Rolle der Geschichtsgestaltung zuzuweisen, den Kampf nämlich um das tagtäglich Erwirtschaftete. Die Art, wie die Menschen das zu ihrem Leben Notwendige erkämpfen und erarbeiten, prägt dann auch ihren Charakter, sodass Geschichte nicht nur aus den Ausbeutungsverhältnissen besteht, sondern auch aus den Lebensgeschichten von Ausbeutern und Ausgebeuteten.

Der zweite merkwürdige Satz stammt von Engels aus der »Deutschen Ideologie«. Die Gedanken der herrschenden Klasse seien »in jeder Epoche die herrschenden Gedanken, d. h. die Klasse, welche die herrschende materielle Macht der Gesellschaft ist, ist zugleich ihre herrschende geistige Macht.«[6] Das ist entweder nur eine rein empirische Beobachtung (die viel mehr als der zitierte Satz von Marx an Evidenz überprüfbar ist) oder es wäre ein angenommener Automatismus. Der Marxist E. A. Rauter hat mal ein Buch getitelt: »Wie eine Meinung in einem Kopf entsteht – Über das Herstellen von Untertanen«. Hier wird eine große weiße Fläche im Marxismus angedeutet: wie Objektives nämlich subjektiv wird. Diese Denkblockaden aufbrechende Philosophie hat andernorts so viel Bahnbrechendes über den Umgang mit bisherigen Philosophien, über politische Ökonomie und die Geschichte zu Tage gefördert. Aber wie herrschende Ideologie von oben in die Hirne der Beherrschten träufelt, obwohl deren Interessen sich widersprechen, ist psychologisch leichter benannt, als begriffen.

6 MEW 3, S. 46.

Die bisherige Psychologie – nimmt man eine kurze Phase der sowjetischen Psychologie und die Zeit zwischen den Siebzigern und Neunzigern in den USA (Oliver Sacks), Frankreich (Lucien Sève), Deutschland (Klaus Holzkamp) aus –, beschäftigt sich aber vorzugsweise mit Erkrankungen der Seele, mit sozialem und asozialem Verhalten, also mit »Abweichungen«. Dabei blendet sie weitestgehend die Geschichte und die Klassenkämpfe aus. Was sich wissenschaftlich zu einem strategischen Dilemma verengte.

Die Klassiker Marx, Engels, Lenin, Gramsci und einige andere hatten dazu zwar Einzelhinweise und ein riesiges Instrumentarium erarbeitet und für uns bereitgelegt, um auch diese »Fragen aller Fragen« zu lösen, aber sie nicht selbst gelöst. Wer sich heute damit befasst, wird auch Abstand zu der Annahme gewinnen, der Sozialismus, also die Herrschaft der Neunhundertneunundneunzig über den Tausendsten, die demokratische »Diktatur des Proletariats« sei bereits schon von sich aus moralisch gut und eine ethisch abgeschlossene Dimension. Die Herrschaft der Arbeiterklasse und die Organe ihrer organisatorischen Verdichtung, die sozialistischen und kommunistischen Parteien, können hässliche Fratzen und Ungeheuer hinterlassen, die dennoch »sozialistisch« genannt bleiben. Selbst die Stalin'sche KP hat wunderbare Dinge produziert und gleichzeitig monströsen Terror. Die chinesische KP hat Hunderte von Millionen Menschen mit gigantischen Anstrengungen vor dem Hungertod gerettet, die die Menschheitsgeschichte so noch nie gesehen hat. Aber der Grundgedanke der Gewaltenteilung, der Unschuldsvermutung, des »Code Napoleon«, also das Grundkonstrukt der französischen Revolution gegen die absolutistische Terrorherrschaft der Könige sind diesen KPs in vielen Bereichen oft fremd geblieben. Ein Zusammendenken von französischer und Oktoberrevolution wäre hegemonieträchtiger – zumindest im Westen. Wer als Sozialistin mit Sozialisten in anderen Ländern (mit geringerer Hegemonie und Klassenbasis) solidarisch ist, muss sich also längst nicht mit jedem einzelnen Schritt der dortigen, regierenden, antiimperialistischen Kräfte identifizieren.

Indem die historische Weiche wirtschaftsdemokratisch gestellt ist, muss der Zug noch längst nicht in die demokratische Richtung und im humanen Tempo fahren. Um auf diese Defizite zwischen den Einzelgeschichten und der großen Geschichte – vor allen Dingen in den Klassenkämpfen – zu sprechen zu kommen, habe ich den nachfolgenden Aufsatz geschrieben. Er ist dem Einzelnen und dem Ganzen ebenso gewidmet, wie den unterdrückten Biografien in der widersprüchlichen Geschichte der Befreiung von Ausbeutung und Unterdrückung.

Leider haben Wenige von denen, die grölend auf Schlachtfelder zogen, das dort für sie absehbar bedauerliche Ende vorhergesehen. Ihre Ideologie, oft auch

»notwendig falsches Bewusstsein«, verstellte ihnen die überlebensnotwendige Weitsicht. Viele liefen für Religionen und Kirchen Priestern hinterher, die sie in Knechtschaft und Hungertod führten. Viele erkennen noch heute nicht, dass es *nur* ihre eigene Arbeitskraft ist, die ein paar Milliardäre, Konzerne und Großbanken so superreich und übermächtig macht, dass diese mit einem Fingerschnipp ein paar hunderttausend Menschen erschießen, verhungern, verdursten oder krank machen lassen können. Aber es sind nicht nur einfache falsche Vorstellungen, welche lebenserhaltende, also gute egoistische Gegenwehr gegen diese mächtigen »Menschenschinder« (Heinz Rudolf Kunze) behindern. Es gibt immer auch untertänige Ängste, schillernde Illusionen und Ausflüchte, um die Wirklichkeit nicht zu sehen. Und aus Ausflüchten brauen sich Süchte zusammen. Aber so, wie eine (Aus)Flucht immer mit dem Ort ihrer Herkunft und einer Ahnung des »Wohin« korrespondiert, hat auch das Unlogische seine Logik, selbst der Superlativ des Unlogischen: die Sucht.

In der *Ärztezeitung* vom 19. 2. 2016 nennt Kornelius Roth (Facharzt für Psychosomatische Medizin und Psychotherapie in Bad Herrenalb) die Pornosucht »eine lebenslange Verwundung« – ohne das Wort »Verwundung« auch nur wenigstens zu umschreiben. Er warnt dort vor immer jünger werdenden Patienten, die gleichermaßen von Hypersexualität und Pornosucht betroffen seien. Die Beziehung zwischen Hypersexualität und der Sucht nach Bildern (pornographische Vorstellungen) bleibt ebenso im Dunkeln wie die Herleitung der beiden Kategorien aus dem Handlungszusammenhang des »Patienten«.

Aber genau diese Verknüpfung aktiver, direkt ausgeübter Sexualität und pornographischer Abbildungen – in welcher (Über)Steigerung auch immer – sind der Kern der Fragestellung, wie – zumindest äußerlich – ein paar Kubikzentimeter Sperma Weltverwerfungen auslösen konnten. Und ist die Pornographie dabei wirklich nur aus dem tierischen Unterleib in den männlichen Kopf aufgestiegen?

Die *Ärztezeitung* vom 19. 2. 2016 suggeriert gar eine Messbarkeit von Pornosucht, ohne dabei allerdings den Genuss trivialer Pornographie abzugrenzen von künstlerisch entfalteter, etwa eines Gedichts von Brecht, welches er als »pornographisch« anempfohlen hatte. Auch differenzieren die »Messergebnisse« kaum zwischen pornographischen Vorstellungen bei der zweisamen oder einsamen Sexualausübung, zwischen der Lustvorstellungen bei »Light-« oder »Hard-«Pornos, bei Pornos, die als reine Ware zur Vermarktung produziert wurden und jenen, bei denen es im Gegensatz dazu um einen lustvollen Gebrauch geht.

Gleichzeitig fällt eine eklatante Tabuisierung hinsichtlich der Kausalbeziehungen zwischen Sex und Beruf, zwischen der Art pornographisch befriedigender Vorstellungen und den unbefriedigenden Situationen in sozialem Alltag und

Arbeitsleben auf. Sicher, der Zusammenhang aus »Pornosucht« und beruflichem Tun klingt an, wenn Kornelius Roth beobachtet, dass zu den Pornosüchtigen besonders »Doktoranden zählten, die ständig vor dem Rechner sitzen. Sie haben Druck, weil sie ihre Arbeitsziele, also die Promotion etwa, nicht fertigbekommen.«

Wie aber ein besonderer beruflicher Druck zu besonderen Formen von Pornographie und der besonderen Art ihres Konsums führen könnte, ist ungeklärt. Eine marxistische Psychologie würde spontan vermuten, dass einer Entfremdung durch die Berufsausübung eine entsprechende Entfremdung in der Form des aktiven Pornogenusses, sowie in Nacht- und Tagträumen folgt. Hängen womöglich die Bilderarten in unseren erotischen Träumen mit den Arten unseres beruflichen Stresses zusammen? Roth schreibt aus seiner Therapiepraxis:

> Andere in diesem Alter kommen, nachdem ihre Beziehung zerbrochen ist, weil der Pornokonsum gewissermaßen aufgeflogen ist. Eine dritte Gruppe der Digital Natives sind die einsamen, schüchternen Männer, die noch nie Sex hatten. Bei ihnen ist der Pornographie-Konsum ein Ersatz und verhindert zugleich, dass sie überhaupt Frauen und echte, lebendige Sexualität kennenlernen. Bei einer anderen Gruppe älterer Männer zwischen 50 und 60 ist die Sexualität in der Partnerschaft abhanden gekommen. Deshalb suchen sie das Verlorene im Internet. Wenn sie auch am Arbeitsplatz Pornos konsumieren, gefährden sie ihren Arbeitsplatz. Haben sie diesen deshalb verloren, stehen sie nun richtig unter Druck. Solche Entlassungen werden natürlich als sehr schmachvoll erlebt. Das treibt die Betroffenen oft noch tiefer in die Sucht.[7]

Das Groteske an Roths und an nahezu sämtlichen Einschätzungen anderer WissenschaftlerInnen auf diesem Gebiet ist, dass zwar offensichtlich Beziehungen zwischen Arbeitsbesonderheiten und Besonderheiten pornographischer Vorstellungen angedeutet werden, es aber keinerlei systematische und empirische Untersuchungen darüber gibt, wie sich psychische Fragmentierung im sozialen Alltag zu fragmentierten Abbildungen im intimen Kompensationsbereich der Phantasie verhalten. Innere Korrelationen und Beziehungen spielen für Roth eigentlich keinerlei Rolle. Er folgert mechanisch, dass es am Arbeitsplatz besser keine Pornographie geben sollte und ohnehin Pornoverbot der schlüssigste Weg aus der Sucht sei: »Es ist wie beim Alkohol: Wenn es weniger davon gibt, gibt es weniger Alkoholiker. Wenn es mehr davon gibt […]«.

7 *Ärztezeitung* vom 19. 02. 2016.

Wir sehen bereits Antisexismus-Fighter, die Ladenfenster von Videokabinenschuppen mit dem Schlachtruf einschlagen: »Weg mit der Pornosucht!« Als ob die Verringerung der öffentlich zugänglichen Bilder die Bedürfnisse im Kopf verringerte. Die kompensatorische, spontanmildernde Wirkung von pornographischen Darstellungen auf die Brüche, die im sozialen Alltag erlitten wurden, hat für Kornelius Roth wohl keine theoretische Qualität. Stattdessen arbeitet er sich an Banalitäten ab:

> Süchtige haben in ihrer Kindheit öfters sexuelle Übergriffe erlebt, hatten Eltern, die selber an irgendeiner Sucht litten, oder die ganze Herkunftsfamilie war dysfunktional. Auch Menschen mit großer Einsamkeit oder geringem Selbstwertgefühl sind Pornosucht-gefährdet und solche mit einer fragilen Männlichkeit. Auch Religiosität spielt eine Rolle: Wo Sex vor der Ehe verboten ist, wird ein Ersatz gesucht. Dieser Ersatz ist aber ebenfalls streng verboten und wird beim Betroffenen mit Scham und Schuld quittiert.[8]

Und dennoch scheint er das Problem durch Verbot, also Verringerung des Angebots, lösen zu wollen? Eigentlich widersinnig, denn die von ihm zusammengetragenen Suchtgefährdungsmotive sind sämtlich solche des Alltags und des Durchschnitts und solcher Durst ist wohl nicht reduzierbar, wenn man ihm die Flüssigkeit vorenthalten würde. Zumal Roth durchaus beobachtet, dass – wenngleich nicht: wie – alltägliche Defizite sich in der pornographischen Vorstellung ihr Labsal suchen:

> Je mehr Funktionen des Ichs über die Pornosucht kompensiert werden, umso höher die Gefährdung. Also, wenn ein gefährdeter Mann einen Konflikt mit seinem Chef nicht in den Griff bekommt, umso eher sexualisiert er das Problem, und an die fällige Auseinandersetzung mit dem Konflikt beziehungsweise dem Chef tritt dann die Pornographie. Je mehr solche Funktionen übernommen werden, um so gefährdeter wird der Betroffene.[9]

Aber auf die Idee, über Arbeitsverhältnisse mit solcherlei Chefs nachzudenken, also das Übel an der Wurzel zu betrachten, kommt der Psychotherapeut nicht, weil sich diese außerhalb seiner »Arzt-Praxis« vollziehen. Außerdem bleibt er jeden

8 Ebd.
9 Ebd.

Hinweis schuldig, warum und wie sich soziale Verhältnisse in die Sexualisierung schleichen. Dazu müsste er den biologischen Begriff der Sexualität aufgeben und durch eine gesellschaftlich inhärente Definition von Sexualität ersetzen, wie es WissenschaftlerInnen wie Silvan Tomkins, Ágnes Heller u. a. mit dem Begriff der »Drive-Gefühle«[10] wenigstens versuchen. Womit dissozial sexistische Wucherungen pornographischen Lustgebrauchs zu einem gewichtigen Teil auch in der Überwindung der sie auslösenden oder verstärkenden sozialen Entfremdungen in Beruf und Freizeit gesucht werden können. Roth hingegen sieht sexuelle Entfremdungen nur sexintern und auch nur quantitativ therapierbar: »Zunächst geht es um Pornographie-Abstinenz, nicht um Sex- oder Onanie-Abstinenz. Aber der Suchtstoff muss weg.«

Jede erfolgreiche Suchttherapie rückt dem Suchtstoff durch höherwertigen Ersatz zu Leibe. Aber, wenn nicht einmal eine Differenzierung in die ästhetische Beschaffenheit der jeweiligen Pornographie vorgenommen, sondern jegliche Pornographie als irgendwie aufreizender Schmuddelkram verstanden wird, kann eine heile Welt nur durch Abtrennung des Unheiligen geheilt werden.

Der Therapeut setzt punktuell auf Askese: »In der Abstinenz kommen die alten Talente oder Hobbys wieder hoch und entwickeln ihren eigenen Belohnungswert.« Roth stellt es sich ungefähr so vor: Durch irgendeine geheimnisvolle Quelle wird die Pornographie ins Leben eines vielseitig talentierten Menschen geschwemmt. Dann bricht eine Sucht aus. Talente und Hobbys werden überdeckt.

Aus Therapiegründen entzieht Dr. Roth dem Süchtigen die Pornos. Und siehe da: die Talente und Hobbys kommen wieder. Aber, da die gesamte Werbelandschaft, Kioske und TV-Kanäle pornographisiert sind, wird der Patient zur vollständigen Genesung und Rückfallfreiheit eine Art Scheuklappenbrille verschrieben bekommen müssen. Denn per Dr. Roth ist er zwar therapiert, aber die »lebenslange Verwundung« unheilbar.

Warum aber nicht auch pornographische Zeichnungen, Erzählungen oder Filme »talentiert und Hobby«, damit gleichsam erhaben und erhebend sein können, erschließt sich nicht. Völlig widersprüchlich und vage bleibt Roth auf die folgende Frage der *Ärztezeitung*: »Ist Pornosucht also heilbar?«

10 Das Wort »Drive-Gefühle« stammt von der Lukács-Schülerin Ágnes Heller, die mit diesem etwas »breiten«, unterdifferenzierten Begriff quasi den Restbestand der jeweiligen Triebe in den menschlichen, »sozialisierten« Gefühlen einfangen will. Der »Drive« beschreibt bei Gefühlen einen hormonellen, biologischen Anteil. Ein Nachteil der Ungenauigkeit von »Drive-Gefühl« ist, dass der Terminus eine treibende und getriebene, aber abgepackte Ladung meint, ohne zu erfassen, dass alles Fühlen prozesshaft, ja meist auf- und abtauchend, vorüberhuschend bleibt.

> Ja. Aber: Pornosucht bleibt eine lebenslange Verwundung. Es gibt auch kein Davonkommen ohne Rückfälle. Aber diese Rückfälle sind nicht so gravierend wie etwa bei Alkoholikern. [...] Der Pornosüchtige muss die Rückfälle als Lernfeld begreifen und zum Beispiel gesunde Aktivitäten finden, wie etwa im Chor singen [...][11]

Warum Pornographie generell ungesund und ein Chor generell gesund sein soll, und warum manche miese Pornographie auch im Männerchor gesungen wurde, und wo sich also die verwendeten Begriffe – Hobby und Pornographie – innerlich gegeneinander abgrenzen, belässt der Therapeut im Dunkeln.

Roth erfasst nicht die ganze »historische« Dimension und Verfasstheit der Pornosucht. Wenngleich er die Masturbationsabstinenz von der Pornoabstinenz (auf die er sich therapeutisch fokussiert) abkoppelt. Aber damit stellt er – leider nur implizit – die Frage, warum Onanie mit pornographischen Bildern lediglich im Kopf etwas weniger Gefährliches sei, als Onanie mit bildlichen Darstellungen außerhalb des Kopfes (denn die Masturbation ohne Pornographie ist wohl noch seltener als Pornographie ohne Masturbation). Die Suchtgefahr wächst offensichtlich mit den externen Bildern und nicht mit den Bildern überhaupt. Also hängt die Suchtgefahr nicht an Bildern an sich. An der Masturbation als Abschlussakt der aktivierten pornographischen Vorstellungen hängt die Suchtgefahr offensichtlich auch nicht. Auch nicht, wenn die Masturbation durch Hand oder Mund Anderer ersetzt würde.

Was aber ist der »Krankheitskern« der Pornosucht und der damit verbundenen Tendenz zur Impotenz[12] beim gegenseitigen Gebrauch von Sexualorganen während einer Lebensperiode mit häufigem Pornographiekonsum? Das wahre Geheimnis, sagt Baudelaire, ist das Offensichtliche. Das Wesen des Konsums ist ja: der Konsum! Im Konsum ist es der Kaufakt und die fiktive Selbstermächtigung während des geldpotenten Akts der Verfügung. Eine Therapie, die sich mit der Kompensation nicht auseinandersetzt, die im Kauf und der käuflichen Verfügbarkeit über Körper- und Sexualintimitäten stattfindet und die sich gegen die eigene passive Verfügtheit und Objektrolle als Arbeitskraft stemmt und aufbaut, geht letztendlich an einer nachhaltigen Heilungsperspektive vorbei. Wer sich selbst als verkauft, konsumiert und missbraucht vorkommt, wendet sich entweder in

11 Ebd.

12 Kornelius Roth spricht nicht an, warum Pornographiesucht Unlust und Impotenz in einer bestehenden Partnerschaft dramatisch verstärkt; die Frage nach dem Zusammenhang »partnerschaftliche Unlust – Pornokonsum« wird in den wenigsten Untersuchungen auch nur angesprochen.

organisierter Wirkmacht dagegen oder versucht, die Bildabdrücke davon in den eigenen Regiebereich zu transponieren – auch wenn dies nur die Videokabine bleibt, denn so was funktioniert am unaufwändigsten, konfliktfreiesten und billigsten in Kauf und Konsum.

Im Grunde kreist diese gesamte Abhandlung um die innere Transposition, in welcher eine gesellschaftlich bedingte Bedrohung in der Phantasiewelt, wozu Pornographien zweifelsohne am wirkmächtigsten beitragen, ihre evasionistische (= ausfluchtartige) Kompensation erfährt. Eine Bedrängung, eine Problemstruktur also, wird dann in einen Vorstellungsbereich transponiert, wo sie einer höheren Eigenmächtigkeit des Bedrängten ausgeliefert wird als an ihrem Ausgangspunkt. Dieser Vorgang ist nicht leicht zu beobachten, sondern nur psychologisch und damit nur abstrakt-logisch in der dialektischen Tiefe zu verstehen. In den Traum, in die Pornokabine, auf die Kinoleinwand und den allermeisten ähnlichen Vorstellungsformen spielen die realen Probleme des realen Alltags hinein und werden dort zunächst anders und verwandelt durchgespielt. Reale Bedrohungspotenziale und Dichotomien werden vermindert, damit sie weniger übermächtig und bedrohlich sind. Statt sich den Alltagszwängen zu ergeben, wird damit zu spielen begonnen. Ein solcher Vorgang hat stets Rauschpartikel – gleichgültig, ob diese Rauschpartikel das Spiel auf der Bühne oder das Spiel vor dem Glücksautomaten, die Volltrunkenheit oder die Traumarbeit, die tröstende Liebeszuwendung oder den Warenkaufakt ausstatten.

Das Problem kann nur teilweise verdrängt werden und verlangt nach irgendeiner Behandlung. Es muss, wenn schon nicht gelöst, so zumindest ins Überschaubare aufgelöst, also »zerkleinert« werden, weil dann individuell-psychische Regiefähigkeiten und Selbstermächtigung im Verhältnis zur Grundstruktur des Problems zunehmen.

Grundsätzlich wollen Menschen das sie bedrängende Problem lösen. Dabei ist das geistige Zerlegen nur ein Stadium des »Lösens«. Aber letztendlich ist das *Lösen* eines Problems eine finalisierte Operation, während das Auflösen lediglich darauf zielt. Der Unterschied zwischen »lösen« und »auflösen« besteht eigentlich nur psychologisch, aber zunächst äußerlich nicht wahrnehmbar. Beim Lösen wie beim Auflösen ballt jemand zum Beispiel drohend die Faust. Und doch ist der Unterschied zwischen einer ästhetischen Simulation und einem realen Faustkampf beträchtlich, allerdings erkennbar nur in der finalen Intention der jeweiligen Handlung in dessen Gesamtzusammenhang und mittels Abstraktion der eigentlich wahrgenommenen Beobachtungen.

Es ist keiner Marotte und keiner staatlichen Repression geschuldet, wenn sowjetische Psychologen wie Lew Wygotski, Konstantin Leontjew und Alexander Luria sich häufig auf Lenins »Philosophischen Nachlass« beziehen. Der revolutionäre Humanist und Staatsmann war nämlich nicht nur ein bewusst praxisorientierter Analytiker der »Denkökonomie«, sondern ebenfalls ein guter Beobachter seiner sozialen Umwelt. Er wendete sich deshalb gegen den Empiriokritizismus und Psychologismus. Die Materie existiert außerhalb des Bewusstseins und wird von diesem zwar gespiegelt und abgebildet. Es ist aber niemals dazu in der Lage, sich vollständig vom Affekt zu trennen. Selbst wer eine rein technische Computerauswertung analysiert, vermag dies letzten Endes nie ohne Emotion. Das Freud'sche »Unter«bewusstsein hat also dieselbe objektive Herkunft, wie das Bewusstsein, ist von niemand Überirdischerem in uns eingelassen als von der dinglichen Materie selbst. Oder um es mit Wygotskis Lieblingszitat von Lenin zu sagen: »Denn auch in der einfachsten Verallgemeinerung […] (›der Tisch‹ überhaupt) steckt ein gewisses Stückchen Phantasie.«[13]

Wenn nun also ein Problem zerlegt wird, um es zu »entproblematisieren«, geschieht dies zunächst geistig, um das Problem im nächsten Schritt aufzuheben, also zu lösen. Das Problem und seine bedrängende Struktur haben in der Phantasie ihren »emotionalen Fußabdruck« hinterlassen, der auch bei der rationellsten Problemlösungsstrategie begleitend mitschwingt. Diese scheinbare Schwäche psychischer Tätigkeit bleibt gleichzeitig gegenüber jeder künstlichen Intelligenz (KI) ihre Stärke: Intelligenz ist immer affektiv. Des Menschen ganzes historisches Gattungsleben steht zur Verfügung, was künstliche Intelligenz ebenso wenig im vollen Umfang konstruktiv reproduzieren kann, wie die menschlichen Sinne außersinnliche Materie ganz erfassen und abzubilden vermögen. Wo Politik auf die strategische Überlegenheit der emotionalen und phantasiebegabten Intelligenz insistiert, kann sie die Angst vor einem Überhandnehmen der KI-Forschung getrost relativieren.

Denn in jedem Auflösen eines Problems bleibt ein gattungsgeschichtlich, charakteristisch menschlich spielerischer Umgang enthalten. Das Spielen unterscheidet sich vom Arbeiten, was aber nur in der konkreten Situation und nur abstrakt voneinander unterschieden werden kann. Leute haben des gestrengen Wissenschaftlers Albert Einsteins Hirn im Labor zerlegt. Sie waren enttäuscht. Sie hätten besser die affektivwarmen Plaudereien, politisch-philosophischen Einlassungen und sein Geigenspiel untersuchen sollen, um der Genialität seiner kühlen Mathematik auf die Spur zu kommen.

Bereits hier deutet sich an, dass Ästhetik und Wissenschaft, bildhafte Vorstellung (Metapher) und Begriff, Analyse und Phantasie vom selben Gegenstand

13 LW 38, S. 353.

herrühren und auf ihn bezogen sind. Wenn ich ein Problem löse, das ich mit einem drohenden Unwetter, einem Raubtier oder einem knapp gewordenen Überlebensmittel habe, so kann ich dies, indem ich mir einen Plan erstelle. Ich kann das Problem aber auch angehen, indem ich es einfach nur aufmale. Äußerlich muss zwischen beiden Skizzen keinerlei Unterschied bestehen. Die erste dient der Arbeit an dem Problem, die zweite »nur« der spielerischen Darstellung des Problems. Nichts anderes war z. B. die Höhlenmalerei in der Steinzeit. Klar: Die Lösung eines Problems vermittelt meine Souveränität als Troubleshooter. Aber auch das Auflösen, das Zerlegen, Abbilden in Malerei oder Phantasie stärkt meine Position zum Problem selbst. Ich löse es beim Zeichnen in verschiedene Bestandteile auf und verschaffe mir so eine Eingriffsoption. Ähnlich verläuft die Arbeit mit psychisch Kranken, die selber Autoregulationsoptionen erlernen sollen, wenn die eigentliche Krankheit (Schizophrenie etc.) nicht geheilt werden kann. Sie sollen wenigstens, wenn der »Anfall« schon nicht zu verhindern ist, wissen und spüren, dass er unter *diesen* Umständen erfolgt und wie er halbwegs schadenbegrenzt durchgestanden werden kann. Das nennt die Psychotherapie etwas irreführend (weil der Film- oder Theaterregisseur selten selber in die Therapie gerufen wird): »Regiefähigkeiten«.

Es zeugt also nicht von radikalem Humanismus und großer Wissenschaftlichkeit, ausschließlich die kognitiv-rationalen Seiten bei einer Therapie, einer psychischen Selbstermächtigung oder einer politischen Erkenntnis und Erfassung gelten zu lassen; und damit alle ästhetischen, phantasiebezogenen, erträumten, fingierten und evasionistischen Selbsthilfeaktionen als bloße Surrogate abzutun und als Irrationalität gegen die Aufklärung zu setzen. Bei aller Kritik bergen Kauf und Konsum auch emanzipatorische Keime in sich – schon deshalb, weil sie den Antrieb auf höheren Reallohn gegen das Großkapital anregen.

Im Konsum steckt immer ein gewusstes Stück gefühlter Selbstermächtigung, im Kauf ein Stück Eigenregie und – wie noch zu zeigen sein wird – auch die Erotik von Verfügungsoptionen. Wenn Konzerne und Großbanken längst entmachtet sein werden, Teile der nicht-monopolkapitalistischen Bourgeoisie mit der Arbeiterklasse ein Bündnis eingegangen sind und eine arbeitsorientierte, demokratische »Diktatur« durchgesetzt haben, wird im Kauf immer noch ein erheblicher Rest der Selbstermächtigung, Selbstvergewisserung und Erotik verbleiben. Wenn das größte Unrecht beseitigt ist, heißt das noch längst nicht, dass jegliches Unrecht beseitigt ist. Wenn die terroristische Ausbeutung beseitigt ist, heißt das noch längst nicht, dass sie vollständig beseitigt ist. Wenn der Sozialismus anfängt zu wirken, heißt das noch längst nicht, dass alle Phantasien über seinen

Reifezustand bereits in Arbeit sind. Wolfgang Fritz Haug hat einige Werke zur »Warenästhetik« verfasst. Verkürzt kann man diese so wiedergeben, daß selbst das leere Versprechen der Konsumware in ihrer ansprechenden Verpackung und Anpreisung auch Ansporn für die Aufwertung der Arbeitskraft als Kaufkraft sein kann, diese zu erwerben. Wie sollte aber dieser Kampf befördert werden, wenn er letztlich durch eine rigide Feindschaft gegen jeden Konsum von links ins Leere greift? Der Warendoppelcharakter ist doch Resultat der Produktionsverhältnisse und beschreibt die Geld-Warenkauf-Beziehungen unter Bedingungen kapitalistischer Enteignungshegemonie. Also bedarf das Auslöschen des Warenfetischismus in seiner Letztendlichkeit das Auslöschen der Kapitaldiktatur über die Produktionsmittel und ArbeitskraftbesitzerInnen. Auf dem Weg dorthin können Kultur, Politik und Therapie etwas, aber nicht alles. Also sollte die Diskriminierung von Handlungsweisen, die dem Warencharakter geschuldet sind, eher dezent ausfallen. Wir sollten, um Brecht leicht zu variieren, den Zuckerersatz nicht verteufeln, solange der Zucker fehlt.

Bis zu Haugs bahnbrechend hoffnungsvoller Erkenntnis von der diskrepanten Sprengkraft der »Warenästhetik« zwischen Vorgaukelung und Gebrauchswert der Ware, war der von Marx beschriebene Warenfetisch für ganze Marxismusgenerationen nur ein hoffnungslos verdichteter Nebel irgendwo hoch oben, aber ein nicht auflösbarer Nebel in einzelnen Köpfen. Gelegentlich glaubten Linke gar, sie selbst seien ja vorm Warenfetisch qua Wissen gefeit. Vor Jahrzehnten wurde so ein bestaussehender, gefeierter linker Opernstar, der sich gegen die Atomraketen engagiert hatte, häufiger Kaufhandlungen in Bordellen und Pornozellen überführt. Wohlbemerkt: einer, dem man ebenso das hohe C wie »Womanizing« nachsagte. In der linken Friedensbewegung wurde nun gegrübelt: Wofür gibt so einer Geld aus, dem auf freier Wildbahn so viele Frauen offen und in langen Schlangen nach seinem Auftritt nach Autogrammkarten anstehen? »Das hat der doch nicht nötig«, hieß es selbst in gebildeten marxistischen Zirkeln. In etwa so, als wenn Kriminalermittler verzweifelt im Kaffeesatz suchen: Womit wurde das Opfer erstickt? Dabei war es dieser Kaffeesatz selbst. Warum kauft so ein Womanizer Pornos? Der Kauf selbst ist doch die Antwort. Tag-ein-Tag-aus wird dieser freie und gefeierte Opernstar durch Tickets gekauft. »Nun kauft er zurück!« In der Warenhaftigkeit der Lösung bleibt die Warenhaftigkeit des Problems verhaftet. Der Hinweg in der Warenhaftigkeit gleicht diametral dessen Rückweg. Wenn solches selbst den relativ freien Künstler betrifft, dann auch viel unfreiere Eingepferchte.

Der Kaufakt selbst ist eine die kapitalistische Ungleichheit vorübergehend aufhebende Gemeinsamkeit vieler, nur unterschieden von der Höhe der jeweiligen Kaufpreise. Sie begeben sich an den gleichen Trog. Ihre Sinne hängen gebannt am selben Warentisch. In den »Ökonomisch-philosophischen Manuskripten« beschreibt Marx diesen Eros des Kaufakts, der auch tief in der Pornosucht wohnt (z.B. dort, wo Männer aus struktureller Angst, in Impotenz ertappt zu werden, in pädophile Ästhetik flüchten; was kommerziell mit allerlei modischen Kindfrau-Designs getriggert wird):

> So groß die Kraft des Geldes, so groß ist meine Kraft. Die Eigenschaften des Geldes sind meine – seines Besitzers – Eigenschaften und Wesenskräfte. Das, was ich *bin* und *vermag*, ist also keineswegs durch meine Individualität bestimmt. Ich *bin* häßlich? Aber ich kann mir doch die *schönste* Frau kaufen. Also bin ich nicht *häßlich*, denn die Wirkung der *Häßlichkeit*, ihre abschreckende Kraft ist durch das Geld vernichtet [...] ich bin ein schlechter, unehrlicher, gewissenloser, geistloser Mensch, aber das Geld ist geehrt, also auch sein Besitzer [...] Ich, der durch das Geld *alles*, wonach ein menschliches Herz sich sehnt, vermag, besitze ich nicht alle menschlichen Vermögen? Verwandelt also mein Geld nicht alle meine Unvermögen in ihr Gegenteil? [...] Was ich qua *Mensch* nicht vermag, was also alle meine individuellen Wesenskräfte nicht vermögen, das vermag ich durch das *Geld.*[14]

Es gibt zahlreiche Studien, die der Erotik der Kaufaktion auf die Schliche kommen wollten, aber selten haben sie diese Sache vollständig erfasst. In jedem Falle ist der Liedtitel von Bert Brecht, »Geld macht sinnlich«, mehr als nur ein hübsches Bonmot. Den Kauf nicht nur als reine Ballung der Geld-Ware-Preis-Zirkulation abstrakt zu erfassen, sondern »sinnlich«, war auch das stete Bestreben von Marx und Engels. Darum griffen sie auch stets, was diesen Bereich anbetrifft, zu lyrischen Bildern und Dichtern wie Balzac, Goethe, Shakespeare usw.

Georg Lukács nimmt in seinem großen Werk »Beiträge zur Geschichte der Ästhetik« diese Bezeichnungen von Marx, Engels und Lenin ins Zentrum der Besonderheit ästhetischer Überbaubewegungen und setzt diese ins Verhältnis zur ökonomischen Basis, die zwar »letztendlich«, aber niemals direkt, sondern nur in finaler Instanz den Ausschlag gibt. Sie kann nie in monokausaler Stringenz als eine Besonderheiten erdrückende Determination gesehen werden. Georg Lukács

14 MEW 40, S. 564, 565.

spricht von »dieser antihumanen, das Wesen des Menschen verdrehenden, verzerrenden Wirkung des Geldes« und zitiert dann Marx und Engels:[15]

> Shakespeare hebt an dem Geld besonders 2 Eigenschaften hervor:
> 1. Es ist die sichtbare Gottheit, die Verwandlung aller menschlichen und natürlichen Eigenschaften in ihr Gegenteil; die allgemeine Verwechslung und Verkehrung der Dinge; es verbrüdert Unmöglichkeiten;
> 2. Es ist die allgemeine Hure, der allgemeine Kuppler der Menschen und Völker [...].
> Es ist das entäußerte *Vermögen* der *Menschheit.*
> Was ich als Mensch nicht vermag, was also alle meine individuellen Wesenskräfte nicht vermögen, das vermag ich durch das *Geld.* Das Geld macht also jede dieser Wesenskräfte zu etwas, was sie an sich nicht ist, d.h. zu ihrem *Gegenteil.*

Damit ist der fetischisierende Reiz der Geldverwendung und Kaufhandlung bis in seine Perversion hinreichend umschrieben. Es liegt viel mehr darin als der eigentliche Gegenwert der erworbenen Ware – auch in Sexualität, Pornographie und Prostitution. Es dürfte auf der Hand liegen, dass Pornosucht als Sucht nach (mehr) Eigenregie so wie die Religion »Seufzer der bedrängten Kreatur« (Marx über Religion) sind. Also begrenzt sich ihre Therapierbarkeit wie alle Therapie letztendlich durch das, was die Kreatur insgesamt bedrängt: Dieses ist zwar pragmatisch reformierbar, aber nur revolutionär letztendlich aufhebbar. Zunächst wäre eine künstlerisch lustvolle Ästhetik mit einer heilenden Strategie in Verbindung zu setzen, auch um sexistische Suchthaftigkeit zurückzudrängen. Um soziale Faktoren psychischer Deformationen aber drücken sich Psychoanalyse wie die HeilerInnenmehrheit gleichermaßen. Da waren selbst die rückständigen AdornitInnen weiter, die wenigstens im menschlichen Sex systemlogisch die Warenwelt irgendwie gespiegelt fanden.

Eigentlich müsste ja mit dem Entzug besonders spontan und leicht zugänglicher Pornoreizreflexe (durch Billigkauf) die Stimulier- und Reizbarkeit der »Versuchsperson« heraufgesetzt werden, um somit den der realen sexuellen Tätigkeit erwachsenen pornographischen Bildern im Liebesleben wieder neue Lust zuzuführen. Die entgegengesetzte Logik aber würde bedeuten, dass damit auch die

15 Lukács (1954): Beiträge zur Geschichte der Ästhetik, Aufbau Verlag, S. 199/200. (Das Zitat siehe MEW Bd. 40, S. 565.)

Lust am Leben dermaßen zurückgestutzt würde, dass das entsprechende Eheleben das altkatholische Maß aller Dinge würde und demzufolge zerbräche. Der Abstinenzansatz mag temporär also erfolgreich, aber von derartiger Lustlosigkeit umweht sein, dass Frust – wie viel zu oft – über die »therapeutische Umerziehung« bestimmend würde.

Dennoch: die bewusste Zurückhaltung beim individuellen Porno-Konsum ist der Potenz, der Dauer von Partnerschaften und dem erotischen Glück förderlich. Besser wären: gezielter Gruppensex beziehungsweise andere, spielerische Erweiterungen pornographischer Rollenspiele.

Solange Roth nicht begründet, warum ein totaler Pornokonsumverzicht zu einem Umbau pornographischer Bilder im Kopf und zu einem Abbau der Sucht führt, solange er es also nur beim Phänomen belässt, das aus einem Pornographiesüchtigen wie beim »trockenen Alkoholiker« durch Entzug des Stoffs ein autonomer Regisseur seiner Bilderwelt erwüchse, klingt das alles zu brav nach Prohibition.

Wir sollten uns eher damit beschäftigen, wie die vorwiegend »männliche« Pornographie entsteht, wie die Innenarchitektur ihrer Stimulation aussieht und warum diese Bilderwelt die Sexualität beim Menschen befeuert und wie sie von der Sozialität, wie bei keinem anderen Lebewesen, befeuert wird. Zu klären ist auch, warum die Pornosucht nicht jeden in jeder Situation und Phase gleichermaßen befällt, sie also nicht in jedem Moment ausbricht, da er/sie irgendeiner Pornographie ansichtig wird. Gerade die Formen der kommerzialisierten Pornographie in einer warenhaften Tauschwertewelt bedürfen hier einer besonders eingehenden, konstruktiv kritischen Betrachtung.

Zwei grundsätzlichen Widersprüchen ist auf die Spur zu kommen, die viel zu tief und zu lange durch staatliche und kirchliche Sanktionen im Tabubereich gehalten worden sind:

1. Wie oberflächlich und darum dogmatisch muss der reine, unbedingte Verzichtsansatz in der Therapie bleiben? Nehmen wir uns einen dafür verdächtigen Satz von Kornelius Roth vor, wo es ihm »um Pornographie-Abstinenz, nicht um Sex- oder Onanie-Abstinenz geht. Aber der Suchtstoff muss weg.« Er unterscheidet also von der sexuellen Ausübung die pornographische Vorstellung. Dabei suggeriert er entweder, dass bei der Onanie keine Pornographie zugegen wäre oder er will nicht den Unterschied des stofflich-äußeren Produktions- und Rezeptionsgehalts der Pornographie vom internalisierten Genussverhalten erfassen. Aber weil die innere pornographische Metaphorik notwendig ist, müssen dem Verbotstherapieansatz doch zumindest erhebliche und permanente Umgehungs- und Ausnahmebewegungen im heimlichen Auge des Betrachters vorgehalten werden.

2. Wie kann pornographisches Vorstellungsverhalten geändert werden, ohne dessen zentrale Quelle in der Warenwelt aus dem Dunkel zu holen: die erniedrigenden Anteile unter den kapitalistischen Verfügtsein-, Lohn- und Zeitregimes. Denn in Wahrheit ist die Chemie der Pornosucht nicht ohne die innere Mechanik des Kaufrauschs zu verstehen, ohne das Verfügen durch einen Verfügten, den »Seufzer der bedrängten Kreatur« und nicht deren kompensatorische Verfügungswohlgefühle beim Kauf. Mit anderen Worten: Ist nicht schon der wohltuende Verfügungsakt durch Kauf als temporale Selbstermächtigung in den Pornographiekonsumakt »eingepreist«? Weswegen Pornographiekritik nicht mutwillig von Gesellschaftskritik abgeschnitten bleiben darf!

Neben dem Text von Kornelius Roth veröffentlicht die *Ärztezeitung* 2016 zum selben Thema einen zweiten Artikel. Er beginnt so:

> Als relativ neue Droge verbreitet sich die Pornographie durch das Internet und produziert offenbar Millionen Abhängige. Experten sprechen von »Pornosucht«: »youporn«, »hotmegaporn« oder »porndig« – in praktisch unbegrenzten Mengen, anonym [...] Mit einem jährlichen Umsatz von 800 Millionen Euro ist Deutschland weltweit der zweitgrößte Pornomarkt, wird die Sozialwissenschaftlerin Esther Stahl zitiert: »Ein fatales Paradies für Abhängige [...] mit Schlössern des Anstandes verhängt und damit voller verbotener Reize [...] nach dem unverschämten Treiben der nackten Körper auf dem Bildschirm süchtig werden.«[16]

Pornosucht wird scheinbar etwas entdämonisiert. Um sie dann aber im nächsten Absatz mit der medizinischen Keule zu zertrümmern: »Und genauso leiden die Patienten auch wie Spiel- oder Heroinabhängige darunter, dass das Belohnungssystem im Hirn immer weiter Nachschub braucht«. Damit aber würde die sogenannte Schweifkerndrüse (Nucleus Caudatus) im Hirn mit fortschreitendem Pornokonsum immer kleiner. So wie man uns in meiner postfaschistisch-antierotisch geprägten Jugend einreden wollte, Masturbation würde das Rückenmark schädigen.

Der Umkehrschluss wäre aber noch fataler: Menschen mit kleinerem Schweifkern würden also eher zu Pornokonsum tendieren. Womit Pornosucht körperlich disponiert sei. Die ästhetische Qualität der Pornographie, wo sie anfängt und wo sie endet, bleibt davon völlig unberührt. Die medizinische Argumentation würde

16 *Ärztezeitung* vom 19. 02. 2016.

allen Demagogen und Inquisitoren der Welt biologischen Determinismus sowie inquisitorische Verbotsrituale ermöglichen.

Dabei gibt es keine Belohnungsgröße im Hirn, die per Drüse autonom, also unabhängig von der Gesellschaft und deren Kategorien von Belohnbarem, ein Hirn zu steuern vermöchte. So wie die Spielsucht entsteht, wenn unter der Gesellschaft fragmentarisch abgelauschten Regeln eines Spiels Unregelbares abseits massierten Drucks genussvoll nachgeahmt und im Spiel das aus dem Ruder Geratene wieder steuerbar erscheint, so wie der Kaufrausch das eigene Verkauftsein kurzzeitig spiegelnd lindert, so entsteht auch die Pornosucht nicht aus Drüsen, sondern aus dem wirklichen Leben. Sie wirkt als Steigerung erotischer Vorstellungen ablenkend und damit das Elend lindernd. So ist sie auch eine widergespiegelte Entsprechung der jeweiligen Glücksverweigerung durch das andere Geschlecht und lädt sich auch mit pornographischen Revanchebildern auf. Aber sie ist vor allem als Antipode zu sozialen Unterwerfungen aufgeladen: als Defragmentierungsdrang aus dem Nichtsexuellen im Sexuellen – und gelegentlich stemmt sie sich so gegen den Schmutz des Offiziellen in die Subversivität schmutziger Vorstellungen.

Für die *Ärztezeitung* ist die soziale Welt bestenfalls Illustrationsbeigabe für die pornographische Gegenwelt, aber keine kausale Herkunftsbestimmung. Dass auch die Pornosucht dem Bedürfnis entspringt, all das intim durchzuspielen, was im Arbeitsleben und im öffentlichen Raum übermächtig ist und weh tut, kommt in diesem Beitrag nicht einmal als Ahnung vor. Dafür sind die Leute von der *Ärztezeitung* zu eingeengt auf die Schulmedizin. Wo Drüsen und Schwellkörper die Grenzen der Suchtdefinition markieren, gibt es analytisch wenig Welt außerhalb des Labors. Das kommerzielle Versprechen des Pornomarkts sei an einer unendlichen Menge immer neuer Storyboards schuld: »Der Süchtige kann sich nie sicher sein, ob nicht das nächste Video noch besser zu seinen sexuellen Präferenzen passt […] So entgleitet den Betroffenen die Kontrolle viel schneller. Das ist wohl ein wesentlicher Mechanismus der Pornosucht.« Kurz: Die Gier wüchse angeblich, weil der Suchtanfällige glaubt, es gäbe noch viel Befriedigenderes individualistisch zu entdecken. Ein auf reinen Mengen aufgebautes Theoriegebäude, das qualifizierende Ursachen und Bedeutungen nicht kennt.

Damit wird unterstellt, der Nucleus Caudatus im Hirn (der für Motorik und mechanisches Lernen eine gewisse Bedeutung hat) würde also größer oder kleiner, je nach der Erwartung des Pornointeressierten an einem noch größeren Warenangebot. Die ganze Absurdität dieser Theorie unterstreicht, dass eine rein innere, von Außeneinflüssen unabhängige Präferenz der Nachfrage angenommen wird. Sie sei zuerst da, bevor sie sich zu einer pornographischen Präferenz im ästhetischen

Angebot konkretisiere. Als ob zuvor bekannte Pornos aus der Nachfrage ausscheiden würden, weil diese keine Überraschung mehr bereithielten.

Ein Pornointeressierter geht aber mit einem diversen, ungefähren Spektrum an Erwartungen und Überraschtwerdenwollen in die Pornokabine oder zum entsprechenden Internetanbieter, aber nicht mit einer fest konkretisierten Vorstellung, die lange, bevor sie konkret wird, schon bereits abgebildet gewesen sein muss. Er mag zwar einige negative Abwehrpräferenzen und Ekelgrenzen bei sich kennen und in Bezug auf die Beschaffenheit der Darsteller im Porno und deren Besonderheiten konkret negierend vor Augen haben (Fett- oder Magersucht; Homosexualität, Alter o. ä.). Aber seine Vorstellung ist nie so konkret, sonst würde er das freie Spielangebot nicht aufsuchen. Erst dort findet er zum »Finetuning« seiner Präferenzen. Das liegt daran, dass sein soziales Leben ebenso im Fluss ist, wie die antipodische Widerspiegelung dessen im Pornographischen. Das Intime, das vermeintlich Asoziale, ist eben auch internalisierte Sozialität als Widerschein des Öffentlichen.

Glücklicherweise weist die *Ärztezeitung* (leider ohne nähere Literaturangaben der Autoren) darauf hin, dass Pornokonsum nicht per se das Hirn schrumpfen lässt:

> Die Sexualwissenschaftlerin Esther Stahl sagt, wer Pornographie konsumiert, wird von den Darstellungen und der lebhaften Sexualität, die da gezeigt wird, nicht beschädigt. Und man müsse auch nicht eine gestörte Sexualität mitbringen, um sich überhaupt für Pornographie zu interessieren.

Nach dieser Entwarnung aber verfestigt der Beitrag eine gewisse Pathologisierung des (Porno)Konsumenten: »Kurz: Pornographie hat offenbar erstaunlich wenig mit Sexualität zu tun.«

Doch jede abrupte Trennung von Sexualität und Pornographie ist eine gewagte Behauptung. Denn in Wirklichkeit hat menschliche Sexualität mehr mit Pornographie zu tun als mit dem tierischen Fortpflanzungstrieb. Deswegen steht jegliche Theorie auf dem Kopf, die die Untrennbarkeit von Geschichte und »Trieb« in der Sexualität außer Acht lässt. Wenn das soziale Leben ausweglos gestört und entfremdet ist, beziehungsweise vergangene Störungen keine andere Abhilfe als privatisierte Intimität angeboten bekommen, wird das pornographische Refugium die Spuren seiner ursprünglichen Entfremdung nur re-inszenieren.

Deswegen hat Esther Stahl in der *Ärztezeitung* mit folgenden Formulierungen vollkommen recht und trifft ins Schwarze des Schamdreiecks: Nein, nicht die

Pornographie beschädige den Sex, sondern »prekäre Verhältnisse machen prekären Sex«, zitiert Stahl ihren Professor Konrad Weller, Sexualwissenschaftler an der Hochschule Merseburg. Aber Stahls Begründung dafür, dass »prekärer Sex« nicht mit Pornographie entsteht, ist doch recht mechanisch: Die sogenannten »Love Maps«, also sexuelle Skripte, würden in der frühesten Kindheit schon angelegt, meistens nicht einmal durch sexuelle Aspekte, erklärt Stahl.

> Also, was wir eines Tages im Bett mögen und was nicht, hängt zum Beispiel davon ab, wie Vater und Mutter miteinander umgegangen sind, wie Intimität und Zärtlichkeit in der Herkunftsfamilie gelebt wurden, welche Stellung Frauen und Mädchen in der Familie hatten und so weiter. »Diese Skripte werden fortgeschrieben und in der Pubertät sexualisiert«, so Stahl. »Mancher findet dann Sex mit Tieren faszinierend und andere fühlen sich davon abgestoßen.«[17]

Esther Stahl erweitert hier zwar die Entstehung sexueller Einstellungen über die Jetztzeit hinaus, engt aber das entscheidende Wachstumsalter der pornographischen Präferenzen dann wieder auf das Kindesalter ein. Eine erweiterte Analyse korrespondierender Beziehungen zwischen Kindheit – Ausbildung/Arbeit – Pornographie wird »freudianisch« ausgespart. Es wird by the way suggeriert, dass bestimmte frühkindliche Störungsarten autonom und ewig fortdauern. Damit wird außer Acht gelassen (was vertiefter Forschungen bedarf), wie bestimmte Störungsarten durch die praktische Lebenstätigkeit beständig reproduziert werden müssen, um überhaupt über so lange Zeit als Störung virulent zu bleiben und nicht in den Hintergrund zu treten. So wenig wie die frühe Störung ohne ihre häufige Reproduktion im Lebensprozess lange überleben kann, so wenig überwintern frühkindliche Glücksvorstellungen in glücklosen sozialen Umständen des Arbeitslebens. Aber ebenso können sich kindliche Psychostörungen nicht gegen ein glücklich-erfülltes Leben autonom einigeln.

Es ist eine durch nichts untermauerbare, aber kaum ausrottbare Vereinfachung, dass eine einzige Einwirkung aufs frühkindliche Erleben (etwa in einer traumatischen Verbindung von Gewalt und Pornographie) ausreichen würde, die Psyche lebenslang zu stören – selbst wenn das gesamte sonstige Leben gewaltarm und sinnerfüllt verliefe.

Stahl kommentiert realistisch die häufig in Pornographie dargestellte Gewalt und die Entrechtung von Frauen so: »Gewalt und Erniedrigung von Frauen

17 »*Ärztezeitung*« vom 19. 02. 2016.

in der Pornographie sind eher Spiegel unserer patriarchalen Gesellschaft.« So weit, so richtig: Pornographie löst die Erniedrigung von Frauen nicht aus. Aber die darauffolgende deterministische »Unheilbarkeit« geht entschieden zu weit: »Wenn ein Mann mit der Erniedrigung von Frauen aufwächst, wird er – wenn er Pornographie konsumiert – auch in der Pornographie die Bestätigung für seine Erfahrungen suchen.«[18]

Aber so einfach ist das Rätsel nicht gelöst bzw. der kommerzielle Erfolg von BDSM, z. B. des trivialen »Fifty Shades of Grey«, besonders bei Frauen erklärt, wenn auch eine Studie der Uni Montreal – laut *Wochenblatt* (8. 7. 2017) – Zweidrittel der Frauen masochistische Phantasien unterstellt. Aber nur 50 % davon wollten diese ausleben. Der Reiz an der passiven oder aktiven pornographischen Erniedrigung, die Stahl nicht in Abrede stellt, muss sich ja irgendwo aufladen: sowohl in der kompensatorischen Negation eines geschlechtlichen Erleidens durch das andere Geschlecht, aber auch als Gegenpol zum sozialen Erniedrigtsein. In Religion, Traum, Kunst, aber eben auch in der Pornographie wird nach zumindest punktuell lustvoller Beherrschbarkeit jener depravierenden Muster gesucht, die der eigenen Erniedrigung zuvor ähnlich erscheinen – zumal beide Geschlechter sich prototypisch zunächst immer etwas vorenthalten (müssen), wenn Erotik überhaupt Spannung und Reiz umschreiben soll. Selbst diese partielle Verweigerung und Verknappung im erotischen Spiel oder Flirt ist Teil des Generalerlebnisses von Erniedrigung und der Warenverknappung unter jeglicher Fremdherrschaft – etwa des großen Kapitals.

Natürlich kann sogar eine Erniedrigung des Vaters durch die Mutter oder eine Trennung o. ä. pornographische Vorlieben bestimmen. Aber der klassische feministische Auslegungskontext »Cherchez l'homme« reicht zumindest nicht hin. Hier ist die Dialektik hilfreich, tiefer unter die soziale Oberfläche der pornographischen Abbildungen zu fassen. Pornosucht dürfte wohl auch nicht Ausdruck und Folge eines generellen hypersexuellen Verhaltens sein, das asozial und übergriffig auffällig sei, meint zumindest Dr. Brand in der nämlichen *Ärztezeitung*: »Andersherum gibt es ja auch Menschen, die zwar exzessiv, unkontrolliert und mehr als sie selber wollen, Internetpornographie konsumieren, aber trotzdem ein durchschnittliches soziosexuelles Verhalten zeigen.« Also kann eine durchschnittliche Beziehung im sexuellen Verhalten sogar von Pornokonsum profitieren und demzufolge die Defragmentierung gesellschaftlicher Entfremdung mit unterschiedlichen Pornoformaten kompensieren.

18 Ebd.

Esther Stahl, die sich vor allem mit dem Pornokonsum von Jugendlichen befasst hat, setzt auf gute Sozialpädagogik und Sexualerziehung.

> In einem Projekt haben wir Pornos geguckt und ich habe zum Beispiel klar gemacht, dass all die tollen Brüste da auf dem Bildschirm operiert sind. Zwar haben die jungen Leute eine gewisse Medienkompetenz. Aber man sollte nicht glauben, die wüssten schon alles.

Aber weil es auch tolle Brüste auf dem Bildschirm gibt, die nicht operiert sind und die dennoch so viele Fragen aufwerfen, die die Brüste im Tierreich nicht betreffen, sollte der forschende Spaten doch ein wenig tiefer in die Materie von Pornographie gestoßen werden.

Zur Geschichte von Porne und Porno-Verboten

Fast jeder Maurer oder IT-Arbeiter würde aufstöhnen, wenn man ihm auftischen wollte, seine pornographischen Geheimbilder würden auch daraus resultieren, wie viel hundert Kilo Steine er täglich zur Mauer schichtet oder welcherlei Design er bis in die Nacht programmiert hat. Zurecht würde er entgegnend fragen, worin denn die Verbindungslinie zwischen der martialischen Schufterei auf der Baustelle zum feenhaften Schamhaardreieck in seiner Phantasiewelt bestehen solle. Bewiese man demselben Maurer oder IT-Arbeiter aber, dass sich ein Dauerkonflikt mit seinem Vorgesetzten in der Arbeitshierarchie von einer Panikattacke in einen Albtraum umformatiert habe, dürfte er weniger abweisend reagieren. Dabei handelt es sich um exakt dieselbe Basis-Überbau-Beziehung. Die augenscheinlichen und subkutanen Beziehungen zwischen den Produktionsverhältnissen (= ökonomische Basis) und dem Überbau (= Kulturen aus Staat und Ästhetik), die Marx als Matrix des besseren Verstehens auf die bisherigen menschlichen Gesellschaften gelegt hat, dienen auch zum besseren Verstehen der einzelnen Persönlichkeit. Die Arbeitswelt lässt die Traumwelt nicht in Ruhe.

Diesen Beziehungen der Träume untereinander, der Arbeit untereinander und der Arbeit mit den Träumen wollen wir uns hier annähern. Wozu wir zunächst den Umweg über die Sexualität nicht alleine darum gehen, weil er provoziert, sondern a) weil diese in der marxistischen Philosophie und in der materialistischen Psychologie (auch der großen Sowjets) zu den am meisten vernachlässigten Lebensrelevanzen zählt und b) somit auch ein von Marx zitierenden Pharisäern nicht umlagertes, gleichsam jungfräuliches Feld (der Pornographie) betreten werden kann, auf dem die hochfliegenden sexuellen Vorstellungen wieder eingefangen und auf den Boden der ökonomischen Lebensumstände heruntergeholt werden können.

Wer erkannt hat, dass Lohn- und Zeitregimes sich die Sexualhormone zurichten (und weniger umgekehrt), wird die Welt mit ganz anderen Augen sehen. Marx, Engels und Lenin haben nämlich nicht nur den aufbegehrenden Teilen der werktätigen Klassen in den verschiedenen Zeiten und Nationen den wesentlichen Schatz für deren Intelligenzarbeit hinterlassen, sondern auch – als wahre Humanisten – der gesamten Menschheit. Weil sich vom objektiven Klassenkampf kein Mensch bislang je hat ausschließen können, will auch die individuelle Psychologie vom marxistischen Instrumentarium bearbeitet und neu erkannt werden. In diesem Zusammenhang widerspreche ich jenen marxistischen Hohepriestern, die behaupten, man könne den Marxismus nur ganz oder gar nicht verstehen und produktiv annehmen. Denn jeder Erkennende auf diesem Erdball, bevor er Marxist wurde, hatte zunächst Appetit auf Teile der bis heute am meisten entfalteten Philosophie bekommen. Der Marxismus ist den bewusst kämpfenden Teilen der Arbeiterklassen am nächsten. Aber er ist auch ein Angebot an die gesamte Menschheit und ihre Wissenschaften. Selbst Unternehmer wie Friedrich Engels, August Bebel, Bert Brecht und Helene Weigel haben davon profitiert und dazu beigetragen.

Warum also zwanghaft weiter einen Bogen um die Erotik und ihre zwangsläufigen Vorstellungen, die pornographischen, schlagen? Sicher kann die individuelle Person »destilliert« abgebildet werden, um sich den historischen Zusammenhängen – Überbau und Basis –, aus der sie gewachsen ist, auch *im Einzelnen* zuzuwenden. In ihrer *Abstraktion*, von der wirklichen Persönlichkeit in ihrer *Konkretion* »aufgestiegen«, gibt es diese »destillierte« Persönlichkeit dann nicht mehr, sondern nur noch die gesellschaftliche.

Zunächst möchte ich also mit dem Zitat Gramscis, wonach »die Natur des Menschen seine Geschichte ist«, jene Vorstellung zur Disposition stellen, in der die Biologie des Menschen, also auch seine Sexualität, nur eine unmittelbar schrittweise Weiterentwicklung jener des Tieres sei. Gramsci dachte keinesfalls, dass die Biologie in der Gesellschaftlichkeit verschwände. Er meinte in guter Hegel'scher Tradition, dass sie gleichsam tief durch die Geschichte der Persönlichkeit und Klassen tauchen und darin wieder hoch- und aufgehoben würde: nicht mehr als solche direkt auffindbar, weil in einer höheren Qualität aufgehoben, aber bis tief in ihre Antipode vorhanden und aufzuspüren. Die Biologie, also die fünf Sinne/Wahrnehmungen (Sehen, Hören, Riechen, Schmecken und Tasten) und die Triebe (die elementaren Bedürftigkeiten nach fester Nahrung, Wasser, Sauerstoff, Sexualität und Entspannung) bleiben in der Gesellschaftlichkeit des Einzelnen und auch in seiner Klassenwirklichkeit »angelegt«. Prinzipiell sind jedoch alle Sinne und Triebe stets miteinander in der Einwirkung aufeinander verbunden (das heißt: auch das erlebte Säugen färbt Sexualitätserlebnisse), selbst wenn sie sich in der höchsten Bedürftigkeit (Verdursten, Verhungern u. ä.) stark voneinander ablösen und andere Triebe überlagern (wer sucht schon Sex in einem Sandsturm nach Tagen in der Wüste?).

Die Steigerung der Not steigert eher die Verrohung der Sinne und Bedürftigkeit, während die Überwindung des nackten Kampfes ums Dasein die Bereicherung der Sinnlichkeit ermöglicht. Die GründerInnen der Sozialdemokratie baten 1863 den Dichter Georg Herwegh um eine Art Gründungshymne. Er wählte als

Liedtitel den alten christlichen Untertanensatz »Ora et Labora, Bet' und arbeit'!« mit einer kämpferischen Ironisierung: »an die Türe pocht die Not/ bete kurz! denn Zeit ist Brot.« In der subjektiven Religiosität wirkt Ähnliches wie in Traum und Pornographie. Bei Georg Herwegh hat also nicht einmal das Beten genug Raum unter dem Zeitregime der Not. Wie dann das Lieben? Denn aktive Sinnlichkeit ist nun einmal die Entgrenzung eines vereinzelten Bedürfens und erst nach der (gesellschaftlichen) Überwindung solch unmittelbarer Notlagen greift der einzelne Trieb über seine unmittelbare Befriedigung hinaus, bereichert sich in der Komplementarität mit anderen Trieben und Sinnen. Die ärmere Tierwelt kennt diesen komplexen, »miteinander vernetzten« Reichtum der Triebe weniger als die tendenziell nicht mehr von der Hand in den Mund arbeitenden Teile der Menschengesellschaft. Dafür verzichtet diese auf Instinkte und rohe Triebe. Denn wo die Tierwelt eine Bereicherung an Trieben erfährt, verbleiben diese dennoch im Grenzbereich der unmittelbaren Körperlichkeit einer konditionierten Reiz-Reflex-Biologie.

Um aber die »menschliche Natur als Geschichte« (Gramsci) beziehungsweise die Gesellschaft als »biologische Anlage« vorstellbarer und vom Tier abgrenzbarer zu machen, wollen wir den sexuellen Akt genauer betrachten. Da ist beim Bullen beziehungsweise Hirsch das Testosteron, welches eine bestimmte Empfindung auslöst. Zwischen diesen zunächst rein chemisch messbaren Formen einer Gefühlsausrichtung (die eine temporär besondere Betonung einer bereits vorhandenen Disposition, bei Hintanstellung anderer Dispositionen, bedeutet) und der eigentlichen Fortpflanzungsintention liegt eine Art Missing Link: Wie vollzieht sich »Testosteron« zur Handlung oder wie wird aus einem Empfinden ein konkret handlungsfokussierter Trieb?

Der Begattungstrieb ist zwar in bereits anderen erlebten, körperlichen Reibungen angelegt, führt aber nicht unbedingt zu einem konkreten Begattungsakt eines konkreten Hirschs mit einer konkreten Kuh. Historische Reizelemente wie die Scham (bei Tieren nicht gleichbedeutend mit dem Weglaufen eines Rehs) können also die reine Chemie des Testosterons in die eigentliche Begattungsaktion nicht wirklich übersetzen helfen. Es muss also eine Summe früherer Erfahrungen, Erlebnisse und Ahnungen mit einer neuen konkreten Situation verbunden werden, was schon auf den Begriff der »Anlage«, beziehungsweise des »Angelegtseins« verweist. Es ist außerordentlich schwierig, empirische Daten darüber zu gewinnen, wie die Erfahrungen von Hautreibungen etwa beim Säugen, Wärmen, Stillen, Blase-Darm-Entleeren, Gerüche, Laute, Gestreicheltwerden, Wohlempfinden in die Anlage der Begattung beziehungsweise des Begattetwerdens hineinspielt. Im

Wesentlichen aber ist das, was sich im Hirn des Tieres aus Ahnung und Ahnen abbildet, von biologischen Trieben und körperlichen Reizreaktionen bestimmt. Darum bezieht sich auch jene Vorstellung, die vom Testosteron zum Begatten führt, auf den Fortpflanzungstrieb selbst und bleibt im engen Kreis von dessen Biologie, Konditionierung und Instinkt. Ein Bock ist eben auf seine unmittelbare Körperlichkeit eingegrenzt.

Warum ist beim Menschen hingegen der weibliche Intimbereich magisch, aber nicht der männliche? Ganz klar (und mehr dazu im späteren Kapitel): Weil die Scham in der Gesellschaft magisch ist, aber die Schamlosigkeit auf der Hand liegt. Der Mensch, der im Wesentlichen seine sämtlichen Triebe (besonders mit Überwindung unmittelbarer Notdürftigkeit) in andere Prozesse gesellschaftlicher und schließlich historischer Natur übersetzt hat, wird kaum durch den reinen Begattungs- und Fortpflanzungsinstinkt in Bewegung gesetzt. Um das Empfinden, das das entsprechende Hormon im Hirn auslöst, zur praktischen Aktion werden zu lassen, braucht es Bilder im Kopf, seien sie auch vage und diffus. Jedes halbwegs auf Antizipation angewiesene Lebewesen braucht Vorstellungen zur und bei der Fortpflanzung. Hormon und Triebgefühl greifen also nach einer Vorstellung, die das Empfinden in eine praktische Aktion einzuleiten hilft.

Diese Vorstellungen, als Handlungsleitstrahlen, sind beim Tier an Instinkt und den eigentlichen Zweck der Fortpflanzung, also an unmittelbare Biologie, gefesselt. Bei Menschen wirken die Hormone nicht mechanisch. Für Vorstellungen, die die Chemie des Hormons in die konkrete Liebesnacht transponiert, stehen keine Instinkte und Metaphern aus der ursprünglich biologischen Arterhaltung zur Verfügung. Der Mensch muss diese Vorstellungen, die aus drängender Ahnung im Unterleiblichen Erotik, Scham und Durchdringung, Küsse und unsterbliche Liebesgedichte macht, aus der Gesellschaft trinken, weil andere nicht vorhanden sind. Er greift auf die Widerspiegelungen seiner Sozialität zurück und wendet sie in seinen Bewegungen an. So kommt es vor, dass der Bulle nach dem mächtigsten Becken giert, aber der Mann nach dem kleinsten Kugelpo, der jede Freude, aber nicht die zum Gebären verrät. Alle diese spezifisch menschlichen Vorstellungen (»und inneren Filme«) sind unwillkürlich pornographische Metaphern.

Mit dem Wort der »vererbten Anlage« (charakterlich, »rassisch«, triebhaft usw.) wird oft biologistisches Schindluder getrieben. Produktiver, als in »Anlage« eine tierische Determinante zu sehen, wäre, sich »Anlage« wie die Kapitalisten vorzustellen, wenn sie Geld in Menschen oder in Menschenmaterial »anlegen«. Die Anlage beim Tier ist ein Ensemble des biologisch organischen Reichs – bis zu seinen zumeist in Reiz und Reflex geborenen Witterungen, Vorstellungen und

Träumen. Die Anlagen beim Menschen aber können ohne die Geschichte seiner Arbeit und daraus seiner Fähigkeit, zu abstrahieren, nicht zur Geltung gelangen. Er denkt tendenziell erst *nach* der durchdrungenen Komplikation einfach.

So also, wie tierischer Instinkt der menschlichen Intuition täuschend ähnlich ist, verhält es sich auch mit Denken und Arbeiten. Ein erfahrener Heiler entwirft das Krankheitsbild ebenso einfach und spontan wie ein Quacksalber. Ein erfahrener Architekt skizziert so zielgerichtet, wie die Biene Waben baut. Ein erfahrener Jäger oder Fischer ortet so einfach, wie ihm das Wild ausweicht. Wenn Brecht über das Glück nach dem Kapitalismus sagt, es sei »das Einfache, das so schwer zu machen ist«, dann lobt er die Einfachheit *nach* der Komplikation, nicht den Simpel, der sie umgeht. Populismus ähnelt der Popularität. Aber er ist – eben durch seine Absolutheit des »Ismus« – die Leugnung der komplizierten Klassenwidersprüche, also immer tendenziell demagogisch, während die Dialektik von Zuspitzung und Verallgemeinerung nur da populär werden kann, wo eine Persönlichkeit, Klasse oder eine andere Gemeinschaft Zusammenhänge einigermaßen durchdrungen haben. Dann findet die Klugheit der Heilerin, des Jägers, des Architekten oder der Klassenkämpferin zur Intuition, zum Fingerspitzengefühl, zu einer neuen, einfachen Sprache.

Wenn »die Arbeit« – im Sinne von Marx, Engels, Lenin und anderer gründlich praktischer Philosophen – im Nachfolgenden als zentrale Kategorie Ausgangspunkt dieser Überlegungen sein wird, werden dadurch nicht monokausale Zusammenhänge konstruiert. Arbeit ist von unermesslicher Vielfalt – weit über die Erwerbsarbeit hinaus. Sie intendiert beim Bedenken ihrer Gegenstände auch unermesslich Vielfältiges, ohne dass der Nutzen immer auf den ersten Blick erkannt werden muss. Intuition des Einzelnen wird dabei Resultat vieler Leut's Arbeit und ist kein angeborener Instinkt, keine angeborene Anlage, sondern historische.

So verhält es sich auch mit den Genüssen. Aus unmittelbarem Durst wird ein geselliger Stammtisch, aus unmittelbarem Hunger ein Gelage und aus unmittelbarem Fortpflanzungstrieb Pornographie. Abseits seiner unmittelbaren Notlage, also in der entwickelten Gesellschaft, schwächt sich der Trieb ab zu einem Drang (»Drive-Gefühl« nach Tomkins/Heller; »animal spirit« nach Marx), der sich jetzt mit den »vorgefundenen Umständen«, unter denen die Menschen nach Marx ihre Geschichte machen, »verschwistert«. In diese »Umstände« mischen sich mit dem Drang nach sinnlich-sinnigen Gesichtspunkten die eigenen Erlebnisse im biografischen Umgang mit sozialen Niederlagen und Erfolgen, mit aktuellen Notlagen in Beruf und Freizeit sowie im Umgang mit dem Drang selbst. Biologie und Gesellschaft »durchtränken« sich, wobei die Triebe zu ihren Zielen »durch die Gesellschaft hindurch« müssen; was in etwa so zu veranschaulichen wäre: wie durch eine Espressomaschine, wonach in der Tasse weder Kaffeebohnen noch Wasser noch Druck voneinander getrennt zu schmecken sind.

Alles dies spiegelt sich diametral, antipodisch und kompensatorisch zu etwas Neuem, was nur dem abstraktionsbegabten Menschen eigen ist. Aus dem Fortpflanzungstrieb wird eine Eroslust, ein Wandlungstrieb, der eigentlich eine Triebwandlung ist. Der männliche Prototyp ist zum Beispiel: durch Penetration der Partnerin zu seinem und dann ihrem Refugium zu wandeln, die Scham (wie im späteren Kapitel beschrieben) zu durchdringen etc. Die prototypische Frau zähmt ihn auch durch Unterwerfung. In die Verzauberung und diese Umwandlungsmomente fließen allgemeine Widrigkeiten ein, wie das Bett, in dem sie liegen, die Musik, die sie hören, aber auch die Einzel- und Sozialgeschichte, gegen die sie sich einzeln oder (unter klügerem »Gebrauch der Lüste« – Michel Foucault) zweisam abschotten. In der Weiterfassung wäre es auch reizvoll, Lustgeschichten der Solidarität aufzuschreiben.

Sämtliche Umstände sind in der sogenannten Liebe für und in diesen magischen Moment aufgehoben. Aber eben auch die Erniedrigungen, die sie selbst in der Unmittelbarkeit der erlebten und erlittenen Antriebs- und Drangbilder abgespeichert haben. Denn der Drang trägt selbst das lustvolle Erleben von Defiziten an Ermächtigung und Unabhängigkeit mit sich. Mit seiner Fokussierung ist eine Unfreiheit verbunden, der man/frau sich so gerne hingibt, wie sie ein lebenslanges Ärgernis und sogar tiefen Frust bedeutet. Ein Mann, der von der begehrten Frau immer wieder zurückgestoßen wird, wird das von anderen gesellschaftlichen Momenten der Demütigung nicht trennen. Die Vorstellung, dass diese Frau ausgepeitscht wird, schafft ihm in Parenthese zum Umwandlungsdrang momentane Linderung. Solcherlei Vorstellungen nur offiziell zu delegitimieren, bedeutet nicht, den Mann von dissozialen Handlungen abzuhalten (die im gegenseitig akzeptierten Sado-/Maso-Sex nicht unbedingt vorkommen). Nur ein offener kommunikativer, enttabuisierender Umgang mit solcherlei Phantasien in einer Gesellschaft legt jene Gestaltungsfähigkeiten an, Liebesleben gesellschaftlich produktiv zu machen. Es ist an der Zeit, es aus dem historisch verfinsterten Verlies zu holen, um es gesellschaftsfähig zu machen – was nicht mit voyeuristischer Geschwätzigkeit zu verwechseln ist.

Man stelle sich zunächst aus männlicher Sicht (durch Marx' Brille von Ästhetik und Gebrauchswert) vor: Schamlippen und Vagina. Als (chirurgisch, fotografisch) isolierte Körperteile sind diese doch noch nichts Begehrenswertes, bleiben – ohne mehr Menschanblick – belanglose Konturen eines gewissen Gebrauchswerts mit für sich genommen gering »tauschwertigem« Reiz. Man subtrahiere zunächst nun das, was beim Menschen, dem Sprachbegabten, vom tierischen Fortpflanzungstrieb übriggeblieben ist. Dann setze man die Übereinstimmung mit herrschenden, tiefgewachsenen Schönheitsidealen (Hautfarbe, Linearität, Verniedlichbarkeit durch Tier- und Kindähnlichkeiten (»mein Kätzchen, mein Baby«) etc.) als »verobjektivierbaren« Markt(handels)wert. Weiterhin setze man den männlich lustvollen Aspekt als willkürliche Warenverknappung, nämlich die Eroberung, Durchdringung der Scham. Das – im Unterschied zum Eros des normalen Kaufakts – addiere man wieder um den hormongestützten Drang. Dann gelangt man ziemlich bruchlos zu etwas mehr Warenfetisch. Übrigens: Der weibliche Geschmack ist tendenziell hier viel weniger ausrechenbar als der männliche, weil er mehr vom Nutzen der Gesamtpersönlichkeit für die künftige (eheliche oder eheähnliche) Nestgemeinsamkeit ausgeht als der männlich fragmentierte Fetisch vorzeigbarer, gesellschaftlich dotierter Schönheitsideale (Knackarsch, stehender Busen, Wespentaille etc.) oder von deren schamhafter Verhüllung und Herausforderung der Scham. Der statistisch zu ermittelnde Geschmack der meisten Männer ist – mehr als der weibliche – trivial und kommerziell verführbarer. Rache am Patriarchat? Die Skandalisierungen überwiegend von Staats*männern* zeugen jedenfalls davon.

Unter einer derartigen Prämisse der prinzipiell erfassbaren Rationalität, die selbst hinter die pornographischsten Finsternisse gelangen kann, möchte ich das Wort »Pornographie« im gesellschaftlichen Zusammenhang wissen und zwar als einen Begriff von einer notwendigen, menschlichen Phantasiewelt, der zunächst vom späteren Schmuddeligen völlig gelöst ist und der erst durch seinen jeweiligen Gebrauch (durch Bild, Zote, Lied, Rede o. ä.) und konkreten Gegenstand billig oder kostbar ethisch gewichtet werden kann. Pornographie kann auch in ordinärer Schmuddeligkeit reizvoll sein. Niemandem sollte es obliegen, hier über Geschmack scharfzurichten. Aber die Gleichsetzung von Pornographie mit Schmuddeligkeit kommt jener Dogmatik gleich, mit der kirchliche Inquisition Sexualität auf verklemmte Fortpflanzung zu stutzen suchte, mit der die Nazis die Masturbation und ihre optischen Vorlagen kriminalisierten, mit der die Stalin'sche Presse Schostakowitschs Oper »Macbeth« als »Pornophonie« von den Spielplänen sichelte. 1968 gab es einen erkämpften Atemzug der Befreiung. Der wunderbare Kommunist und SDS-Kader Günter Amendt veröffentlichte sein mutiges Lehrbuch von der »Sexfront«. Später machte sich die Pornographie an ihren »Marsch durch die Institutionen«. Erst Beate Uhse und später schlimmere Vermarkter sorgten dafür, dass sie wieder als schmuddelige Ware dominiert. Pornographie so zu verstehen, wäre aber eine Kapitulation.

Mit dem Begriff der Pornographie beziehe ich mich zunächst auf die lange Tradition bildlicher Darstellung sexueller Lust und Betätigungen, die mit den oft übergroßen Phallus- und korpulenten Venusdarstellungen der Steinzeit offenbar zu den ältesten kulturellen Ausdrucksformen der Menschheit zählt. Unklar ist, wie weit sich hinter diesen Darstellungen bereits Machtverhältnisse verbargen.

Die Wortbedeutung von Pornographie stammt aus dem Altgriechischen und meint: schriftliche oder bildliche Darstellung von oder über bezahlte Gespielinnen. Wobei im alten Griechenland grob zwischen zwei Arten von Prostitution zunächst unterschieden wurde: die »Hetäre« war gesellschaftlich anerkannt, gebildet, konnte oft sogar musizieren; die »Porne« hingegen arbeitete prekär.

In weiten Teilen der Welt waren zeitbegrenzte Liebesbeziehungen und Bezahlung (siehe: Kurtisane, Mätresse) ähnlich enttabuisiert wie Polygamie. Die Liebesbeziehungen im alten Griechenland schlossen zwar oft »Sexarbeit« ein, waren aber keinesfalls damit deckungsgleich. Die Gespielin »Hetäre« hatte in Athen sogar oft gesellschaftlich eine höhere Reputation als die Ehefrau. Die »Porne« hingegen wurde wohl schlechter bezahlt, weil sie »bildungsferner« und ein eingeschränkteres »kulturelles Ambiente« zu liefern in der Lage war. Zunächst mussten nur die Hetären Steuern zahlen. Dann (etwa 640 v. Ch.) wurde die »Pornikon-Telos«, eine Steuer auch für einen Teil der »Porne«, eingeführt, was auf eine Verwischung von Grenzen zwischen Hetäre und Porne hinweisen dürfte.

Die Offenherzigkeit in der pornographischen Darstellung hatte auf anderen Kontinenten, so etwa im mittelalterlichen Indien, Kunst und Trivialästhetik tief geprägt. Sie existierte auch in Zentraleuropa – ehrenwerteste Maler haben sich mit Pornographie oft einen Neben- bzw. sogar ihren Hauptverdienst geschaffen. Obwohl Augustinus in seinen für die katholische Ethik seit dem frühen 5. Jahrhundert maßgebenden Schriften die Lust als eine der schlimmsten Sünden brandmarkte, war Martin Luther bei seinem Besuch in Rom von der dortigen Sittenlosigkeit mit Duldung des Vatikans ebenso entsetzt wie von der »friedlichen Koexistenz« jüdischer und muslimischer Bürger und Händler. Auch dieser reaktionäre Zug gegen Zügellosigkeit mischte sich zu Luthers teilprogressiver Feindseligkeit gegen den Vatikan. Es ist stark anzunehmen, dass die von der christlichen Religion unternommene Unterdrückung des Lustfaktors der Sexualität die Produktion von Pornographie enorm angeregt, gesteigert und sogar geprägt hat.

Ab wann, seit der Höhlenmalerei, bildliche oder schriftliche Darstellung sexueller Tätigkeit und deren Umfeld, (was dann später mit »Unzucht« oder freundlicher mit »Liebesspiel« bezeichnet wurde) bereits »Pornographie« hieß, ist nicht bekannt. Dass es eine sehr verbreitete Mode von Bildern und Erzählungen dieser

Art gab, die sogar eine eigene Kunstgattung darstellte und demzufolge auch eine nicht diskriminierende Bezeichnung wie »Pornographie« gehabt haben dürfte, liegt auf der Hand. Mit der Ausgrabung entsprechender Wandbilder in Patriziervillen des antiken Pompeji (später im alten Rom) Mitte des 19. Jahrhunderts, kam der Begriff Pornographie (wieder?) auf. Stets mit der Behauptung, dass es solches schon im antiken Athen gegeben habe.

Ich ziele hier mit der Verwendung des Begriffs »Pornographie« auf eine heute noch embryonal in Entwicklung befindliche Produktion von »Lustbildlichkeit«, die in der Darstellung von Lust *und* der Phantasie auf die Steigerung und Befriedigung der Lust ebenbürtiger sexueller Partner angelegt ist. Ebenbürtigkeit heißt auch, die katholische, faschistische, islamistische u. ä. Unterdrückung der weiblichen Lust zu bekämpfen. Sie wird aber auch in solcher asozialen Pornomassenware gefördert, in der die weibliche Lust ausschließlich als direkte Resultante des männlichen Zugriffs, also weitgehend ohne Eigenständigkeit, zum Selbstverständnis erhoben wird. Weil Ebenbürtigkeit aber primär eine Sache des sozialen Kampfs ist und Pornographie beziehungsweise eine einzelne Abbildung alleine nur geringfügig die innere Beschaffenheit der Lust ändert – so wie diese von der Gesellschaft produziert wird –, ist weniger das Pornographische, als das reale soziale Geschehen der eigentliche Gegenstand diesbezüglich kritischer Betrachtung.

Wer also asoziale Pornographie bekämpft, braucht dazu a) soziale und bessere Pornographie und b) sozialere und bessere Verhältnisse. Dabei ist b) nachhaltiger als a). Es ist ein ewiger Trick der Klassenherrschaft, die schmutzige Ausbeutungsverhältnisse reproduziert: Sie macht sich Pornographie einerseits ökonomisch nutzbar, um dann auf die angeblich schmutzigen Phantasien der beherrschten Käufer aufgebracht mit den Fingern zu deuten. Schmutzige Verhältnisse produzieren schmutzige Phantasien, die den Stauraum für Frustrationen als Pornographie bilden.

Ich verwende den Begriff im umfänglich entkriminalisierten Sinne von »Lustbildlichkeit«, also zunächst moralisch und politisch unbewertet. Lust bildet sich sowohl als Produkt als auch als Widerwort zu jener Unlust heraus, die letztendlich der Entfremdung entstammt. Sexualität spiegelt nur die Machtverhältnisse der vorhandenen Gesellschaft wider. Weil sich die Reparatur eines Gegenstands immer auch an den Gegenstand bindet, man sich also dabei die Finger nicht immer sauber hält, darf für den Schmutz in der Welt nicht vorrangig die Pornographie verantwortlich gemacht werden. Insofern ist der Begriff undiskriminiert zu verwenden und erhält erst mit Adjektiven (»triviale«, »grobe«, »billige« oder »phantasielose« beziehungsweise »entwürdigende« oder »Kinder«-Pornographie) eine Richtung, die in die Ultima Ratio des Strafrechts reichen kann. Aber auch hier ist Vorsicht geboten: Nicht alles, was Pornographie in innerer Phantasie oder individuell vorgestelltem Bild punktuell entwürdigt, ist im wirklichen Leben auch unwürdig angelegt. Mechanisch in der Erotik auf Posen der Entwürdigung zu verzichten, kann auch Lust verbieten oder schlicht verkennen, dass Liebespartner auch wechselseitig, ungleichzeitig einander Bedienende sein können, die ihre wechselseitigen sexuellen Wünsche kennen, akzeptieren und mit Lust bedienen. Mit zunehmender Entwicklung von Marktverhältnissen gab und gibt Pornographie selbstredend sowohl jene ausbeuterischen, meist patriarchalen Formen der Lust wieder, die oft nicht nur einseitige, sozial entwürdigende Gewaltverhältnisse erkennen lassen, sondern diese auch als punktuelle, kurzfristige Siege über die Frustration vorübergehend kompensieren.

Es gibt kommerziell gezielte, aber auch spontan unwillkürliche Pornographie etwa im Traum, pornographische Darstellungen oder pornographische Vorstellungen, was nicht das Geringste über den Grad ihrer Zivilisiertheit aussagt. Messbar ist, dass in den meisten kommerziellen Pornographieproduktionen junge Frauen »verwendet« werden, dabei erheblich an finanziellen und ästhetischen Mitteln gespart und das mit vordergründig Ordinärem zu kompensieren versucht wird. Es wäre aber ein Trugschluss, daraus zu folgern, es gäbe nicht auch aufwendigere pornographische Darstellungen in schönerem Bewegtbild, Gemälde, Lyrik oder Lied. Andererseits ist es auch ein Trugschluss zu meinen, der niedrigere ästhetische Aufwand entspräche notwendigerweise dem Grad der Glücksaufladung von Männern. Ästhetisch minderwertige Pornographie hinterlässt vielmehr dort ähnlich unerfülltes Gähnen wie die allermeiste billige Warenästhetik. Die billige, männliche Pornographie ist meist eine Beleidigung – sowohl für den weiblichen, als für den männlichen Geschmack. Sie ist halt nur besser als nichts. Denn: Wo ist die wertvollere Alternative?

Während also der Kampf für Verbote von Pornographie in die hilflose Armseligkeit jeglicher Prohibition absinken muss, ist die Auseinandersetzung um eine bessere materielle und ästhetische Mittelausstattung bei pornographischen Produktionen – und über ihre verzerrt gespiegelten übrigen Produktionsbedingungen – nicht notwendigerweise und von vorne herein nur auf Frauen und einige sich ihnen liebesdienerisch anschmachtende Emanzopathen begrenzt. Auch wo Männer Männer bleiben und Frauen Frauen und wo beide ihrer »sozialen Konstruktion der Geschlechtlichkeit« nicht abschwören, sondern völlig politisch inkorrekt beide Rollengrenzen verstärkt artikulieren, kann der Kampf für mehr Spannung und Glück für alle Geschlechter gemeinsam glücklicher glücken.

Die mittelalterliche Verfolgung von Frauen, die man als Hexen stigmatisierte, ihre öffentlich sadistische Hinrichtung, wie sie heute noch in rückständigen Regionen vorkommt, Klitorisbeschneidungen o. ä. richteten sich stets zunächst gegen die sexuelle Lust der Frau. Das Seitenfenster dieser Lustfeindlichkeit zeigt pornographisch eine Frau, deren Lust ausschließlich durch einen x-beliebigen Mann, über dessen unbeliebige Hand- und Gliedmechanik überhaupt erst erschaffen zu werden scheint. Als ob sie die ganze Zeit wie eine Rakete auf die Zündschnur gewartet hätte, so angepackt zu werden. Frauen wurden zu »Hexen« erklärt, weil sie dieser pornographischen Vorstellungswelt im Wege waren oder einfach nur, wenn sie sich mit gewisser Unwissenheit und Unlust nicht begnügten. Ihre elitär-teilöffentliche Folterung war dabei einerseits die Zerstörung weiblicher Lust und Sexorgane mit dem Ziel der Abschreckung und andererseits die Zerstörung des medizinischen Wissens weiser Frauen und gebildeter Hebammen um Abtreibung, Verhütung und Luststeigerung.

Obwohl diese Lustfeindlichkeit letztendlich auch Männern schadete, rotteten sich gegen freizügige weibliche Körperlichkeit und damit deren hexenhaft lockende Magie als angebliche Erzeugerin männlicher Begierden überwiegend Männer zusammen, um die Lust der Frauen für ihre eigene zu bestrafen. Sie spielen sich mit einem Freibrief zur sadistischen Peinigung als Hüter der jeweils herrschenden Moralordnung auf. Solch eine Gemeinschaft meist junger Männer jagte im deutschen Mittelalter Hexen (besonders nach der Pest). Unter anderer klerikaler Vorherrschaft steinigen sie Ehebrecherinnen und petzen Mädchen die Klitoris ab. In manchen islamischen Staaten genügt schon eine offene Haarsträhne als sexuelle Provokation solchen Packs. Stets haben diese Barbareien von der Unterdrückung der Lust und Pornographie, immer zunächst der weiblichen, profitiert. Sie haben offene Verhandlungen sowohl unter Männern und unter Frauen als auch gemeinsam unter beiden Geschlechtern um die Lust gescheut wie der Teufel das Weihwasser. Die Unterdrückung von Diskurs und Diskussion »pornographischer« Themen stärkt in jedem Falle die Ängstlichkeit bei Frauen, während sie in Männergangs restriktive Insidercodes mit aggressivsten Phantasien und plumpester Pornographie hochspült.

Was wäre aber heute dagegen zu sagen, wenn die technischen Vorzüge des weltweiten Netzes für mehr offenherzige und diskursive Kommunikation über sexuelle Emanzipationskämpfe, Pornographieentwicklung und entsprechende Kunstfreiheit nutzbar gemacht würden? Auch in islamischen Ländern wie dem Iran mussten die Mullahdiktate erhebliche Rückzüge antreten, während beim Lieblingspartner des westlichen Imperialismus, Saudi-Arabien, das deutsche

Hexenjagd-Mittelalter fröhliche Urständ feiert. In den meisten Fällen bewirkt die gemeinsam kommunizierte Betrachtung von Ästhetik und auch der Pornographie, also das Öffnen der Solokabinen, eine Bereicherung von Anspruch und Wirklichkeit.

Sowenig wie die Darstellung anstelle des Dargestellten diskriminiert werden darf, sollte auch die Vorstellung (zum Beispiel als Traum), die Pornographisches wiedergibt, für jene Zustände verantwortlich gemacht werden, die sie antipodisch und verzerrt spiegelt. Deswegen habe ich mich entschieden, den Begriff Pornographie, ungeachtet und abseits der Entscheidung zwischen Schund oder Kunst, zunächst ethisch ungewichtet zu verwenden, im Sinne einer originären Darstellung der wesentlichen, in einer Gesellschaft vorhandenen willkürlichen Vorstellungen sexueller und erotischer Lust, gleichzeitig aber auch als deren Spiegelbild und als deren realistische Bestandsaufnahme.

Bevor ein Feld ins Produktive gewendet wird, muss es weitestgehend aus der diskriminierten Tabuzone herausgekämpft werden. Dies gilt einerseits für die verschiedenen Fetischcharaktere der kapitalistischen Ausbeutung von Arbeitskraft, wie für ihre extreme Begleitmusik: die Pornographie und deren Fetischwelt. Zu verlangen, Letztere vor dem Ersteren zu reinigen und zu befreien, ist nur der alte Idealismus in neuelitärem Gestus. Ein neuer Anlauf für einen freizügigen Sozialismus muss mit dem Durchbruch zu neuen Genüssen und Glück be- und erworben sein. Mit einer neuen Sprache, die mit dem Marxismus verständlich und einladend wird, damit viele ihre eigenen Beobachtungen beisteuern, wie in Arbeitsalltag und Erholungsnacht die vom Monopolkapital diktierten Zeit- und Lohnregimes mit den eigenen, den menschlichen Bedürfnissen kollidieren. Jawohl: mit neuen Organisationspraxen und erneuertem, persönlicherem Sprachgebrauch.

Einer der tiefschürfendsten Ästhetikkenner unserer Zeit, Thomas Metscher, hat kürzlich zu dem Satz des 1916 ermordeten irischen Arbeiterführers James Connolly, die Arbeiterklasse könne »nur in einer Sprache denken und sprechen, die so hart und bestimmt ist wie ihr Leben« notiert, dies sei eine Absage an die »für einen Großteil des akademischen Marxismus so charakteristische aalglatte Selbstzufriedenheit und linguistische Arroganz.«[19]

In der Tat: So abstoßend wie manches (staatliche) Agieren von linken Parteitheoretikern war, ist auch oft ihr Stil. Selbst die originellsten Wissenschaftler überbieten sich im Abstreiten von Originalität, auch ihrer eigenen. Sie verbergen ihre persönlichen Sehnsüchte, ja Stilelemente und noch offene Fragen in einem

19 Metscher, (2016b), S. 91.

gestrengen Ductus. Zum einen wollen sie nicht eitel erscheinen, zum anderen gaukeln sie vor, ein kleiner Pfad, nur weil sie ihn gerade beschritten haben, sei bereits eine Hochleistungsstraße für alle, abseits derer nur das Dickicht von Irrungen und Wirrungen gediehe. Statt neue Fragen auszulösen, die eigenen Zweifel offen zu bekennen, gebärdet sich diese »Vorhut« als unerreichbar und suggeriert ein absolutes Wissen mittels einer verabsolutierten Sprache.

Mit seiner Kritik daran gibt Thomas Metscher keinesfalls vor, jeder organische Intellektuelle, zum Beispiel ein kleinbürgerlicher Autor, müsse nun wie ein Arbeiter schreiben. Marx, Engels und Lenin konnten sich als Parteiführer durchaus populär ausdrücken, ohne dass Arbeitersprache ihr Nonplusultra wurde. Brecht zum Beispiel hat Arbeitersprache sehr selten versucht (eher noch: eine plebejische Kunstsprache), stattdessen zwei bis drei eigene Stilarten in seinen theoretischen Beiträgen angeboten. Eisler hat so als Musiker geschrieben. Der praktische Philosoph Bloch empfahl der Weimarer Linken, zu den Werktätigen und nicht über diese hinweg zu sprechen. Der französische Philosoph und Kommunist Lucien Sève schreibt vor allem als Psychologe. Klaus Weber, dem wir Neuestes von Sève verdanken, schreibt erfrischend unprofessoral. Der Stil einiger marxistischer Schriftgelehrter sollte vom Thron gestoßen werden, indem Schreiber sich sprachlich an Theorie trauen und einen sprachlichen Stil pflegen, der weder Einschüchterung verrät noch auslöst. Insbesondere wenn es um praktische Theoriefragen geht wie Sinnlichkeit, Erotik und Sexualität und deren Beziehungen zum wirklichen menschlichen Leben, wäre das Eingeständnis angemessen: Wir stehen hier erst am Anfang! Vielleicht könnte der vorliegende Beitrag helfen, mit einem dadurch initiierten Diskurs bzw. Gedankenaustausch für lustbejahenden Klassenkampf Langeweile einzusparen. Wir können durchaus auch Abenteuer bei John Grisham, Philip Roth, T.C. Boyle und Tom Wolfe lesen. Und dazu Brecht, Marx und Lenin. Jawohl, ohne Literaturkunst kommen wir da nicht weiter.

Selbst Lucien Sève hat das Wort »Sexualität« im Sachwortregister nicht einmal benannt, so, wie der Begriff auch bei Wygotski, Leontjew und dem französischen Marxisten Georges Politzer ausgespart bleibt. Aber Sève hat, wie die anderen Genannten, das Rüstzeug für den anfangenden Umgang auch dadurch geliefert, dass er den Entfremdungsgedanken bei Marx und Engels wiederbelebt. Bei einigen MarxistInnen galt dieser ohnehin nur noch als Marotte des jungen Marx. Da die Frankfurter Schule den Entfremdungsgedanken vom ökonomischen Gehalt gelöst und verabsolutiert hatte, war die Skepsis der Altmarxisten angebracht. Tatsächlich hatten die Adorniten alles und jedes in Warenhaftigkeit verklärt, bis es kein

Entrinnen des »Richtigen aus dem Falschen« mehr gab. Bis dann auch der Lohnstreik, eines der zivilisatorischen Highlights der jüngeren Menschheitsgeschichte, nur noch zur Erhöhung der Kaufkraft in einem alles affirmierenden Konsumismus, zu einer immer tieferen Verstrickung in die Warenwelt abgestuft war. Somit war die Welt schlecht, aber mit einer Proudhon'schen Insel der »Richtigkeit« »im Falschen«: dem Frankfurter »Institut für Sozialwissenschaft«.

Die Tui-Dialektik des Instituts wurde immer blutentleerter, je mehr das emanzipative Subjekt, der Antagon privatisierter Mehrwertaneignung von Adorno und Horkheimer getilgt wurde. Weil sich das frühere Proletariat ja doch nur noch den Bauch mit tauschwertigem Tand vollstopfen würde, nahm diese kritische Theorie den Träger der praktischen Kritik aus der Betrachtung. Was von solcherlei Kritik übrig blieb, erleben wir heute als pure Verachtung des realexistierenden Proletariats, als einschüchternde Belehrung der »Bildungsfernen«, als Kampf aller gegen alle in »sozialen« Medien, als die »Klassenaussteiger« Schröder, Fischer, Cohn-Bendit, Schwarzer/Ditfurth, Schily, Glucksmann e tutti quanti sich für Belgradbombardierung und »Agenda 2010« in der »Unbarmherzigkeit aufgeklärter Menschen« (Michael Chevallier) zu imprägnieren lernten. Am Westwesen soll die Welt genesen. Die *Zeit* und der *Spiegel* bejubelten im Jargon der 68er diesen »Aufstand gegen Marx«. Der grünliche Frankfurter Professor Micha Brumlik verstieg sich in den »Blättern für deutsche und internationale Politik« zu der Formulierung: »Vom Proletariat zum Pöbel: Das neue reaktionäre Subjekt« und unternahm sogar den Versuch, dafür Karl Marx zu zitieren.[20]

Wer heute wieder am weltweit zahlenmäßig gewachsenen Proletariat anknüpft, also den Menschen, die am sinnvollsten dadurch klassifiziert werden, dass sie im Wesentlichen vom Verkauf ihrer Arbeitskraft leben, muss sein Erinnern nicht nur gegen den rosagrünlichen Antikommunismus der Politikkorrekten, sondern auch gegen den kollektiven Schlaganfall des marxistischen Denkens 1989 stemmen. Am realen Fortschritt Interessierte sollten frühere Schriften wieder hervorholen, neu lesen und denken – der Schwachstellen eingedenk (»Staat und Verfassung«, stehengeblieben bei Wolfgang Abendroth; Psychologie, stehengeblieben bei Lucien Sève und Klaus Holzkamp), die den Menschheitsrückschlag 1989 erst möglich machten. Zuvörderst sei hier die materialistische Psychologie empfohlen.

Warum Psychologie? Lange Zeit hatten wir zwar einen Begriff von Kapitalmacht. Aber wie wurde die zur psychologischen Wirklichkeit? Nur durch

20 Brumlik: Vom Proletariat zum Pöbel: Das neue reaktionäre Subjekt, *Blätter für deutsche und internationale Politik*, 2017, Heft 1, S. 56–62.

den repressiven Staat und seine Polizei und Knüppelorgien? Nur durch seine Agenten und Lobbyisten? Nur dadurch, dass sich das Monopolkapital Politiker gekauft hatte?

Bei gleichzeitigem Insistieren auf dem logischen Begriff des Kapitals holte Mitte der Siebziger Lucien Sève die Leerstelle zwischen der marxistischen Ökonomie und Psychologie hervor: »die Entfremdung« (und zwar nicht mehr nur in der kleinen Metapher bei Freud, wo das Kind in der analen Phase seinen Kot weggenommen bekommt), um den Untertanentypus theoretisch neu zusammenzubauen. Sève geht es um die große Metapher, um den enteignenden Prozess nicht des Kinderkots, sondern der weggenommenen konkreten Arbeit und ihrer Produkte beziehungsweise Produktionsmittel unter einem enteignenden Zeit- und Lohnregime, also um abstrakte und einzelbiografische Entfremdung, auch wenn der Werktätige sich zuweilen damit überidentifiziert. Ausgeglichen wird dieser Riss in der Persönlichkeit zwar faktisch als psychisches Defizit durch Rituale z. B. des Konsumismus. Er kann aber nicht auf der psychischen Ebene gelöst werden, ohne dessen ökonomischen Kern zu tangieren.

Die Journalistin Sabine Kebir mailte mir 2017, dass

> lustvolle Sexualität für junge, weniger junge und alte Menschen ein wesentlicher Bestandteil ihres Lebens sein kann, wird zwar immer mal wieder behauptet, stellt aber trotz der inflationären Verbreitung trivialster Pornographie immer noch eines der größten Tabuthemen dar. Gelingen oder Nichtgelingen von Sex wird meist allein dem Vorhandensein oder Nichtvorhandensein irgendwelcher Gen-Kombinationen zugeschrieben. Undiskutiert bleibt die Rolle, die eine schützende oder eben nicht schützende Gesellschaft und die Aktivität, die die Individuen in ihr ausüben oder nicht ausüben können, auf die Ausbildung der erotischen Persönlichkeit jedes und jeder Einzelnen hat.

Das heißt auch: sich selbst kritisch zu »registrieren«. Aber vor allem: gemeinsam mit anderen. Eben, weil das Innerste Ausdruck des Äußersten ist. Weil die egovergötzende Bespiegelung die Bahnen verdeckt, auf denen der soziale Alltag zu asozialen Nachtträumen findet.

Wer dieses wirklich umfassend begreifen will, muss sich zunächst phylogenetisch geschichtlich und erst daraus abgeleitet, ontogenetisch-biografisch dem gewachsenen lebensbestimmenden Wert der Arbeit zuwenden und diese ins Zentrum aller Betrachtungen rücken. Demzufolge ist ein zeitaufwendiger Blick in die wesentliche Schrift dazu, die Friedrich Engels verfasste, unbedingt notwendig.

Engels beschäftigt sich weniger mit der persönlichkeitsbildenden Kategorie der Arbeit unter kapitalistischen Verhältnissen. Es geht ihm zunächst nicht um die Entfremdung als psychische Erscheinung der Enteignung der werktätigen Mehrheiten von allen strategischen Arbeitsmitteln und Arbeitsresultaten durch die privatisierende Minderheit. Engels' fundamentale Arbeit ist dem tätigen Stoffwechsel des Menschen mit der Natur und seinen Werkzeugen gewidmet, die den gesellschaftlichen Prozess einleiten und demzufolge die Sprache und das Denken hervorbringen und verfeinern. Und: Engels weist darauf hin, dass selbst die frühesten Stadien dieser menschlichen Gattungsentwicklung sich genomisch eincodieren und ontogenetisch wiederfindbar abbilden.

Der amerikanische Psychologe Winthrop Kellogg und seine Frau versuchten 1931 eine neunmonatige Schimpansin gleichberechtigt mit ihrem gleichaltrigen Sohn Donald zu einem Menschen zu erziehen. Nach anfänglichen Mobilitätsvorsprüngen des Affen fiel dieser mit wachsender Diskrepanz zu den kulturellen Optionen und Operationen des Menschenkindes aber soweit zurück, dass der Versuch nach neun Monaten abgebrochen werden musste. Dem Affen misslang, per Nachahmung aktiv die Umwelt zu günstigen Reaktionen zu bewegen.

Ich stelle im Nachfolgenden nun Engels' dafür zentrales Werk äußerst verknappt dar. Es soll dies nur ein Appetizer sein, wieder Marx, Engels und Lenin auch unter psychologischen Aspekten neu zu lesen. Der theoretische Umgang mit Werkzeug, Werk, Produktionsmittel und Produkt muss zur Durchleuchtung von Produktionsverhältnissen werden, um die kapitalistischen Eigentumsverhältnisse als Enteignungsverhältnisse und somit als materielle Basis von Entfremdung zu begreifen, deren neueste und oberste Formation das staatsmonopolistische Kapital ist. Ohne den Kampf gegen das Letztere bleibt eine psychische Befreiung nur Blendwerk. Andersherum: Originelle Hinweise der Freudianer (»analer Charakter«, archaisch gesetzte Triebhaftigkeit, Libido, die bei Freud wie eine aus dem Tierreich in uns abgelagerte statische Größe daherkommt, Identifikation mit dem Aggressor, Verdrängung, Unterbewusstsein, »Es« und Über-Ich u. v. a.) erhalten erst dann wieder schöpferischen und kämpferischen Gehalt im Sinne der elften Feuerbachthese, wenn das, was Freud so krampfhaft ausgespart hatte, kategorial wieder hinzugenommen wird, nämlich der Anteil der Arbeit an der phylogenetischen und ontogenetischen Menschwerdung.

Bevor wir uns gleich der großartigen Forschungsarbeit von Engels zuwenden, soll an einem kleinen Beispiel die Funktion der Arbeit bei psychischen Prozessen (hier beim Einprägen ins Gedächtnis) angeschnitten werden, um dem unwissenschaftlichen Spuk Grenzen aufzuzeigen, der immer dann herumgeistert, wenn geistige Vorgänge von äußeren abgeschnitten werden, um sie – scheinbar beherrschbarer – in der Menschen Innerlichkeit einzukapseln.

Dazu wird es nötig, zunächst (!) eine Trennlinie zwischen »Arbeit« und der reinen »Tätigkeit« zu ziehen. Und zwar nicht im einfachen Sinne der marxistischen Ökonomie oder anderer Arbeitslehren, sondern in Bezug auf die Psychologie. Um es einfach darzustellen: Ich stelle mir jeden Morgen eine Kaffeetasse hin – das ist eine Tätigkeit, aber gemeinhin noch keine Arbeit. Ich stelle einem Gast als Kellner eine Kaffeetasse hin – das ist eine Arbeit *und* eine Tätigkeit. Natürlich, weil sich in dem gesamten Café alles darum dreht, dass Gäste Kaffee trinken und dies den Umsatz ausmacht, aus dem der Lohn von mir als Kellner bezahlt wird. Dies stellt sich aber auch psychologisch in mir als Kellner anders dar. Ich nehme dann die Bedeutung des Hinstellens der Tasse verbunden mit impliziten Lohn- und anderen damit verknüpften Sozialerwartungen als einen gänzlich anderen, integralen Vorgang wahr, als bei mir zuhause. Derselbe Handgriff ist also im sozialen Komplex, in der Interaktion, psychologisch ganz anders vermittelt.

Wenn man die bürgerliche Psychologie anschaut, setzt sie diese beiden Vorgänge aber in den allermeisten Fällen äußerlich und innerlich gleich. Auch marxistische Ökonomen nehmen Tätigkeit oft nicht als psychologisch andere Realität wahr und Psychologen oft nicht als ökonomisch andere Realität.

Beispiele der Gedächtniseinübung zeigen, dass innerpsychische Vorgänge die äußere Ökonomie immer mitspiegeln. Demzufolge müssen viele Vorgänge und auch die erotischen Vorstellungen in zunächst als abstrus interpretierte, entlegenste Winkel vom Gesamtzusammenhang des Arbeitsprozesses mit diesem in Beziehung gesetzt werden. Sind z. B. die Arbeitsbedingungen extrem schlecht, weil es sich um eine vom Konkurs bedrohte Kaschemme an der letzten Straßenecke handelt, ist das Hinstellen der Tasse ein anderes, also auch eine andere psychologisch wahrgenommene Arbeit, als in einem Nobel-Café, in dem es tariflich mit der entsprechenden Gewerkschaft ausgehandelte bessere Bedingungen gibt.

Aber nicht nur die psychologische Einordnung in der sozialen Beziehung zum Individuum, das die Tasse hinstellt, ist hier von Interesse, sondern auch die prägende Wirkung. Wir nehmen dazu das Buch eines Experten, genauer gesagt des Gedächtnisweltmeisters von 2007, Gunther Karsten, zur Hand. Er gibt ein paar interessante Tipps, wie wir unser Gedächtnis stärken und Tricks, wie wir bestimmte Zahlen, Namen oder Sachverhalte besser im Gedächtnis behalten können.[21]

21 Karsten (2004), S. 83.

Zunächst empfiehlt er, dass wir uns einerseits die Tastatur eines Taschenrechners mit Ziffern und Sonderzeichen ins Gedächtnis rufen und andererseits eine herkömmliche Telefontastatur. Dies wurde mit zahlreichen Kandidaten durchprobiert. Nur 50 % konnten in der Regel die Telefontastatur korrekt wiedergeben und gar nur 20 % die des Taschenrechners, bzw. beides gegeneinander kontrastieren. Karsten erklärt dieses Phänomen folgendermaßen:

> Warum fällt uns diese Aufgabe so schwer, obgleich wir nach tausendfacher Wiederholung doch erwarten dürften, das Wissen auch parat zu haben? Die Antwort ist einfach: wenn Wiederholung unbewusst geschieht und nicht gleichzeitig eine geistige Verarbeitung oder Prozessführung des Lernmaterials abläuft, ist jede Sekunde des Lernens verschwendet.[22]

Ich fragte mich, ob die Verwendung des Wortes »unbewusst« hier nicht eine zu sehr nach Innen gewendete Beschreibung von psychischer »Abkehr« ist, die die Erwartung durch soziale Einbindung außer Acht lässt. Ich habe darum den gleichen Versuch mit jeweils zehn dreijährigen Kindern versucht, die weder eine Telefontastatur, noch einen Taschenrechner jemals in der Hand hatten. Ich versprach ihnen vorher ein Spielzeug, wenn sie sich das Gerät mit allen Einzelheiten richtig einprägen. Dann gab ich drei objektbezogene Aufgaben (simuliert diese oder jene Rechnung bzw. ruft die Nummern eurer besten Freunde an), ließ sie damit jeweils zwei Minuten selbstständig hantieren. Dann folgte eine Pause von 15 Minuten. Danach konnten zumindest sechs der Kinder die Tastatur des Taschenrechners und acht die des Telefons korrekt aufzeichnen. Dasselbe Experiment habe ich mit zehn Kindern versucht, die mehrfach mit beiden Tastaturen Aufgaben zu lösen hatten. Aber ohne eine prämierte Memorierungsvorgabe. Nach einer Stunde war das Ergebnis signifikant schlechter (2:4). Die Bedeutung und die Dotierung mit dem Geschenk hatten also die Disposition von der mechanischen Wiederholung bei der ersten Gruppe in eine Einprägung überführt. Somit war ihre Aufmerksamkeit vom reinen Spiel mit den Zahlen zum äußeren Bild und dessen Einprägung aufgestiegen. Während bei der zweiten Gruppe die mechanische Wiederholung mit einer anderen Erwartung, der des reinen Umgangs mit den einzelnen Zahlen, ausgestattet war. Das, was Karsten hier also »unbewusst« nennt, ist in Wirklichkeit mit der sozialen (in Falle meines ersten Experiments mit einer mit einem Geschenk verknüpften) Wirkerwartung

22 Ebd.

verbunden, also mit einer externen und nicht einer im einzelnen Bewusstsein liegenden Größe.

Wir sollten also neben der großen Volkswirtschaft und der kleineren Betriebswirtschaft auch den Begriff einer »individuellen« Ökonomie einführen, der die reine Tätigkeit – und als solche ist die Wiederholung zu verstehen – auch psychologisch von der Arbeit abtrennen hilft.

Um die vielen (wirklich empfehlenswerten) Tricks und Hinweise des Gedächtniskünstlers Karsten zusammenzufassen: immer ist eine Tätigkeit, die zwischen Metapher und Begriff verstärkend vermittelt, der Kern seiner Lernempfehlung. Die individuelle Ökonomie entscheidet mit über die Erinnerungsfähigkeit in Metaphorik und Begrifflichkeit. Demzufolge hält Karsten das Lernen durch »Wiederholung [...] für kaum erforderlich«. Ein vernichtendes Urteil für Hunderte von Jahren Schulpraxis! Wobei ich allerdings einem Kurzschluss widersprechen möchte, der vorschnell jegliche Wiederholung für unpädagogisch erklärt: Auswendiglernen ist nicht immer gleich Auswendiglernen. Ist eine bedeutungsschwere Beziehung zum auswendig gelernten Stoff hergestellt (etwa für die Schauspielbühne), kann die Wiederholung durchaus einen Lerneffekt ergeben.

Einprägen und Erkennen sind siamesische Zwillinge. Beide sind auf Vergangenheit angewiesen, wenn sie in die Zukunft wollen. Phylo- wie ontogenetisch entscheidet die Dialektik der Verallgemeinerungs- und der Gedächtnisfähigkeit die Schlacht um das Erkennen. Davon hängt ab, inwieweit aus der Tätigkeit Arbeit wird. Gunther Karsten gibt dazu ein paar technische Tipps, wie Gedächtnistätigkeit in Richtung Arbeit psychologisch vertieft werden kann. Was jeder vielleicht schon einmal versucht hat, nämlich ein Wort oder eine Nummer in die Luft zu schreiben, baut er in seinem Trickkasten aus. So zum Beispiel einzelne Zahlen eng mit ähnlichen Bildern zu verknüpfen (ein Bleistift als 1, ein Schwan als 2 usw.), um sich mittels einer Bildergeschichte längere Zahlen einzuprägen.[23] Seine Tricks habe ich teilweise recht erfolgreich ausprobiert und dabei festgestellt, dass sie eine Simulation von Arbeitsgriffen darstellen. In jedem Fall geht Merken nicht ohne erweiterte Fähigkeit. Erkennen ist ohne eine solche Gedächtnisfähigkeit unvorstellbar.

Wenn Friedrich Engels die Arbeit als Menschwerdung in Bezug auf Sprache, später Schreiben und sogar entsprechender physischer Genomik ausmacht, so muss in der Tätigkeit, besonders wo sie Arbeit wird, die sich zum Lernen hin entwickelt, immer auch die Bedeutung und damit die Rangfolge in der

23 Ebd., S. 91–96.

gesellschaftlichen Umgebung mitbewertet werden. Dabei rückt Engels die Hand an den Anfang. Deren Steuerung geht zur Verstandsentfaltung und sogar ins menschliche Erbgut über. Arbeitsmittel werden bei geübtem Gebrauch der Sinne »Organ der Arbeit [… und] *auch ihr Produkt.*«[24] Diese Grundtendenz zur Hand »als Ort der Handlung« hält bis in die nahezu vollständige Automatisierung und Roboterisierung den begrifflichen Zusammenhalt der Arbeitendenklasse als Antagonistin des Kapitals aufrecht. Denn wenn die Monopolkapitalisten – was nur hypothetisch vorstellbar ist – selbst die letzten Knöpfe drücken würden, wären diese nicht von ihnen gefertigt. (Abgesehen davon, dass Roboter ohne ein Quäntchen hinzugefügter lebendiger Arbeitskraft auch keinen Mehrwert abwerfen. Es wäre zwar die Mehrarbeit hinfällig, aber auch die Wertschöpfung ohne Zirkulation und Gewinn.)

Der sowjetische Psychologe Leontjew nannte die Entwicklung der Arbeit einen »von Anfang gesellschaftlichen Prozeß«[25] – im Unterschied zu allen tierischen Aktivitäten. Das Ich wird somit entbiologisiert und aus einer absoluten Autonomie geholt. Seine innerseelischen Bewegungen sind Resonanzen aus der Umgebung und antizipierte Einwirkungen auf die Umgebung. Es gibt schlussendlich keine einzige psychische Regung, die nicht aus Sozialität und Arbeit stammt: der Arbeit der Menschheit mit der nicht-menschlichen Welt, der Arbeit des Einzelmenschen an den von seinen Mitmenschen und Vorfahren gestalteten, ihm überlassenen Umständen, der Arbeit an der Gestaltung von Kooperation und Beziehungen zur gemeinsamen Realisierung gesellschaftlicher Praxis. Rein redundantes, etwa autistisches Bewegen ist noch keine Arbeit und erst in dem Moment, in dem sie Bedeutung für sich und damit auch für andere bekommt, also Gebrauchs- und (heute) Tauschwert produziert, wird sie zur individuellen Ökonomie und zur psychologisch relevanten Größe der Weiterentwicklung menschlichen Denkhandelns, das sich in Metaphern verstärkt und zu Begriffen verallgemeinert.

24 MEW 20, S. 445.
25 Leontjew (1973).

Der Anteil der Arbeit an der Menschwerdung des Affen – der Psychologe Friedrich Engels[26]

Die Arbeit ist die Quelle allen Reichtums, sagen die politischen Ökonomen. Sie ist dies – neben der Natur, die ihr den Stoff liefert, den sie in Reichtum verwandelt. Aber sie ist noch unendlich mehr als dies. Sie ist die erste Grundbedingung alles menschlichen Lebens, und zwar in einem solchen Grade, daß wir in gewissem Sinn sagen müssen: Sie hat den Menschen selbst geschaffen. [...] Wenn der aufrechte Gang bei unsern behaarten Vorfahren zuerst Regel und mit der Zeit eine Notwendigkeit werden sollte, so setzt dies voraus, daß den Händen inzwischen mehr und mehr anderweitige Tätigkeiten zufielen. Auch bei den Affen herrscht schon eine gewisse Teilung der Verwendung von Hand und Fuß. Die Hand wird [...] beim Klettern in andrer Weise gebraucht als der Fuß. Sie dient vorzugsweise zum Pflücken und Festhalten der Nahrung, wie dies schon bei niederen Säugetieren mit den Vorderpfoten geschieht. Mit ihr bauen sich manche Affen Nester in den Bäumen oder gar, wie der Schimpanse, Dächer zwischen den Zweigen zum Schutz gegen die Witterung. Mit ihr ergreifen sie Knüppel zur Verteidigung gegen Feinde oder bombardieren diese mit Früchten und Steinen. Mit ihr vollziehen sie in der Gefangenschaft eine Anzahl einfacher, den Menschen abgesehener Verrichtungen. Aber grade hier zeigt sich, wie groß der Abstand ist zwischen der unentwickelten Hand selbst der menschenähnlichsten Affen und der durch die Arbeit von Jahrhunderttausenden hoch ausgebildeten Menschenhand. Die Zahl und allgemeine Anordnung der Knochen und Muskeln stimmen bei beiden; aber die Hand des niedrigsten Wilden kann Hunderte von Verrichtungen ausführen, die keine Affenhand ihr nachmacht. Keine Affenhand hat je das rohste Steinmesser verfertigt. [...] So ist die Hand nicht nur das Organ der Arbeit, *sie ist auch ihr Produkt*. Nur durch Arbeit, durch Anpassung an immer neue Verrichtungen, durch Vererbung der dadurch erworbenen besonderen Ausbildung der Muskel, Bänder, und in längeren Zeiträumen auch der Knochen, und durch immer erneuerte Anwendung dieser vererbten Verfeinerung auf neue, stets verwickeltere Verrichtungen hat die Menschenhand jenen hohen Grad von Vollkommenheit erhalten, auf dem sie Raffaelsche Gemälde, Thorvaldsensche Statuen, Paganinische Musik hervorzaubern konnte.

26 MEW 20, S. 444–455.

Engels schreibt weiter:

> Aber die Hand stand nicht allein. Sie war nur ein einzelnes Glied eines ganzen, höchst zusammengesetzten Organismus. Und was der Hand zugute kam, kam auch dem ganzen Körper zugute, in dessen Dienst sie arbeitete – und zwar in doppelter Weise. [...]
>
> Weit wichtiger ist die direkte, nachweisbare Rückwirkung der Entwicklung der Hand auf den übrigen Organismus. Wie schon gesagt, waren unsre äffischen Vorfahren gesellig; es ist augenscheinlich unmöglich, den Menschen, das geselligste aller Tiere, von einem ungeselligen nächsten Vorfahren abzuleiten. Die mit der Ausbildung der Hand, mit der Arbeit, beginnende Herrschaft über die Natur erweiterte bei jedem neuen Fortschritt den Gesichtskreis des Menschen. An den Naturgegenständen entdeckte er fortwährend neue, bisher unbekannte Eigenschaften. Andrerseits trug die Ausbildung der Arbeit notwendig dazu bei, die Gesellschaftsglieder näher aneinanderzuschließen, indem sie die Fälle gegenseitiger Unterstützung, gemeinsamen Zusammenwirkens vermehrte und das Bewußtsein von der Nützlichkeit dieses Zusammenwirkens für jeden einzelnen klärte. Kurz, die werdenden Menschen kamen dahin, daß sie einander *etwas zu sagen hatten.* Das Bedürfnis schuf sich sein Organ: Der unentwickelte Kehlkopf des Affen bildete sich langsam aber sicher um, durch Modulation für stets gesteigerte Modulation, und die Organe des Mundes lernten allmählich einen artikulierten Buchstaben nach dem andern aussprechen.
>
> Daß diese Erklärung der Entstehung der Sprache aus und mit der Arbeit die einzig richtige ist, beweist der Vergleich mit den Tieren. Das wenige, was diese, selbst die höchstentwickelten, einander mitzuteilen haben, können sie einander auch ohne artikulierte Sprache mitteilen. [...]
>
> Die Rückwirkung der Entwicklung des Gehirns und seiner dienstbaren Sinne, des sich mehr und mehr klärenden Bewußtseins, Abstraktions- und Schlußvermögens auf Arbeit und Sprache gab beiden immer neuen Anstoß zur Weiterbildung, einer Weiterbildung, die nicht etwa einen Abschluß fand, sobald der Mensch endgültig vom Affen geschieden war, sondern die seitdem bei verschiednen Völkern und zu verschiednen Zeiten verschieden nach Grad und Richtung, stellenweise selbst unterbrochen durch örtlichen und zeitlichen Rückgang, im ganzen und großen gewaltig vorangegangen ist; einerseits mächtig vorangetrieben, andrerseits in bestimmtere Richtungen gelenkt durch ein mit dem Auftreten des fertigen Menschen neu hinzutretendes Element – *die Gesellschaft.* [...]

> Die Arbeit fängt an mit der Verfertigung von Werkzeugen. Und was sind die ältesten Werkzeuge, die wir vorfinden? Die ältesten, nach den vorgefundenen Erbstücken vorgeschichtlicher Menschen und nach der Lebensweise der frühesten geschichtlichen Völker wie der rohesten jetzigen Wilden zu urteilen? Werkzeuge der Jagd und des Fischfangs, erstere zugleich Waffen. Jagd und Fischfang aber setzen den Übergang von der bloßen Pflanzennahrung zum Mitgenuß des Fleisches voraus, und hier haben wir wieder einen wesentlichen Schritt zur Menschwerdung. Die *Fleischkost* enthielt in fast fertigem Zustand die wesentlichsten Stoffe, deren der Körper zu seinem Stoffwechsel bedarf; sie kürzte mit der Verdauung die Zeitdauer der übrigen vegetativen, dem Pflanzenleben entsprechenden Vorgänge im Körper ab und gewann damit mehr Zeit, mehr Stoff und mehr Lust für die Betätigung des eigentlich tierischen (animalischen) Lebens. Und je mehr der werdende Mensch sich von der Pflanze entfernte, desto mehr erhob er sich auch über das Tier. [...]

Und Engels schließt:

> Durch das Zusammenwirken von Hand, Sprachorganen und Gehirn nicht allein bei jedem einzelnen, sondern auch in der Gesellschaft, wurden die Menschen befähigt, immer verwickeltere Verrichtungen auszuführen, immer höhere Ziele sich zu stellen und zu erreichen. Die Arbeit selbst wurde von Geschlecht zu Geschlecht eine andre, vollkommnere, vielseitigere. Zur Jagd und Viehzucht trat der Ackerbau, zu diesem Spinnen und Weben, Verarbeitung der Metalle, Töpferei, Schifffahrt. Neben Handel und Gewerbe trat endlich Kunst und Wissenschaft, aus Stämmen wurden Nationen und Staaten. Recht und Politik entwickelten sich, und mit ihnen das phantastische Spiegelbild der menschlichen Dinge im menschlichen Kopf: die Religion. Vor allen diesen Gebilden, die zunächst als Produkte des Kopfs sich darstellten und die die menschlichen Gesellschaften zu beherrschen schienen, traten die bescheidneren Erzeugnisse der arbeitenden Hand in den Hintergrund; und zwar um so mehr, als der die Arbeit planende Kopf schon auf einer sehr frühen Entwicklungsstufe der Gesellschaft (z. B. schon in der einfachen Familie) die geplante Arbeit durch andre Hände ausführen lassen konnte als die seinigen. Dem Kopf, der Entwicklung und Tätigkeit des Gehirns, wurde alles Verdienst an der rasch fortschreitenden Zivilisation zugeschrieben; die Menschen gewöhnten sich daran, ihr Tun aus ihrem Denken zu erklären statt aus ihren Bedürfnissen (die dabei allerdings im Kopf sich widerspiegeln, zum Bewußtsein

kommen) – und so entstand mit der Zeit jene idealistische Weltanschauung, die namentlich seit Untergang der antiken Welt die Köpfe beherrscht hat. Sie herrscht noch so sehr, daß selbst die materialistischsten Naturforscher der Darwinschen Schule sich noch keine klare Vorstellung von der Entstehung des Menschen machen können, weil sie unter jenem ideologischen Einfluß die Rolle nicht erkennen, die die Arbeit dabei gespielt hat. […]
Es versteht sich übrigens von selbst, daß es uns nicht einfällt, den Tieren die Fähigkeit planmäßiger, vorbedachter Handlungsweise abzustreiten. Im Gegenteil. Planmäßige Handlungsweise existiert im Keime schon überall, wo Protoplasma, lebendiges Eiweiß existiert und reagiert, d. h. bestimmte, wenn auch noch so einfache Bewegungen als Folge bestimmter Reize von außen vollzieht. Solche Reaktion findet statt, wo noch gar keine Zelle, geschweige eine Nervenzelle, besteht. Die Art, wie insektenfressende Pflanzen ihre Beute abfangen, erscheint ebenfalls in gewisser Beziehung als planmäßig, obwohl vollständig bewußtlos. Bei den Tieren entwickelt sich die Fähigkeit bewußter, planmäßiger Aktion im Verhältnis zur Entwicklung des Nervensystems und erreicht bei den Säugetieren eine schon hohe Stufe. Auf der englischen Fuchsparforcejagd kann man täglich beobachten, wie genau der Fuchs seine große Ortskenntnis zu verwenden weiß, um seinen Verfolgern zu entgehn, und wie gut er alle Bodenvorteile kennt und benutzt, die die Fährte unterbrechen. Bei unsern im Umgang mit Menschen höher entwickelten Haustieren kann man tagtäglich Streiche der Schlauheit beobachten, die mit denen menschlicher Kinder ganz auf derselben Stufe stehn. Denn wie die Entwicklungsgeschichte des menschlichen Keims im Mutterleibe nur eine abgekürzte Wiederholung der millionenjährigen körperlichen Entwicklungsgeschichte unsrer tierischen Vorfahren, vom Wurm angefangen, darstellt, so die geistige Entwicklung des menschlichen Kindes eine, nur noch mehr abgekürzte, Wiederholung der intellektuellen Entwicklung derselben Vorfahren, wenigstens der späteren. Aber alle planmäßige Aktion aller Tiere hat es nicht fertiggebracht, der Erde den Stempel ihres Willens aufzudrücken. Dazu gehörte der Mensch. […]

Persönlichkeit auffächern – Leerstellen in marxistischen Lehrställen schließen

Der Marxismus hat gemeinhin vor allem zwei »weiße, offene Stellen«, erstens in der Annahme von einem monolithischen Staatsapparat, ohne dessen innere Widersprüche bei Machtentfaltung zu erkennen und darum seine Kompromisssuche wahrzunehmen (dazu habe ich bereits zwei respektvolle Kritiken an Lenins Schwächen in dessen Buch »Staat und Revolution« geschrieben[27]). Die zweite Leerstelle betrifft die Annahme der Persönlichkeit als nur linear aus dem objektiven Ganzen abgeleitetes subjektives Abbild, einer Psyche, die nicht mehr ist als eine subjektiv abweichende Anwandlung, welche zumeist das Erkennen und Aussprechen der korrekten Klasseninteressen behindere.

Sicher wurde die Persönlichkeit schon früher marxistisch beleuchtet. So bewertete der russische SP-Führer Georgi Plechanow in seinem berühmten Buch »Über die Rolle der Persönlichkeiten in der Geschichte« die führende »Persönlichkeit« als mit den historischen Linien populär eine besondere Schnittstelle markierend und entfaltet, um in einer bürgerlichen Gesellschaft hegemonial werden zu können. Nach innen muss sie meist einen Kompromiss der Klassen formulieren. So heißen diese Persönlichkeiten bei Gramsci »organische Intellektuelle«. Das kann auch ein aus dem Kleinbürgertum vom Proletariat ausgeliehener Dichter sein, der zur Wirkmacht beide Sichten verbindet. Nach außen braucht diese führende Persönlichkeit eine zündende Formbestimmtheit, das Charisma ihrer punktuell kompromisslosen Entschiedenheit.

Viele Aussagen von Plechanow – gerade zum Mythos der Persönlichkeit – sind nach vorne zu entschlüsseln, ohne den historischen und dialektischen Materialismus verlassen zu müssen, gerade wo Plechanow kritisch mit der bürgerlichen Überhöhung der Persönlichkeit in Geschichte und Politik verfuhr. Er ging fünf Fragen nach: 1. Persönlichkeit und Notwendigkeit; 2. die Persönlichkeit und die objektive Gesetzmäßigkeit des historischen Prozesses; 3. Persönlichkeit und historische Zufälligkeit; 4. die Persönlichkeit und die Entwicklung der Produktivkräfte und der gesellschaftlichen Beziehungen; 5. die aktive Rolle der Persönlichkeit in der Entwicklung des geschichtlichen Geschehens.

Scharfsinnig zerlegte er die Neukantianer Simmel, Stammler und andere zugunsten der marxistischen These über das Verhältnis von Freiheit und Notwendigkeit und betonte, dass das freie Handeln der Persönlichkeit der konkret bewusste und freie Ausdruck einer allgemeinen Notwendigkeit ist. Auch hier greift sich die Gesellschaft die Biologie des Einzelnen und nicht umgekehrt. Das Bewusstsein von der jeweiligen Notwendigkeit macht die Persönlichkeit temporär zu einer gesellschaftlichen Kraft. Plechanow: »… jedes Talent, das zur *gesellschaftlichen* Kraft geworden ist, [ist] *ein Resultat der gesellschaftlichen Verhältnisse.*« Dazu

27 Vgl. Dehm, Diether (2021): Den Staat neu denken, Zeitschrift Z 2021, Heft Nr. 128, S. 131–139./Freidenker 3–21, September 2021: Staat und Klassenkampf, S. 33–52.

durchläuft jede Persönlichkeit verschiedene Entwicklungsetappen bis zu ihrer Wirkmacht. Sie erreicht notwendigerweise jene Bewusstseinsstufe der unmittelbaren Abhängigkeit von diesen Verhältnissen, die allgemein »Ideologie« genannt und als solche oft nur als »falsches Bewusstsein« herabgestuft wird.

Der zu früh verstorbene marxistische Philosoph Werner Seppmann forderte in dem Buch »Über Marxismus und Ideologie«, »gegen die Abwärtsspirale des zynischen Sozialdarwinismus« als Ideologie des Neoimperialismus »eine gestiegene Anforderung an die ideologische Vorwärtsverteidigung«. Im gleichen Buch schreibt Thomas Metscher von einer »Rebarbarisierung«. Zu dieser seelischen Innenarchitektur des Imperialismus, dessen rechtspopulistische Kompensationsversuche (Trump, Le Pen, Höcke, Grillo, Bolsonaro etc.) er historisch originell einordnet (Antonio Gramsci: »Die Krise besteht genau in der Tatsache, daß das Alte stirbt und das Neue noch nicht geboren werden kann«), zählt Metscher auch »die Rücknahme der bürgerlichen Klassik«.

Somit sind alle irrationalen und religiösen Vorhaben aufzudecken, mit denen neoimperialistische Kapitalinteressen via Eliten und medialen Kasten die breite Mehrheit der Weltbevölkerung als »bildungsfern und xenophob«, also minderwertig, ausmacht und unter sich zu stellen versucht. Der wirkliche Humanismus ist gründlicher. 1940 hatte Brecht »Über Deutschland« geschrieben: »Nur der Abschaum der Generäle [...], die Fabrikherren und Börsenmakler [...], das Geschmeiß der Ausbeuter [...] sollen verschwinden.«[28] Aber wie fein war sein Wort für die unten, die Beherrschten, als er der Mutter Wlassowa vom Klassenmord an ihrem Sohn mitteilen ließ: »Nicht einmal die auf ihn schossen/ waren andere als er/ und nicht ewig auch: unbelehrbar.«[29]

Hier wird ein Blick auf den Begriff der »Ideologie« hilfreich. Einerseits wird dieser in mehrheitlicher Konnotation nur als falsch(gemacht)es Bewusstsein betrachtet. Er wird demzufolge negativ determiniert, triebe Ideologie so in Xenophobie und Bildungsferne. Andererseits ist Ideologie jene Etappe, die – oft unterschätzt – das notwendig falsche Bewusstsein durchlaufen muss, bevor es an revolutionärem Denken auch nur schnuppern darf. Das Allermeiste, was sich über den Alltagsanblick erhebt, braucht vorher Augenhöhe mit ihm. Am eigenen Leib muss es erfahren, was das Fesselnde war, das es lockern möchte, um es zu begreifen. »Ideologie« muss also auch von ihrer produktiven Seite gesehen werden, wenn auch die Philosophie sich über die Ideologie erhebt, wie das Bewusstsein

28 Brecht GW Suhrkamp 67; Bd. 9, S. 752.
29 Brecht, S. 466.

sich über das Unterbewusstsein und die geglückte Tat sich über eine ungelöste Aufgabe erheben und entfalten kann. Das philosophische Arbeiten hebt die Ideologie auf, ohne auf sie ganz und gar verzichten zu können. Auch hier bedarf der Fortschritt des Rückstands, indem er ihn exakt berücksichtigt.

Marx bezeichnet in der »Deutschen Ideologie« dieselbe als ein wechselseitiges Bedingungsverhältnis von menschlicher Praxis und den objektiven Sozialverhältnissen von objektiven Strukturen und subjektiven Reaktionsmustern, die immer im dialektischen Zusammenhang gehalten werden müssen, will man sich ihnen theoretisch nähern. Werner Seppmann, Schüler Leo Koflers, stimmt sogar mit Adorno überein, dass die ideologischen Vermittlungssysteme heute historisch beispiellos seien – allem Gerede vom »Ende der Ideologien« zum Trotz. Ideologie bestimmt in unseren Tagen sowohl den Zustand des Bewusstseins als auch des Unbewusstseins der Massen »als objektiver Geist«. Es handelt sich also um ein Verständnis der Vermitteltheit sämtlicher Bewusstseinsprozesse. Einige davon hatten die Freudianer aus ihrer Unterbewusstseinskonzeption ausgliedert und abgespalten, auch, weil diesen Geistesprozessen logisch besonders schwer auf die Schliche zu kommen ist. MarxistInnen hatten sich lange damit abgefunden und das Unterbewusstsein als eine Komponente der Ideologie entweder übernommen oder abgelehnt (freilich auch selbst aus jeweils ideologischen Gründen). Besonders misslich aber war die Ausgrenzung, die Freud vornahm, als er die Kategorie der Arbeit mutwillig von seiner Hypnosecouch fernhielt. Nicht nur Freud ahnte sich mehr ins Unterbewusstsein hinein, als dass er analytisch hinein forschte. »Psychoanalyse« versprach mehr, als sie zu halten vermochte. Der frühere Marxismus beließ es bei der Ahnung, es könnte so etwas wie ein Unterbewusstsein eventuell geben, aber passender wäre, es gäbe nur Bewusstsein, richtiges oder falsches. Als gäbe es Sprechen nur dumm gelallt oder klug elaboriert – und nix dazwischen.

Vorläufig hemmt uns die Ignoranz gegenüber dem Unterbewussten genauso wie seine spekulative Vergötzung. Beide Seiten erstarrten in einem umnebelten Stellungskrieg. Bewegung in die Fronten kommt erst mit dem Fingerspitzengefühl anzweifelnder (Selbst)Beobachtung. Aber auch wenn wir zunächst darauf angewiesen sind, eine tastende Methode zu finden, um Komponenten des nicht versprachlichten/weniger bewussten in Sprache fassen zu können: Am Ende steht mit Sève eine neue »Theorie der Persönlichkeit«. Beim Aufspüren und der notwendig zu leistenden genaueren Betrachtung der Verwobenheit übergeordneter historisch-sozialer mit den individuell untergeordneten Konflikten hilft auch der Verweis und das Studium des Werks von Klaus Holzkamp.

Mit dem Herausarbeiten von nicht versprachlichten, also weniger bewussten, »Bedeutungen« sprengt Holzkamp das für Lernen des Menschen durch Pawlow vom Hund abgeleitete Konstrukt des konditionierten Reflexes, wie z. B. ein roter Fleck an einem Insekt, der Aggression bedeutet. Zwar bedeutet der Futtergong beim Hund das, was den Speichelfluss bewirkt: das Schmackhafte. Aber die wahre Bedeutung weder des Futters, noch des Gongs und auch nicht die Beeinflussungsoptionen vermag der Hund selbst zu setzen. Klaus Holzkamps »Kritische Psychologie« geht kritisch nicht nur gegen das »Innere« der »Versuchsanordnung« »Lernen – Verstärkung – Mehrlernen« und den damit bürgerlich als sakrosankt gesetzten Lernstoff vor, sondern gegen die gesamte Versuchsanordnung selbst, mit ihrer autokratischen Dichotomie. Der Versuchsleiter ist dabei nämlich immer auch Teil des konkreten Versuchs.

Die Bedeutung des Helleren, das der Fisch aus der Tiefe erblickt und damit essbares Plankton verbindet, ist ebenfalls linear und kann also nicht wirklich als »begriffen« durch den Fisch eingeschätzt werden, wie das dem Lernen von Menschheit und Mensch zusteht. Dank seiner Gemeinschaftlichkeit vermag der Mensch nicht nur Zeichen zu setzen, sondern im Miteinander Deutungen daran und deren Entsprechung in der Umgebung zu ändern.

Holzkamp betont immer wieder die bewusste Vorratsschaffung von Nahrung und vor allem die bewusste Herstellung von Werkzeugen für den späteren Fall der Nahrungsnot als die Basis der Lernfähigkeit des Menschen, womit dieser als »einziges Tier« sich physiologisch »vergesellschaften« kann. Die deshalb sich entwickelnde Sprache und das Schreiben plus die dafür nötigen biologischen Voraussetzungen von Hand, Kiefer und Kehlkopf machen es ihm möglich, sein Wissen außerhalb des Kopfes »abzulegen«. Wissensentwicklung ist also nicht mehr nur auf Erbinformationen angewiesen. Diese bleiben zwar die biologisch grundlegende Basis der gesellschaftlichen Entwicklung der Fähigkeiten, nur eben bei reduzierten Instinkten und höherer Erkenntnis von Bedeutungen und ihren begrifflich abstrahierten Zusammenhängen.

»Gesellschaft« hat eine Art von gemeinsam ausgelagertem, zugänglichem Wort- und Erkenntnisschatz, die eine gewisse Ähnlichkeit mit dem »Cloud-System« im Internet aufweist und eigenständige Gesetzmäßigkeiten hervorbringt. Der Homo sapiens war als Jäger und Treiber, bzw. Sammler für sein Überleben auf einfache Kooperation zwingend angewiesen. Mit dem von ihr erzeugten Mehrprodukt wird Gesellschaft dann nicht mehr zum reinen Kampf ums Dasein. Gesellschaft kennzeichnet sich aus dem »Kampf gegen den Kampf ums Überleben« (Holzkamp). Dafür wird die produktive Basis geschaffen und Vorratshaltung für den individuellen Menschen und die Menschheit als Ganzes dadurch möglich. So wird ein reproduktionsfähiges System erzeugt, in dem die Einzelnen nicht, wie in der frühmenschlichen Kooperationsform als Jäger und Treiber, einander fest verkettet sind, sondern freier. Sie können sich einfinden, um einen unmittelbaren Beitrag zum Mehrprodukt zu leisten oder es vorübergehend nicht tun. Sie können sich auch gar nicht dazu verhalten.

Materielle Vorräte ermöglichen und erzwingen die Entwicklung geistiger Vorräte. Diese der gesellschaftlichen Form zu verdankende Freiheit gerät allerdings mit dem System der privaten Aneignung von Werkzeug, Nahrung und Mehrprodukt an neue Grenzen. Die Psyche entwickelt sich als Keimform laut Holzkamp bereits im Tierreich, wenn beispielsweise der Fisch nicht direkt die Bedeutung des Planktons erfasst, sondern indirekt über die Bedeutung der »vermittelnden« Helligkeit. Im phylogenetischen Entwicklungsprozess treten die eigentlichen biologischen Reizreflexe allmählich zurück. Neben dem Denken entwickelt sich die ästhetische Vorstellungskraft – und somit auch Lüste und Genuss. Spätestens mit dem Privateigentum geraten die Lüste aber an eine hemmende Grenze, die Staat und Gesellschaft normieren. Das kapitalistische Enteignungsregime korrespondiert notwendigerweise mit den Gehemmtheiten seiner sozialen Untertanenproduktion. Ihr gegenüber stehen die subjektiven Komplexe aus evasionistischer Ästhetik, religiösen Idyllen und Ablenkungen, aber auch aus Widerspruch und Widerstand sowie realistischer Kunst. Beide Komplexe sind weder im einzelnen Menschenkopf noch in den »ausgelagerten Archiven« einer Klasse strikt voneinander getrennt vorfindbar.

Jede Gegenwehr bedarf zu ihrem Fundus einer Gegenwelt in den Vorstellungen. Widerständige Phantasie und Aktion, Gegenwelt und Gegenwehr korrespondieren miteinander, wobei der Grad der Abwesenheit religiöser Gegenwelten und der Anwesenheit eines dialektischen Realismus über die Erfolgsaussichten der Gegenwehr entscheidend sind. In jedem Fall aber haben Gegenwelt und Gegenwehr auch ihre spontanen Artikulationen. So tendiert jegliche Ausgelassenheit im Gebrauch der Lüste, jede Feier und Hemmungslosigkeit der Kunst, jede pornographische Vorstellung in eine latente Antipode zur Entfremdung. Aber, wie das so mit subkutanen Tendenzen ist: Sie dominieren selten ohne organisiertes Zutun. Darum muss die Linke konzeptionell enthemmen helfen. Denn wir sind ja ohnehin immer Beteiligte. Es fällt ja selbst dem Theoretiker schwer, sich Lüsten mit Distanz zu nähern, als Unversuchter daran Versuche durchzuführen, die Lust also ohne die eigene Lust und die Hemmung nur als das Leben der Anderen zu beurteilen.

Erkenne Dich selbst (an und mit anderen)

Bei unseren Klassikern kommt (wie gesagt: leider) das Feld »Sexualität« (allenfalls prüder als »Liebesverhältnisse«) nicht direkt vor. Nur die von ihnen empfohlene Belletristik (Goethe, Heine, Balzac, Tolstoi) nährt das Feld der »Liebe« – und nährt sich davon. Gleichwohl ist das Feld von der materialistischen Theorie so unterbelichtet wie von bürgerlichen Seelenspekulanten egovergötzend, freudianisch und naturpositivistisch überbevölkert.

Einige Unterhaltungskünstler haben hier mehr Deutungen beigesteuert als die meisten Marxisten. Man könnte nun aus lauter Verzweiflung das Feld, wie ein Schachbrett, umwerfen, bis alle Figuren unter den Tisch gepurzelt sind: »Aus den Augen, aus dem Sinn mit dieser Psyche und ihrer Sexualität!«. Man kann sich aber auch in der Perspektive einer dialektisch-realistischen Theoriebildung mit der wenigen Literatur dazu und mit Eigenbeobachtungen und Gesprächen mit Vertrauten befassen. Im Unterschied zur marxistischen Ökonomie vermag die materialistische Psychologie viel mehr von der Eigenbeobachtung zu profitieren und ist auf ein kritisch tastendes Annähern anstatt auf gesicherte Empirie angewiesen.

Albert Einstein soll erste Fragestellungen, die ihn zur Raum-Zeit-Delle führten, an den Glockenklängen seiner Heimatkirche erlauscht haben. In seinem Tagebuch steht:

> Ich saß auf meinem Sessel im Berner Patentamt, als mir plötzlich folgender Gedanke kam: »Wenn sich eine Person im freien Fall befindet, dann spürt sie ihr eigenes Gewicht nicht.« Ich war verblüfft. Dieser einfache Gedanke machte auf mich einen tiefen Eindruck. Er trieb mich in Richtung einer Theorie der Gravitation.[30]

Werner Heisenberg sprach über ein Treffen mit Lord Rutherford und anderen Atomphysik-Koryphäen im Ferienhaus des dänischen Nobelpreisträgers Niels Bohr im Sommer 1935: »Wir haben auf dem Strahl dieses Springbrunnens oft Tischtennisbälle tanzen lassen und uns dann über die physikalischen Ursachen dieses Vorgangs unterhalten.«[31]

30 Das erzählte Albert Einstein 1922 in einer Vorlesung an der japanischen Universität von Kyoto, https://www.wissenschaft.de/allgemein/wie-kam-einstein-auf-die-allgemeine-relativitaetstheorie

31 Heisenberg (1973), S. 185.

Und da sollten wir uns nicht über die biografischen Verknotungen unserer Psychen gegenseitig und aneinander mehr Aufschluss verschaffen? Letztendlich werden wir Selbstbeobachtungen auf vielen Feldern der Therapie brauchen, der Medizin (gerade gegen herrschende Coronalügen), des Sports, des Gebrauchs der Lüste und Drogen, der Ernährung, des Schlafs u. ä. Diese Eigenbeobachtungen werden durch gezielte Fragestellungen stimuliert, die längst (z. B. in einem neuen Unterrichtsfach »Psychosomatik und Drogenkunde« und in Parteiversammlungen) von Jugend an eingeübt werden müssten, um dem lernarmen Getwitter und Geposte sinnvoll vernetztes Erkennen zu eröffnen.

Zunächst geht es also um eine Art zugespitzter, empirischer Spekulation und noch nicht sofort um eine letztendlich angestrebte wissenschaftliche Fortschreibung. Warum sollen in diesem Zusammenhang kommunizierte Selbstbeobachtungen keine seriöse Forschung und Empirie ergeben? Wenn ich im traditionellen Wissenschaftsbetrieb zehn ähnliche Leute einer experimentellen Befragung unterziehe, kann ich – besonders nach längerem Leben und geschulter Selbstkritik – doch genauso gut auch selbst an mir zehn oder ähnliche Anordnungen überprüfen und diese Eigenbeobachtungen mit anderen von Zeit zu Zeit austauschen – was im Übrigen auch dem Kern der »Kritischen Psychologie« als Wissenschaft vom Subjektstandpunkt nahekommt. Vorausgesetzt, es sind allgemeine Regeln vereinbart, kann sich daraus ein kenntnisreicheres Gesellschaftsspiel ergeben als die allermeisten Poesiebucheinträge auf Facebook. Solche Vernetzung verschieden biografischer Intimdaten könnte sich auch (selbst)kritisch verbreiten lassen.

Der in diesem Zusammenhang oft zitierte Empiriker Kinsey, über den T. C. Boyle den empfehlenswerten Roman »Dr. Sex« geschrieben hat, gab mit seinen Reports vor, von vorneherein nur additiv beobachtend zu arbeiten. (Überwiegend hatte er es mit eher randständigen Phantasien zu tun.) Aber es ging in den »Kinsey-Reports« nicht nur um die biologisch vollzogene sexuelle Handlung, sondern auch um die pornographische Vorstellung, aber nur so weit, als diese Phantasien später eine reale sexuelle Handlung motivierten. Leider untersuchten die Kinseys diese Phantasien nicht für sich genommen, sondern vorwiegend als Antizipation des darauffolgenden sexuellen Vollzugs und kaum in Hinblick auf das, was an Sozialem in ihr angelegt sein mochte. Gleichwohl war Kinsey sehr auf Rezipientenhilfe bei seinen empirischen Arbeiten angewiesen. Vieles muss so notwendigerweise steckenbleiben in Propädeutik und Spekulation. Denn einen inneren sozialen Kern konnten die Kinsey-Reports den erotischen Phantasien nicht abgewinnen. So wenig wie ein Schlaflabor, das den biologisch bestimmbaren Wirkungsgrad eines Aphrodisiakums (etwa Triebbeschleunigung durch

Hormoneinnahme) der »Drive-Gefühle« quantitativ misst, ohne den Zusammenhang zwischen der jeweilig gesellschaftlichen Erotik jener Vorstellungen und den mit dem Aphrodisiakum verbundenen Träumen genauer zu betrachten. Weder Biologie noch Philosophie haben sich mit den Metaphern bei Vor- und Nachspielen eines Beischlafs auch nur beschäftigt.

Um mich dem inneren Gehalt von Vorstellungen und Assoziationen sowie deren Herkunft und Antriebsrichtung anzunähern, müsste auch ich, wie die Kinseys, die Leser in einem Chat-Forum um Zuarbeit bitten. Die Methode, kritisch mit den Selbstbeobachtungen umzugehen, vermag sich dann später einer wissenschaftlichen Überprüfbarkeit aussetzen. Zunächst aber muss ihre Empirie reichhaltig werden. So lange handelt es sich, will man von der individualistischen Vergötzung des Frühkindlichen bei Freud und von einer kollektiviert-biologistischen Archaik des »Naturmenschen« loskommen, um zur gesellschaftlichen Natur des Menschen aufzuschließen, noch um Ästhetik.

Ästhetik (eigentlich: Erkennen im ästhetischen Nachbauen) behandelt und verarbeitet dieselben Phänomene der realen Welt wie das wissenschaftlich theoretische Nachrechnen. Nur mit entgegengesetzten Methoden: Metaphorisieren und Begriffsbildung. Beide kommen aber prinzipiell ohne einander nicht aus. Im individuellen wie im kollektiven Erkenntnisvorgang korrespondieren räumliches Nachbauen mit dem Errechnen der stofflichen Welt so eng und dialektisch, wie Erscheinung mit Wesenszügen. (Marx schreibt auf Seite 825 im 3. Band des »Kapital«, »alle Wissenschaft wäre überflüssig, wenn die Erscheinungsform und das Wesen der Dinge unmittelbar zusammenfielen«.)

In der Erforschung des Traums, der Erotik und der Pornographie liefert zunächst die Ästhetik jene Empirie, ohne die hier die Sozialwissenschaft gar nicht entstehen kann. Spätestens seit Hegels »Phänomenologie des Geistes« und seinen Ästhetikvorlesungen ist klar, dass Ästhetik – Weltgeist hin, Weltgeist her – eine historische Formation darstellt, die die stoffliche Entwicklung spiegelt, damit also ganz in einer gesellschaftlichen Beziehung bleibt. Das betrifft auch die Ästhetik der pornographischen Bilder und Vorstellungen. Denn auch sie sind Resultanten des historischen Lebens.

Wissenschaft und Ästhetik – Antipoden des Erkennens

Die materialistische Erkenntnistheorie spricht von beidem: vom Wahrnehmen jeglicher Materialität a) durch das Individuum und b) durch die gesamte Gattung als kulturelle, aber klassenspezifische Leistungen. Der Mensch ist das einzige Lebewesen, das die Materialität nicht nur in Abstraktion begreift, sondern auch in einem sich ständig entfaltenden »Archiv« (~Cloud) außerhalb des wahrnehmenden Kopfs abzulegen in der Lage ist: in Kultur und vor allem in Sprache. Bei Hegel sowie den dialektischen Materialisten ist die erkennende Geistesbewegung untrennbar mit der Erkenntnis von Widersprüchen verbunden. Aber während Hegel diese Dialektik körperlos fasst, sehen die materialistischen Dialektiker die Widersprüche in der menschlichen Wahrnehmung als Teil, Spiegel und Motor der den Menschen einschließenden Materie und deren widerspruchgetriebenen Bewegungen.

Bei den idealistischen und auch bei materialistischen DialektikerInnen gleichermaßen klafft ein Gefälle zwischen Begriffenem und Empfundenem, wobei dem Begriffenen eine Priorität beim Erkennen eingeräumt wird. Um die Unterschiedlichkeit zwischen »Empfindung« und »Begriffenem«, also Begreifen und Empfinden auch psychologisch zu erfassen, sollten wir uns mit den tiefschürfenden Auseinandersetzungen Lenins mit Hegel, Aristoteles, Epikur, Heraklit (»alles fließt«) etc. in seinem »Philosophischen Nachlaß« beschäftigen. Dort zitiert Lenin – weitgehend zustimmend – Aristoteles aus dessen »Anima II«, die Empfindung sei »die Aufnahme der empfundenen Formen, ohne die Materie […] wie das Wachs nur das Zeichen des goldenen Siegelringes an sich nimmt, ohne das Gold selbst, sondern rein seine Form.«[32]

Lenin mokiert sich hernach über Hegel, der gegen Aristoteles und dessen Wachsvergleich argumentiert und Seele plus Ideenwelt quasi davor in Schutz zu nehmen sucht, bloß passives Wachs zu sein und nur von außen die Bestimmungen zu erhalten. Die Idealisten überbewerteten halt die Seele, sähen die Seele als autonomes Inneres, nicht als Resultat von außen. Zudem: Aristoteles, den Lenin hier gegen Hegel in Schutz nimmt, hätte nämlich geschrieben, die Seele sei gar nicht so passiv, denn sie »verwandelt die Form des äußeren Körpers zu ihrer eigenen«.[33]

32 LW 38, S. 276.
33 Ebd., S. 277.

Für den dialektischen Materialismus wird das Ich von außen erzeugt und nur zu einer relativen Unabhängigkeit hochgearbeitet. Die Erkenntnis wird von außen (oft durch Problemlösungen, wie ökonomische Notwendigkeiten) inspiriert und zur begreifenden Verarbeitung angetrieben. Für die idealistischen Dialektiker sind das Ich und die stoffliche Realität, die es wahrnimmt, zwei unabhängig voneinander miteinander kommunizierende Größen. Zwei Uhren quasi, die in rätselhaftem Gleichklang ticken. Es bleibt nur die Frage: Wer hat die beiden Uhren aufeinander eingestellt? Und schon ist der Idealismus, nolens volens, in der Religion gelandet. Hegel zitiert die berühmte Definition, dass die Wahrheit »Übereinstimmung des Gegenstandes und des Bewusstseins« sei, sieht dazu aber die Bewusstseinstätigkeit als rein internen Vorgang im Denken, als Abgleich von einer Vorstellung mit einer anderen Vorstellung. Weshalb, so Lenin, der Idealist Hegel »ernstlich [dachte], daß der Materialismus als Philosophie unmöglich sei«.[34] Dass es also unmöglich sei, die Seele als abhängig von außen zu begreifen (auch bei all ihrer eingeschränkten Unabhängigkeit beim Begreifen und Begriffe bilden). Dass die Seele in ihrer Letztendlichkeit kein Bestandteil und kein Ergebnis der historischen Gesamtprozesse sei – sondern eine Art autonom (von wem?) implantiertes Fluidum.

Mit dieser absoluten Ablösung der (erkennenden, empfindenden) Seele von der Materie bleibt Hegel Idealist und Mystiker. Lenin findet an andrer Stelle aber auch andere, gegenläufige Zitate Hegels: »›In der Natur‹ existieren die Begriffe nicht ›in dieser Freiheit‹ (in der Freiheit des Denkens und der Phantasie des *Menschen*!!). ›In der Natur‹ haben sie, die Begriffe, ›Fleisch und Blut‹.« Dieses Hegelzitat kommentiert Lenin: »Das ist ausgezeichnet! Aber das ist ja eben Materialismus. Die Begriffe des Menschen sind die *Seele* der Natur – das ist nur eine mystische Umschreibung dafür, daß sich in den Begriffen des Menschen die Natur in *eigentümlicher Form* [...] und *dialektisch*!! [...] widerspiegelt«.[35] Zwei Seiten zuvor kommentiert Lenin: »Dialektisch ist nicht nur der Übergang von der Materie zum Bewußtsein, sondern auch von der Empfindung zum Denken etc.« (Man merke sich die Unterscheidung von »empfinden« und »denken«!)

Im Gefälle, also in der Abwertung der Empfindung gegenüber dem Denken, liegt allerdings bei vielen Hegelianern und Marxisten ein gemeinsamer Webfehler, weil die Erkenntnisbewegung überwiegend zur Wissenschaft tendiert. So als ob der geistige Fortschritt autonom zu einem höheren Ziel tendiere, etwa zur Aufklärung. Dabei ist Erkenntnis erst einmal widrigen Umständen geschuldet, die sie

34 Ebd., S. 265.
35 Ebd., S. 273.

praktisch zu mildern sucht. Was hier lösungsstrategisch weiterhilft, wird Bildung. Was aber nicht weiterhilft, wenn die Umstände widrig bleiben, bleibt lediglich Abbildung, nicht begriffen, aber in der Psyche abgelegt. Beide, das Sprachgewordene und das traumatisch zunächst Verdrängbare, bleiben Abbildung derselben materiellen Wirklichkeit.

Die aufklärungs- und fortschrittsfixierten Erkenntnistheoretiker neigen zu dem Trugschluss, die Empfindung und ihre Relevanz für die Persönlichkeitsentwicklung für gering einzuschätzen, statt dabei von biografischen und historischen Schwankungen auszugehen. Die Ästhetik, also auch die Kunst, ist ein von der Wissenschaft abgespaltener Empfindungs»parkplatz«, der aber umso notwendiger mit der Sprachlogik in eine dialektische Korrespondenz zu bringen ist. Um diese unterschiedlichen, schwankenden Bewegungen des Hirns nachzuzeichnen, bedarf es für Aufklärungsbewegungen einer Arbeit an und mit der Kunst, die nicht nur der Rolle einer schönen Beigabe, sondern einer ebenso gleichwertigen Erkenntnisbewegung der Gattung entspricht wie die Wissenschaft.

Die Weltdeutung kann nicht nur Widerspiegelung der einen Richtung Wissenschaft sein. Weil das Bewusstsein zwar bewusstes Sein ist, aber Un(ter)bewusstsein unbewusstes Sein und weil der Mensch mit dem Schwanz seiner Neurosen das einreißen kann, was sein denkendes Hirn aufgebaut hat und beides – gleichen Ursprungs – gleich relevanter Bemühung bedarf. Die Metapher kann Welt ebenso realistisch oder unrealistisch widerspiegeln wie der Begriff. In Wahrheit braucht das denkende Ding Mensch Abbildung genauso wie die wissenschaftliche Abstraktion, denn Abbildung und Abstraktion korrespondieren, sich widerstrebend, in der Wahrnehmung der gleichen und selben einen Welt.

In Übereinstimmung mit Hegel schreibt Lenin: »Die *unendliche* Summe der allgemeinen Begriffe, Gesetze etc. ergibt das *Konkrete* in seiner Vollständigkeit«.[36] Wenn man aber das bereits bei Lenin kursiv hervorgehobene Wort »unendlich« ernst nimmt, kann eine vollkommene Übereinstimmung der Vorstellung vom Konkreten mit dem konkreten Gegenstand selbst nur tendenziell annähernd, aber nie vollständig entstehen. Unser Kopf erkennt nie bereits die absolute Wahrheit, denn wir können ums Konkrete herumgehen, es von allen Seiten scannen, drunterkriechen etc. Es wird in unserem Kopf nie genau das sein, was es außerhalb ist.

Um die naturnotwendige Abweichung des erkennenden Hirns gegenüber der anderen, außerhalb bewegt lagernden Materie zu verringern, insistiere ich darauf,

36 Ebd., S. 267.

auch die noch ungeformten, noch nicht versprachlichten Eindrücke aus dem Empfindungsschatz als Betrachtungsmethode und -gegenstand hinzuziehen, somit also die Welt nicht nur via Sprache und Wissenschaft, sondern nur im »Bündnis« mit Kunst und Vorstellungen weniger falsch sehen und erkennen zu können.

Damit können subtile Ideologismen und religiöse Einschleichungen leichter erkannt und auch mit ästhetischen Mitteln kritisiert werden. Am Anfang jeder gründlichen Erkenntnis sollten Zweifel stehen, durchaus als philosophisch begründbarer Selbstzweifel, nicht »im Vollbesitz allen Wissens zu sein«. Denn nicht nur der Schlaf der Vernunft gebiert Ungeheuer, sondern auch die reine Vernunft, die sich selbst nicht infrage stellt oder stellen lässt. Durchzuexerzieren wäre dies einmal an folgenden Überlegungen als beispielhafter Konstruktion, wie kollektiv unbewusste Harmoniesucht das kritische Grübeln zu hemmen vermag:

Wir leben in Deutschland in einer nationalen Hemisphäre, in der die Temperaturen seit alters her in vier Jahreszeiten zwischen von +40 bis – 40° schwanken können. (Daraus lässt sich auch ein Teil des deutschen Ordnungssinns ableiten, weil man im Spätsommer spätestens das Holz für den Winter geplant haben musste, wollte man keinen größeren Schaden erleiden. Hinzu kam dann auch noch, dass Deutschland von mindestens vier entgegengesetzten Handelswegen aus unterschiedlichen Kulturen durchkreuzt wurde, was zusätzlich Zeitgenauigkeit und Ordnung hervorgebracht und bestimmt hatte.) Daraus leitet sich neuerdings auch die Tendenz ab, besonders kalten Jahreszeiten zu »entfliegen«. Wer nun die unterschiedlichen vier Jahreszeiten entsprechend als Teil der vorgefundenen Ordnung Natur interpretiert hatte, mochte – auch neidvoll – das Entfliegen schief ansehen. Selbstverständlich gibt es auch die Empfindung, dass es, wenn schon nicht gottgewollt, so doch zumindest eine naturgewollte Temperatur in unseren Breitengraden gibt, denen sich gewisse »Lebemänner« nicht einfach so ungestraft entziehen oder gar widersetzen dürften.

Allmählich kam eine Debatte darüber auf, ob sich nicht das Entfliegen bitter rächen würde, weil Kerosin CO_2 freisetzt und damit den anderen Menschen (die nicht entfliegen wollen oder können) ihr Kälteerlebnis nimmt, ihren Ski-Spaß wegschmelzt und die weiße Weihnacht verdirbt etc. Es ist also anzunehmen, dass bestimmte Diskurse bezüglich der dramatischen Klimaveränderungen auch ideologische Konnotationen unterfüttert bekamen. Mit denen dann halbbewusst Klimaschwankungen als Strafe – wenn schon nicht Gottes – so der Natur am Menschen (»die Umwelt schlägt jetzt zurück«) gesehen werden. Wobei überhaupt nicht auszuschließen ist, dass selbst antideutsch empfindende Menschen auch das zutiefst deutsche Klimagleichgewicht der vier Jahreszeiten verinnerlicht haben.

Während aber Gott wenigstens auf Beibehaltung seiner »Naturordnung« gepocht hatte, indem er es donnern, hageln und blitzen ließ, ist die nun entstehende Einhaltung aus dieser atheistischen Religion heraus viel erbarmungsloser: Ohne Dialektik entstanden aus Spitze und Breite beziehungsweise aus Regeln und gezielten, vernünftigen Regelverstößen (welche durchaus die Regel umso tiefer und populärer zu verankern helfen) jetzt Dogmen. Jeder noch so harmlose SUV-Fahrer sei schuld am Abschmelzen der Polarkappen und dem Ausrotten seltener Tierarten und jeder Handwerkerdiesel müsse an den Pranger. Während Gott wenigstens von Menschen ins Jenseits seine Omnipotenz projiziert bekam, maßt sich jetzt der gottgleiche Mensch selber an, jede Klimaschwankung zu kennen, beziehungsweise für sie diktatorische Verantwortlichkeit zu übernehmen – selbst dann, wenn die eine oder andere Temperaturverschiebung ausnahmsweise gar nicht menschengemacht ist.

So feiert die Halluzination fröhliche Urständ, dass der Mensch nicht nur die Welt bereits jetzt vollumfänglich in sein Hirn spiegeln könne, sondern auch gottähnlich selbst erzeugen, eine Welt ohne Klimaschwankung, ohne Viren (»Zero Covid«), ohne allzu männliche und allzu weibliche Rollen, ohne Aggressionen (es sei denn diese sind gegen aggressive Menschen gerichtet). Aus Gott wird Bi-Gott-erie.

Während die chinesischen Herrschenden wenigstens halbwegs ehrlich versprechen, erst bis 2060 klimaneutral zu werden, heuchelt der freie Westen trotz seines imperialistischen Verwertungssystem dies bereits bis 2030, also in 96 Monaten geschafft zu haben. Ziel ist nicht Klimaneutralität, sondern China-Bashing. Ihren Kunden versprechen die Autokonzerne, ihre E-Fahrzeuge könnten mit einer Füllung länger als 400 Kilometer Reichweite fahren. So wie die die Big-Pharma-Konzerne logen, zwei BioNTech-Spritzen böten längeren Schutz als sechs Monate (was jetzt womöglich Monat für Monat zum Booster-Horror wird). Wie deckt man einen Haufen Lügen? Mit dem Aufschichten von neuen Lügen darüber! Wo Gott tot ist, ist es die Religion noch lange nicht – solange sie sich einbildet, alle Zweifler- und Fragerinnen auf Pranger und Scheiterhaufen zu stellen zu dürfen.

Empfindung kann halt auch kollektive Psychosen in Gang setzen, denn sie ist ja mehr das »unbestimmt Einzelne«. Sie wird nur unmittelbarer wahrgenommen, während sich das verallgemeinernde Denken dem Wesentlichen des Konkreten nähert, dabei Subjektivität und Unmittelbarkeit zurücknimmt, dafür aber mehr objektivierende Mittel (wie Termini, Attribute) heranzieht. Es gibt also Empfindungen, die auf dem Weg zu Denken, Sprechen und Begriff auf der Strecke, aber oft an deren Rand verbleiben. Was richten diese unbearbeiteten Empfindungen an im »Unterholz« einer Persönlichkeit? Lenin weiß, dass diese Empfindungen allein nicht Erkenntnisse und darum nicht ausschließlich Sache der Sprachphilosophie sind. Als »die Wissensgebiete, aus denen sich Erkenntnistheorie und Dialektik aufbauen sollen«, empfiehlt Lenin u. a.: »Sprache [...] + Psychologie + Physiologie der Sinnesorgane«.[37]

Bittere innere Empfindungen, die aus der äußeren Entfremdung, vor allem aus dem kapitalistischen Betrieb stammen, können uns unwillkürlich Laune und Charakter verderben. Wer dann zum Beispiel bittere Empfindungen in der Nacht erleidet, kann diese durch Drogen oder andere, stärkere Empfindungen wegdrücken, also verdrängen, um in den Schlaf zu finden. Das mag auch durch Meditationsübungen gelingen, durch Lesen oder andere »Ablenkung«. Dieses bewusst herbeigeführte Verdrängen ist ein eigenes, gestaltendes Handeln, findet eindeutig im Inneren statt und ist willkürlich.

Einerseits verdrängt das Ich (= für diesen »Schaffensvorgang« gerne auch: Seele, Verstand, Hirn) mithilfe einer angenehmen Empfindung die bittere. Dafür muss natürlich die angenehme stärker und fesselnder sein, um der schlafraubenden, albtraumhaften Rückkehr der bitteren Empfindung gegenwirken zu können. Das alles geschieht also »innen«. Aber andererseits kann das Ich diese Verdrängung nur mittels solcher Empfindungen vollziehen, die aus der Außenwelt stammen (ich stelle mir eine Waldwiese vor, o. ä.).

Angenommen, die bittere Empfindung stammte aus der Arbeitswelt und angenommen die angenehmere, stärkere Empfindung (zur Verdrängung der ersten) stammte aus der erotisch erregenden Welt und sei eine pornographische Vorstellung, dann ist die pornographische Vorstellung keine direkt aus der Realität abgeleitete, sondern eine fiktive, voller Projektionen, Wunschvorstellungen und Reizphantasien. Diese entstammen zwar unmittelbar nicht der Außenwelt, sondern einer Gegenwelt. Diese bleibt aber antithetisch der Arbeitswelt verhaftet, indem sie deren Entfremdungen in den kompensatorischen Heilraum gegen den Alltag »verkehrt zu spiegeln« sucht. Das kann dann eine Idylle oder – neben Religion, Drogen, Kunst etc. – eben auch Pornographie sein. Diese bleibt aber antipodische Resultante etwa des Arbeitsalltags, bezieht sich also, zunächst unwillkürlich, als Erotik auf die nichterotische Welt, lindert einen Teil der Arbeitsentfremdung. Insofern bleibt sie auch in ihrer idyllischen Abhebung der äußeren Welt verbunden. Im Ich kann sie dann auch willkürlich zum Einschlafprozess eingesetzt werden, zur Verdrängung bitterer Empfindungen, die am Einschlafen

37 Ebd., S. 335

hindern oder Albträume produzieren. Das Material, mit dem das Ich arbeitet, stammt also von außen. Aber sein Einsatz vollzieht sich im Inneren. Beides ist miteinander verwoben und ergibt sich nicht allmählich oder mechanisch, eins aus dem anderen, sondern in qualitativen Sprüngen – willkürlich und unwillkürlich.

Wir sehen also, dass auch für den Materialismus und für eine materialistische Psychologie die Bewegung nicht einfach nur aus der Materie, also von außen nach innen, ins Ich (beziehungsweise zur Gestaltung von Ich) erfolgt. Um die Dialektik hier aber noch auf die Spitze zu treiben: Einerseits verwendet das Ich zum Einschlafen fiktive oder echte Bilder von außen. Andererseits erwirkt es damit den Schlaf, also die Ausschaltung eines gestaltenden Verstandes und damit die Angleichung des Körpers an die gesamte umherruhende Materie. Traumtätigkeiten sind Resultanten von Vergangenem, aber ohne schlafhinderliche Antizipation der Zukunft, ohne Abstraktionen oder andere menschliche Verstandestätigkeit. Insofern nimmt sich Schlafbedürfnis als äußere Physis die innere, macht aus dem Menschen einen schlafenden Menschen, gleicht ihn – wenn er dann »schläft wie ein Stein, ein Brett, ein Scheintoter« – vorübergehend sogar seiner sachlichen Umgebung an, bedarf aber dazu der Mithilfe eines Ichs, das sich beruhigender Ablenkung mittels erotischer, naturimpressionistischer oder ähnlich idyllischer Vorstellungen von außen bedient: als »Scheinwelten«, der Welt entnommen oder abgetrotzt. Ein gesunder Schlaf bedarf des Ichs zur partiellen Außerkraftsetzung desselben.

Die hierbei dann zur Linderung subjektiver Schmerzen eingesetzte innere Sprache hat nicht die Tendenz zur Wissenschaft, zum Begriffe bilden, Problemlösen etc. Sie nutzt Bebilderung, die den bitteren Empfindungen entgegenwirkt, um diese zumindest zu mildern oder beiseite zu drängen. Dabei unterwirft sich die Metapher die Sprache. Der defragmentierende Vorgang findet also nicht mehr außen statt, sondern internalisiert. Die Sprache kann also durchaus von außen nach innen geführt werden. Insofern ist Lenin nicht vollends zu folgen, wo er sich mit den Sokratikern auseinandersetzt und am Rand notiert: »in der Sprache gibt es nur *Allgemeines*«.[38] Er meint dies, weil in der Sprache und mit ihrer sich verallgemeinernden Verständlichkeit ein Ich zu »allen Menschen« wird – und tendenziell zu allen Menschen spricht. (Marx: auch der einzelne Mensch als »gesellschaftliches Ensemble«).

Man könne »daher das, was man meint, in der Sprache nicht sagen«,[39], wird Hegel an dieser Stelle zitiert. Heute würde man sagen, das Intime sei nicht »rüber

38 Ebd., S. 264.
39 Ebd.

zu bringen«. Weil einerseits die Sprache nur »Allgemeines« ausdrückt, die Empfindung zum Empfundensein wird, was sich dann nicht mehr in der Allgemeinheit der Sprache (also eines für Alle sich erschließbaren Wortsystems) begrifflich fassen lässt. Andererseits muss sich das Ich (= wir, alle Menschen) gewissermaßen gegen den Gegenstand stellen, um ihn aus einer gewissen »Distanz« zu sehen, selbsttätig zu begreifen, auch um ihn praktisch und geistig zu durchdringen. Zusätzlich muss das Ich gleichzeitig den Begriff, indem es abstrahiert und entsprechend den ordnenden Prozess einleitet, gegen und über die bildhaften, subjektiven Vorstellungen und Empfindungen stellen, um diese entsprechend auch nach außen, für die Versprachlichung zu ordnen. Erkenntnis und Empfindung fallen also, so wie Begriff und Metapher, zwar in korrespondierenden »Systemen« zueinander, aber vor allem auch auseinander – um ihrer unterschiedlichen Wahrnehmungs- und Wirkmacht willen. Das Bewusstsein stößt also einerseits den wahrgenommenen Gegenstand von sich und trennt andererseits den Empfindungsgehalt von der versprachlichten Erkenntnis und holt diesen näher zu sich. Das Bewusstsein entwickelt in diesen beiden »Widerspruchsbewegungen« als bewusstes Sein ein freieres Ich, das aus dem Wahrgenommenen, Stofflichen hervorkommt, sich dann aber von ihm löst, also nur relativ frei wird. Dabei sind Begriff und Verallgemeinerung das Eine. Das, was zunächst nicht allgemeinbegrifflich und für andere entsprechend verallgemeinerbar zu fassen, »rüber zu bringen« und zu nutzen ist, bleibt Empfindung.

Aber ist das Intime, Subjektive nicht auch in einer Art Sprache zu verallgemeinern, zumindest zu vertiefen? Hier greifen Hegel und Lenin übereinstimmend zu kurz. Dieses Subjektive, bloß Empfundene wird durchaus relevant für Kommunikation. Subjektive Empfindung und entsprechende Vorstellungen entstammen ja derselben Außenwelt wie der abstrakter zu verstehende Gegenstand in seiner wesentlichen Begreifung und Spracherfassung.

Denn das Subjektive, das Unfassbare, vermag sich auszudrücken und entsprechend auch als Besonderes und Absonderliches noch zu übertragen. Sicher nicht in hoher Abstraktion, aber im tieferen Nachklang. Nehmen wir die Lyrik. (Es gibt sogar zahlreiche Gedichtbände von Autisten und Schizophrenen. Der Dichter Leonard Frank schrieb in »Links, wo das Herz ist«, seine Neurosen seien für ihn »wie dem Schuster das Leder«.) Oder nehmen wir einen spontanen Schmerzensschrei (»Fuck«), der die Beschaffenheit des Schmerzes zwar nicht reflektiert, aber durchaus übermittelt. So wie andere ästhetische Ausdrucksformen einen ungefähren Empfindungsgehalt bewegend zu übermitteln vermögen, wenn auch nicht in der Allgemeinheit begrifflicher Sprache.

Bei der Erkenntnis der Welt durch ihre Menschheit scheinen die großen Aufklärer der Metapher nicht über den Weg zu trauen, sondern nur dem Wort, das zum Begriff taugt. Aber Kunst und spontane Metaphorik schaffen ja auch Kommunikation, in der sich Empfundenes dem anderen Ich überträgt. Wenngleich bei der Entfaltung sowohl vom Begriff als auch von der Metapher Ich und Wir in gewisser Weise Abstand zum Wahrgenommenen nehmen, sich über die Spontaneität lösen müssen, um die Dinge überhaupt vorstellbar, beziehungsweise verarbeitbar zu machen. Gleichermaßen stemmt sich das Ich (Verstand, Vernunft) gegen die für seine individuell-tagtägliche oder gattungsmäßige Existenz notwendige Versprachlichung und ästhetische Vorstellbarkeit. Ein Ich, das auf der Kommandohöhe steht und nicht bloß auf einem Maulwurfshügel, verschmilzt also nicht mit dem beurteilten Gegenstand, und zwar indem es Übersicht erlangt. Seele/Ich stemmt sich so ähnlich auch gegen Empfindungen (etwa bittere), um weniger Schaden zu nehmen. Bei Arbeit und Verarbeitung neigt Denken zum Begriff und Empfinden zur Metapher. Beides formt Seele/Ich aus, denn ohne Arbeit gäbe es kein bewusstes Sein in seiner relativen Unabhängigkeit. Bevor es Ausdruck wird, sind Empfinden und Erkennen tätiger Abdruck derselben historischen Welt, die entsprechend zu beurteilen, zu verarbeiten und in Verallgemeinerung und Metapher zu erfassen ist. Abstraktion und Metaphorik entfalten sich einerseits gegeneinander und gegen das gewordene Ich, andererseits korrespondieren sie gleichzeitig miteinander, um etwas Unfassbares fassbar zu gestalten. Somit ist das Ich eine wirklich unabhängige neue Resultante des Historischen, die sich relativ frei davon stellen muss, um die Außenwelt historisch-prozessual zu reflektieren und zu empfinden. Lenin hebt hervor, dass Sokrates in diesem Zusammenhang von der »Freiheit des Selbstbewußtseins« sprach. Dieser (relativen!) Freiheit entspricht eine erkennende Gegenbewegung des Verstandes, der laut Hegel »bestimmt« und einer Vernunft, die »negieren kann«.

Viele Begriffe aus der Erkenntnisarbeit haben sich mittlerweile auch in der populären Alltagssprache verwurzelt: Ein »Eindruck« scheint der Formulierung von Aristoteles mit dem »Wachsabdruck« nahe zu kommen. Der »Ausdruck« hingegen scheint den umgekehrten Weg zu gehen: von innen nach außen. »Sich eine Vorstellung machen von etwas« scheint ein aktiver im »inneren Ich« produzierter Vorgang zu sein, ein eher bildhaftes Aufnehmen von einem äußerlichen Vorgang oder Zustand. Eine »Empfindung« meint wohl offensichtlich etwas anderes, subjektiveres, als eine »Reflexion«, die eher intellektuell und theoretisch angelegt ist (Aber: »... das, was die Empfindung macht, [ist] außen«, Aristoteles[40]).

40 Ebd., S. 275.

In all diesen Überlegungen sollten wir der Versuchung widerstehen, das erkennende Ich (Vernunft, Verstand, Seele) sei eine selbstständige, dieser Verarbeitung autonom übergeordnete, innere Größe und Konstante. Eine solche Vorstellung führt dann notwendigerweise in die Religion oder zumindest in den Idealismus.

Wenn das Ich Ergebnis historischer Arbeitsprozesse ist und gleichzeitig ihr Bestandteil, bedarf es einer materialistischen Vorstellung vom Ich innerhalb der Erkenntnisprozesse als eine dialektische Einwebung geistiger Prozesse in die materielle Welt und gleichzeitig als ihre relativ enthobene psychische Tätigkeit. Der populäre Satz von Marx, das Bewusstsein sei »bewußtes Sein«, kann sich nur durch Sprache realisieren und ein Ich hervorbringen, das mit der Fähigkeit zu Abstraktion und Begriffsbildung sich relativ unabhängig, aber niemals vollständig autonom verhalten kann, weil Person und Ich auch stoffliche Welt sind. Lenin lobt darum Epikur als »wunderbar«,[41] weil dieser bereits 270 Jahre vor Christus die Seele in der gesamtverfassten Körperlichkeit erfasst hatte: Die Seele sei, nach Epikur (den Hegel »den Erfinder der empirischen Psychologie« genannt hatte) eben auch »eine ›gewisse‹ Anordnung der Atome.«[42] Dialektik ist in der Beziehung von Innerem und Äußerem auch bei der Sprache zu beachten. Sprache sei »ein rein Äußeres«, kann daraus gefolgert werden, da es in ihr, laut Hegel/Lenin, nur Allgemeines gäbe, also keine inneren Empfindungen.

Hegel/Lenin haben daraus gefolgert, dass sich Sprache eines äußeren Weltausschnitts bedient und also subjektive Sinnlichkeit nicht umfänglich zu transportieren vermag. So bekommt jemand, der jemanden fragt, wie der sich fühlt, zwar eine für ihn verständliche Antwort, die aber mitnichten die Gesamtheit von dessen Sich-Fühlen zu übermitteln in der Lage ist.

Die Annahme von Lenin/Hegel aber, dass die Sprache »nur äußerlich« sei, weil sie subjektive Empfindungen zu einem Teil im Inneren belässt und nicht nach außen gänzlich artikulieren kann, also nicht vollständig vom Eindruck zum Ausdruck kommen kann, muss zumindest ergänzt werden. Die Kunst, die Ästhetik, Lyrik, Musik, in gewisser Hinsicht auch die Malerei sind durchaus Transmitter, die weitere, innere, subjektive Bestandteile »quasisprachlich und über Bande«, also durch Metaphorik, nach außen zu spielen verstehen, selbst wenn auch diese nie vollständig geäußert werden können. So kann der wissenschaftliche Begriff »Kapital« tendenziell von jedem allumfassend nachvollzogen und begriffen werden. Die Metapher »roter Schrei« hingegen hat auf jemand Außenstehenden eine

41 Ebd., S. 283.
42 Ebd.

andere Wirkung und Färbung, als auf den diese Metapher Äußernden. Sprache hat in der Kunst einen stärkeren Anteil am Inneren und einen schwächeren am Äußeren. Lenin lobt (»kommt dicht an den Materialismus heran«[43]) Aristoteles' Formulierung, »daß die empfindende Tätigkeit auf das Einzelne geht, das Wissen dagegen aufs Allgemeine«.[44] Die Metapher betrifft damit das Einzelne und Innere, die Eindrücke. Der Begriff das Allgemeine und Äußere, die Ausdrücke.

Die Ausführungen von Hegel, »die Sprache drückt wesentlich nur Allgemeines überhaupt aus; was man aber meint, ist das Besondere, Einzelne. Man kann daher das, was man meint, in der Sprache nicht sagen«, kommentierte Lenin: »Die Objektivität der Begriffe, die Objektivität des Allgemeinen im Einzelnen und im Besonderen zu leugnen ist unmöglich. Hegel ist folglich viel tiefer als Kant und andere, wenn er die Widerspiegelung der Bewegung der objektiven Welt in der Bewegung der Begriffe untersucht.«[45] Letztendlich zielen die Festlegungen von Hegel/Lenin von der Sprache als »rein äußerlicher« auf die Entwicklung von Sprache(n) im für das gesellschaftliche und individuelle Leben relevanten Arbeitsprozess.

Denken und Sprechen wirken zwar auf den engen dialektischen Stoffwechsel des Menschen, auf seine physische Umgebung und eigene Beschaffenheit ein. Eine andere Arbeit tritt aber hinzu, nämlich die durch Entfremdung und andere Widrigkeiten des ökonomischen Arbeitsprozesses notwendige Kompensation. Diese kompensatorische, unterschwellige Arbeit an Lüsten, Träumen, Kunst, Erholung und allem Sinnlichen ist natürlich Ideologien offener als eine elaborierte, philosophische oder wissenschaftliche Arbeit. Aber sie bedarf ebenso der Kultur(arbeit) wie das Intellektuelle. Die Sprache ist äußerlich, weil sie gesprochen wird und aus dem Mund herauskommt. Aber es gibt auch eine innere Sprache (siehe Wygotskis Werk »Denken und Sprechen«), die jeder von uns kennt und die nicht einfach nur Empfindungen, sondern durchaus eine Weiterentwicklung von Empfindungen darstellt.[46]

Sprache ist zudem äußerlich, weil sie sich in der Regel auf äußere Operationalisierung, Effektivierung von Techniken und Arbeitsvorgänge bezieht. Dies kann in Bezug auf die Weiterentwicklung der gesamten Wissenschaft erfolgen (Einstein) oder einfach nur ein einzelnes Modellflugzeug oder ein Computerprogramm

43 Ebd., S. 275.

44 Ebd.

45 Ebd., S. 168.

46 Lenin: »[D]ialektisch ist nicht nur der Übergang von der Materie zum Bewußtsein, sondern auch von der Empfindung zum Denken etc.«, ebd., S. 271.

betreffen. Die geschriebene und gesprochene Sprache (in Wahrheit zu einem großen Teil auch die innere Sprache) bezieht sich also auf »ein Außen«. Aber gleichzeitig unterstützt der sprachliche Vorgang die Bedürfnisse und Lüste. Ein Pornokonsumierer vergisst dabei die Verletzungen am Arbeitsplatz. Albert Einstein musizierte an der Geige. Letzteres hat seine genialen Erkenntnisarbeiten nicht hervorgebracht, aber konsistent unterfüttert.

Der Mensch muss sich vom Gegenstand, den er erkennen will, immer abstoßen, um ihn »auf Abstand«, zumindest in Umrissen, widerscheinen zu lassen. Aber weil der Mensch dies unter konkreten Umständen tut, spalten die Sinne den Umriss in Richtung Abstraktion und Empfindung. Der professionelle Berufsfotograf sieht eine andere Waldlichtung als der Gestresste, der sie zum Einschlafen braucht. Wer ein bekanntes Lied zur inneren Harmonisierung braucht, hört es anders als die Lehrerin im Musikunterricht.

Ohnehin ist das Lied etwas Besonderes, weil es eine so kleine Form hat, aber eine so breite Wirkung. Es mag vor 100 Jahren entstanden sein und – selbst unbearbeitet, also nicht neu arrangiert – wirkt es in einem Jahr so und kurze Zeit später völlig anders. Es nimmt sogar die Spuren seiner Entstehung mit ins Übermorgen, nimmt die Erinnerung auf, wenn es wirkmächtig bleibt, ohne das in der Rezeption zu verleugnen.

Während sich die Wissenschaft immer wieder selbst erneuern, falsifizieren und in Sprüngen weiter entwickeln muss, wenn sie realistischer erfassen will, kann das Theaterstück, das Bild und vor allem das Lied in jeder Zeit einen anderen Geschmack auslösen und bedienen. Insofern hat die Kunst eben eine andere Wirkung als die Wissenschaft und durchaus eine relevante. Heraklits »Alles fließt« oder sein von Hegel zitierter Satz, man könne nicht zwei Mal in denselben Fluss steigen (Lenin ergänzte: nicht einmal ein Mal), zeigen sich sowohl in der Verfärbung der geschmacklichen Wirkung, als auch in der Veränderung von Geschmäckern. Diese Metamorphose bietet Geschichte und Ausbeutung oft nachhaltiger die Stirn als die Wissenschaft.

Die menschliche Geschichte ist wie Welt und Weltall in Bewegung. Wir haben die Bewegung nur in Zeit und Raum auseinandergerissen, um sie uns besser vorstellen zu können. Dazu haben wir uns die räumlichen Gegenstände (und besonders harte) unbewegt vorgestellt, wenn wir die Zeit von ihnen loslösten. In Wahrheit aber gibt es nichts – allen mumifizierenden, einfrierenden und archivierenden Konservatoren zum Trotz –, was ewig Bestand haben könnte. Selbst eine Versteinerung aus der Urzeit wird nicht sämtliche Bewegung überstehen. Wer sich das nicht vorstellen kann, möge seinen Fokus nur in Jahrmillionen und auf das Weltall dehnen: alles ist dem Verfall preisgegeben, der Bewegung, wo Nichtsein und Sein in Einheit gegeneinander wirken, als gleichsam innerer Motor aller Bewegung.

Einzig das menschliche Bewusstsein vermag die Bewegung in statischen Hypothesen zu reflektieren, um dann die Bewegung in Formeln zu berechnen. So kann es sich sinnlich und logisch der Einheit der Widersprüche hinter der Gestalt als Gehalt der Bewegung annähern. Seine Erkenntnisse »legt es ab« in Sprache und Bildern. Zwar sind in der Realität Gestalt und Gehalt eines, aber das menschliche Hirn muss beides voneinander abziehen, um es in lebendiger Beziehung zueinander wieder zusammen zu denken, zu fühlen, zu rechnen usw. Die Gestalt verführt mit ihrer leichteren Abtastbarkeit durch die Sinne dazu, als Eigentliches zu gelten. Die Philosophie ermutigt hingegen, der Form hinter die Stirn, durch die Gestalt auf den Gehalt zu schauen.

Zwei Autoren, die sich vorzugsweise Sprachbildern zugewendet haben, machen den schwerwiegenden, wenn auch kulturell verständlichen Fehler, Gehalt und Gestalt von Sprachelementen nicht auseinanderzuhalten und dadurch Metaphern – und nicht Begriffen – den wesentlichen Teil des Verstehens zuzubilligen. Der eine, Mark Johnson, lehrt in Oregon freie Künste und Geisteswissenschaften und müht sich um einen materialistischen Ansatz in der Psychologie. Der andere, George Lakoff, ist Schüler des großartigen Noam Chomsky und in Berkeley Professor für Linguistik. Lakoff und Johnson setzen den Entstehungsprozess von Metaphern grundsätzlich der Denkbewegung wissenschaftlicher Begriffe gleich. Sie vermischen den Erkenntniswert der Metapher mit der des Begriffs, also Gestalt mit Gehalt.

Bereits Wygotski warnte Anfang der Dreißiger in Bezug auf die Kinderpsychologie im Streit mit Piaget davor, die Gestalt über den Gehalt eines Wortgebildes zu stellen. Thomas Luckmann:

> Nach Piaget ist die Sprache des frühen Kindesalters egozentrisch. Sie hat keine kommunikative Funktion [...], gewisse Ähnlichkeiten mit der Logik des Wach- und Schlaf-Traums. [...] Wygotski schematisiert die Theorie Piagets über die Entwicklung des Kindes wie folgt: außersprachliches, autistisches Denken – egozentrische Sprache und egozentrisches Denken – sozialisierte Sprache und logisches Denken. Kurz, die Entwicklung des Kindes läuft vom Individuellen zum Sozialen. [...][47]

47 Wygotski (1971), S. XX.

Wygotski stellt diese Ontogenese vom Kopf auf die Füße: »Die Entwicklung des kindlichen Denkens verläuft […] vom Sozialen zum Individuellen.« Diese Auslegung der frühkindlichen (und auch späteren) Sprache entfaltet er gegen die Fixierung Piagets auf die Gestalt der Worte, ihre »Egozentrik« und spätere Kommunikativität. Wygotski liest aus seinen Experimenten die Gradualisierung von abnehmender Sozialisierung bei Zunahme der Eigenmächtigkeit aus dem Gehalt der Worte und dem Gebrauch der Sprache.

Humboldt empfahl schon früh:

> Man muß die Sprache […] nicht wie ein totes Erzeugtes, sondern weit mehr wie eine Erzeugung ansehen, mehr von demjenigen abstrahieren, was sie als Bezeichnung der Gegenstände […] wirkt, und dagegen sorgfältiger auf ihren mit der inneren Geistestätigkeit eng verwebten Ursprung […] zurückgehen.[48]

Offensichtlich tendiert die »geistige Entwicklung des Menschengeschlechts« innerlich zur Wissenschaftlichkeit und zum Begriff. Gleichzeitig aber spaltet sich dabei in der tätigen Praxis und durch die Praxis nicht-versprachlichte, nicht wissenschaftlich zugespitzte Gestaltung in einem anderen Teil der Wahrnehmung ab. Mit der Abstraktion entsteht tendenziell wissenschaftlichem Begreifen entsprechende und gleichzeitig entgegengelagerte Ästhetik, die ein eigenes, bildhaftes Zeichensystem besitzt, das von der Phantasie aus Erkenntnis befeuert, sich aber auch gegen die Logik zu stellen vermag. Wygotski, dessen kurzes Leben und von Krankheit gezeichnetes, aufbegehrendes Schaffen ein Werk zustande brachte, das in der Sprachphilosophie den Rang der »Grundrisse« für die marxistische Ökonomie einnehmen sollte, fand dafür an dialektischer Präzision kaum zu überbietende Sätze. Zunächst zitiert er Lenins Konspekt zur »Metaphysik« des Aristoteles:

> Das Herangehen des (menschlichen) Verstandes an das einzelne Ding, die Anfertigung eines Abdrucks (= Begriffs) von ihm, *ist kein* einfacher, unmittelbarer, spiegelartig toter, sondern ein komplizierter, zwiespältiger, zickzackartiger Vorgang, der die Möglichkeit *in sich schließt*, daß die Phantasie dem Leben entschwebt; damit nicht genug: die Möglichkeit der *Verwandlung* (und obendrein einer unmerklichen, dem Menschen nicht bewußt werdenden Verwandlung) des abstrakten Begriffs, der Idee in eine Phantasie (in letzter Instanz = Gott).

48 Ebd., S. XVII.

> Denn auch in der einfachsten Verallgemeinerung [...] (»der Tisch« überhaupt) steckt ein gewisses Stückchen *Phantasie.*[49]

Wygotski fährt fort:

> Der Gedanke, daß Phantasie und Denken in ihrer Entwicklung Gegensätze sind, deren Einheit bereits in der ersten Verallgemeinerung, im allerersten beim Menschen gebildeten Begriff enthalten ist, kann nicht klarer zum Ausdruck gebracht werden.
> Dieser Hinweis auf die Einheit der Gegensätze und ihren Widerspruch, wonach jede Verallgemeinerung einerseits heißt, dem Leben zu entschwinden, und andererseits eben dieses Leben tiefgründiger und richtiger widerzuspiegeln, und daß in jedem allgemeinen Begriff etwas Phantasie steckt, eröffnet den richtigen Weg zur Untersuchung des autistischen und des realistischen Denkens.[50]

Der Umgang mit dem wissenschaftlichen Begriff also ist ein dynamischer, tätigkeitsbezogener und mit Arbeit korrespondierender Weg des Verallgemeinerns und dieser führt ebenso lebendig zu einer qualitativ neuen Konkretion. Die Metapher hingegen führt gleichsam parallel zur Begriffsbildung, aber wie auch zu einer neuen Bildform. Kein Sprechen ist nur phonetisiertes Denken, sondern formt den Gedanken immer ein Stück – das wusste schon Kleist – beim Reden weiter.

Wygotski: »Die Versuche zeigen, daß der Gedanke sich nicht im Wort ausdrückt, aber sich in ihm vollendet«[51] (wobei »vollendet« hier zu absolut ist, denn das Wort bleibt immer in und für die gesellschaftliche Praxis offen, sodass Denken sich nur vorläufig in Wort und Tat vollendet). Beim Schreiben geschieht das alles erst recht und noch gründlicher. Keine Kunst ist nur Wissenschaft in anderem Gewand, sondern erzählt, was Theorie benennt. Die Energieentfaltung zwischen Begriff und Metapher, die Kraft der affektiven Intelligenz, kommt aus ihrer Entfernung, nicht aus ihrer Angleichung.

49 LW 38, S. 352/353.
50 Wygotski (1971), S. 48.
51 Ebd., S. 354.

Bild stützt Begriff, aber ersetzt ihn nicht

Die beiden Metaphern-Forscher Lakoff und Johnson meinen, dem Gebrauch der Metapher eine ähnlich menschheitliche Selbstermächtigung zubilligen zu dürfen wie dem Gebrauch des wissenschaftlichen Begriffs. Das führt zumindest zu verwirrenden Mixturen. Im Grunde behandeln Metapherntheoretiker den allgemeinen, alltäglichen Gebrauch von Metaphern wie den bei Schizophrenen, wovor Wygotski, den Schizophrenieforscher A. Storch zitierend, dahingehend gewarnt hat: »Die bei den Kranken entstehenden Einzelvorstellungen sind zu komplexen pauschalen Eigenschaften vereint [...]. ›Vielleicht besteht das charakteristischste Unterscheidungsmerkmal darin‹. sagt Storch, ›daß anstelle abstrakter Begriffe ganz konkrete Bilder verwendet werden.‹«[52]

So wie Freud Unterbewusstsein, Es und Über-Ich überschätzte und damit gleichzeitig der Gewalt der gesellschaftlichen Normen über das (frühkindliche) Ich und über die Erkenntnisfähigkeit des Heranwachsenden in Form der traumatischen Bilderwelt ein dauerhaft hemmendes Regime über Reflexionen zutraute, schlagen die beiden »Metapherntheoretiker« nun ins Gegenteil um, indem sie jede Lautmalung bereits für den Anfang einer Eigenermächtigung, also für halbwegs realitätstüchtig erklären. Aus irgendeiner Schrulle heraus verwenden sie dafür das Substantiv »Konzepte«, was sie nun hinter sämtlichen ihnen wichtigen Metaphern zu erblicken glauben. Als ob die Metapher ganz ohne die Wissenschaft zu einer nutzbaren Handlung fände, weil sie eben bereits in ihrer Frühform »ein Konzept« in sich trüge. Die Metapher erfülle also nicht nur einen ähnlichen Zweck wie der (wissenschaftliche oder abstrahierende) Begriff. Sie forme ihn überhaupt erst heraus. Die Metapher sei also als eigentliches Konstituens für den Begriff und im Inneren das »Konzept« das oberste Gericht der Handlung. Die Handlung und der Gebrauch des Wortes sei keine Disposition für seine gesellschaftliche Bedeutung und die von dem Gehalt gefärbte Gestalt.

Seit Ulrich Oevermann gibt es die Mode mancher Sprachforscher, ein echtes »Konzept« bei jedem Sprechenden zu erblicken, wo dieser selbst (noch) gar kein Konzept hat. (Wohlbemerkt: Ein Konzept ist eine *bewusst planvoll* angelegte Problemlösungsstrategie, kein irgendwo zufällig liegengelassener Sprachfetzen!) Allerdings gibt es vom Lateinischen abstammende Sprachen, in denen »Begriff« mit »Konzept« gleichgesetzt wird. Im Italienischen zum Beispiel heißt »Begriff«

52 Ebd., S. 143.

»concetto« – wie »Konzept«. Das mag – und das ist zunächst nur ein Verdacht – dazu verleitet haben, der deutschen Gestalt den italienischen Gehalt hinterher zu schicken. Allerdings verwendet die italienische Sprache »concetto« nicht als agierendes Konzept, sondern nur als reflektierenden Begriff, im Unterschied zu Metapherntheoretikern und Linguistikern, die hinter Begriffen wie Metaphern gleich eine heimlich versteckte Handlungsanlage ausmachen wollen.

Es ist doch anmaßend, hinter dem Rücken und über den Kopf des Sprechenden hinweg jedem Gebrauch von Worten ein »Konzipieren« unterstellen zu dürfen, ohne dass der Tätige selber sein jeweiliges Denken und Sprechen als »Konzept« bezeichnet und anlegt. Diese Forscher unterschlagen damit, dass der Begriff »Konzept« jeweils auf eine bestimmte Praxis zielen muss. Aber es birgt keinesfalls jeglicher äußere Gebrauch von Worten ein »Konzept«. Und schon gar nicht jedes »innere Sprechen« (das Wygotski als wesentliche Basis des äußeren Sprechens nachgewiesen hat[53]), was auch bloß Repetition und Vorsichhinreden sein kann.

Nach allen Experimenten, die Wygotski, Luria u. a. selber durchführten und zitiert haben, sind das innere Denken, das innere Sprechen und das äußere Sprechen miteinander verbunden. Die Verbindung existiert immer implizit und ist meistens bewusst auf Handlung und entsprechende Tätigkeit, letztendlich auf gesellschaftliche Arbeit, angelegt. Nur im »Laboratorium« von künstlerischer Arbeit und wissenschaftlicher Abstraktion kann es eine gewisse Autonomie geben. Die Folgen bleiben dennoch immer gesellschaftlicher Natur.

Demzufolge wirkt die angelegte Praxis auf den Gebrauch und die Färbung des Worts immer zurück und bestimmt sie. Somit sind weder Begriffe noch Metaphern eigenmächtig und autonom. Sie sind auch nicht eigenmächtig und autonom durch Wissenschaftler zu definieren. Die Metapherntheoretiker sollten also aufhören, unter dem Deckmantel der Sanftheit Sprechende als Objekt zu kolonisieren (wovor Holzkamp stets gewarnt hat). Sie sollten das Wort immer im lebendigen Prozess der Korrespondenzen und gesellschaftlichen Verhältnisse interpretieren. Wer korrekt gendert, hat damit noch längst nicht für mehr Respekt anderer Geschlechter und deren sozialer Gerechtigkeit gesorgt.

53 Ebd., S. 341–343.

Metapher und Begriff korrespondieren über denselben Lebensstoff

Die »Interaktion« ist für Metapherntheortiker einseitige Resultante des metaphorischen Wortgebrauchs. Dies behaupten die Autoren unter Außerachtlassung von Produktionsverhältnissen und deren geistig-praktischen Normen. Freud warnte noch vor den Normen aus der Welt des Unterbewusstseins, indem er deren Zwanghaftigkeit einschränkend über die Selbstreflexion setzte. Mit Lakoff/Johnson aber würde aus Marx' Formulierung, die Menschen machten zwar »ihre eigene Geschichte, aber [...] unter unmittelbar vorgefundenen [...] Umständen«,[54] ein Umgang mit Metaphern, die mit wissenschaftlichen Begriffen austauschbar würden.

Die beiden Autoren heben den Gebrauch von Metaphern dabei völlig ab vom klassenspezifischen Interaktionsmodus, den sie sonst nicht unerwähnt lassen. Sie plädieren z. B. für einen friedlichen Sprachgebrauch der Metapher »Argumentation ist Krieg«,[55] also für das Unterlassen kriegerischer Beschreibungsmerkmale bei argumentativen Auseinandersetzungen. Aus der metaphorischen Gestalt der Worte wüchse ein kriegerischer Gehalt des Denkens. Man solle also auf Wortgestaltung wie »eine Argumentation zertrümmern« verzichten, dann würde alles friedlicher.

Das ist für sich genommen links sympathisch. Wir sollten jedoch zwischen Gehalt und Gestalt unterscheiden wie in der klassischen Dialektik zwischen Erscheinung und Wesen. In unserem Denken sollten wir trennen in die beiden unterschiedlich verlaufenden Wege unseres Erkennens hin zur Erscheinung und hin zum Wesen. Zum Beispiel: Dem Wesen des Universums, dem Wesen der allgemeinen Relativitätstheorie von Albert Einstein oder dem der Mehrwerttheorie von Karl Marx nähern wir uns grundsätzlich abstrakt begrifflich. Das Rechnen hat hier eine Bedeutung auf dem Weg hin zum Wesen. Hingegen ist die Vorstellung vom »Himmelszelt« eine Metapher, die in uns wohl nie ganz erlischt, auch wenn sie uns in ihrer Naivität kindlich vorkommt. Das kommt natürlich auch von dem folkloristischen, aber sympathischen Wunsch, uns beim Anblick einer klaren Sternennacht, solche Liedfragen, »wie viel Sternlein stehen« oder Zeilen von Matthias Claudius (»Seht ihr den Mond dort stehen/Er ist nur halb zu sehen/Und ist doch rund und schön/So sind wohl manche Sachen/Die wir getrost belachen/Weil unsre Augen sie nicht sehn«) herbei zu wünschen. Wenn zum

54 MEW Bd. 8, S. 115.
55 Lakoff/Johnson (1997), S. 13.

Beispiel (solange »schwarz« noch erlaubt ist) von »schwarzer Materie« die Rede ist, von schwarzen Löchern etc., so sind dies Rechenergebnisse, die wir uns zwar vielleicht farbig ausmalen, aber dies doch im Wissen von der Unvollständigkeit des Metaphorischen und von der Begrenztheit anschaulicher Modelle für die astronomische Erkenntnis.

Beide gemeinsam – Berechnung und Metapher – kommen der Realität ein paar Zentimeter näher, die im Falle der Galaxien aber Kilometer entfernt liegt. So ist es auch im Falle des Marxschen Gesetzes vom tendenziellen Fall der Durchschnittsprofitrate. Ihre Erfassung ist ähnlich »rechnerisch-abstrahierend« (das gesamte Kapital umfassend!) beschaffen. Gleichzeitig können wir doch anschaulich über »Ausbeutung, Finanzhaie, Profit-Jongleure, Kapitalisten« etc. schimpfen. Wenn auch der logische Kapitalbegriff von Marx nur auf Wegen unseres Denkens hin zum Abstrakten gelingt, das zwar ohne Rechnen nicht auskommt, sich aber immer zugleich widerspiegelt im Fallbeispiel, in der Metapher. Wir sollten also tunlichst zwischen Metapher und Begriff unterscheiden lernen, ohne sie ganz auseinander zu reißen.

Dabei scheint es vordergründig so, dass unser Denken oft einen Mix eingeht zwischen der Gestalt (der Erscheinung, dem Phänomen, der äußeren Form, der Metapher) und dem Gehalt, der logischen Zusammensetzung, der wissenschaftlichen Begrifflichkeit, dem theoretischen Ausmessen. Es geht bei diesem Mix in unserem Denken aber nicht um die Vermischung zweier Chemikalien zu einer neuen Verbindung, sondern um das Bestehenlassen der beiden Methoden in ihrer Besonderheit, um eine innere Beziehung, die wir bis auf weiteres »korrespondieren« nennen.

Sozialisierung tendiert zur Individualität

Wenn wir diesem widersprüchlichen Zusammenhang zwischen Gehalt und Gestalt näher rücken wollen, so sei noch einmal an die Auseinandersetzung von Wygotski mit Piaget erinnert, die ebenfalls um Gehalt und Gestalt geführt wurde. Piaget sah die Entwicklung der menschlichen Persönlichkeit vom Autonomen hin zum Sozialen (mit »Sozialisieren eines Menschen« auf den irreführenden Begriff gebracht). Demzufolge beschrieb Piaget in der Ausgangsposition der Menschenentwicklung, also beim Säugling, die Laute, mit denen dieser Milch anfordert, als autonom, absonderlich, egozentrisch, eben noch nicht »sozialisiert«. Die Sprache später, mit dem sich der Erwachsengewordene verständlich macht, akzeptierte Piaget dann als sozialisiert.

Der Dialektiker Wygotski hingegen sah die Entwicklung geradezu umgekehrt. Im milchfordernden Säuglingsgeblubber aller Weltsprachen sah er eine soziale Gemeinsamkeit aller Säuglinge in dieser Situation, dem Wesen nach eine Allgemeinheit rund um den Erdball. In Gestalt womöglich absonderlich, in verschiedenen Sprachen und Lauten unterschieden, im Gehalt aber völlig sozial, d. h. für alle Säuglinge in der Menschengemeinschaft selbig, wenn auch nicht gleich. Der Säugling habe keine andere Wahl als mittels Tonfolgen und Lauten sein Bedürfnis nach Nahrung verlauten zu lassen. Nach Wygotski ist »die ursprüngliche Sprache des Kindes eine rein soziale; es wäre falsch sie ›sozialisiert‹ zu nennen, da ja mit diesem Wort die Vorstellung von etwas ursprünglich Nicht-Sozialem verbunden ist, das erst im Verlaufe seiner Entwicklung sozial sein wird«.[56]

Erwirbt nun der Mensch nach dem Säuglingsalter eine allgemein verständliche Sprache und gelingt es ihm, seine Persönlichkeit, seine Autonomie, sein Ich zu stärken, kommt er auch auf andere Ideen als nur auf ein paar Grundbedürfnisse, die bei allen Gleichaltrigen gleich, also »sozial allgemein« vorhanden sind. Wygotski unterschied also zwischen den egozentrischen Tönen und dem sozialen Gehalt und las somit die Persönlichkeitsentwicklung und deren Stadien von ihrem Wesen, von ihrem Gehalt und nicht von ihrer Gestalt, ihrer äußeren Form, den Lauten ab. Je mehr ein Mensch sich sozialisierend sein soziales Sprach- und Denksystem aus der Gesellschaft und deren Fundus holt, desto individueller und weniger an die Gesellschaft gefesselt wird er. Je mehr Gesellschaft er gebraucht, desto weniger braucht er sie.

56 Wygotski (1971), S. 43.

Der verstorbene Bremer Psychologieprofessor Wolfgang Jantzen führte dazu aus:

> »Methodologisch geht Wygotski noch weiter. Er sagt: Es muss ein äußerer Hauptwiderspruch vorhanden sein, damit es zu einer inneren Entwicklung kommt. Der äußere Hauptwiderspruch am Beginn, der gleichzeitig auch innerer Hauptwiderspruch wird, liegt darin, dass das Kind auf maximalen Umgang mit Erwachsenen angewiesen ist, aber über minimale Kommunikationsmöglichkeiten verfügt. [...] Neubildungen [...] sind deshalb nicht Voraussetzung, sondern Resultat der neuen Altersstufe und treten in ausgereifter Form jeweils am Ende der Entwicklungsprozesse in der neuen Altersstufe auf [...], was wieder mit Notwendigkeit zu einer Veränderung der sozialen Entwicklungssituation führt.«[57]

Aufgrund tierischen Antriebs greift der kleine Mensch nach der großen Gesellschaft, verändert also den tierischen Trieb, um sich menschlich zu machen, um dann in der Gesellschaft arbeitend derart zu reifen, dass er auf der Gesellschaft stehend über sie letztendlich verfügen kann. Das starke und selbstbewusste Ich kommt also aus dem Stoffwechsel mit anderen. Lernen und Arbeiten spiegeln sich in der eigenen Tätigkeit mit anderen Tätigkeiten, dabei die eigenen Genussfähigkeiten (nicht nur in der Erholung) ausbildend. Jantzen:

> In dem Sinne ist die Entwicklung der fünf Sinne »eine Arbeit der ganzen bisherigen Weltgeschichte« (Marx, in »Ökonomisch-Philosophie Manuskripte« v. 1844, [MEW Bd. 40] S. 542), wobei Marx nicht nur die Sensualität, sondern die Sinnlichkeit einschließlich der Liebe und der höheren Sinne meint. [...] Eine Analyse, die bei Marx sehr wohl aufgehoben ist, wenn er etwa im Kooperationskapitel des Kapitals von den ›animal spirits‹ [...] spricht, die das entscheidende Moment der Kooperation seien.[58]

Wir ahnen die Matrix dieser Auseinandersetzung besonders dann, wenn wir uns mit den »Neoliberalen« auseinandersetzen, die das Ich vergötzen, um ihm besser das Fell über die Ohren ziehen zu können. Sie reden jedem Ausgebeuteten und Unterdrückten ein, er sei bereits autonom und ein Individuum, seines Glückes

57 Jantzen (2017), S. 42.
58 Ebd., S. 124.

Schmied, einfach weil geboren, wahlberechtigt und etwas vor sich hinredend oder postend. Sie appellieren an Ego und Egomanie, ohne die gesellschaftlichen Potenziale voll zu erschließen, die ein starkes Ich als Nährboden braucht. Sie lassen, mit Brecht gesprochen, jedem das Wahlrecht, also der werktätigen Mehrheit die freie Wahl der Klaviertasten ohne jeglichen Musikunterricht. Sie behandeln also Ungleiches gleich und verschärfen damit die Ungleichheit. Während wir Linken Ungleiches ungleich behandeln, um Gleichheit zu schaffen, also dem Menschen nicht einreden, er habe bereits ein großes Ich, sondern mit Lenin und Brecht das Lernen loben, um zu einem an sich und für sich Denkenden zu gelangen. Was wir dann in der zunächst höheren Abstraktion auch für die Arbeiterklasse »an und für sich« anstreben. Von Sozialismus sprechen wir also nicht als Gleichmacherei, sondern in Wahrheit als Ungleichbehandler des Ungleichen. Die Sozialität wird deswegen bei uns mit dem »-Ismus« zum »Sozialismus« verabsolutiert, weil sie die wahre Grundlage für ein starkes Ich und eine starke Individualität darstellt, indem nämlich Ungleichheiten ausgeglichen werden, die Menschen in ihren verschiedenen Bildungspotenzialen unterschiedlich stark begütert haben. Dadurch nämlich, dass Mehrheiten gegenüber Eliten Bildungspotenziale vorenthalten werden, wird in der Summe wiederum am gemeinsamen Lern- und Lehrstoff der Gattung Mensch gespart. Kurzzeitig mag es einige Wenige bevorteilen, à la longue benachteiligt es die Gattung und somit auch wieder den einzelnen Menschen dabei, sich größere Potenziale zu verschaffen, um sich voneinander zu unterscheiden. Die Menschheit löst tendenziell erst all ihre Probleme, wenn alles Wissen von allen ausgebeutet wird.

SozialistInnen heben also die Unterschiedlichkeit zwischen Arm und Reich auf, um unterschiedliche Formen und größere Mengen an Reichtümern zu schaffen. Die Angleichung, die der Sozialismus erwirkt, ist nur vorübergehend. Die Ungleichheit in der Produktivität, in den Glücksaussichten, den erotischen Spannungen und den anderen kulturellen Genüssen wird dadurch gestärkt und nicht geschwächt. Im Sozialismus laufen nicht alle mit den gleichen, einfallslosen Gewändern herum, liebt nicht jede/r die gleiche Frau und den gleichen Mann, fressen sich nicht alle gegenseitig dieselbe Nahrung weg, sondern breiten alle ihren Persönlichkeitsreichtum aus und zwar tendenziell immer weniger planmäßig, sondern zunehmend mit planbarer Läuterung in Spontaneität. Dann (erst) vermag der Staat sukzessive in die Gesellschaft zu sinken, »abzusterben«. In Wahrheit sind es die Kapitalbesessenen, die die düstere Aussicht von George Orwell in »1984« erfüllen, nämlich eine bigotte Gleichmacherdiktatur. Unter Kriegsgefahren mag der Sozialismus einen militärischen Eindruck erweckt haben. Seinem inneren

Gehalt nach ist er aber die eigentliche Grundlage für Individualität durch Stärkung kollektiver Potenziale, Liberalität durch Schwächung der Marktliberalen, intelligente Ichstärke anstelle von stupider Ich-Vergötzung.

Metaphern leben kürzer und in Rudeln

Die Metapherntheoretiker meinen es gut mit uns. Sie befürchten falsche Erkenntnis, manipulierte Ideologie, gar Demagogie, die sich via Metaphern »auf leisen Sohlen« in die Untertanenhirne schleiche. Sicher: »Arbeitgeber«, »Lohnnebenkosten«, »schlanke Verwaltung«, »Unrechtsstaat«, »atlantische Freundschaft« usw. sind alle samt und sonders Schmuggelwaren der imperialistischen Lügner – unter der Tarnkappe von Plausibilitäten. Sicher, Metaphern können vorübergehend gefährlich sein, aber auf die Lebensdauer eines gestandenen wissenschaftlichen Begriffs (»Schwerkraft«, »Bakterium«, »Kapital«, »Primärrecht«, »Algebra«, »Sprache«, »Tonleiter« usw.) bringt es keine Metapher. Allenfalls im Geleitschutz einer wissenschaftlichen Erörterung – etwa, wenn Goethes Faust oder Brechts Galilei herangezogen werden, zum Beispiel, um Wissenschaftler vor schlechter Kumpanei oder opportunistischem Paktieren zu warnen.

Außerdem bedarf die Metapher, will sie länger existieren, immer neu mutierter Metaphern, was der wissenschaftliche Begriff nicht unbedingt braucht. Die Metapher ist außerhalb großer Kunst ein Rudelwesen, weshalb sie auch nicht wie ein Begriff überlebt, der immerhin durch einen genaueren ersetzt werden kann. So leicht, wie sie alleine »eingeht«, geht sie auch ins Bewusstsein ein und in den Alltag, in die Gesellschaft und bleicht aus. Jede gesellschaftliche Erschütterung vermag sie darum auch auszulöschen oder umzudeuten. So ist seit den ersten Fronteinbrüchen der »neoliberalen« Ideologie vom »schlanken Staat« kaum mehr die Rede. Und während Trump waren die deutsch-amerikanischen »Atlantiker« auch merklich kleinlauter geworden. Die Konjunkturanfälligkeit der Metapher begrenzt ihre Lügendauer ebenso wie ihre Erhellungskraft. Sie braucht – durchaus weniger als die wissenschaftliche Erkenntnis – Organisationen, Geld und andere, traditionell verwurzelte Metaphern zur Verstärkung. Deshalb sollten Metaphern als Begriffsersatzstoffe (neuerdings: »Schwurbeln«, Verschwörungstheorien, nach rechts offen o. ä.) von den Kräften der Aufklärung hoch-, aber nicht überschätzt werden.

Nach diesem, meinem Empathieausbruch will ich nun aber zurück zu Wygotski. Wir müssen die Gestalt des menschlichen Denkens, die Wortbildung, die Lautmalerei erfassen, aber ihren Gehalt, ihr Wesen nicht dahinter zurücktreten lassen, sondern – und das ist eine eigentliche Aufgabe des dialektischen Materialismus – neben die Gestalt rücken und ihre Beziehungen miteinander und mit den Beobachtern betrachten.

Leider leidet der Materialismus unter den sogenannten Metapherntheoretikern, denn sie nehmen ein Wort quasi »für bare Münze ohne den Geldverkehr zu beachten«. George Lakoff schildert, wie er als junger Professor in Berkeley »die Geburtsstunde der Metapherntheorie« erlebte. Eine Studentin betrat verspätet den Klassenraum, löste sich hernach in Tränen auf und sagte dann den folgenden Satz: »Mein Freund hat sich gerade von mir getrennt. Er hat gesagt, unsere Beziehung stecke in einer Sackgasse.«[59] Spontan ändern Professor und MitstudentInnen in dieser Klasse den Lernstoff und fallen über das Wort »Sackgasse« her. Bald kommen sie zu dem Ergebnis, dass der Freund die Studentin tatsächlich in der Gestalt des Wortes »Sackgasse« gedacht hatte und dass dies kein bloß ungebildetes Bild war, sondern eine realdenkende Metapher. So rührend, wie die Begebenheit beginnt, so kaltherzig endet sie. Lakoff: »Sie ist mittlerweile glücklich verheiratet – mit einem anderen Mann.«[60]

Angenommen, der junge Professor und die Studentinnen und Studenten, die sich so empfindsam den Lernstoff von einer zu spät gekommenen Liebeskummerigen hatten diktieren lassen, hätten recht. Dann wäre die Liebesbeziehung der jungen Studentin, wenn diese sich tatsächlich im Kopf des Geliebten als »Sackgasse« abgebildet hätte, doch in einer Aufforderung gelandet, nicht auszusteigen (denn wie soll man in und aus einer Sackgasse aussteigen?), sondern sich umzudrehen und einen gewissen Weg der Beziehung wieder so weit zurück zu schreiten, bis ein kleiner Pfad links oder rechts aus der Gasse herausführen würde. Nach einem längeren gemeinsamen Rückweg hätten beide dann erst getrennte Wege zum Beschreiten gefunden. Dass dies nicht so war, sondern der Geliebte sich relativ schnell trennte, zeigt doch, dass er das Wort »Sackgasse« nicht wirklich gedacht haben konnte. Demzufolge hat der Gehalt des von ihm gewünschten schnellen Beziehungsendes doch die Gestalt des Wortes »Sackgasse« so verändert, dass die physische Unmöglichkeit eines sofortigen Ausbrechens ohne Rückweg aus einem gemauerten Straßenendstück überbrückt wurde. Er trennte sich nämlich und sie war »bald darauf glücklich mit einem anderen Mann verheiratet« – aber für die Metapherntheorie war dies kein echtes Thema mehr.

Somit war schon die Geburtsstunde der Metapherntheorie von einem dunklen Stern überschattet, um eine weitere Metapher zu zitieren. Lakoff schreibt in demselben Buch: »Abstrakte Ideen zum Beispiel – also all diejenigen Dinge, die wir nicht körperlich erfahren – können *nur* durch Metaphern begriffen und benannt

59 Lakoff/Wehling (2016), S. 14.
60 Ebd., S. 16.

werden.«[61] (Hervorhebung d. A.) Fünf Zeilen später schreibt er allerdings: »Wie begreifen wir tagtäglich die Welt? Nun, wir begreifen sie *zu einem großen Teil* in Metaphern.« (Hervorhebung d. A.) Was aber stimmt nun? Können wir abstrakte Ideen »nur« durch oder doch nur »zu einem großen Teil« in Metaphern erfassen? Etwas sprachliche Genauigkeit darf man von einem Linguistiker doch verlangen, oder?

Können wir die abstrakte Idee, die mit der Kapitalismuskritik verbunden ist, oder mit der Delle in der Raum-Zeit bei Einstein, die Schwerkraft oder andere Physik-Erkenntnisse Newtons tatsächlich nur durch Metaphern begreifen? Ist dieser Vorgang, der sich mit Metaphern angeblich leichter darstellen lässt, tatsächlich »tagtäglich«, oder nicht viel mehr »alltäglich«? Ist also die Verwendung von Metaphern nicht eher Alltagssprache, während die der abstrakten Begrifflichkeit der über die Alltagssprache aufsteigenden Wissenschaft vorbehalten bleibt? Die größten Ausbilder der Menschheit, von Archimedes bis Marx, zogen Metaphern gelegentlich zur exemplarischen Anschaulichkeit ihrer Grundsätze heran. Ihre wesentlichen Grundsätze aber blieben was sie waren, mathematisch nachzurechnen und abstrakt, nämlich Begriffe.

Die metapherntheoretische Co-Autorin desselben Buches, Elisabeth Wehling, nutzt hingegen die Metaphern-Theorie dann auch gleich zu einer mainstreammodisch linken Analyse:

> Der wohl prominenteste Frame ist dabei derjenige von Flüchtlingen als Wassermassen. Eine Flüchtlingswelle hat uns 2015 überrollt. [D]ie Metapher von Flüchtenden als Wassermassen informiert aber nicht nur über die Form der Bedrohung, sondern über die Lösung. […] [W]as tun? […] Dämme bauen […], Sandsäcke vor die Türen.[62]

Die Autorin geht davon aus, dass durch den falschen Gebrauch der Metapher das Wort »Flut« beziehungsweise »Welle« seinen Gehalt beibehält und dadurch eine falsche Realität abbildet und erwirkt. Die Gestalt des Wortes »Welle« übernähme also den Gehalt des eigentlichen Vorgangs, überdecke ihn, löse ihn quasi in sich auf. Die Metapher impliziert eine Vorstellung, die entweder angenehm von meinen Fußspitzen bis zu meiner Brust aufsteigt, oder aber einen Tsunami, der mich in einem Urlaubsdorf überrollt, unter sich begräbt und wegschwemmt. Somit müsste

61 Ebd., S. 14.
62 Lakoff/Wehling (2016), S. 186.

ich mir Flüchtlinge wie Wassermoleküle oder Massen von Tropfen vorstellen, deren einzelne Leiber nun über mich hinwegpurzeln. Aus Wassermolekülen würden Menschenkörper, die mich zu ersticken und zu zerdrücken drohten.

Die Autorin suggeriert ferner, dass jeder, der den Begriff »Flüchtlingswelle« und »-flut« verwendet, genau dieses Bild der Bedrohung transportiert. (Ertappt! Ihr doofen Bildungsfernen!) Sie empfiehlt also, durch Verzicht auf ein inhumanes Wort inhumane Politik zu überwinden. Auch daß z. B. die Realität Geflüchteter die Gestalt des Wortes »Welle« zu deren Gunsten verändern könnte und eben nicht die Gestalt (»Welle«) den Gehalt (geflüchtete Menschen) dominiert, kommt den Metapherntheoretikern nicht in den Sinn. Ich will hier noch einmal festhalten, dass es sich bei einem solchen Wort und dessen Anwendung nicht um einen Mix aus Gehalt und Gestalt, sondern stets um eine Korrespondenz zwischen beiden handelt. »Welle« konfiguriert »Flüchtling« (bzw. was der Sprecher davon hält). Und »Flüchtling« konfiguriert »Welle«. Wer es gut mit Geflüchteten meint, empfindet bei »Flüchtlingswelle« »-welle« anders, als wer es rassistisch meint. Beide Worte können – je nach sozialer Differenz – human oder inhuman benutzt werden, bleiben also im historischen Fluss und können nicht zum Austrocknen ans akademische Land geworfen werden.

Natürlich gibt es realistischere und humanere Worte als »Flüchtlingswelle«. Aber wer dies Wort verwendet, muss davon noch längst nicht so deterministisch verhext sein, dass er zu keiner realistisch-humanen Politik für Geflohene mehr fähig ist. Ich habe das Beispiel »Flüchtlingswelle« gewählt, um seine Gefahr zu relativieren. Der ähnliche Korrespondenzeffekt zweier Worte zu einer neuen Abbildung wäre natürlich auch mit »Flüchtlings(zu)strom«, »-woge«, »-krise«, »-heer« o. ä. zu erzielen. Nie aber kann ein Wort alleine, sei es noch so martialisch, das andere, mit dem es zusammengetan ist, völlig auslöschen. Alle Töne färben einander und voneinander ab – und zwar in unterschiedlichen Praxen. »Strom« und »Welle« haben und liefern dabei sicher eine pauschalierende Färbung. Aber wie kritisch wäre denn eine »Welle an Spendenbereitschaft« oder ein »Strom der Zuwendung« zu verstehen? Mechanische Wortklauberei liefert Überheblichkeit, aber keinen sozialen, kritischen Theorieansatz!

Zu welch eingespritztem Sprach-Botox solcherlei Metaphern»theoreme« führen, zeigen nicht nur Gender-Fluid-Eskapaden. Elisabeth Wehling ist damit auch globalstrategisch für unsere Medien-Herrschaft unterwegs. 2017 entwickelte sie ein »Framing-Manual« für die *ARD*, das mit folgendem Satz beginnt: »Beginnen wir direkt mit dem Wichtigsten: Wenn Sie Ihre Mitbürger dazu bringen wollen … sich hinter die Idee eines gemeinsamen, freien Rundfunks *ARD* zu stellen – auch und gerade in Zeiten, in denen Gegner deren Relevanz infrage stellen und orchestrierte Kampagnen fahren, die die *ARD* in starken Bildern und Narrativen abwerten –, dann muss Ihre Kommunikation immer in Form von moralischen Argumenten stattfinden.« Ihre Leitlinie hat sich bis heute zur menschenrechtsimperialistischen Berichterstattung gegen Russland, China, Iran und den gesamten »antikolonialistischen globalen Süden« (Lossurdo) weitergemausert.

Das Elend der Metapherntheorie

In dem anderen Standardwerk der Metapherntheoretiker plädieren Lakoff und Johnson für eine »Kultur [...], in der man den Argumentationsvorgang nicht in kriegerischen Termini sieht [...], sondern bei dem niemand gewinnt oder verliert, bei dem niemand an Attacke oder Verteidigung denkt, bei dem man weder an Boden gewinnt noch verliert«.[63] Als ob dies so leicht und semantisch zu ermöglichen wäre! Dieses sympathische bzw. sympathieheischende Plädoyer kommt daher, dass die Autoren einen kriegerischen Gebrauch des Wortes »Argumentieren« anhand der umlagernden Metaphern ausgemacht zu haben glauben und dann an unsere friedliche Absicht appellieren, den Sprachgebrauch ändern helfen zu wollen. Die Autoren führen für ihre Kapitelüberschrift »Argumentieren ist Krieg« folgende Formulierungen auf:

»Ihre Behauptungen sind unhaltbar.«
»Er griff jeden Schwachpunkt in meiner Argumentation an.«
»Seine Kritik traf ins Schwarze.«
»Ich schmetterte sein Argument ab«.
»Nun schießen Sie los!«
»Er machte alle meine Argumente nieder.«[64]

Sie schreiben dazu:

> Allerdings ist es so, dass wir über das Argumentieren nicht nur in Kriegsbegriffen sprechen: wir können beim Argumentieren auch gewinnen oder verlieren. Wir betrachten die Person, mit der wir argumentieren, als Gegner. Wir greifen seine Positionen an und verteidigen die unsrige. Wenn uns eine Position unhaltbar vorkommt, können wir sie aufgeben und eine neue Attacke reiten.[65]

Sie kritisieren auch den damit verbundenen Gehalt des »oben« für höherwertig als »unten«. Wahrscheinlich würden mich die beiden Autoren geißeln, wenn ich ihnen verriete, dass ich durchaus der Meinung bin, dass von der kriegerisch-strategischen

63 Lakoff/Johnson (1997), S. 186.
64 Ebd., S. 12.
65 Ebd.

Denkweise, vom Oben einer Kommandohöhe mehr Überblick zu »gewinnen« sei, als aus dem Unten einer Latrine. Weshalb Menschen gelegentlich Aussichtstürme, aber selten Aussichtsgruben besteigen.

Dass menschliches Denken sowohl aufeinander aufbaut (mit dem Zweck, die Abstraktionen konkreter zu fassen) als auch in die Tiefe baut, mit dem Zweck, die Sinnlichkeit, die sich in der Metapher spiegelt, zu verwurzeln, dass also durchaus auch im Mittelalter klug gedacht wurde, als man Burgen auf Berge baute, um Gegner früher zu erblicken und sich gegen sie verteidigen zu können, wird geleugnet. Und zwar mit moralischer Intention. Aber auch eine Landvermessung zu ökologischem Zweck gedeiht mit einer Luftaufnahme besser, als aus einem »artenschutzgemäßen« Maulwurfshügel heraus.

Der Unsinn also, der Krieg käme »aus unserem Menscheninneren beziehungsweise unseren kriegerischen Metaphern«, findet seine Nahrung dort, wo zwischen Metapher und Begriff nicht unterschieden wird. Wir mögen das Plädoyer der Autoren für Frieden teilen. Ist es aber tatsächlich so, wenn ich als Anwalt der »Roten Hilfe« eines »Castor-Schottern«-Beschuldigten die Anklage des rechten Staatsanwalts »attackiere« und ihn »in der Luft zerreiße« im selben kriegerischen Sinne denke, wie der sanft säuselnde Staatsanwalt? Ist die Friedensbewegung, die den NATO-Stützpunkt Ramstein »okkupiert« (oder »blockiert«), mit der deutschen Okkupation Frankreichs gleichzusetzen oder prägt hier nicht auch Gehalt Gestalt – sowohl im konkreten Denken und als auch in der Alltagssprache?

Wenn wir die Augen schließen, sehen wir die friedlichen Sitzblockaden von Mutlangen doch viel kleinlauter und menschlicher als diejenigen Panzer und Kriegsschiffe, die einst Leningrad belagerten und Berge von Hungertoten produzierten. Sollten wir also die Termini abschaffen? Oder nicht besser die Rüstungsgewinne? Wären die streitbaren, gar militärlogistischen Termini im intellektuellen Disput nicht auch überlebensfähig ohne Kriege oder nach ihrer Abschaffung, weil die Wortgestalten ihren Gehalt verlören, zum Beispiel, wenn wir im Sozialismus dermaleinst im Schachspiel oder im Argumentieren von den früheren, dann hoffentlich vergangenen Zeiten über Kriegslogik reden könnten, ohne dass dies korrespondierte mit der Realität des militaristischen Massenmordens?

Wir sollten nicht zuerst die unangenehmen Worte abschaffen, sondern die unangenehmen Zustände, die diese zu bezeichnen versuchen. Auch weil diese die Worte aufladen. Und weil Worte käuflich sind. Hanns Eisler echauffierte sich diesbezüglich über die Musik: »So geht es nicht weiter, vor allem nicht in der Musik. Diese Hure Musik, die sich zu allem ausgeliehen hat, was schlecht und gut war in der Gesellschaft, wird auch einmal zur Rechenschaft gezogen werden durch die allgemeine gesellschaftliche Entwicklung!«

Auch wenn sprachliche Metaphern offenbar näher bei den theoretischen Erkenntnissen wohnen, gilt Eislers Vorbehalt gegen die prostituierte Ambivalenz für alle Laut-Malerei. Sie sind alleine nicht stark genug, der Menschheit Schäden vorzuenthalten oder zu bereiten. Aber für die Verhinderer von Schäden oder deren Profiteure liegen sie herum, um gefällig zu sein und gefälligst benutzt zu werden. Es sind eben diese Kräfte, die sie mit ihren Richtungen, Färbungen und Zusammenhängen aufladen. In sich tragen sie zwar nicht die determinierte Richtung zum Schaden oder zum Nutzen der Zivilisation, aber durchaus die Kraft, diesen zu vertiefen und zu vermehren.

Zwar sind Worte verräterisch. Aber so wie sie ihre vermeintlichen Besitzer verraten, können dies auch andere und so die Gefahr durch theoretische wie praktische Arbeit erheblich vermindern. Für feste Konzepte, in sie hineingeheimnist, sind Worte aber oft einfach zu fragil. Eben Huren! Dass sich somit auch die Autoren ihrer »metapherntheoretischen Konzepte« nicht ganz sicher sind, zeigt sich an einer Stelle, in der sie sich selbst fragen, »wie wir Erfahrungsbereiche begreifen und verstehen, die aus sich selbst heraus nicht wohldefiniert sind und von anderen Empfangsbereichen her erschlossen werden müssen.« Ihre eigene Antwort fällt ernüchternd aus: »Im Grunde genommen haben sich weder Philosophen noch Linguisten mit solchen Fragestellungen befasst.«[66] Nun denn – dann suchen wir besser das im Wort gespiegelte Bewusstsein wie die Sonne in einem Wassertropfen … »das sinnvolle Wort ist der Mikrokosmos des Bewußtseins« (wie Wygotski Shakespeare zitiert).

66 Ebd., S. 134.

Wortklärung richtet sich auf die Tat – und wird von ihr erst gebrauchsfähig

Wygotski schildert in »Denken und Sprechen« besonders im fünften und sechsten Kapitel, wie im Kopf des Heranwachsenden eine Vorstellung von einem Begriff und schließlich der Begriff selbst zu entstehen vermag. Zunächst zitiert er Leo Tolstoi, »daß man ein Kind nicht nach den Gleichgewichtsgesetzen das Laufen lehren kann.«[67] Selbstverständlich meint er damit auch den Umgang mit dem Wort »laufen« und nicht nur das Laufen selbst. Diesbezüglich muss es

> im gesamten Verlauf der kindlichen Entwicklung zwei antagonistische Gruppen von Begriffen – spontane und nicht spontane – geben, die sich mit dem Alter nur in ihren quantitativen Beziehungen zueinander wandeln. Zuerst überwiegen die einen. Beim Übergang der einen Altersstufe zur anderen nimmt die Anzahl der anderen progressiv zu.[68]

Später exerziert er dies, insbesondere in Grenzziehung zur Theorie Piagets, anhand verschiedener Worte und Begriffe (zum Beispiel »Leibeigenschaft«, »Ausbeutung«, »Krankheit«). Obwohl also von gegensätzlichen Seiten herkommend, vollzieht sich die Begriffsbildung »von oben« (mithilfe der Erwachsenen im abstrakten Gehalt) als auch »von unten« durch das eigene Erleben, aber immer im Widerspruch zwischen dem abstrakten Gehalt und der konkreten Gestalt. Wygotski nimmt sich dann das Wort »Bruder« vor. Der eigene konkrete Bruder eines Kindes leiht der Begriffsbildung »von unten« sein Gesicht. Der abstrakte, in der Schule gelernte, erfasst die juristische Verwandtschaftsdefinition. Beide durchdringen den Kern des Gegenstands, kollidieren und korrespondieren aber auch während der Begriffsbildung – mit dem Ziel ihrer Verschmelzung. Denn im alltäglichen Gebrauch fallen beide Seiten dann doch immer nach der »unteren oder oberen Seite« auseinander: je nach Gebrauch mehr persönlich oder mehr abstrakt. Erst in der Einheit des Widerspruchs gelingt die erweiterte Verfügung über den Begriff in der Praxis des Alltags.

Würde man den Kern des Begriffs »Bruder« hingegen mit der Mikroschere zu einer Art prototypischen Nukleus schälen können, wäre es zwar leichter, damit

67 Wygotski (1971), S. 174.
68 Ebd., S. 180.

Verbindungen einzugehen. Aber dieser Umgang mit dem »geschälten Kern« geschieht kaum in der Alltagssprache, sondern am Schreibtisch eines Dichters oder eines Juristen in Erbschaftsangelegenheiten. Er fällt also auch wieder scharf abgezirkelt in die ästhetische und die theoretische Seite einer Arbeit auseinander. Denn dieses Schälen funktioniert nur in einer Art von Laboratorium, während im lebendigen Umgang mit dem Wort »Bruder« der abstrakte Kern des Gehalts immer einen gewissen, den sozialen Zusammenhängen der Bewegung angemessenen Zug der Gestalt annehmen lässt. Man kann also den inneren Kern so wenig erfassen, wie Heisenberg das Atom in der Magnetfalle zugleich in Ort und Dynamik »fangen« konnte. Jeglicher Gebrauch muss also mit der Einheit des Widerspruchs zwischen Gehalt und Gestalt vorliebnehmen. Auch in der Bewegung eines Wortgehalts herrscht eine Relation der Unschärfe. Vermindert kann diese Unschärfe nur werden, wenn ich den sozialen Gehalt des Wortes gleichermaßen umfänglich wie detailfreudig erfasse und das Wort zwar gedanklich zu schälen suche, aber nur, um es umso selbstständiger innerhalb seiner verschiedenen sozialen Verspannungen abzuschmecken, zu belauschen und auszutesten.

Diese Rekonstruktion der spezifisch prozesshaften Färbung eines Wortes entspricht ihrem konkreten Gebrauch und viel weniger einer lexikalischen Fest-Stellung. Unter verschiedenen Umständen bedarf seine Theorie so wie sein Gebrauch selbst wiederum der historischen Kenntnis der Umstände, wie der Fingerspitze, wie der Wissenschaft und wie der Ästhetik. Die letztendliche Färbung eines Wortes kann der Forscher nur aus dessen lebendigen Umständen lesen, auf die es sich bezieht. Hätten die Metapherntheoretiker sich »damit befasst« und in ihrer alles überbordenden Bilderwelt einmal Ordnung geschaffen, hätten sie sich also dem gesellschaftlichen Leben zugewandt, wäre jedenfalls diese Frage leichter lösbar und wären Antworten längst gefunden worden. Aber das Korrespondieren von Gehalt und Gestalt, von Sinn und Form, von unterschiedlichen Praxen etc., was sich im realen Arbeitsprozess und demzufolge in der Entwicklung der Produktivkräfte und Produktionsverhältnisse gewissermaßen abstützt, ist ihnen bislang fremd geblieben.

Auch die Pornographie als ein sehr gängiges Geflecht von Metaphern, so auch das Wort Sexualität, findet in den beiden Standardwerken der Metapherntheorie so gut wie nie einen wirklichen Anklang. Dabei bergen die pornographischen Worte die höchste und damit auffälligste Vehemenz. Ein theoretischerer Umgang mit Metaphern könnte hier zur Verfeinerung der Sprache, damit des Denkens und schließlich der Praxis führen. Nehmen wir nur die »mittelalterlichen« und hilflosen Versuche, die sexuelle Handlung selbst zu benennen: vom abschätzigen

»ficken« und »vögeln«, über das so »sachliche« wie unsinnige »Liebemachen«, die neutralen »koitieren« und »Geschlechtsverkehr« bis zum missverständlichen »miteinander schlafen«. Auch das belletristische »er dringt in sie ein« dürfte zum attraktiven Liebeswerben nicht taugen. Dem »Wahren, Schönen, Guten« dienen die meisten Bezeichnungen nicht nur nicht, sondern weichen ihm feige aus. Der Reiz wird im allgemeinen Wortgebrauch eliminiert, weshalb manche Songmetaphern dem Gehalt näherkommen (z. B. Roland Kaisers: »Manchmal möchte ich gern mit dir diesen unerlaubten Weg zu Ende gehen«). Dass das Intimleben auch eine Spiegelung des gesellschaftlichen Lebens ist, wird in den allermeisten Metaphern brutalstmöglich geleugnet. Dies zu überwinden, wäre doch ein lohnendes Aufgabenfeld für ein theoretisches Arbeiten mit Metaphern.

Der ganze Satz prägt seine Teile

Wenn ich Hungervorgänge länger beobachte, komme ich gegebenenfalls mit dem gleichen Satz, »Diese Frau hungert zum Strich«, zu zwei völlig entgegengesetzten Ergebnissen: In einem Fall ist die Frau alleine in der Dürre, hat gar nichts. Das letzte Korn gab sie ihrem Nachwuchs. Sie verkörpert den Kampf ums Dasein. Im anderen Fall hat die Frau alles, außer ein paar Pfunde zu viel. Sie hungert, der anderen gleich, aber in einem völlig anderen Bewusstsein von ihren Rücklagen. Sie verkörpert den Kampf gegen den Kampf ums Dasein.

Auch der metaphorische Zusatz »zum Strich« würde vom Gesamtumstand im ersten Fall zu einem wahrhaft bedauernden Unterton, im zweiten zu einem leicht sarkastischen eingefärbten. Der Teilausschnitt in der Beobachtung des Hungerns darf aber nicht zu klein sein, weil der Gehalt völlig verschieden ist, als Gestalt aber gleich daherkommt. Die Metapherntheoretiker aber überhören die lebendigen Klänge des Gehalts, weil sie ihr Ohr nur an die statische Gestalt des einzelnen Wortes pressen.

Ähnlich unzutreffend gehen die Autoren mit der folgenden Metapher um: »Zeit ist Geld«. Auch hier empfehlen sie einen anderen Wortgebrauch. Das Uminterpretieren der Welt soll die Welt verändern: »Also haben wir metaphorische Konzepte wie ›Zeit ist Geld‹, ›Zeit ist eine begrenzte Ressource‹ und ›Zeit ist ein kostbares Gut‹. Diese Konzepte sind […] metaphorisch.« Aber, nun kommt es: »Es besteht für menschliche Wesen keine Notwendigkeit, die Zeit in dieser Weise zu konzeptualisieren; dieser Vorgang ist an unsere Kultur gebunden.«[69] Aha, nicht an »unsere« Ökonomie!

Die Autoren schreiten zügig aus dem Wortreich der Notwendigkeit ins Wortreich der Freiheit, als ob es keine Notwendigkeit gäbe, aufgrund der Verhältnisse »Zeit in dieser Weise zu konzeptualisieren«. Die einzige Begründung für diese abenteuerliche Empfehlung ist, dass es Kulturen gäbe, »in denen die Zeit keinem der erwähnten metaphorischen Konzepte entspricht«. Es bleibt also einzig der romantische Hinweis auf vergangene, beziehungsweise rückständige Kulturen als Beleg für falschen Wortgebrauch heute. Aber ist die Entsprechung Zeit = Geld denn wirklich nur eine metaphorische Denkblase oder nicht vielmehr eine von den herrschenden Produktionsverhältnissen und der Ausbeutung menschlicher Arbeitskraft diktierte Realität? Diese müsste doch durch ein anderes Zeitregime

69 Lakoff/Johnson (1997), S. 17.

kämpferisch ersetzt werden, um der Metapher »Zeit ist Geld« den realen Boden zu entziehen, anstatt die Metapher auszutauschen. Aber genau das, die Arbeit, die Entwicklung der Produktivkräfte und die Gestaltungskraft der Produktionsverhältnisse und den Klassenkampf klammern die Autoren aus. Offensichtlich scheint ihnen auch das kapitalistische Zeitregime Teil der menschlichen Natur zu sein. Mir hingegen scheinen Erfahrungen weniger »Produkte der menschlichen Natur« zu sein, als Natur der menschlichen Produkte.

Kürzlich warf mir ein »metapherntheoretischer« Kollege, der sich »Kommunist« nannte, vor, das Wort »prägen« auf menschlichen Geschmack, Mode, Pornographie und Kunst angewendet zu haben. Dies sei unmenschlich, weil das »Prägen« aus der Münzpressung käme. Menschen seien aber keine Münzen.

Er empfahl mir drängend, das Wort »nahelegen« anstatt »prägen« zu verwenden. Also etwa so: Adolf Hitler sei nicht von Chauvinismus, seiner zerrissenen kleinbürgerlichen Herkunft inklusive Misshandlungen »geprägt« worden. Vielmehr hätten die väterlichen Peitschenhiebe ihm ein bestimmtes Verhalten in der Persönlichkeitsentwicklung »nahegelegt«. Das klingt deswegen humaner, weil mit »Nahelegen« die eigene Option und Verantwortung des jungen Adolf für sein Verhalten und Handeln stärker zum Ausdruck kommt. Das Wort »prägen«, weil es aus der Mechanik kommt, schlösse den eigenen Handlungsspielraum, also Mündigkeit und Strafbarkeit von vorneherein aus.

Nun wäre ich froh, mein »kommunistischer« Kollege hätte recht. Ich fürchte aber, dass mit der Annahme, jeder Mensch habe die freie Option und Wahl unter dem »Nahegelegten« (besser: den nahegelegten Alternativen), eine Verwechslung vorliegt und zwar des Diesseitigen mit dem Kommunismus oder einer anderen weitgehend befreiten Gesellschaft. Vielmehr nimmt die Wortgestalt »prägen« in der Anwendung auf menschliche Entwicklung einen anderen Gehalt auf. Eine »Prägung« durch eine bäuerlich-autoritäre, katholische Familie zerstört keinesfalls die Potenziale der späteren Auseinandersetzung damit, die Überwindung derselben durch Arbeit, Auflehnung und Kunst (abgesehen davon, dass auch Münzen umgeprägt werden können). Die Peitschenhiebe hatte Klein-Adolf nicht als Einziger in Österreich zu ertragen, sondern viele Millionen in ähnlichen Verhältnissen gleichermaßen, ohne die bekannten späteren faschistischen Resultanten dieser Prägungen. Aber, dass diese Millionen diese Hiebe noch lange danach »zu spüren« und damit zu ringen bekamen, wäre mit dem Wort, sie hätten sie nur »nahegelegt bekommen« und dann »beiseitelegen können«, doch bei weitem zu zaghaft, und für einen »Kommunisten« zu liberal ausgedrückt.

Ungeile Liebe

Novalis läutete die Romantik mit der »mond-zerglänzten Zaubernacht« ein – und überschattete damit die zu kurze Zeit des Aufklärerischen im »Sturm und Drang«. Liebestolle und Schlafwandler haben ja zum Mond eine besondere Beziehung, die mit Einschränkungen und Bereicherungen verbunden sind. Individuelle Liebesschwüre, Halluzinationen bei Vollmond und Mythen, die sich in kollektiver Folklore ablagern, sind die Spätfolgen dieser Erkrankungen.

Ein Nachtjäger dagegen hat eine halbromantische Beziehung zum Mond. Er neigt zu Waidmanns Folklore, muss aber mit moderneren Messinstrumenten die Wirkung von unterschiedlichen Mondgestaltungen etc. errechnen. Der »Rückzug« der Gestalt und die ansteigende Wirkung des Gehalts hängen mit Art und Grad des Berufs zusammen.

Nordseefischer und die im Küstenbereich Wohnenden sind bei Strafe ihres Untergangs gezwungen, ihre Folklore von ihren Berechnungen fernzuhalten. Es ist also anzunehmen, dass der Gebrauch des Wortes »Flut« bei einem von der Schifffahrt abhängigen Menschen andere Empfindungen auslöst und in der Sprache bewirkt, als bei einem Touristen oder einem Menschen, der aus seinem Alpendorf nicht herauskann und nur Theodor Storms »Schimmelreiter« gelesen hat. Und, liebe Metapherntheoretiker: Könnte es nicht vielleicht sein, dass auch demzufolge das Wort »Flüchtlingsflut« im Hirn anderes bewirkt?

Beziehung und Empfindungen des werdenden Vaters zur weiblichen Brust sind angeblich angeboren und scheinen – so behaupten es rückständige Psychologen – auch dort produziert. Als Säugling hatte der heutige Vater seine Lippen selbst an der Brustwarze seiner Mutter gehabt und dazu entsprechende Laute ausgestoßen, um dieses Wohlgefühl zu erlangen. Hat er später diese Laute und deren Gestalt in seine erwachsene Sprache übernommen? Doch eher nicht. Aber ist der Gehalt, das Wohlgefühl beim Milchsaugen, darum so vollständig untergangen, wie der Säuglingslaut? Nein, es bleibt aufgehoben.

Auch könnte die Gestalt der Milch ihn weiter erinnernd begleitet haben bis in den entfernten Schimmer jener Milch, die er sich später im Büro in seinen Kaffee gießt. Diesen Schimmer nimmt der frischgebackene Vater mit in die Ahnung von jener Milch, die dann vor seinen Augen gerade von der Mutterbrust in den Mund seines Säuglings gelangt.

Als Jüngling hatte er noch die Scham eines Mädchens durchbrochen, als sie ihm zum ersten Mal die unverhüllte Brust zeigte. Wie ein Mensch nach längerer

Haftzeit als freier Mann ein Gefängnis verlässt, jemand auf seinem Konto eine lang ersehnte Überweisungssumme findet, wurde hier die Verweigerung erfolgreich überwunden. Ein Glücksmoment, wie das Aufrichten der Brustknospen unter seinen Lippen, ist auch nicht so weit entfernt von dem Glück, die Verweigerung von Lohnzahlung kollektiv durch Streik durchbrochen zu haben.

Die Erinnerungen als Liebhaber vor und nach dem Aufstellen der Knospen am Busen wie jene als Säugling sind nur durch reizvolle Metaphern, aber nicht durch kühl wissenschaftliche Beschreibung der Anatomie weiblicher Brüste wachzurufen. Dagegen begleitet in Abwesenheit des Reizes die wissenschaftliche und theoretisch kühle Behandlung einer Krebserkrankung in der weiblichen Brust als Abstraktion. Aber: Ist darum die Rückerinnerung an die erste sich ihm nackt zum Anfassen und Begreifen dargebotene Mädchenbrust ein Rückschritt? Nein, in seinem Hirn bleibt beides als Metapher und Begriff in einer widersprüchlichen Verbindung – unvertauschbar, aber als Korrespondenz.

Zwar verbleibt der Eindruck der zuallererst erblickten, außerfamiliären Mädchenbrust meistens besonders tief, aber er braucht auch später Sprache und bewusstes Erinnern, um ihn präsent zu machen. Er stellt sich ja nicht automatisch mit dem Anblick jeder Frauenbrust her. Aber er schimmert mit im Shakespear'schen »körperlosen Prunkgemach der Schatten«, und die Metapher gepaart mit einem »Drive-Gefühl« vermag er wach und aus dem Traumgemach hoch zu rufen.

Nun sieht er aber die gewachsene, Milch gebende Brust seiner Frau. Er darf die Brust nicht so anfassen, wie er es sonst getan hatte. Also spaltet sich etwas Gegenteiliges, manchmal sogar Widerwilliges, vom Anblick ab. Pornographie und Zuneigung geraten in einen Widerspruch. Das gemeinsame Werk, sein Kind, der Säugling, kann nur gelingen, wenn er die Lockung wegdrückt. Diese Erleuchtung ist auch von der Konvention bewehrt. Sie wird Realität und er wird daran gemessen.

Seine »edle«, weil ungeile Vaterrolle wird zum Teil der »heiligen Familie«. Mag er sich die Abwehr gegen seine Empfindung für Milch bei der Muttermilch noch als natürlich vorstellen, so ist die Abwehr seiner Liebhaberei zum nackt dargebotenen Busen allein schon deswegen keinesfalls mehr natürlich, weil es Verlockung und Scham als gesellschaftliches Reizspiel in der Natur gar nicht gibt.

Auch viele weitere amouröse Beziehungen zu Brüsten werden mit der Vaterschaft auf eine harte Bewährungsprobe gestellt, aber damit oft auch zu einem neuen Teil der Liebesbeziehung, die ein frischer Vater eigentlich nur mit einer negierenden, fortdrängenden Hirnbewegung meistern kann. Etwas Mystisches umgibt dann die Mutterbrust im Gegensatz zur triebgetragenen Lust. So wie die junge Familie sich einerseits verkapselnd als Gegenwelt und andererseits als neue gesellschaftliche Organisationsarbeit darstellt, wird durch Kinder die Familie: Rückschritt und Fortschritt in einem. Die Option ist offen und hängt nicht an der Metapher, sondern an der praxisorientiert entfalteten Vernunft der jungen Familienangehörigen.

Die praktische Spannung aus Abbild und Begriff

Der Prototyp der unwillkürlich produzierten Metapher ist der Traum. Der Prototyp der willkürlich produzierten Metapher ist das literarische Bild. Zwischen beiden rangiert die Pornographie, so wie diese auch von Erotik zu sexueller Handlung überleitet. Pornographie kann ich mir selbst machen, aber viel öfter wird sie mir gemacht. Sie ersteht aus jenem »Prunkgemach der Schatten«, in die nicht nur die vergessenen Worte abgesunken sind, sondern auch die kraftspendend leuchtenden Eskapaden. Seit drei Jahrzehnten sprechen Erkenntnistheoretiker von der affektiven oder emotionalen Intelligenz. Hätten sie umfänglicher und frühzeitiger entdeckt, dass jede Intelligenz Affekte benötigt, hätten sie sich mutiger und frühzeitiger den lust-, eros- und pornographiefeindlichen UmerzieherInnen entgegengestellt, die unter dem Deckmantel von Feminismus und Antisexismus jegliches Aphrodisiakum verbieten und austreiben wollen, das unser Denken – auch das wissenschaftliche – über die einfältige Wiederkäuerei von Kühen hochhält und beflügelt.

Wir haben gelernt, dass alle Vorgänge des Produzierens und Rezipierens mit der spezifischen historischen Lage jeder Beteiligten in einem direkten und indirekten Zusammenhang stehen. Überall, wo neues Wissen entsteht, neue Begrifflichkeit und Abstraktion, bleibt Altes zurück. Wenn der neue Begriff entsteht, lebt die alte Gestalt noch lange weiter. Der Begriff bleibt »seiner« Metapher stets um mehr als eine Nasenlänge voraus. Während die Metapher ihn mit ihrem Sinnlichkeitsgehalt herausfordert, auf seine Lebensnähe abprüft, ihn notfalls zur Ordnung ruft, wenn er zu sehr abhebt. Metapher und Begriff begehren einander, aber decken sich nie.

Metaphern sind also ebenso wenig ein Ersatz für Begriffe wie umgekehrt. So wie Ästhetik auch nicht Wissenschaft ersetzt. Beide sind komplementäre Widerspiegelungen, die zum kollektiven Erkenntnisschatz werden. Aber auch Bilder finden in Sprache statt und Sprache vermag auch hier zur Präzisierung beizutragen. Aber im Unterschied zum wissenschaftlichen Begriff nimmt Metapher den kompensatorischen Bedarf der jeweiligen widerspiegelnden Persönlichkeit mit auf den Weg – ob in den Traum oder in die belletristische Literatur. Beim wissenschaftlichen Begriff kommt es ja gerade darauf an, einen hohen Verallgemeinerungsgrad auf Kosten der eigenen konkret gewachsenen Subjektivität zu erreichen: Wer will schon den Kapitalismusbegriff eines Lohnabhängigen, der von einer gerade zufälligerweise entstandenen tiefen Freundschaft mit einem

Kapitalisten gefärbt ist? Die innere Vorstellung eines Klassengegensatzes von Kapital und Arbeit würde hier bei der Sprachfindung wissenschaftlicher Begriffsbildung eingeschränkt.

Bei der Metapher ist es entgegengesetzt. Sie ist geradezu angewiesen auf das Konkrete und die persönlichen Beobachtungen desselben Gegenstands, also hier die Abhängigkeit. Dies ist ja der Reiz etwa von Tolstois »Auferstehung« oder von Brechts »Puntila und sein Knecht Matti«. Die metaphorische Literatur arbeitet sich vertiefend mit der gesamten Fülle persönlicher Eindrücke zur Konkretion durch. Während die wissenschaftliche Literatur diese Fülle auf das Wesentliche eingrenzen und demzufolge aus der subjektiven Fülle lösen muss. Dies darf man von anderer Metaphorik – wie Musik, Malerei, Bildhauerei – nicht verlangen. Brecht sprach auch nur vom »Theater im wissenschaftlichen Zeitalter«, nicht einmal vom Gedicht und gar von der Malerei (und schon gar nicht vom »wissenschaftlichen Theater«). Wenn auch wissenschaftliche Arbeit diesen sprachferneren Feldern der Kunst nicht unbedingt schaden müsste: Alle menschliche Metaphorik tendiert grundsätzlich zur inneren oder äußeren Sprache.

Der Widerspruch, dass die Metapher zunächst im Unversprachlichten angelegt ist und wirkt, aber vorwiegend mit Versprachlichtem hantiert, hat Metapherntheoretiker so geblendet, dass sie die inneren Widersprüche dabei übersehen. Die Verwissenschaftlichungstendenz in der Sprache, also die Begriffstendenz zu Abstraktionen, richtet sich z. B. zunächst nach den Produktivkräften, weil die Kapitalakkumulation meist die höchste Konzentration der Theoriebildung nach sich zieht. Die Akkumulation des einen fördert und fordert die Akkumulation des anderen. Dieser Tendenz entzieht sich die Metaphernbildung. Der Doppelcharakter der Ware prägt letztendlich auch den Doppelcharakter der Erkenntnisprozesse und dessen, was an ihr hin zur Theoriebildung und Abstraktion gedeiht. Laut Schiller ›bindet der schöne Götterfunke Freude wieder‹, »was die Mode streng geteilt«. Und so fallen die auf Subjektivität zielende Metapher und der zur Objektivität tendierende Begriff nicht kongruent zusammen, sondern werden im allerbesten Falle eben »Bindung« von Widersprechendem.

Eine neue Robotergeneration mit interaktiven Steuerungssystemen wird neue, völlig unemotionale Sach- und Fachsprachelemente nach sich ziehen (wie es der Lukácsianer Claudius Vellay wunderbar beschreibt[70]). Gleichzeitig wird die Bewegung dieser Sprachfiguren viele Befürchtungen in affektiv gefärbter Ästhetik – bis hin zu maschinenstürmerischer technophober Aversion – auslösen und

70 *Marxistische Blätter* 1/2022, S. 27–39

hinterlassen. Die Eindrücke in der rezipierenden Gemeinschaft eines mehr oder weniger fachkundigen Publikums werden – in Abstraktion und Metapher – aus beidem komplementär verdichtet.

Gekommen war ich auf die widersprüchliche Korrespondenz von Einzelnem und Gesamtheit, von Metapher und Begriff durch einen klassischen Konflikt in der Literaturtheorie, der anziehende Parallelen zur Psychologie und zur Theorie der Wahrnehmung eröffnete. Georg Lukács hatte Zola kritisiert, weil dieser gegen Balzacs besondere Charakterfiguren und deren psychologische Verstrickungen unter anderem geschrieben hatte: »Das Leben ist einfacher!« Dadurch, meinte Lukács, plädiere Zola für eine »Verdurchschnittlichung« des Lebens, dafür, die Gesellschaft in einer Abflachung ihrer empirischen Fülle zu erfassen, statt das Allgemeine im Besonderen, also die jeweilige Zeit in einem herausgearbeiteten Charakter zu spiegeln. Lukács spricht bei Zola von einer »stillschweigenden Selbstverständlichkeit des durchschnittlichen Alltagslebens«.[71] Dieser miesen Welt des Mittelmaßes und ihren »Durchschnittsmenschen« würden vom Dichter ein ›von der Alltagswirklichkeit isoliertes exzentrisches Individuum‹ als Gegenpol entgegenkonstruiert.[72]

Hier sieht Lukács den Unterschied zwischen Naturalismus/Expressionismus und Realismus. So wie Marx bei Balzac gerade die Verstrickungen für Realismus fördernd hielt, hebt nun Lukács gegen zahlreiche linke Autoren die Charaktere bei Leo Tolstoi und Thomas Mann hervor. Dieser Konflikt durchströmt auch die Diskussion in der KPD-nahen »Linkskurve« Ende der 1920er-Jahre. Ich habe in dieser Frage die Position von Lukács in der Romantheorie bis heute für überzeugend erachtet und dadurch damals – gegen viele Freunde in der DKP – in Beiträgen zu Bertolucci empfohlen, statt des Begriffs »sozialistischer Realismus«, nur vom »dialektischen Realismus« zu sprechen.

Was sich allmählich in der Theoriediskussion über die künstlerische Widerspiegelung der 1920er- und 1930er-Jahre durchsetzte, schien mir auch von erheblichem Belang für die Theorie über die Wahrnehmung zu sein. Die Realität wird zur Begriffsbildung, zur sprachlichen Vorbereitung praktischer Kooperation. Das geschieht »nach vorne«, als Erkenntnisfortschritt, aber, indem gleichzeitig mit bisher Erlebtem abgeglichen wird: auch »nach hinten«. Die zur Verallgemeinerung weniger nötigen, charakteristischen Bildteile werden zurückgestellt, ohne Relevanz einzubüßen. (Deswegen lag der jüngere Brecht in seinem polemischen

71 Lukács (1977), S. 186.
72 Ebd., S 188.

Affront gegen Lukács und dessen »bleibende Charaktere« falsch, als er schrieb, André Gide habe nach der sowjetischen Landreform dort keine »bleibenden Charaktere mehr gefunden«.)

Die Erkenntnis der Realität mittels »kollektiver Hirnteile der Literatur« ist also, wie in der einzelnen Hirntätigkeit, keine Verdurchschnittlichung der Empirie, sondern unterliegt der Dialektik aus Spitze und Breite. Wer Abstraktion mit Statistik verwechselt, rennt dabei in ähnliche Irrwege, wie diejenigen, die sich auf jeden skurrilen Typen als »einen bleibenden Charakter« stürzten. In den Charakteren und ihren Verstrickungen in komplizierten Prozessen bei Shakespeare, Goethe, Balzac, Tolstoi, Dostojewski, Mann und Brecht liegen also nicht von ungefähr jene »bleibenden« Fundstellen für die Psychologie, deren Abtragung nie aufhören kann. Weil hier metaphorische Konkretheiten mit den Wesenszügen ihrer Umgebung nicht zusammenfallen und beide, so dicht beieinander, in Funken, Blitzen und anderen Entladungen korrespondieren: Dichtung kommt von dicht.

Das, was für die Ökonomie einer Gruppe oder eines Menschen von Belang ist, zieht mehr sprachliche Abstraktionen nach sich, als das zunächst nicht praktisch verwendbare. Abstrakte Begriffsbildung kennzeichnet, dass sie metaphorische Konkretion schrittweise »nach unten« abstreift. Ein Landwirt, der ein eigenes Gemüse gezüchtet hat, wird dies bei Tisch mit seiner Familie anders schmecken und anpreisen, als ein gekauftes Gemüse, auch wenn es keine nachweislichen Unterschiede aufweist. Während der Landwirt und seine Frau die eigenen Winterkartoffeln preisen, entsteht bei den Kindern womöglich das Bedürfnis nach etwas völlig Gegenteiligem. Beides sind affektive, metaphorisch abgebildete Ergebnisse eines ökonomischen Vorgangs. Während der Arbeiter zu seinem Vorgesetzten besonders freundlich ist, entsteht in ihm womöglich gleichzeitig eine Abneigung, die sich metaphorisch rührt. Während der Mann die Frau begehrt, entsteht ein Widerwille gegen seine sexuelle Hörigkeit und Ärger über seine Abhängigkeit von ihren Reizen.

Diese gegenläufigen Tendenzen aber finden nicht zu wohlfeilem Sprachwerk, sondern bleiben wortärmer und mehr dem Traum überlassen, der Kunst oder Trivialästhetik, der Pornographie oder der Folklore. Natürlich findet auch dies in Worten statt, aber in solchen, die keinen Grund finden, sich theoretisch besser zu formulieren. In der Alltagssprache mischen sich beide: Metapher und Begriff. Wenn dann jemand eines Anderen Lob »idealistisch« oder eine Rechnung »astronomisch« findet, wird er nur eine kleine Überschneidungsmenge mit dem abstrakten Begriff zur Bezeichnung nutzen.

Es gibt auch klassenspezifische Prägungen, die Potenziale zur Abstraktion als Privileg kennzeichnen. Ulrich Oevermann verweist auf die »ungünstige Wirkung« des »restringierten Kodes« auf die kognitive Entwicklung und zwar in Bezug auf »differenzierte Exploration und Betrachtung der Umwelt«, wobei »wenig Stimulierung zur Abstraktion [...] sprachlich vermittelte rationale Einsichten und Planungen« erschwere, weil die »Fähigkeiten zur abstrakten Begriffsbildung« mit der »Differenzierung zwischen Symbol und Sachverhalt« korrespondieren. Er führt aus, dass »die sozialstrukturell bedingten Problemlösungsstrategien« gravierende Unterschiede kognitiver Entwicklungen ausdrücken und zwar »im Stil der verbalen Planung, in der sie sich verfestigen.«[73] Gleichzeitig – und das ist mehr als ein billiger Trost für uns Anhänger des Proletariats – fasst Oevermann andere »Experimente der Kinderpsychologie« so zusammen, »daß abstrakte Konzepte nicht notwendig an sprachliche Ausdrücke gebunden sind«,[74] während »das wenig intelligente Mittelschichtkind die ›Dürftigkeit‹ seiner Problemlösungen in einer differenzierten Sprachform kaschieren kann, die ihm von der ›elaborierten‹ Strategie des Sprachgebrauchs nahegelegt wird«.[75]

Während seine Studien darauf hinweisen, dass die im restringierten Kode stärker ausgeprägten Tu-Wörter auf das unmittelbare Arbeiten, das Tätigwerden verweisen, zeigt er andererseits einen Überhang an attributiven, also Waren anpreisenden Adjektiven, die in den Mittelschichten und ihrem elaborierten Kode stärker ausgeprägt sind. Die Mittelschicht selber schafft und produziert in der Regel weniger. Derjenige also, der selbst einen Kotflügel repariert oder einen Hammer herstellt, drückt sich in dieser Arbeit aus. Es bedarf hier keines besonderen sprachlichen Ausdrucks. Derjenige, der das Auto oder den Hammer verkauft, muss es anpreisen, bedarf also hierfür andere Versprachlichung. Demzufolge ist in der Arbeiterklasse ein anderer Zugang zum Ausdruck, weil ein anderer Zugang zur Arbeit zugrunde liegt. »Der Sprachgebrauch im restringierten Kode«, so Oevermann,

> ist nun dadurch gekennzeichnet, daß gleichsam in einer Minimalstrategie der Sprach-Verwendung nur das verbalisiert wird, was [...] notwendig ist. Alle darüber hinaus gehende Verbalisierung ist für den Sprecher im restringierten Kode redundant, ist für ihn Geschwätz.[76]

73 Oevermann (1972), S. 397/398.

74 Ebd., S. 433.

75 Ebd., S. 398.

76 Ebd., S. 364.

Ob das abschätzige »restringiert« wissenschaftlich haltbar bleibt, ist fraglich, denn in diesem Zusammenhang ist auch der soziale Umgang in der eigenen Schicht von Belang. Der Kleinbürger agiert mit anderen Verkäufern gänzlich anders, als die gemeinsam an einem Werkstück Feilenden. Angehörige der Mittelschicht müssen aus beruflichen Gründen »ständig in sozialer Distanz und bezogen auf spezifische Handlungsziele mit Fremden umgehen, sich ständig in veränderter Sozialbeziehung bewegen«, woraus sich die Notwendigkeit ergibt, in unterschiedlichsten Sozialsituationen zum adäquaten und autonomen Ausdruck zu kommen.[77]

Um meine Untersuchungen aus den Siebzigern[78] zusammenzufassen: So wie Tu-Worte (Verben) im Proletariat den Attributsüberhang auszugleichen versuchen (»Der verheddert sich oft« statt »Er ist konfus«; »Die arbeitet toll und guckt dabei nicht auf die Uhr« statt »Die ist fleißig«), werden Alltagsbegriffe und Metaphern auch herangezogen, um Begriffe zu ersetzen. Insofern treffen wir klassen- und schichtenspezifische Konfigurationen von Metaphern und Begriffen in dieser Alltagssprache an.

Ein eigentümliches Schwanken in dieser Kernfrage durchzieht das gesamte Buch. Dies rührt möglicherweise daher, dass Oevermann zwar den Begriff der Unter- und Mittelschicht verwendet, ihm aber als Angehöriger der Mittelschicht der wirkliche Begriff der Arbeiterklasse fremder bleibt. Wie die meisten Wissenschaftler, denen der innere Kern des Proletariatsbegriffs fehlt, greift er später zum Begriff des Milieus und spricht großzügig von »Formen des intelligenten Verhaltens der Unterschicht«.[79]

So wie in der sogenannten Unterschichtensprache Worte, die noch keine Begriffe sind, anstelle von Begriffen verwendet werden, kann die Erkenntnistendenz, da sich das Wort und der Gedanke im gemeinsamen Tun qualifizieren, auch partiell umgangen werden: durch die reine Arbeit. In der Kunst liegt der körperlich-kommunikative Ausdruck im Tanz, in der produktiven Arbeit im Hammer. Das ist der Mittelschicht deshalb nicht zugänglich, weil deren Tätigkeit die charakteristisch kleinbürgerliche oder bürgerliche ist. Das Wort entwickelt sich aus dem Denken zu seinem ganz spezifischen Gebrauch und wo es nicht notwendig ist, weil still vorausgesetzt und eingeübt oder überflüssig, hält auch die Tat dafür her. Mehr sprechen heißt nicht unbedingt mehr denken und wissen. Auch, wenn

77 Ebd., S. 366.
78 Dehm (1984, S. 188).
79 Oevermann (1972), S. 447.

der Sprachgebrauch in verschiedenen Klassen und Schichten eklatante Färbungen und Verallgemeinerungsdifferenzen aufweist, muss ein unpräziser Wortgebrauch nicht unbedingt auf einen bisher unpräziseren Gedankengang hinweisen. Er zeigt allerdings geringere Optionen für den Denkfortschritt beim und nach dem Formulieren des Wortes an. Aber weder kann das Verb das Adjektiv ganz ersetzen, noch die Metapher den Begriff. (Oder bei propagandistischen Künstlern der Begriff die Metapher. Deshalb hat Lukács – etwas vorschnell und pauschal – Agitprop als »plumpe Unmittelbarkeit« abgetan.)

In jedem Fall wird in der sogenannten Unterschicht, im »restringierten Kode«, öfter die Metapher ersatzweise herangezogen, um eine wissenschaftliche Abstraktion teilweise auszudrücken, z. B.: »Die da oben!«. In der sogenannten Mittelschicht, im elaborierten Kode, wird hingegen oft mit wissenschaftlichen Begriffen hantiert, die in Wahrheit nur demagogische Metaphern sind, z. B.: »Schuldenkrise«. Bei beiden Kodes sollten wir uns nicht blenden lassen. Im ersten Fall wird »Die da oben!« als ein Begriff für Kapitalismus verwendet. Im anderen Fall täuscht »Schuldenkrise« eine Verwissenschaftlichung vor, die einer näheren Analyse nicht standhält, also Blendwerk ist.

Wir können den Metapherntheoretikern zustimmen, dass sprachliche Präzision zur gedanklichen Präzision beiträgt und sie nach sich zieht. Aber es gibt unpräzise Worte, die anstelle eines präziseren Wortes bzw. Begriffs verwendet werden. Deren Gehalt geht weiter als die Gestalt. Darüber entscheidet letztendlich die unmittelbar handelnde Umgebung des jeweiligen Sprachgebrauchs. Besonders die mit ideologischen Transmitterfunktionen betrauten Mittelschichten (Juristen, Journalisten, Kulturschaffende, Politiker, auch Ärzte und Sozialwissenschaftler etc.) halten sich oft in interpretatorischer Herrschaftsfunktion bestimmte Denunziationsworte. Rainer Mausfeld spricht von »Verklammerungstechnik« und hat unter der Überschrift »Die Angst der Machteliten – Fakenews gegen die Nachdenkseiten«, einige davon gegen die »ARD-Faktenfinder der Tagesschau« aufgezählt: »›Freihandel‹, ›Lohnnebenkosten‹, ›Protestwähler‹, ›Rettungsschirm‹, ›Terrorismus‹, ›humanitäre Intervention‹, ›Kollateralschäden‹, ›Globalisierungskritiker‹ […], ›Querfront‹, ›Verschwörungstheorie‹, ›Antiamerikanismus‹, ›Populismus‹«.[80]

Zudem wäre hier auch der demagogische Umgang mit den Begriffen »Fortschritt und Reform« zu nennen. Wissenschaftlicher Fortschritt muss nicht immer eine bessere Weiterentwicklung darstellen. Er hat sich eben nur vorübergehend

80 Vgl. Mausfeld (2016), S. 13.

durchgesetzt, womöglich nur mit einer neuen Technik und ist demzufolge zu andere Menschen einladender Kommunikation und zu einer neuen Deutungshoheit gelangt. Bei Brechts Galilei-Epilog ist »euer Fortschritt nur ein Fortschreiten von der Menschheit« und die neue Technik führt zum Entsetzensschrei. Die zurückgelassene, dem Fortschritt der Produktivkräfte gegenläufige Ahnung ist durchaus in vielen Fällen klüger als die technische Technik. Denken wir nur an ein Modewort vor 20 Jahren, »small is beautiful«, mit dem regionale Kreisläufe mit einer ökologischen und sozialen Logik von Gesundheit und Energieeinsparung begründet wurden. Schnell wurde das gemeinschaftliche Leben mit dem herrschenden Schlachtruf »proeuropäisch« plötzlich nicht mehr nach unten, in regionale Befugnisse, sondern in die intransparente EU-Kompetenz hochgeschoben und nix war mehr »small«. Insofern wäre die Skepsis der Metapherntheoretiker *moralisch* richtig, wenn sie das Fortgeschrittene nicht automatisch für das Bessere und das Zurückgebliebene nicht automatisch für wegwerfbar erklären. Aber sie sollten auch ihren eigenen Fortschrittsbegriff daran messen, denn der Begriff hat immer mehr allgemeine Gültigkeit als die Metapher in Bezug auf den Gegenstand, den er bezeichnet.

Auf vielen Feldern des Zusammenlebens sind diese Fragen und Spannungen zwischen humaner Ästhetik und technischer Entwicklung der Produktivkräfte noch nicht einmal begonnen, geschweige denn zu Ende gebracht. Ein solcher Diskurs müsste das gegenwärtige Lohn- und Zeitregime vollends erfassen. Damit aber stößt er notwendigerweise an die Grenze der Produktionsverhältnisse. Die Lust auf ein ästhetisch, auch erotisch, erfüllteres Leben stand selten so konträr zur Kapitaldiktatur wie heute in den Metropolen des Imperialismus. Selten war ein realistisches Bewusstsein der Situation so abwesend. Und selten war auch der metaphorische Rückstand des technischen Fortschritts derart rückschrittlich und reaktionär, wie in den heutigen Ausstellungsräumen und Theatern unsrer Metropolen.

Wenn sich Kunst aus dem ästhetischen Rückstand bei der wissenschaftlichen Begriffsbildung rekrutiert, bedeutet das nicht ihren Rückzug beim Vordringen des Wissenschaftlichen oder einer Aufklärung. Sonst wäre sie Religion. Sie bleibt als Kunst aber auch dann erhalten, wenn die gröbsten Widersprüche, die den kapitalistischen Fortschritt vom humanistischen Rückstand trennen, überwunden sind. Denn erstens gibt es auch im Sozialismus Bedürfnislagen und Widersprüche. Zweitens würden nunmehr in einem anderen Zeitregime viel mehr Menschen die Ästhetik wahrnehmen und daran partizipieren. Das würde den künstlerischen Potenzialen neue Bündniskonstellationen mit der Erotik, aber ebenso mit der

Ökonomie eröffnen. Es wird dann die Ästhetik sein, die, möglicherweise mit den Imperativen der Klassiker vom »Wahren, Schönen und Guten«, Beständigkeit und Nachhaltigkeit auch in den ökonomischen Fortschritt einschreibt und zwar möglicherweise alleine deswegen, weil etwas schön ist oder wahrhaftig, was dem staatsmonopolistischen Kapitalismus noch keinerlei verfassungsmäßigen Garantiezertifikate abzuringen vermochte. Diesen zeichnet in seinen Metropolen der eklatante und auch die Sinnlichkeit spaltende Widerspruch aus, zwar tendenziell alle Potenziale zur Befriedigung der Bedürfnisse bereit zu halten und sogar kommerziell zu bewerben, aber gleichzeitig mit einem inneren Terrorregime die Mehrheit davon zu entfremden, tendenziell davon auszuschließen und formationsspezifisch zu enteignen.

Die Asymmetrie seines technischen Fortschritts wird das Monopolkapital und die ihm zugeordneten, repressiven Einzelapparate im widersprüchlichen Staatssystem mehr oder weniger gewaltsam den werktätigen Mehrheiten und ihrem Denken aufnötigen. Die Ästhetik ist demzufolge das negative Reservoire, das sich in Traumvorstellungen, Pornographie und triviale Unterhaltungsästhetik abspaltet und abbildet. Im Sozialismus werden größere Teile des wissenschaftlichen Fortschritts größeren Teilen der Bevölkerung nutzbarer organisiert. Dadurch verändert sich das alltägliche Zeit- und Lohnregime. Die ästhetischen Potenziale werden für viele interessanter, die Philosophie aus dem Interpretationsbereich der Hohen Priesterschaft geholt und die Pornographie mittels Kunst auf ein höheres Niveau gebracht. Das schamhafte Aschenputtel wird gegen Brechts »Unwürdige Greisin« eingetauscht.

Aus den historischen Gesellschaftsvisionen sollten wir nun zurückkehren in das individuelle Menschenhirn und dessen innere Bewegungen, die mit »Seele«, »Verstand«, »Erkenntnis« und »Abbildung« bezeichnet werden.

Selbst Hirnforscher operieren, um sich nichts zuschulden kommen zu lassen, immer noch mit dem Begriff »Assoziation«, aber so, als ob ein einzelnes Erlebnis – ähnlich einem Atom – eine innere Andockstelle hätte, die auch noch nach Jahren ähnliche Seiten eines anderen Erlebnisses gleichsam »an sich zieht«. Eine offenkundig sehr magische Vorstellung über die Funktionsweise unseres Gedächtnisses. Nach welchen inneren Merkmalen sich die beiden Erlebnisse »assoziieren«, sagt der Begriff ebenso wenig, wie zu etwaig passenden Anknüpfungsprofilen einer Assoziation zu einer anderen oder wie zu den inneren Energien, die eine Assoziationsseite zur anderen treibt.

Das ist traurig, weil damit auch unerklärt bleibt, warum so viele Erlebnisse verbleichen und im Laufe der Jahre nicht zur »Assoziation« aufsteigen. Der von C. G.

Jung eingeführte Begriff »Assoziation« sagt nur, dass sich irgendwas mit irgendwas anderem verknüpft, irgendwie dort andockt. Aber über die Selektionsmechanismen, inneren Bewegungen und ästhetischen Beschaffenheiten oder warum die einen Erlebnisse zur Erinnerung aufsteigen und andere nicht, darüber sagt diese Theorie der »Assoziierung« nicht das geringste aus. Etwas inneres Gemeinsames, die eine Statik oder Distanz überwinden lässt, bleibt ihr fremd.

Wir brauchen an dieser Stelle also einen Begriff, der zumindest eine Anziehung bezeichnen hilft. Ich verwende den Begriff »korrespondieren«. Dieser Begriff ist dynamischer als »Assoziation«, aber nicht so determinierend wie »Fixiertheit« oder »Besessenheit«. Aber auch »Korrespondieren« bedarf der Bestimmung einiger Kernelemente, die dem Registrieren, Erkennen, Erleben zugrunde liegen. Die wissenschaftliche und ästhetische Seite einiger ihrer Elemente, zum Beispiel »Begriff«, »Metapher« und »Projektion«, ist näher zu betrachten.

So wie das Molekül des wissenschaftlichen Denkens und der Weg des Aufstiegs zum Begreifen der *Begriff* ist, so wie das Molekül der ästhetischen Vorstellungen die *Metapher* ist, so ist der Kern des Träumens, also auch der Erotik, bestehend aus pornographischen Metaphern, die Projektion. Projektion ist zunächst komplizierter vorzustellen als Begriff und Metapher. Ist Projektion eine willkürlich aus dem Kopf herausgeschleuderte Wunschvorstellung ähnlich der auf einer Leinwand leuchtenden PowerPoint-Vorführung? Nein, denn Abgespeichertes formiert sich beim Projizieren ähnlich weiter, wie das Wort den Gedanken nicht nur statisch abdruckt, sondern beim Ausdrücken kontrahiert und extrapoliert.

Die Projektion ist qualitativ mehr und quantitativ weniger als die Abspeicherung, aus der es sich in Phantasie wandelt. Sie ist sogar meistens ein umgekehrter Ausdruck von Defiziten, ein negierender Abdruck biografischer Fragmentierungen, eine kompensatorische Resultante des historischen Lebens, soweit dies in der Arbeit als Auswirkung der sozialen Widersprüchlichkeit auf den Menschenkopf niedergefahren ist. Es sind Unerfülltheiten, die entweder nach ähnlichen Situationen – aber dann mit höheren eigenen Regieanteilen und Selbstermächtigung – oder nach Projektionsflächen Ausschau halten, auf denen aus Impotenz Omnipotenz vorgespielt werden darf. Alle Erniedrigungen und Zerrissenheit vermitteln sich zwar auch auf der logischen Ebene sprachlicher Begriffe, aber diese werden dann – wie im Traum – auf die Rutschbahn von Metaphern gebracht und aus den Grenzen der Logik gedrängt, um im Phantasiespiel endlich mehr Mächtigkeit zu erlangen. Die Bilder gehorchen dem aufgerufenen Namen nicht mehr. (Im Traum erzeugt das Wort »Kapital« weder logische Mehrwertformeln noch entsprechende Kapitalistengesichter, sondern etwa das einer Domina, eines Zirkusdirektors oder eines Lehrers.) Weil der Traum gar nichts tun kann gegen »Assoziationen« und nur zum Zweck der Kompensation des Alltags Ähnlichkeiten produziert, dürfte es sinnfällig sein, warum im Schlaf ein ganzes Konvolut an Erlebnispartikeln zum heilsamen Balsam der Seele zusammengerührt wird, damit Arbeitsfähigkeit am nächsten Morgen wieder hergestellt wird. Selbst Begriffe verlieren dabei ihr logisches Regiment. Ein Agitator würde seine Skizze über »Kapital« wenigstens noch mit Geldscheinen ausfüttern. Der Traum arbeitet ungebildet und bebildert assoziativ.

Die Erotik »arbeitet« dem Traum ähnlich. Mit ihren »Beuteschemen«, Schönheitsidealen und Sexmaßen liefert Erotik regelrechte Highlights der Projektionsflächen. Sex und Unterhaltungskunst, dem Traumgeschehen abgelauscht, sind keineswegs abgeschnitten vom sozialen Unten und Oben, sondern spielen mit der Macht und der Ohnmacht aus dem sozialen Alltag. Der Hüne mit den Schaufelhänden, der bei Heinz Rudolf Kunze zum klassischen Privatdetektiv sagt: »Marlow, ich fleh' Sie an, Marlow, finden Sie Mable!«, liebt diese Zarte, bis sie ihn dann mit einer feinen Damenpistole erschießt. Der Superreiche in »Pretty Woman« (dargestellt von Richard Gere) kann von der Hure (Julia Roberts) nicht lassen und suggeriert damit wie in »Aschenputtel« soziale Durchlässigkeit nach oben, ohne aber die sozialen Verhältnisse auch nur anzutasten.

Würden wir nun den Klassiker der Schamhaftigkeit, das Märchen »Aschenputtel«, in einen Porno verwandeln, dürfte der Prinz mit seiner Potenz prahlen, während das Mädchen schamhaft ihre Reize verhüllt. Das ist beim prekär beschäftigten Aschenbrödel nur vordergründig anders als bei der besser bezahlten Selbstständigen »Pretty Woman«. Die Scham ist in beiden Fällen auf ihrer Seite, die Schamlosigkeit bei ihm. Die Arbeit beider Frauen ist so billig wie Dreck (»Rucke di gu – Blut ist im Schuh«), Dreck, den beide Frauen zu verhüllen und hinter sich zu lassen versuchen. Beide Märchen würden allerdings in ihrer inneren Rollenspannung zerbrechen, träten die beiden Protagonistinnen schamlos auf.

Die Beziehung der sexuellen Scham zur sozialen tritt besonders in der Erfolgserzählung »Rückkehr nach Reims« von Didier Eribon zutage. Dazu schreibt der *Merkur*:

> »Der Stolz«, schreibt etwa Douglas Crimp, »ruft nach einer Sichtbarkeit, die auf Homogenität beruht, d.h. auf dem Ausschluss all derjenigen, die nicht zu den Normen passen«. Wenn ich den Stolz eines anderen würdige oder ich mich auf meinen eigenen Stolz beziehe, dann beziehe ich mich auf eine Leistung, die ich als Leistung anerkennen kann. […]

> Ganz anders die Scham. Sie ist bezogen auf das, was Menschen widerfährt, die Beschämung. Wo ich von der Beschämung eines anderen angesprochen werde, spielen meine Unterschiede zu ihm, spielen Identitäten keine Rolle. Was er tut und getan hat, ist ohne große Relevanz. Ich erfahre ihn in diesem Augenblick primär im Zustand seiner Beschämung – und mich in meiner Reaktion auf seine Scham. Das Interesse der Queer Theory gilt dieser ethischen Dimension eines Affekts, der unsere Beziehung zu anderen Menschen zu transformieren vermag.

Weiter heißt es:

> Eine der seltsamsten Eigenschaften der Scham, so Eve Kosofsky Sedgwick (auf die Eribon sich in seinen Erinnerungen ausdrücklich bezieht), bestehe darin, dass »die Beschämung von jemand anderem, das Stigma, die Beschuldigung, die Schwäche oder der Schmerz, die scheinbar nichts mit mir zu tun haben, mich – so ich eine zu Scham neigende Person bin – so leicht mit diesem Gefühl überschwemmen können, dessen Überwältigungskraft meine präzisen, individuellen Konturen in einer höchst isolierenden Weise hervorzuheben scheint.« In der Scham, die mich ansteckt, artikuliert sich also meine eigene Beschämbarkeit, und zwar über alle Differenzen hinweg, die mich von der anderen Person trennen mögen. In meiner Reaktion auf die Lage des anderen beziehe ich mich nicht auf seine Identität, sondern erfahre meine eigene Verletzbarkeit und Isolierbarkeit. Was sich in dieser Begegnung der Affekte ereignet, nannte Hubert Fichte »Empfindlichkeit«. Ich übernehme die Gefühle des anderen, die ich als meine schlechten Gefühle bereits kenne. Wir sind uns darin ähnlich, dass man uns durch Beschämung kaputtmachen kann.

Eribon politisiert laut *Merkur* folgendermaßen:

> Crimp und Sedgwick sehen hier einen Anknüpfungspunkt für politische Allianzen, die über Identitäten hinweg funktionieren. Das Maß, in dem Menschen zur Scham neigen, hängt gewiss von ihren individuellen Erfahrungen mit Beschämung ab – doch niemand ist unansprechbar, weil niemand unbeschämt bleibt in dieser Gesellschaft. Deshalb wäre es ein eminent politisches Vorhaben, nach Kräften das Vermögen aufzuwerten, sich in der Scham von anderen selbst zu begegnen. [...] Die Begegnung, die den Subjekten von der Scham ermöglicht wird, ereignet sich über alles hinweg, was ihnen aneinander widrig oder

> fremd ist. Sie beruht auf dem geteilten Wissen, dass Scham ein Gefühl ist, das man den Menschen besser ersparen sollte. Das ist das Gute am schlechten Gefühl. Eribons radikales Nachdenken am Leitfaden der Scham politisiert dieses Wissen, indem es eine Möglichkeit konturiert, uns mit denen zu verbinden, mit denen wir nichts gemein zu haben scheinen. Die eigentliche Welt mag in die Funktionale gerutscht sein, Beschämung aber ist erzählbar.[81]

Soweit die bürgerlich kritische Nachzeichnung des Schamkomplexes bei Eribon, wobei der ästhetische Reiz der Scham, das Verpacken und Verborgenhalten, unter den Tisch fällt, der sowohl im »Aschenputtel«, als auch in »Pretty Woman« und »Rückkehr nach Reims« das Publikum anspringt. Bei Letzterem ist es die zaghafte Ehrlichkeit, in der der Autor sich selbst präsentiert und dem Leser gleichzeitig das sexuell Ordinäre vorenthält, also des Lesers Phantasie in einen Widerspruch zur feinsinnigen Eigengestaltung rückt – und zwar genau mit der im »Merkur« dargestellten Doppeldeutigkeit der Beziehung der eigenen Beschämbarkeit zum Anziehungsbereich fremder Scham. Die Biologie des Sexus wird zur Manövriermasse des sozialen Gefälles. Klassenverhältnisse werden zwar nicht angetastet, aber antastbar. Das Wahrhaftige liegt in der erzählten Überwindbarkeit der rassistischen Klammer aus Ekelsperre nach unten und Sozialneid nach oben, in der heiklen Durchbrechung von Scham und Stolz, weil beide nicht angeboren sind.

Weil die Sexualität also nicht so funktioniert, dass sich ein biologischer Mensch die Gesellschaft holt (bzw. Zweisamkeit als Folge seines »Triebs«), weil der Wunsch nach Nicht-Alleine-bleiben also ein in der Gesellschaft angelegter, angeregter und von ihr formatierter Wunsch ist (also kein genetischer Instinkt), ist auch in der Sexualität »die Natur des Menschen die Geschichte« (Gramsci). Die zahlreichen Hinweise der Klassiker, dass der einzelne Mensch »das Ensemble« der jeweils gewordenen gesellschaftlichen Verhältnisse ist, betrifft auch die Phantasien und Träume. Der Mensch projiziert um seiner Sehnsucht willen – also aus dem entstandenen Mangel – das Ermangelte auf dessen Erfüllung verheißende Form. Mit der Projektion nimmt der Mangel wieder Passform an. Der Mensch projiziert einerseits weit weg, um andererseits im Hier klarer denken zu können. Das kann natürlich kein linearer Vorgang sein, wie bei einer PowerPoint-Projektion. Er besteht aus Korrespondenzen, aus blitzartiger »Hin-und-her-Kommunikation« zwischen dem Menschenkopf und der Gesellschaft. Soziale Defizite lagern sich auch im Intimleben ab, jedoch quasi zu ihrer Behandlung. Sie prägen Traum

81 https://www.merkur-zeitschrift.de/2016/09/01/die-politisierung-der-scham-didier-eribons-rueckkehr-nach-reims/

und Vorstellung in ihrer Gegengestalt. In der Projektion findet sich also mehr Gesellschaft und Geschichte, als Liebenden (und deren auf ihre Projektion zurechtformatierten Geliebten) lieb ist.

Miteinander korrespondieren kann nur Verwandtes

Der Begriff des »Korrespondierens« geht über die Bedeutung von »Assoziieren« und »Kommunizieren« hinaus, weil er eine echte Wechselbeziehung in der Verarbeitung von stofflicher Welt und einem System aus Bildern und Musik beinhaltet. Motiviert ist dieser Inhalt von der gesellschaftlichen Arbeit. Die Entfaltung von Motivation und Arbeit findet beim einzelnen Menschen wie seiner gesamten Gattung statt. Sie kann dort stocken, lahmen, zurückgeworfen werden. Ihre generelle Tendenz ist zivilisatorischer Fortschritt, wobei dieser Fortschritt bei den Vorstellungen »nach hinten« greift, wo das bereits Erlebte wohnt.

Ohne über die noch nicht vorhandenen experimentellen Messtechniken zu verfügen, nehme ich an, dass sogar unsere fünf Sinne zugleich rezeptiv *und* aktiv *arbeiten*; dass Sehen und Hören in Nanosekunden neue Formen mit bislang Begriffenem abscannen; beim Riechen ist die Interaktion durch Atmen offenbar; beim Tasten wird noch klarer, dass unsere Fingerspitzen in der Bewegung qualitativ mehr erfühlen, als in absoluter Ruhelage. Bei der allgemeinen Sprachentwicklung jedenfalls (nicht gleichzusetzen mit jedem »Sprechen«) greift das Hirn in die Realität »nach vorne«. Um Fortschritt zu erzielen, ist es dann unausweichlich, Rückstand zu erfassen. Aus dem spannungsgeladenen Korrespondieren zwischen beidem, Ästhetik und Wissenschaft, Metaphern- und Begriffsbildung, Vorstellung und Abstraktion, entsteht in der Ver*arbeitung* Sprechen und Schreiben.

Alle Fortschrittsprediger, die sich erzürnen mögen, dass hier einem umsichtigen Umgang mit dem Rückstand das Wort geredet wird, seien darauf hingewiesen, dass noch in den winzigsten Zeitabläufen, in denen die beiden gegenläufigen Tendenzen des scannenden Vorstellens und des verallgemeinernden Weiterdenkens angelegt werden, Täuschungen der »reinen« Sinne aus dem einzigen Grund vorkommen, weil der Referenzpunkt fehlt. Dieser Referenzpunkt, an dem die Bewegung realer oder fiktionaler Objekte erkannt wird, muss in der Vergangenheit sitzen. Alles Neue wird am Rückstand gemessen – und so von ihm dialektisch gestützt.

Das metaphorische Hinterland und damit die spontane Vorstellung korrespondieren also mit dem Neuland der mühevolleren Begriffsbildung, so wie auch Begriffe und Metaphern untereinander korrespondieren. Das Korrespondieren geht dabei deutlich über das Abscannen, Assoziieren, reine Aussprechen innerer Sprache hinaus. Zum Korrespondieren braucht es zumindest zwei Teile, die zu unterschiedlichen Zeiten und/oder an unterschiedlichen Orten als Kultur angelegt worden sind. Diese Bilder treten nicht durch Zufall in eine Wechselbeziehung, sondern entweder als eine Nachfrage bei aktuellen Tätigkeiten oder als ein Lösungsangebot aus dem Fundus des Vergangenen an einen aktuellen Bedarf.

Es mag sich noch so zufällig anfühlen, aber dass eine frühere Bildbewegung gespeichert wurde, ist eine Resultante der stofflichen Welt und ihrer geistig emotionalen Verarbeitung. Es ist auch keine rein zufällige Assoziation, dass das aktuell Wahrgenommene ausgerechnet nach jener affektiven Korrespondenz mit Vergangenem verlangt, das sich jetzt in die Sinne schleicht. Wenn ich nach Jahrzehnten in mein früheres Kinderzimmer zurückkehre und bittere wie süße Schatten spüre, ist nur das affektiv erinnerbar, was in heutigem Sprechen abzulegen ist oder aus meiner früheren Vorstellungswelt schon mehrfach in meinem Leben zur bildhaften Unterstützung der Sprachbildung herangezogen wurde. Es bedarf also einer relevanten Beziehung zu meinem Jetztleben und wird nicht einfach aus dem Vergangenheitsteich per Zufall hervorgeangelt.

Das Korrespondieren unterscheidet sich dadurch von seinem formalen Obertitel, der Kommunikation, dass Artverwandtes unwillkürlich aufeinander anspringt, wobei ein Element in der ferneren Vergangenheit liegen muss. Spielerisch tastet der einbildende Kopf mit Gehalt/Gestalt des einen Vorkommnis Gehalt/Gestalt des folgenden Ereignisses ab. Der Traum verarbeitet, ist klassisches »Korrespondieren«, ist Erkenntnisprozess spielerisch tastender Herausforderungen von Überwältigendem und Unbewältigtem. Ähnlich operieren das Denkmal und das Gedenken. Ich begegne einem dramatischen Ort meiner Jugend und bilde mir daselbst gemischte Gefühle ein, wobei das Damals zunächst überwältigt. In Wahrheit überwiegt aber das Motiv des Jetzt, warum ich diesen Ort aufgesucht habe, meine neuerlich souveräne Verfügung über den Ort. Aus dieser erwachsenen Souveränität erwächst zum Beispiel Nostalgie. Oder Vergangenheitsbewältigung.

»Korrespondieren« kann mit begrifflich logischen Sprachelementen operieren. Selbst wenn im Traum ein etwas intellektuelleres Wort auftaucht, ist es nicht dasselbe, sondern nur dessen sprachlich anmutende Oberfläche für eine oder mehrere Metaphern und »Drive-Gefühle«. Außerdem wird die sprachliche Kommunikation willkürlich herbeigeführt. Die metaphorische Kommunikation, auch das meiste Korrespondieren, aber stellt gleichsam »sich ein«. Es ist nicht willentlich zu steuern, bestenfalls zu stimulieren.

Das Korrespondieren kann theoretisch in zweierlei gebündelte Grundformen unterteilt werden. Erstens das Korrespondieren von Grundrissen, etwa von mindestens zweimal ähnlich durchlebten, situativen Erlebnissen, also einem Grundmuster. Als zweites gibt es das Korrespondieren zwischen Figurbewegungen. Ich erträume mir, schlafend oder wach, eine Traumfrau oder einen Traummann in einer bestimmten erotischen oder auch sexuellen Konstellation. Da das Korrespondieren mit bereits erlebten Figurbewegungen keine logischen Regeln kennt, schleichen sich in das Gesicht einer bekannten Person auch die Züge von anderen, die in nichterotischen, nichtsexuellen Situationen erlebt wurden. Weil aber erotische Monogamie bzw. Treue nur eine äußere Regel ist, die für den Traum nicht gilt, kann es also durchaus passieren, dass sich in meine »Traumfrau« noch eins, zwei, drei andere Frauengesichter oder Männer mit einschleichen.

Das metaphorische, nichtsprachliche Korrespondieren von Grundmustern ist also eine kleine Form, während das Korrespondieren zwischen Figurbewegungen größer und umfänglicher ist. Alles kommt aus dem »Prunkgemach der Schatten«, muss aber durch frühere Erlebnisse dort auch »abgelagert« worden sein.

Weil aber das Korrespondieren nicht streng logischen Gesichtspunkten unterliegt, sind hier alle Abstrakta, etwa die Einzelbestandteile von Raum-Zeit, nicht abbildbar und demzufolge auch nicht kommunizierbar. Die Metapher ist der Realität rein und spontan abgelauscht, sozusagen »unmittelbar«, weit hinter den Spuren der Sprache zurückgeblieben und demzufolge nur in Raum-Zeit-Dimensionen ergo in Bewegung kommunizier- beziehungsweise korrespondierbar. Es ist schon Glückssache, wenn ein Traum in Erinnerung bleibt. Aber so, wie er in Erinnerung geblieben ist, hat er nicht stattgefunden. Zurück bleibt allenfalls ein sich windender, enthaupteter Torso, der sich räumlich bewegt. Um nicht so armselig zu erscheinen, setzt er auch die Gestalt eines Wortes, eines Gesichts oder andere Logikmerkmale auf, aber eher, um seine Gesichtslosigkeit hilflos zu maskieren, um uns zu suggerieren, ihn einfach so erkennen zu können.

Grundrisse und Räume korrespondieren im einzelnen Bewusstsein allegorisch nach dem Muster von Analogien. Die räumlichen Bestandteile erkennen einander und miteinander die Welt. Diese Korrespondenz geschieht zwischen Kindheit und Berufszeit, aber auch in kürzeren Zeitabläufen. Während eines auf unglücklichen Verlauf angelegten Dauerstreits steigt die Neigung, einen kürzeren, vermeintlich günstiger angelegten Streit vom Zaun zu brechen, der sich rein affektiv auf die Spuren des weniger aussichtsreichen heftet und emotional dessen Tönungen (»Drive-Gefühle«) projiziert. Ein Streit überlagert einen vorherigen. Es ist ein wenig so wie bei Machiavelli, der riet, eine nicht zu gewinnende Schlacht auf ein anderes Schlachtfeld zu verlagern.

Klaus Weber nimmt sich in seinem aufschlussreichen Buch über Hitler Alice Millers nachfolgendes Zitat vor, mit dem kritischen Hinweis, dass sie die väterlichen Peitschenhiebe auf Klein-Adolf freudianisch überdeutet habe: »Was hat der Sohn nicht alles unternommen, um das Trauma der väterlichen Schläge zu vergessen. Er hat sich die herrschende Klasse Deutschlands unterworfen ...«.[82]

Aber: Hitler war nie Beherrscher der Herrschenden geworden. Bereits ein Jahr, bevor das schwerindustrielle Monopolkapital in der »Harzburger Front« Hindenburg bat, Hitler unverzüglich zum Reichskanzler zu ernennen, hatte sich ihr Günstling in Düsseldorf mit seinem legendär spröden Charme, den nicht nur Damen so einschmeichelnd fanden, vor Großbankern selbst »wirtschaftlich gesehen als Liberalen« bezeichnet. (Später sollte Augusto Pinochet diese innigliche Verbindung aus Wirtschaftsliberalismus und Faschismus zu neuer Blüte führen.) Hitler hatte sogar in dieser Rede auf jeden Hauch Antisemitismus verzichtet, so sehr war er vom Dazugehören zu den Erlauchten beseelt, vom Schulterklopfen der Deutschen Bank, von Thyssen und Krupp berauscht und beherrscht. Dafür war dort, wie ein Jahr später im Kölner Bankhaus Schröder, sein einzig verbliebenes Hetzziel: die Linke. Das alles war so kühles, unhysterisches Kalkül, wie die Reden vom Deutsche Bankchef Abs in den Enddreißigern, in welchen dieser die Kosten und Staatsverschuldungen durch einen Russlandfeldzug gegen die Superprofite durch russisches Gas und billige Arbeitskräfte jenseits des Urals aufgerechnet hatte (ich habe darüber unter großer Referenz an den kolossalen Denker Reinhard Opitz mein Stück »ABS« geschrieben).[83] Als Aufsteiger in die Walhalla dieser gigantisch herumsurrenden Renditezahlen musste dem einstigen Tagedieb und kleinen Gefreiten Hitler immer wieder wohlig warm ums Herz geworden sein.

Von all dieser historischen Materie lenkt Alice Miller aber die Schuld von Adolf Hitler und dessen großkapitalistischen Förderern auf die Peitschenhiebe in der Kindheit um. Mit obigen Anmerkungen zum Korrespondieren der Grundmuster könnte man aber zu einem anderen Ergebnis gelangen. Erstens konfrontieren die Peitschenhiebe den Ausgepeitschten mit seiner vollkommen hilflosen Einsamkeit, die er später in deren Antipode »Masse« zu kompensieren sucht. Zweitens korrespondiert dies dann zunächst mit seiner Etappe als eigenbrötlerischer Tagedieb und gescheiterter Maler im Vorplatz des Wiener Bahnhofsklos. Drittens kommen ihm andere stets zu Hilfe. Alle diese Grundrisse aber haben historische Umstände, ohne die sie miteinander nie korrespondieren könnten. Erstens die Peitsche, zweitens die finanzielle Ausstattung durch Hitlers Tante beziehungsweise die Abweisung von der Kunstakademie. Drittens die materielle Unterstützung durch die Großkapitalisten der Harzburger Front, denen er sich, herrisch und

82 Miller (1980), zitiert in: Weber (2016), S. 54.

83 https://weltnetz.tv/video/2452-abs-das-stueck

beherrscht, diktatorisch unterwarf (meisterhaft in Brechts Arturo Ui von Ekkehard Schall dargestellt und von Manfred Wekwerth inszeniert). Viertens mögen zur skurrilen Steigerung seiner Omnipotenzphantasien noch die militärische Niederlage und Versailles, also rein geschichtliche Fakten, hinzugekommen sein.

Dies alles aber allein durch Peitschenhiebe und Bindungsverluste zu erklären, ist eine Leugnung psychischer Korrespondenzen, die immer die Spiegelung realen, historischen Geschehens brauchen. Auch die Verwendung von Worten wie »Bindung« oder »Bindungsverlust« beinhalten eine gewisse Unschärfe, weil sie einerseits nur die Bindung des vermeintlich Schwächeren (Kind) zum vermeintlich Stärkeren (Elternteil) bezeichnen und andererseits die Bindung im reinen Spiegelkabinett der Psyche belassen, ohne deren nähere historische Umstände konkreter zu reflektieren. Klaus Weber ist mit seinem Hitlerbuch glücklicherweise einen entscheidenden Schritt weiter gegangen.

Eine Bindung ist eher eine besondere Korrespondenz. Denn es sind nicht zwei Gegenstände zusammen »gebunden«, sondern sie kommunizieren über Distanz miteinander. Das heranwachsende Kind sucht Bindung, um zu ordnen und Ordnung, um zu binden. Den in der klassischen Familie oft abwesenden Vater testet es auf die eigene Bindungskraft oft aus und versucht es so länger anwesend zu halten. Die in der klassischen Kleinfamilie überwiegend anwesende Mutter testet es dagegen sukzessive auf Abwesenheit aus, indem es ihr zeigt, dass sie länger fort sein kann, »ohne dass etwas passiert«. In beiden Fällen testet das Kind auch sich und seine Grenzen im Konstrukt der Familie. Die Bindung zu beiden Elternteilen verfestigt sich also in ihrem Gegenteil. In der Tätigkeit vollzieht sich die innere Spannung. Ein Scheidungskind erlebt einen traumatischen Schnitt einer Bindung. Das fühlt sich ähnlich an wie der Abbruch einer vorgelesenen Geschichte an der spannendsten Stelle. Spätere Beziehungen werden lange nicht ganz ohne diese Trennungsangst erlebt. Spätere Trennungen halten dieses Unglück am Leben. Die Ängste verlieren aber allmählich ihre innere Dramatik durch glückliche Beziehungen. Ein Scheidungskind wird später, solange die Dramatik nicht mit Hilfe glücklicher Beziehungen abgeklungen ist, besonders gerührt auf einen Hollywoodschinken reagieren, wenn sich dort Streithähne wieder harmonisch in die Arme fallen. Die Trennung der Eltern projiziert sich also antipodisch korrespondierend auf das Happy End und entsprechende Gefühlsregungen.

Die Angst, ein Elternteil zu verlieren, schafft Angst vor Unordnung im Essenziellen, also im Nicht-Nebensächlichen, aber nicht nur des »äußerlich« verlorenen Menschen wegen, sondern weil sowas auch meine Betätigung in der Beziehung zu diesem Elternteil grundlegend ändert, einschränkt oder gar eliminiert. Der Verlust von etwas äußerlich Besessenem hatte auch die Angst des Besitzenden um sich, sodass der Trauernde immer auch sich selbst beweint. Es handelt sich um keinen statischen Zustand, denn »Ich« ist mehr als ein eingefrorener Eigenbegriff. Wer das Ich nicht prinzipiell als Interdependenz und als interaktiv begreift, wird Probleme beim Wir nicht lösen können. Betätigung ist mehr als Betätigung nach außen. Ich korrespondiere mit einem entsprechenden Elternteil. Diese Korrespondenz korrespondiert mit einer späteren Freundschaft und beides korrespondiert mit dem, wovon ein Märchen beziehungsweise die handelt. Es dürfte auf der Hand liegen, dass die Angst vor Verlust eines Arbeitsplatzes ebenfalls das Essenzielle betrifft, also weit mehr als Betätigungseinbuße darstellt, was sich wie eine Matrix unter die vorher beschriebenen Korrespondenzen schiebt. Auf dieser Matrix spiegeln sich die Korrespondenzen des Essenziellen.

Der Unterschied zwischen der materialistischen Psychologie und Freud ist nicht, dass erstere die frühkindliche Erlebniswelt leugnet. Sie löst diese jedoch aus der Freud'schen Verabsolutierung und setzt sie in Beziehung zum Essenziellen, zum späteren produktiven Leben. Ein sexuell oder anal gehemmter Charakter, wie ihn Freud sieht, verblasst, wenn er in einem günstigeren, aufgeweckten Arbeitsleben – und Streit dafür! – von keiner übermächtigen Korrespondenz gehemmt wird oder über eine eigene Form kreativen Tätigwerdens seine Hemmungen überlagert oder durchdringt. Er löst sich somit arbeitend von ihrer Dominanz. Die materialistische Psychologie birgt mehr Hoffnung, im Bloch'schen Sinn sogar mehr Zuversicht, weil die psychischen Beschädigungen durch entsprechende Tätigkeit reversibel erscheinen. Das Tätigsein wird und bleibt lebenslang das Entscheidende. Obwohl das frühkindliche Erlebthaben natürlich mehr Raum einnimmt.

Korrespondenz und Projektion verlaufen ähnlich nach dem Modus einer korrespondierenden Übertragung ab. Nur dass Projektion aktueller und nach äußeren Ähnlichkeiten verläuft, während Korrespondenz über längere Zeiträume Grundrisse und Figurbewegungen auch innerlich miteinander belebt oder entkräftet. Eine (Ur)Angst korrespondiert mit einer aktuellen, wenn ihr Grundriss derselbe ist. Ich projiziere meine Angst auf eine gleiche soziale »Versuchsanordnung«, wenn dort der Angreifer und Angstmacher ähnlich, aber kleiner und beherrschbarer sind (ein zusammenzuscheißender Kellner, ein Skatgegner oder ein Geduldsspiel, ein Fußballevent). Oft sprechen dann Beobachter davon, dass der Beobachtete seine Launen an jemand anderem »auslässt«. Solange dies Korrespondieren zivilisiert werden kann, ist es nicht links, es aus den Augen und aus dem Sinn verbannen und verbieten zu wollen, denn das würde eine Artikulation des Zusammenhangs unterbinden. Sozialistische Aufklärung muss auch hier

Totalitarismusdoktrinären in den Arm fallen, wenn diese die Trennungslinie zwischen Anfeuerung beim Fußballsport und Anfeuerung bei NS-Sportpalastreden für ein gemeines Feindbild aus dem Plebejischen verwischen wollen.

Projektion enthält auch eine handlungsrelevante, therapeutische Funktion. Ich projiziere nicht nur eine übermächtige Bedrohung in eine Bedrohungskonstellation mit weniger Übermacht, um ihren Grundriss ins Beherrschbare zu übertragen, sondern »in ihr Negativ«, meist zu einem Lust- und Entspannungseffekt, also in ihr absolutes Gegenteil.

Beispiele:

Der Herumgeschubste steigert sich im Alkohol in einen Omnipotenten. Dennoch sollte jedes Recht auf Rausch, mit Eigenkenntnis einsetzbar, nicht abgeschafft werden. Der berauschende Eros eines vollzogenen Kaufakts sollte auch nicht diskriminiert, sondern als geglückte Evasion aus dem Enteignetsein eher zur kritischen Frage nach mehr Kaufkraft werden.

Der Verzweifelte träumt sich in einen unheimlichen Rächer. Nach einer niedergeschlagenen Revolte in einer Region steigt dort die Auflage von Dumas' »Graf von Monte Christo«. (Der Zusammenhang ist nachzulesen in den Kerkerheften von Gramsci, der darum von jeder hochkulturellen Hochnäsigkeit abrät.)

Der sozial und sexuell potenzgeängstigte Mann projiziert völlige Arglosigkeit auf ein Objekt, das völlig passiv und unerfahren keine seiner Schwächen aufzudecken in der Lage ist (Pädophilie). Hier hat neben rechtlicher Schärfe auch sublimierende Phantasie ihren Platz. Die stets tonangebende, an geschäftliche Dominanz gefesselte Geschäftsführerin lässt sich im Akt fesseln und als Sklavin unterwerfen, der Geschäftsführer vice versa der Domina.

Sado- und/oder Maso-Sexrollen sind antipodische Resultanten der Lern- und Arbeitsbiografie. Sie sind darin eingebettet, aber auch deren situativ-launige Phantasien. Im Wesentlichen verschafft projizierende Übertragung vorübergehende Erleichterung, indem sie einen im eigenen Erleben entfremdeten Grundriss über einen fernen Prozess in den eigenen Radius zurückspiegelt. »Fern« meint hier sowohl Tourismus, als auch evasionistische Phantasien, deren Trivialitätsgehalt oft Religiösem gleichkommt.

Wo sich materialistische Psychologie der Beziehung von Vorstellungen zu dem Vorgestellten zuwendet und die Abweichungen voneinander erfassen will, die auch zum »notwendig Falschen in der Ideologie« führen, muss sie die beiden Begriffe »Evasion« und »Projektion« einführen. Die Evasion bezeichnet die Bewegung aus dem Unbewältigten ins Bewältigbare sowohl willkürlich (in der Kunst), aber auch unwillkürlich (im Traum). Die biologischen Triebe liefern hier mit den

»Drive-Gefühlen« allenfalls Antriebsenergie mit einer seinem Denken und Sprechen untergeordneten Intentionsvorgabe. So wird aus den Sinnen Sinnlichkeit. Ich nehme etwas Schönes wahr, gebrauche es in meiner jeweiligen Lebens- und Klassenlage als Projektionsfläche zur Evasion, was von Hunger, Durst, Müdigkeit, Sexualität noch befeuert werden kann.

Wer Landschaftsgemälde des Caspar David Friedrich oder Vincent van Gogh mit pornographischen Gemälden früherer Zeiten vergleicht, wird vielleicht dabei die eigenen Wünsche spüren, die sich der Wahrnehmung bei der Bildung von Vorstellungen beimengen. Auf die Bedeutung des Evasionistischen ist die Soziologie der Landschaft seit der Renaissance zu sprechen gekommen. Besonders tiefgehend hingegen wird die historische und materialistisch-dialektische Einordnung von Evasion und Projektion in der »Spaziergangswissenschaft«, der »Promenadologie« des 2003 verstorbenen Schweizer Ökonomen und Soziologen Lucius Burckhardt. Die Landschaft, so Burckhardt, entsteht in den Köpfen ihrer Betrachter. Vielleicht wider besseres Wissen (oder schlechteres) bezeichnet er das, was eine kritische Psychologie als ästhetische Evasion und damit antipodische Beziehung zur widerspruchsgeprägten Arbeitswelt ausdeutet, anhand von Landschaftsbildern. In seinem äußerst lehrreichen Gespräch im *Deutschlandfunk*[84] erklärte er diese Beziehung zwischen Arbeit und Evasion im Ästhetischen anhand von verschiedenen historischen Stadien der Entfaltung von Produktivkräften.

Landschaft entsteht bei Burckhardt im Kopf als Projektion und zwar intendiert aus der entfremdeten Verdinglichung der jeweiligen Arbeitsumgebung. Die Vorstellung ist keinesfalls identisch mit dem Realen, sondern wird anhand der stofflichen Bilder vor den Augen und aus dem, was die Sinne »hinter den Augen« zur Erholung brauchen und wollen, geschaffen. (Vorstellung muss auch nicht praktisch immer »hinter« der Wissenschaft rangieren. Dass zum Beispiel Öl glitschiger ist als Wasser, ist eine Sache der Chemiemoleküle. Gleichwohl ist die Wahrscheinlichkeit, dass ein Chemieprofessor auf einem Ölfilm ausrutscht, höher als bei einer Reinemachefrau.)

Insofern trägt das genannte Gespräch mit dem *Deutschlandfunk* auch dazu bei, den Begriff der »Evasion« allumfänglich zu erfassen. Die Evasionen, die genauso auf Pornographie, Traum, Religion, Kunst und (bedauerlicherweise allzu oft) auch auf Wissenschaft einwirken, spielen unseren Sinnen aber nicht nur böse Streiche. Evasion und Projektion lindern auch allzu harte Fragmentierungen unserer jeweils

84 https://www.deutschlandfunk.de/querfeldein-denken-mit-lucius-burckhardt-3-3-radioaufnahmen.1184.de.html?dram:article_id=320268

alltäglichen Existenz. Wo Lucius Burckhardt hierzu auch Schillers Gedicht »Der Spaziergang« von 1795 heranzieht, veranschaulicht er seine auf den Marxismus zuführende ästhetische Antipodik auch sinnlich.

Alles das können wir an uns selber studieren, wenn wir uns gegenüber kritisch und aufmerksam werden. Selbstbeobachtungen helfen auch, die Beispiele auf der vorherigen Seite selbstständig auszubauen. Viele klassische Märchen zeigen, dass Projektion und Spannung ohne »soziale Abhängigkeit« nicht auskommt (»Aschenputtel«, »Robin Hood«, »Der Graf von Monte Christo«). Entweder es ist die Abhängigkeit als Projektion des Leibeigenen auf den guten König, der nichts Böses wollte oder die Abhängigkeit des Grafen Nechljudow von der Leibeigenen Maslowa, die Leo Tolstoi in der »Auferstehung« (Rosa Luxemburgs Lieblingsroman) erzählt, oder – eine andere Erzählung von der Abhängigkeit des Freiers von der Prostituierten – Heinrich Manns Professor Unrat im »Blauen Engel«. Dichotomische Anordnungen werden umgekehrt. Es ist also die vorhandene Abhängigkeit, die sich in der Projektion der Beherrschbarkeit auszusetzen sucht. Oder es ist die selbstgeschaffene Vernarrtheit in eine Abhängige, die dem Eros des Kaufakts als »Grundriss« dient.

Ein Mensch, der als Projektionsfläche herhält, kann kaum ein zufällig gewählter sein. Soziale Demütigung, die sich in latenter Angst um die Potenz bemerkbar macht, womöglich verstärkt durch die Angst vor gealteter Arbeitsfähigkeit als Ekel vorm Verbrauchtsein, ist eine Grundlage für pädophile Projektionen bei Männern (Gustav von Aschenbach in Thomas Manns »Tod in Venedig«). Aufgrund der Unerfahrenheit und projizierten Reinheit ist der Schwäche und Verbrauchtheit des Alters nicht so leicht auf die Schliche zu kommen. Eine zwei Kopf größere Kugelstoßerin dürfte als Projektionsfläche nicht so gut taugen, wie der Knabe Tadzio von Thomas Mann oder bei Falcos »Jeanny«.

In den menschlichen Liebesverhältnissen löst Blutgeruch Ekel aus. Kommt dagegen Jungfräulichkeit ins Spiel, drückt Blutfluss Reinheit und entsprechende Frische aus (laut dem sozialistischen Freud-Schüler Wilhelm Reich ist »Blutvermischung« Kernmetaphorik von Rassismus). Der Busen ist nicht mehr, was der Euter von Kühen für Bullen ist, sondern nach gewissen Gesichtspunkten der ästhetischen Ansicht gesellschaftliches Zeichen von Unverbrauchtheit. Ein schlechter Körpergeruch zeugt von Modrigkeit, verbrauchtem (Arbeits-)Potenzial. Er zeugt auch für schlechten Sex in der jüngeren Vergangenheit des Partners/der Partnerin, davon, heruntergekommen und nicht ausgewählt zu sein. Die vielen Parfüms, die dem Tier nur Abwendung einbrächten, sollen das vermeiden. Wer sauer riecht, bezeugt Mängel an Aufmerksamkeit sich und den Partnern gegenüber.

Erschlaffte Kraft, Abgeschriebenheit, Randständigkeit spiegeln sich in schlechtem Lohn und extrem fremdbestimmtem »Zeitregime« (einer zentralen Kategorie Sèves im Spannungsfeld zwischen Kapital und Intimleben). Körperkräfte sind als einstige Biologie durch die Schleusen der jeweiligen Gesellschaftsformationen gegangen und spiegeln nun die Arbeitsverhältnisse in die Liebesverhältnisse, die organische Auslese in die organisierte Konkurrenz, den Ellenbogen in die Liebe als vorgebliche Idylle seiner Abwesenheit. Adornos schöne Hypothese aus der »Minima Moralia«, »geliebt bist du dort, wo du Schwäche zeigen kannst, ohne Stärke zu evozieren«, bleibt eine Maxime postkapitalistischer Beziehungen, bestenfalls deren Vorahnung.

Lucien Sève zitiert Politzers »La crise de la psychologie contemporaine« methodologisch richtungsweisend: »Die Psychologie hat keineswegs das ›Geheimnis‹ der menschlichen Sachverhalte in Besitz, weil dieses ›Geheimnis‹ einfach nicht psychologischer Art ist.« Weiter: »Für die Grundorientierung der Psychologie und ihrer Organisation ist die Bedeutung der Ökonomie wahrhaft fundamental.«[85] Von all den Spiegelungen in Geruch, Sehen und Hören im Intimleben kommt kein Mensch durch eigenen Entschluss frei. Auch hier macht er seine Geschichte selbst, »aber […] unter unmittelbar vorgefundenen […] Umständen«.[86]

Sogar die dialektische Chiffrierung von Eigentumsverhältnissen in all den Strafriten um sexuelle Untreue gehört zu diesen »vorgefundenen Umständen«. Startherapeutin Esther Perel hat eines der in den USA unzähligen Psycho-Bestsell-Hörbücher gemacht: über »Eifersucht«. Aber ausgerechnet bei diesem Thema, dessen Evidenz soziale Enteignung und Eigentümlichkeiten dialektisch so spiegelt, wie kaum ein anderes erotisches, spart sie in treuem Gefolge offizieller US-Psychomoden die Kategorien der Arbeitsverhältnisse aus. Diese lieferten allenfalls »Verstärker für Verlustängste«. Stattdessen bilden den eigentlichen »Rahmen dafür, wie Untreue erlebt wird: Geschlecht, Kultur, Ethnie und sexuelle Orientierung«. (aus dem (Hör-) Buch: »Was Liebe aushält – Untreue überdenken«). Aber die konkreten Arten von Arbeit, Status oder Lohn/Zeit-Regimes o. ä. fehlen in ihrer Aufzählung. Obwohl Sozialität solche Spannungsfelder formatiert, wie: Worin manifestieren sich Treue oder Verrat? Woher kommt eine Verlustangst, die von Untreue »angetriggert« wird? Was mildert Eifersucht: Bildung von Eigentum oder eigener Persönlichkeit?

In den entwickelten Gesellschaften gibt es Eigentum und Eigenheit, Eigentlichkeit und Uneigentlichkeit, wobei das Eigentum die ihm kampflos überlassene

85 Sève (1972), S. 313.
86 MEW Bd. 8, S. 115.

Eigenheit überlagert, schließlich durchdringt und somit umprägt. Was die Triebe eigentlich wollten, wird in den Reproduktionsraum geschoben und gehoben. Die gesellschaftliche Fortpflanzung enteigentlicht die biologische, so wie »der Kampf gegen den Kampf ums Dasein« (Holzkamp). Auch Sättigung und Durstlöschung sind enteigentlicht, wie letztlich Schlaf, Sport und Medizin im gesellschaftlichen Reproduktionsradius aufgehoben sind.

Streng genommen können wir den Hinweis von Klaus Holzkamp, der Mensch kämpfe tendenziell nicht ums Dasein, sondern kämpfe gegen den Kampf ums Dasein, nicht auf alle Triebe gleich anwenden. Der Hungertrieb ist ein existenzieller. Wer nichts isst, verhungert. So ist es mit der Flüssigkeitszufuhr und dem Schlafen. Indem der Mensch diese Triebe – etwa in Gelagen – kultiviert, vertuscht er triumphierend seine liebe Not damit. Mit der Sexualität beziehungsweise der Fortpflanzung verhält es sich etwas anders. Streng genommen kann man ohne jeden sexuellen Gedanken, ohne jegliche sexuelle Betätigung leben.

Der Hungertrieb sagt: Iss! Der Mensch versucht, mittels Appetitritualen und Geselligkeit es gar nicht so weit kommen zu lassen, dass er vor Hunger aus dem Mund riecht. Es gibt den imperativen Harndrang, dem der Mensch zuvorzukommen sucht. Bevor er todmüde ist, geht er lieber ins Bett. Aber der sexuelle Trieb sagt nicht: Um nicht zusammenzuklappen, pflanze dich fort!

Beim Menschen verhält es sich gegensätzlich. Jene Gerüche und Rezeptoren, die beim Tier funktionieren, erzeugen beim durchschnittlichen Menschen eher Ekel. Also muss sich der Fortpflanzungstrieb in eine andere Gestaltung begeben, um wirkmächtig zu werden, zumal Sex heutzutage mehrheitlich gegen Fortpflanzung praktiziert wird. Dieser Drive wird an anderen Nebensächlichkeiten, Schönheitsvorstellungen, Wärmewünschen, Berührungsbedürfnissen von Säuglingsbeinen an und besonders mit dem Hinzutreten größerer Hormonschübe ästhetisch geschult. Demzufolge muss sich der Sexualitätstrieb (anders als andere Triebe) zu einer Melange mit gesellschaftlichen Eindrücken verbinden, um überhaupt zum Geschlechtsverkehr anzutreiben. Diese haben (etwa als Pornographie) noch weniger mit der Fortpflanzung zu tun als der Hunger mit einer Kochsendung.

Nicht in der Quantität, sondern nur in der ungefähren gesellschaftlichen Bewegung, in welcher Mensch Sexualität gegen die Fortpflanzung wendet, findet sie ihre Entsprechung in der Art, wie er ein Trinkgelage gegen seinen unmittelbaren Durst ummünzt. Denn die ästhetische Seite der sexuell angelegten Wünsche verbindet sich, wie alle Ästhetik, eben auch mit dem Alltag, mit dessen Bedrängungen und Widersprüchen.

In diesem Zusammenhang gibt es eine intellektuelle (leider zuweilen etwas hochfliegende, aber im Kern) hochinteressante Auseinandersetzung innerhalb der Schule der »Kritischen Psychologie«.[87] Dort streitet Klaus Holzkamp gegen Fritz Tomberg und daneben Ute Holzkamp-Osterkamp gegen Holm Gottschalch – beide um den Begriff der »menschlichen Natur«, die hier abgegrenzt wird gegen das »Wesen des Menschen«.

Um die beiden Begriffe gegeneinander abzugrenzen: Die »menschliche Natur« ist das, was sich biografisch und damit Biologie aufhebend im Körper absetzt. Sie ist sozusagen die Ich gewordene Geschichte. Dagegen ist das »Wesen des Menschen« das, was das Allgemeine aller Menschen bestimmt. Dieses Allgemeine ist vielerorts wiederzufinden, von der »Laut«-Malerei, über das Haareschneiden bis zur Relativitätstheorie. Sie ist, um es simpel zu drehen, die Geschichtsbewegung, die das Ich bestimmt.

Da die Klassenkämpfe alle bisherige Geschichte ausmachen, kann das Ich weder in der einen noch in der anderen Beziehung davon ausgenommen werden. Tomberg vergaloppiert sich, wenn er Lenins Konspekt zu Hegels »Logik«, der Mensch besitze »de[n] *Trieb*, sich zu realisieren«[88] so überinterpretiert, als sei die menschliche Triebnatur an sich bereits »Vernunftnatur«. Holzkamp spürt diese Strukturschwäche auf und fragt, ob die Vernunft an sich in den Menschen eingepflanzt sei und welches höhere Wesen diese Einpflanzung vorgenommen habe, von wo also »die Vernunftnatur ein abstrakt im Menschen hockendes Wesen« sei, das den Individuen seinen Vernunftwillen aufherrscht.[89]

Holzkamp selbst aber geht wenige Zeilen später als damals typisches Kind der Aufklärung mit der Überhöhung des »Prinzips Hoffnung« zu weit. Zunächst noch realistisch schreibt er:

> Die so entstandenen »produktiven Bedürfnisse« […] realisieren sich also in der *einzigen Weise, in welcher die Individuen ihre Existenz auf »menschlichem Niveau«, also im Zusammenhang bewußter kollektiver Vorsorge, erhalten können*, in der *Partizipation an der bewußten Verfügung über die gesellschaftlichen Lebensbedingungen*, die für die *Sicherung und Entfaltung des eigenen Daseins relevant* sind, womit auch die unmittelbaren Bedürfnisse in der »menschlichen«, d. h. kollektiv vorsorgenden Daseinsweise in neuer Qualität aufgehoben sind.[90]

87 Vgl. beispielhaft: Forum kritische Psychologie 4 – Argument-Sonderband 34, 1979.

88 LW 38, S. 203.

89 Holzkamp (1978), S. 234.

90 Ebd., S. 233.

Das heißt unter anderem: der einzelne Mensch muss sich des Wissens seiner Ahnen und Mitmenschen bedienen, um auf menschlichem Niveau besser zu (über)leben. Dann aber gehen die Gäule der Aufklärung mit Klaus Holzkamp durch:

> Die Alternative zur Realisierung von »produktiven Bedürfnissen« in diesem Sinne ist die *fremdbestimmte Ausgeliefertheit an jeweils aktuelle Lebensumstände*, damit die *spezifisch menschliche Form der Not und des Leidens* durch Zwang zur *direkten Befriedigung vitaler Bedürfnisse außerhalb des Zusammenhangs bewußter kollektiver Vorsorge, also unter »unmenschlichen« Bedingungen.*[91]

Ein Untergang der Menschheit durch Umgehung, Unterdrückung oder Nichtwahrnahme »produktiver Bedürfnisse«, also Vernunft, bzw. durch deren Ersetzung mittels unproduktiver Bedürfnisse ist also ausgeschlossen, wenn nur der Leidensdruck entsprechend wird. Der Fortschritt der Vernunft sei – bei allen Rückschlägen – letztendlich also unaufhaltsam.

Somit will sympathischerweise Klaus Holzkamp folgende Aussage von Fritz Tomberg geradezu missverstehen: »In der Klassengesellschaft gelingt ihnen (= Individuen, Anm. d. A.) die Verwirklichung zu ganzen Menschen lediglich in der Art, dass sie die unaufhebbare reale Entfremdung durch die Imagination ihrer Teilhabe an der vollendeten Menschheit kompensieren.« Eigentlich ist eine solche Feststellung Tombergs geradezu »Holzkamp-immanent«, denn ein vollständiger Durchblick der eigenen Entfremdung ist unter den Bedingungen dieser Entfremdung nur graduell, aber nie allumfassend möglich, schon gar nicht als isoliertes Subjekt. Wenn das Interpretieren der Welt in der 11. Feuerbachthese zu deren Veränderung führt, dürfte die Veränderung auch die Interpretation, also die philosophisch-wissenschaftliche Welt- und Selbsterkennung, erweitern. Nach dem ewig lang teilbegriffenen, teilerspürten Ritt über den Bodensee von Klassengesellschaften dürfte also in einer klassenlosen Welt noch erhebliche Kunst und Wissenschaft über Klassen und die Geschichte von Klassenkämpfen neu produzierbar werden.

Gegen den entsprechenden Pessimismus Tombergs führt Holzkamp ins Feld, gegenwärtige Not- und Leidenszustände könnten auf Dauer mit der imaginativen Antizipation künftiger Vollendung nicht abgespeist werden, sondern nur mit

91 Ebd.

realistischer.[92] Statt Omnipotenz-Imaginationen, habe der Mensch also am Ende das vernünftige Bedürfnis nach wirklicher Potenz in der »Realitätskontrolle«.

Beide, Tomberg und Holzkamp, argumentieren hier schließlich aber schematisch: als Psychologen und nicht als Klassenkämpfer. Denn inwieweit Not Vernunft mittels kompensatorischer Imagination verdrängen hilft oder tiefere, realistischere Einsichten »stimuliert«, entscheidet in erster Linie etwas nicht originär Psychologisches, sondern der Grad der Atomisierung der Subjekte oder ihre Organisiertheit in der jeweiligen Not.

> Holzkamps kritisch-psychologisches »Prinzip Hoffnung« gipfelt in dem Satz: Wenn man die menschliche Subjektivität im wissenschaftlichen Sozialismus zu Geltung bringen will, so muß man vor allem anderen die *Befindlichkeit der Betroffenen, ihre* Not, *ihre* Bedürfnisse und *ihre* Praxis als *nicht wegzuraisonnierende objektive Realität* anerkennen[93]

Was aber gelingt in einer unorganisierten »Praxis«, wenn die Not zu groß ist? Was, wenn die Mitkämpfer atomisiert, ermordet oder gar nicht erst in Sicht sind? Ist dann nicht immer der »Seufzer der bedrängten Kreatur«, die Religion, sogar ganz ohne Gott, am Zug, wenn geträumt, getrunken und anders phantasiert wird? Diese kompensatorische Ästhetik fällt beim Aufklärer Holzkamp, zumindest noch in diesen hoffnungsvollen Siebzigern, strategisch und damit psychologisch unter den Tisch. Thomas Metscher übernimmt aus dem DDR-Klassiker »Der Imperialismus der BRD« aus dem Jahr 1971 die Definition von Widerstandslosigkeit des atomisierten Menschen als »Opfer«, die jedenfalls nicht von selbst in Hoffnung mündet. Es ist dort die Rede von einer »unmenschlichen Manipulation, die geistige Unterdrückung und Entmündigung als Freiheit, das fremde und falsche Bewußtsein als eigenes und wahres empfinden, es bejahen und sich mit ihm identifizieren.«[94]

Dass Tomberg wenigstens das Potenzial andeutet, mit dem das imperialistische Zeit- und Lohnregime der Entfremdung und Zerkleinerung total siegreich werden kann, gleichzeitig die leidende werktätige Mehrheit wirkmächtiger Organisationen beraubt und damit in die imaginative Antizipation, beziehungsweise ästhetische Kompensation treibt, ist hier durchaus sein Verdienst: ohne Pessimismus weniger

92 Ebd., S. 237ff.

93 Ebd., S. 239.

94 Der Imperialismus der BRD (1971), S. 519.

Tat! Oder mit Paul Éluards »Guernica-Gedicht«: »Eurer Verzweiflung Gesang wird die fressende Flamme der Hoffnung entfachen«.

Weil es keine Gesetzmäßigkeit gibt, wonach Menschheit überlebt, ist es sogar psychologisch produktiv, das vollständige Scheitern unserer Gattung mit den zwei Beinen als eine Möglichkeit zu deuten. Am Ende entscheidet über das Scheitern, ob der Mensch die Realitätskontrolle wahrhaftig oder nur eingebildet erreicht (in Suchtrausch, Traum, Religion, trivialästhetisch, an luststimulierenden Imaginationsgeräten wie bei George Orwell oder im Film »Matrix« dahinsiechend), einzig und allein der Grad der Organisation, der Zugriff auf Kunst und Wissenschaft und die Bündnisstärke, also der dreidimensionale Raum aus sinnlicher Tiefe, philosophischer Höhe und sich organisierender, bewegender Breite in der Geschichte. Nur erfolgversprechende Umstände führen die Vernunft gegen das Leiden und Ausgeliefertsein. Sonst überwiegt das Letztgenannte – und zwar letztendlich.

Deswegen muss ein viel genaueres Augenmerk von links auf jene Imaginationsprozesse gerichtet werden, die in Träumen und vorgestellten Gegenwelten stattfinden, um produktiver und kritischer mit jenen Potenzialen umzugehen, die ins Nirwana der reinen, atomisiert-geistigen Ersatzhandlung abgleiten oder die reales Futter für organisierbaren Widerstand und somit Realismus an die »Hirne und Herzen« liefern. Die Ersatzhandlungen und kompensatorischen Vorstellungsgebilde unter übermächtig entfremdenden Bedingungen bedürfen einer besonderen wissenschaftlichen Zuwendung. Sie sind individualisiert ebenso wenig zu erfassen wie zwangskollektiviert.

Freud zum Beispiel kennt zwar ein »Über-Ich«, aber kein »Außer-Ich«. Bei ihm bleibt ebenso unklar, wie und wohin übermächtige Bedrohungen denn »hin verdrängt« werden – außer in einen Traum, wo sie verdreht halt irgendwie aufploppen.

Das Konstrukt von »Über-Ich« und »Verdrängung« übermächtiger Bedrohung hat die strukturelle Schwäche, jede individuelle Resonanz auf ich-ermächtigende »Außer-Ich-Potenziale« in den Klassenkämpfen, wie z. B. die Stärke von Gewerkschaften, der Selbsthilfegruppen, gewerkschaftlich orientierter Parteien auszublenden. Die Abhängigkeit des Über-Ichs von realen gesellschaftlichen Kräften korreliert mit der Ich-Stärke von Werktätigen beim Aufstieg emanzipatorischer Kräfte. So war die individuelle Ich-Stärke unter chilenischen Arbeitenden mit der Wahl Salvador Allendes gewiss vitaler als nach Pinochets faschistischem Putsch. Böse Träume und Verdrängungen dürften dort bei vielen Menschen nach 1973 zugenommen haben. Die Befreiung bei der Dezemberwahl 2021 war für sie dann auch eine individualpsychologische.

Freud erzeugt seine strukturelle Schwäche auch dadurch, dass er die neurotisierenden Bedrängungen auf die Kindheit eingrenzt. Damit werden Psychosen, Neurosen, Schizophrenie nicht als mehr oder weniger sozial angelegt erfasst, sondern als genital und prägenital präjudizierte Abweichung. Freud legt zwar das Genitale im sozialen Verhalten ab, aber kein soziales Verhältnis im Pornographischen. Das eigentliche Rätsel wird beiseite gerückt. Damit ist nicht geklärt, welches Vorstellungspotenzial, welche Metaphern, welche Ästhetik, welche Intimitäten der Mensch potenziell zur Verfügung hat, um seinen sozialen Frust darin auszudrücken und gleichsam auch »rauszudrücken«. Die Ausgangsfrage ist nicht, wie sich sexuelle Störung in asoziales Verhalten wandelt, sondern wie asoziale Verhältnisse die intimsten Phantasien kapern.

Der eigenwillige marxistische Philosoph Thomas Metscher begleitet diese Wandlung von der behandelten Realität hinein in den handelnden Kopf, die auch die ästhetische Kompensation des realen Lebens etwa in Träumen und anderen triviaIästhetischen Vorstellungen wie der Pornographie umschreibt. So bezieht er sich auf die »Camera obscura« bei Marx/Engels, wonach »die Umdrehung der Gegenstände auf der Netzhaut aus ihrem unmittelbar physischen«, historischen Lebensprozess hervorgeht.[95]

Metscher schreibt: »Ideologien sind gesellschaftlich verursachte Verkehrungen des Bewusstseins.« Falsches Bewusstsein, beziehungsweise die ideologische Fixierung auf Idole, Priester und Despoten sind also notwendiges Produkt gesellschaftlicher Verhältnisse und damit mehr »Selbsttäuschung« als willkürliche Manipulation und Lüge.

Den nächsten Schritt allerdings, wie sich (zum Beispiel in der Pornographie) dann aber konkret »das unmittelbar Physische umdreht« (und hier kann ja nur die Umgebung gemeint sein), streift Thomas Metscher allenfalls. Pornographie sieht er nicht wertfrei, sondern im Kontext dessen, was er an anderer Stelle zur ideologischen Unterwerfungsgewalt aufdeckt: »Die erste dieser Gewalten sind die Idole des Markts: Warenfetisch und Geldgötze, denen sich als dritte im Bunde der Sexfetisch an die Seite stellt. Konsum, Sex und Geld haben als neue Götter den Olymp der alten verdrängt«.[96]

Begäben wir uns allerdings zunächst ins »Innere« von »Sex«, »Geld«, »Konsum«, »König Fußball«, um dort mit der nun wieder zurückgedrehten Camera obscura das abgelauschte Leben zu suchen, fänden wir dort den Schlüssel dazu,

95 MEW 3, S. 26.

96 Metscher (2016a), S. 194.

warum bei geringen materiellen Voraussetzungen für echte Gegen*wehr* dadurch notwendigerweise Gegen*welt* als »Alltagsreligion« (Gramsci) entsteht, die Metscher grundlegend analysiert. Metscher zitiert Marx, für den Religion »*verkehrtes Weltbewußtsein*« und »*phantastische Verwirklichung* des menschlichen Wesens« sei. Somit sollten auch pornographische Bewusstseinsvorstellungen als Fluchtbewegung vor dem Übermächtigen, als evasionistische Verkehrung ernster genommen werden.

Empfindet das einzelne Individuum den Druck bürokratisch-despotischer und entfremdender Arbeits- und Produktionsbedingungen wie die kalten Reißzähne eines metallenen Apparats, so wird ihr Gegenpol, das idyllische Nest, aus warmem, süßem, flauschigem Stoff gefüllt sein. Das ist logisch wie trivial. Zu Ende gedacht führt diese Überlegung aber auch dahin, dass die pornographischen Vorstellungen von dieser Idylle nicht abgrenzbar bleiben. Auch die Erotik in ihrer intimsten Nische bleibt insgesamt dem sozialen Alltag geschuldet. Demzufolge finden sich Gesellschaft und Produktionsverhältnisse in pornographischen Irrungen, Wirrungen und psychischen Spiegelungen ebenso, wie in anderen Liebhabereien. Der Mensch wäre – jedenfalls unter den heutigen Bedingungen – sonst auch gar nicht länger arbeitskraftfähig.

Sexualitäten im »niederen Volk« sind seit jeher Objekt der ausgestreckten Zeigefinger von oben gewesen. Der Verdacht drängt sich auf, dass heute gegen pornographische Vorstellungen nur alte diskriminierende Bezeichnungen in »Sexismus« zeitgemäßer umgetitelt wurden. Eine auch nur annähernd strafrechtstaugliche Abgrenzung von »Sexismus« zu befreitem Sex, exotisch-frivoler Kunst und nichtverklemmter Kommunikation über Pornographie liegt jedenfalls bislang nicht vor.

Die Abgrenzung von Sexualität gegenüber Zivilisation zerreißt die Psychologen schon seit ewig. Leider auch die linken. Holm Gottschalchs leider vergriffenes und zu Unrecht vergessenes Buch »Bedürfnisse und Motive der Produzenten« kommt der Auflösung mancher dieser Zerrissenheiten am nächsten. Aber auch er gelangt nicht zur kategorialen Einführung des »Pornographischen« als eigenständig menschgeistigem Vorraum der sexuellen Handlung, welches die Beziehungen von Arbeitsverhältnissen und sexuellen Triebstrukturen am prägnantesten spiegelt.

Gottschalch wirft in seinem Buch Holzkamp-Osterkamp »althergebrachte Denkmuster« vor, »zum Beispiel die Trennung von Körper und Geist« bei sexuellen Bedürfnissen. Diese seien laut Holzkamp-Osterkamp im Wesentlichen: »bestimmte organismische Spannungs-, Entspannungs- und Sättigungserscheinungen«[97] und

97 Gottschalch (1981), S. 182.

»trügen auch nichts zur Entwicklung oder dem Fortschritt der Menschheit bei.« »So ist das Sexualbedürfnis überdies als egoistisch gekennzeichnet und steht im Gegensatz zum gesellschaftlichen Kooperieren. Diese Konstruktionen sind gekennzeichnet von dem Dualismus zwischen Biologischem und Sozialem.« Gottschalch kritisiert: »In diesen Thesen wird ein tiergleicher, bloß organismischer Charakter sexueller Bedürfnisse unterstellt.«[98]

Er beharrt also darauf, dass auch die sexuellen Bedürfnisse sozial seien und den produktiven Bedürfnissen zugerechnet werden müssten, die dem zivilisierten Fortschritt weiterhelfen. Das sexuelle Bedürfnis stehe doch, insistiert Gottschalch, im Verhältnis zweier bestimmter Menschen als sozialer Wesen. Im Unterschied zum bloß Biologischen sei »doch das Gesellschaftliche das Wesentliche an dem Verhältnis und gemeinsamen Entwicklungsprozess ihrer Geschlechtsbeziehungen, da zwar eine organische Bedingung zu dem Verhältnis gehöre, aber damit der Inhalt des Bedürfnisses nicht organismisch sei«.[99]

Auch in der Frage des Begriffs von erotisierender Schönheit gehen Gottschalch und Osterkamp entgegengesetzte Wege. Wo Osterkamp die artspezifischen Merkmale sexueller Attraktivität nur in geringfügigen Variationen historischen Veränderungen unterworfen sah, hält Gottschalch dagegen, dass jegliche Kulturgeschichte von extremen Variationsbreiten im Bereich des Sexualverhaltens zeuge und damit auch in Bezug auf die erotisierenden Vorstellungen spezifischer »Schönheiten« und deren Chiffre.

Wer der Pornographie als allenfalls hormon-gestütztem Sozialverhalten auf die Spur kommen möchte, muss zunächst die Dialektik der entfremdeten und entfremdenden Arbeit und die Reproduktion von Körper und Psyche durchschauen. Dazu liefert Gottschalchs Buch eine Fülle von empirischen Untersuchungen. Wer die ersten Kapitel mit den Umfrageergebnissen zur Arbeitsmotivation von Produzenten gelesen hat, wird sich nicht mehr so leicht hinreißen lassen, den »Arbeitsethos« als deutsch-analen Charakter im Freud'schen Spin zu verwerfen. Selbst wenn Geld keine Rolle spielen würde, wollten ca. 40 % der Befragten dieselbe Arbeit weiterführen. Die wenigsten (nur 16 %) würden sich für ein Leben ohne Arbeit und etwa 40 % für eine weiterentfaltete, aber nicht vollständig andere Arbeit entscheiden.[100]

Die dialektische Dimension des Begriffs »Entfremdung« wird in den Untersuchungen plastisch so vorstellbar, dass sich einerseits der Eindruck der Enteignung

98 Ebd., S. 183/184.
99 Ebd., S. 182.
100 Ebd., S. 20–23.

der eigenen Arbeitskraft und ihrer Produkte, andererseits die Identifikation mit dem gebrauchswertschaffenden Teil der Ware Arbeitskraft undeutlich auch in den Hirnen der Produzenten abbildet. Nur beides gegeneinander und zusammen kann als »Entfremdung« verstanden werden. Diese schizoide Situation ist der Spalt, aus dem das Lava unserer Träume und auch pornographischen Vorstellungen aufsteigt. Letztendlich aber auch der Balsam unserer zerrissenen Seelen, das »Opium«, das wir uns selber erzeugen. Natürlich demonstriert diese Art der Zerrissenheit, der Entfremdung und der Enteignung als psychische Grundkonstellation im Imperialismus auch immer, wie stark die reale Gegenwelt (= kollektive Gegenwehr) historisch ins Gewicht fällt, wie sich die Produktivkräfte entwickeln oder welche Bewegungen damit auch durch politische Veränderungen wie ökonomische Krisen ausgelöst sind. Gottschalch weist nach, dass und wie sich durch die rezessive Wirtschaftskrise 1966/67 und die Stagnation 1974

> die Empfindungen, die Arbeit sei eine befriedigende Tätigkeit und Erfüllung, erheblich vermindert haben. [...] Es scheint, als würde der notwendige, unabdingbar existenzerhaltende Charakter der Arbeit bestimmend für das Verhältnis zur Arbeit, wenn er nicht mehr selbstverständlich gewährleistet ist [...] – wenn sich die Wirtschaftslage ändert.[101]

Soll da noch eine/r sagen, individuell neurotisierende oder persönlichkeitsstärkende Potenziale seien ohne soziales Umfeld begreifbar.

Die psychologische Fährte dahin, dass in der Freizeit und Reproduktionssphäre die Produktions- und Arbeitsverhältnisse sich individuell spiegeln, hat Holm Gottschalch mit seinen Untersuchungen, aber vor allem mit seinen philosophischen Tiefblicken gelegt. Auch, wenn er die letzte Konsequenz der ästhetischen (Wider-) Spiegelungen in der Psyche als notwendig dem Arbeitsalltag widerstrebender Phantasietätigkeit noch nicht zieht. Diese Phantasietätigkeit bemächtigt sich all unserer Grundbedürfnisse und einstmals biologischen Triebe, um überhaupt an die Oberfläche der Verarbeitung und damit der psychischen Abmilderung und Reparatur der sozialen Bedrückungen zu gelangen. Aber immerhin kommt Gottschalch in der Auseinandersetzung mit Ute Holzkamp-Osterkamp zu der Erkenntnis, dass nicht nur die Bedürfnisse die Tätigkeit determinieren, sondern: »Die Tätigkeit des Individuums hat seine eigenen Bedürfnisse produziert.«[102] Erst

101 Ebd., S. 25.
102 Ebd., S. 128.

mit dem erlebten, neuen Produktionsniveau meiner agierenden Hände und Sinne treten auch meine Bedürfnisse in ein neues Stadium, ich also den Gegenstand der Arbeit weiter entfalten muss, um überhaupt zu einem neuen Wollen zu gelangen.

Gottschalch stellt hier eine verbreitete Binsenweisheit vom Kopf auf die Füße: »Die Art der Produktion des Gegenstands setzt die Art der Konsumtion« (also nicht umgekehrt!). Er fährt fort:

> Infolgedessen ist auch das Verhältnis von Tätigkeit und Bedürfnis nicht einfache Wechselbeziehung, sondern vielmehr durch einen spiralförmigen Prozeß charakterisiert. Die Tätigkeit hat das Primat; nur durch sie wird das Bedürfnis zur inneren Kraft des Subjekts. [...] Nur aufgrund des auf bewußte und gesellschaftlich vermittelte Weise eingegangenen Verhältnisses zum Gegenstand können die Bedürfnisse, die bei Menschen charakteristischen Eigenschaften einer Situationsunabhängigkeit [...] entwickeln [...], sonst wären die Menschen ihren Bedarfszuständen unmittelbar und reaktiv ausgeliefert.[103]

Mit dem Begriff des »Ausgeliefertseins« und der »Situations(un)abhängigkeit« hat Gottschalch den Schlüssel geliefert, das eigentliche tiefenpsychologische Problem zu lösen, nämlich wie sich die Verarbeitung von »Ausgeliefertsein« – und zwar ohne schnelle praktische Veränderbarkeit – in eine gewisse »Situationsunabhängigkeit« (zumindest in der Betrachtung und intellektuellen Verarbeitung) erheben kann. Die Unabhängigkeit nimmt zu, indem während Ausgeliefertsein und Demütigung beziehungsweise innerhalb eines schwer lösbaren Strukturproblemprozesses ein Teil davon spielerisch in die Phantasie »verlegt« wird, um dann später (in fiktional-geträumter oder realer Eigenregie) wieder aufgerufen zu werden, aber ohne dem Problem zu gestatten, die Gedankenarbeit vollständig zu erdrücken. Das Konkrete und Spezifische dabei ist, dass sich die sehr konkrete Besonderheit aus der Situation von Ausgeliefertsein dann als kompensatorische Nachbearbeitung in Traum, Phantasievorstellung, Metapher und anderer Ästhetik – sogar mit subtilsten Details – widerspiegelt. So bringen Arbeit, Alltag und gesellschaftliches Verhältnis sich auch in der Erholung zur Wirkung – aber als Gegenbild und Gegenwelt, als künstlerisches Vorspiel zur Gegenwehr, als deren Antizipation.

Das ist die Grundtragödie der Enteignung von Arbeitskraft, dass sie nur subtil empfunden und oft nicht wirklich wahrgenommen und versprachlicht, sondern

103 Ebd., S. 129.

längst ermattet hingenommen wird, dass sie gleichzeitig Psyche und Persönlichkeit demoliert, was als Entfremdung immer wieder neu und konkret biografisch zu dechiffrieren ist. Die Psychologie hat sowohl dem Grundwiderspruch zwischen Lohnarbeit und Kapital, als auch den anderen damit verbundenen Widersprüchen, wie dem Doppelcharakter der Waren und der Schizoidität imperialistischer Innenarchitektur, individualpsychologisch und praktisch philosophisch auf die Spur zu kommen.

Aber selbst psychoanalytisch und kritisch orientierte Theoretiker wie Hartmut Rosa verwässern den Widerspruch zwischen Persönlichkeits- und Identitätsentwicklung und Entfremdung. Die gesellschaftliche Arbeit wird zwar dabei nicht ignoriert, aber additiv neben andere Entfremdungsformen und Faktoren gesetzt. Dabei wird die arbeitsorientierte Widerspiegelung zum lyrisch breiten Begriff der »Resonanz«, soziale Antriebe werden zu Resonanzbedürfnissen. In den Vordergrund der Betrachtung wird ein Echo geschoben. Die »Resonanz«, wenn ich erfolgreich beim Verfertigen eines Werkstücks bin, wird gleichgestellt mit meiner Resonanz auf Facebook, Twitter o. ä.

Hartmut Rosa sieht in der »Sehnsucht nach Berührtwerden« – hier nicht nur körperlich gemeint – generalisiert eine Resonanz als Ausweg aus der Entfremdung. Dabei wird ein Entfremdungsbegriff zugrunde gelegt, der sich auf die Kommunikation in Sprache und Bildern reduzieren lässt, aber die zugrunde liegende Arbeitsbeziehung ignoriert. Die »Angst alleine zu sein, wo die Welt schweigt und nicht singt« wird nicht in kausale Beziehung zum Arbeitsprozess und dem Zeit-/Lohnregime gesetzt. Dabei ist der Tatbestand, dass Menschen auf Resonanz angewiesen sind, schon dem Volksmund bekannt, wenn er sagt: »Der Mensch ist ein soziales Wesen«. Aber was passiert mit diesem Bedürfnis in der Vereinsamung? Das Bedürfnis nach Resonanz wird zur Projektion, die eben eine Grundkomponente stärker hervortreten lässt: die Atomisierung der vereinzelten Person als Fragmentierung *in* der vereinzelten Person wenigstens vorübergehend zur Ruhe kommen zu lassen. Dies kann mit dem weiten Begriffsfeld von »Resonanz« nicht erfasst werden, wiewohl es der innere Antrieb *auch* zur Resonanz ist. Süchte nach Drogen, Pornographie, Spielautomaten, Twitter und Instagram sind nämlich auch auf Resonanz orientiert. Obwohl man weiß, dass der Beifall aus dem iPad für eine gewonnene Spielpartie keiner menschlichen Resonanz gleichkommt, spielt man immer und immer wieder weiter.

Aber so, wie der Begriff der Resonanz in schlechter alter Freud-Schule psychologisch die Arbeitsprozesse, -ergebnisse und Taxierungen von Kopf und Hand aus dem Zentrum der Persönlichkeitsentwicklung herausnimmt, ist bei Rosa auch die Entfremdung begrifflich diffus und zu breit gefasst. Jede Unlust wird hier mit Entfremdung verwechselt, damit jede Resonanz jeden Ausweg gewährt. Ob ich in gewerkschaftlicher Selbstorganisation der Entfremdung entgegenwirke, ob mir jemand in den Mantel hilft, ob mir der Lohn erhöht oder ob ich freundlich gegrüßt werde, ist bei dieser Linderung von Entfremdung durch Resonanz ganz egal. Die strukturell psychische Enteignung der einzelnen Menschen in einer Klasse und durch eine Klasse ist für Rosa irgendein Bestandteil von Entfremdungserfahrung, aber nicht das objektive Konstituens der Entfremdung selbst.

So aber, wie sich in der Entfremdung der Arbeit der Doppelcharakter der Ware Arbeitskraft widerspiegelt, ist der Umgang mit der Arbeitskraft in den Produktionsverhältnissen (als gesellschaftlichen und damit auch als individuell maßgeblichen Verhältnissen) entscheidend für die Art unserer psychischen Auspufferung beziehungsweise Kompensation der entsprechenden latenten oder offenen Schizophrenie. Um die positive Seite des »deutschen« Arbeitsethos und seiner für das Proletariat spezifischen Beziehung zum Produktionsergebnis und zum Stolz auf die eigene Anteilnahme an der Fertigung sinnlich eindrucksvoll herauszustreichen, zitiert Gottschalch aus der »Ästhetik des Widerstands« den Philosophen Peter Weiss über dessen Vater:

> In der Fabrik konnten Kollegen ihn zuweilen verspotten, ihn sogar Streber nennen, wenn sie ihn bei übermäßiger Pflege der Maschine fanden, wenn er nachdachte über technische Verbesserungen. »Daß wir mißbraucht werden«, sagte er, »dürfe nicht dazu führen, daß wir in unserer Arbeit nur Zwang und Fron sehen und uns von Unlust und Unwillen leiten ließen.« […] Er wandte dem Sprecher zunächst sein breites, knöchernes Gesicht stumm zu und antwortet dann mit seiner verhaltenen Überzeugungskraft, daß sich ihm ringsum nichts anderes zeige, als daß wir uns vorbereiten auf die Übernahme der Macht. […] Daß ihm niemand für seinen Einsatz dankte, war klar, verständlich war auch, daß viele ihn, den Lohnabhängigen, der tat, als bewege er sich auf dem Boden eines vergesellschafteten Betriebs, für schrullig hielten. Sein Wahlspruch war der Marxsche Satz, daß die Arbeit das schöpferische Prinzip, das Wesen der Menschengattung ausmache.[104]

Mit dieser Metapher von Peter Weiss im Kopf sollten wir uns noch mal zu den geistigen Spiegelungen der Arbeitswelt und deren Gegenwelt und Gegenwehr

104 Gottschalch (1981), S. 19.

wenden. Der Doppelcharakter einer Ware ist nicht durch Halbierung erkennbar, weil eine dialektische Einheit zwar den Widerspruch in sich trägt, aber nicht als zwei statische Hälften, sondern als innere Ursache ihrer permanenten äußeren Bewegung. Wohl aber ist die psychologische Wirkmacht auf Menschen »halbierbar«, die diese gegeneinander wahrnehmen und interpretieren. Klassen sehen das durchaus »halbiert«. So wirkt der Tauschwert der Ware Arbeitskraft (Belohnung) im Wesentlichen als positiver Bezug der ArbeitskraftverkäuferInnen, die sich darin bewertet, anerkannt und natürlich auch in ihren Lebensbedürfnissen erweitert sieht. Andersherum sieht der Kapitalist den Gebrauchswert der Ware Arbeitskraft im Verhältnis zu seiner Kapitalmehrung und hat diese geronnen in Form von Maschinen, Werkzeugen und Computern entsprechend auch als riesengroßen Vorrat angehäuft, was seine diktatorischen Vollmachten ausmacht.

Mit der Enteignung der Ware Arbeitskraft und deren »Einverleibung« durch das Kapital sowie der Entziehung der Arbeitsmittel und Arbeitsprodukte, die die Werkzeugmacher konstruiert haben, kommt eine latente Schizophrenie über die ArbeitskraftverkäuferInnen, die sich entsprechend auch auf die Freizeitbedürfnisse legt und diese antipodisch prägt. Die Entfremdung bildet diese Dialektik der Ware Arbeitskraft und ihren Verkauf an den Kapitalisten, beziehungsweise die Enteignung der mit ihrer Hilfe geschaffenen Gebrauchswerte, ebenfalls entsprechend ab. Erst durch seine kapitalistische Enteignung wird der Blick der ArbeitskraftverkäuferInnen vom Gebrauchswert abgezogen und auf den Tauschwert, also den Lohn, fokussiert. Gleichwohl hängt der Arbeiter noch am Gebrauchswert und ist durchaus auch tendenziell mit dessen erfolgreicher Weiterverarbeitung und Verwertung identifiziert. Also ist er zwar nicht mehr Herr, aber oft noch Liebhaber des Gebrauchswerts.

Auch der Kapitalist hängt nicht nur an dem Mehrwert, den er sich mit dem Gebrauchswert der ausgebeuteten Arbeitskraft einheimst. Er hängt allenfalls emotional am Tauschwert, schon alleine, weil er Löhne so ungern ausbezahlt und eine zu hohe Lohnquote stets mit seinem eigenen Untergang gleichsetzt. Aber nebenbei ist er gelegentlich tief und tragisch beeindruckt von einer Arbeiterklasse, die ihm höheren Lohn abringt, als er ursprünglich bereit war zu zahlen. Dann hofft er, dass wenigstens die anderen Kapitalisten der gleichen Branche ähnlich hohe Löhne zahlen müssen wie er selbst.

Es gibt also sowohl eine dominierende Identifikation des Arbeiters mit dem Tauschwert und des Kapitalisten mit dem Gebrauchswert der Ware Arbeitskraft, aber eben auch eine Identifikation des Arbeiters mit dem Gebrauchswert und des Kapitalisten mit dem Tauschwert. Alle vier Identifikationen sind mit Ängsten konnotiert und führen dialektisch prägend zu Träumen, pornographischen Vorstellungen, Religionen und Kunstprodukten.

Mit dieser Erkenntnis kann auch das Rätsel aufgelöst werden, warum solcherlei Entfremdung die »psychologische Grundtragödie« (Sève) als Enteignung des Gebrauchswerts darstellt, aber der Arbeiter tendenziell über den Kampf um erhöhten Tauschwert eine Abmilderung der Entfremdung erfährt. Diese manifestiert sich in Persönlichkeitsspaltungen, die mit der monopolkapitalistischen Arbeitsteilung und kommunikationstechnischen Verfügbarkeit zum gesamtgesellschaftlichen Phänomen wird. Jede/r von uns wurde und ist aufgrund dieser Arbeitsverhältnisse latent schizophren, sodass nur wenig an biografischem Engpass genügt, um eine jener modisch unspezifischen Diagnosen (Borderline, schizoide Persönlichkeitsstörung, Bipolarität, Burnout) auszulösen, die nichts Genaues sagen, außer: solcherlei dissoziale Verhaltensmuster werden individuell statisch gegen soziale Normen gesetzt und dann grotesk von der Sozialität abgeschnitten und entpolitisiert. Aber selbst Demenz braucht neben der somatischen Beeinträchtigung eine psychische Grundkonstellation für das Vergessen und Ausblenden. Nicht jede gleichgroße Kalkablagerung beeinträchtigt gleichermaßen gleiches Hirneiweiß.

Letztendlich nämlich ist diese Entfremdung als persönlichkeitsspaltende Grundtendenz nicht allein mit dem Kampf um Lohn- und Zeitregimes abzumildern. Erst mit dem Ende der kapitalistischen Enteignung, mit der vollen Verfügung über den Gebrauchswert durch die gesamte werktätige Klasse kann eine nachhaltige psychologische Gesundung erfahren werden. Von unseren normalen und abnormen Persönlichkeitsspaltungen können die beteiligten Individuen tendenziell nur in dem Maß genesen, wie unsere Gesellschaft dann von den Ursprüngen der Entfremdung genesen ist.

Das Maß, in dem ich über den Gebrauchswert der von mir – in Kooperation mit den Anderen – gefertigten Produkte verfüge, bestimmt meine Beziehung zum Tauschwert »Lohn und Lohnhöhe«. Die vielbeklagte »Käuflichkeit der Liebe« und die Wirkmacht der reinen Kaufaktion – noch dazu in Sex, Pornographie, Prostitution und Ehe – kann also psychologisch letztlich nur in jenem Maß überwunden werden, in welchem die Verfügung der werktätigen Bevölkerung insgesamt über die geschaffenen Gebrauchswerte zunimmt. Bis dahin bleiben die Regimes trivialer Unterhaltungsästhetik, evasionistischer Vorstellungen und halluzinierter Potenzfiktionen notwendig kompensatorische Reparaturen der Arbeitsfähigkeit.

Der Traum als Reparaturwerkstatt

Ich habe einiges über die gedankliche Arbeit beim Registrieren, beim Merken und beim Wiederanwenden in Bezug auf gesellschaftliche Operationen gelesen. Ich weiß daher zum Beispiel, dass es zwei Vorgänge der Verarbeitung und der Ablage von Registriertem als »gemerkt« im Hirn gibt. Dies geschieht vermutlich per Hippocampus, der seepferdförmigen Drüse über dem vorderen Hirnlappen, die dazu Dopamin ausschüttet und die besonders an der Konditionierung und Kontrolle beteiligt ist, bei örtlicher Zurechtfindung (angeblich haben Londoner Taxifahrer wegen dort verkehrsbedingt höherem Koordinationsbedarf einen größeren Hippocampus).

Vom Hippocampus werden kurzfristig erworbene Registrationen in der Tiefschlafphase an die Großhirnrinde und beim Träumen in einem anderen Teil des Hirns abgelagert. Beim Träumen ist der Cortex auf einen Status minderer Aufmerksamkeit gesetzt. Der Bereich, der für Logik zuständig ist, macht die Tür auf, um Widersprüche, wie Unzufriedenheiten und erlittene Probleme, los- und/oder einzulassen. Da das logische Begreifen in dieser Schlafphase herabgesetzt ist, bewegen sich die metaphorischen Zeichen – bei Freud zunächst noch zutreffend mit dem Unter-dem-Bewusstsein-Liegenden erahnt – unkontrolliert in den inneren Kommunikationsraum.

Wygotski nahm von Shakespeare den immer wieder zu zitierenden Satz: »Ich habe das Wort vergessen, das ich sagen wollte und körperlos taumelt der Gedanke ins Prunkgemach der Schatten.« Ich bin dem Traum ausgesetzt, aber mit einer Art Reißleine ausgestattet, zum Beispiel dem Aufwachen. Der Albtraum ist wie etwas Schreckliches auf einer Theaterbühne, Schonraum für Reinszenierung des Bedrohlichen.

Man stelle sich dies Träumen vor wie ein Abtauchen in einen Tümpel mit frei schwimmenden Algen und Schlingpflanzen, in den ein paar winzige Lichtstrahlen fallen. Beim Auftauchen geraten die am Körper hängenden Pflanzen dann aber in das Licht der Oberfläche, erhalten Form und Farbe. Das prägt sich auf die vorherige Sicht, auf die Eindrücke beim Tauchen, weshalb die Erinnerung an den Traum den Traum oft selbst hochholt. So unkontrolliert der Traum also entsteht und Entladungen beinhaltet, so sehr wird dieses Unkontrollierte nur in kontrollierter Konfiguration verstümmelt erinnerbar.

Es gibt im Traum, biologisch verzeichnet, eine Art »Runterschalten« des Cortex (im Traum ähnlich wie bei Dopaminausschüttung während eines Rauschs).

Mehrere Typen von Traum stehen sich gegenüber, zum Beispiel Albtraum und schöne Pornographie. Das ist abhängig von der realen Situation des Träumenden, etwa seiner aktuellen Beziehung oder dem Grad der Entfremdung. Traum ist auch eine historische Resultante. Aber er ist immer auch Therapie. Gute Meditation in der Nacht vermag luzide Träume gegen den Alb zu drängen. Shakespeare hätte aber statt »Wort« »Begriff« schreiben sollen, denn »Worte« spielen in diesen »Prunkgemächern der Schatten« namens Traum durchaus eine Rolle, Begriffe hingegen nicht. Alle Äußerung im Traum ist dem Abgründigen bestenfalls gleichgesetzt, eher untergeordnet. Das Wort gibt im Traum seine Tendenz zur Verallgemeinerung, zur Begrifflichkeit auf. Es sinkt stets ins Konkrete, Bildhafte. Um der Gesellschaft, der Reparatur der Arbeitskraft, zu dienen, muss die Gesellschaft »loslassen« und muss die Arbeitskraft losgelassen werden. Der produktive Stoffwechsel mit der menschlichen Welt setzt im Traum aus, um ihn umso wirkungsvoller reproduktiv vollziehen zu können. Das Wort besteht im Traum weiter, aber mehr als loses Zeichen und nicht mehr in einer irgendwie festen Begrifflichkeit. Es »taumelt«.

Die Schulmedizin hat ein mechanisches Verhältnis zum Traum, besonders zum Albtraum, den sie ausschalten möchte. Auch zum Schlaf weist die Schulmedizin ein ebenso quantitativ stoffliches und statisches Verhältnis auf. Sie sieht den Albtraum nicht als sozial notwendig, weil er Unversprachlichtes aus der Verdrängung holt, ähnlich einem Furz, den die geistige »Verdauung« notwendigerweise hervorbringt. Weil die Schulmedizin Schlaf und Traum nicht als Teil des inneren Reparaturbetriebes unterhalb des Zeitregimes der Kapitalherrschaft sieht, diese also auch nicht anzutasten gedenkt, empfiehlt sie tatsächlich Therapien, die durch weniger Schlaf weniger Albträume zum Ziel haben.

So mechanisch, wie ihre Beziehung zum Albtraum und zur Schlafstörung, will die Schulmedizin auch den Stress heilen, ohne dessen gesellschaftliche Ursachen anzutasten. Man könnte meinen, diese Doktoren und ForscherInnen sehen den Stress als eine Art Einbildung, die nur im Inneren des Menschen alleine könne geheilt werden, ohne das Regime, das den Stress auslöst, auch nur mit einem Wort zu bedenken oder die Stressminderung gar durch den Kampf gegen dieses Regime ins Auge fassen zu müssen. Dass ihre Erfolge dabei nur von geringfügiger Wirkdauer sind und meistens sich nur auf dem Konto des entsprechenden Wunderheilers finden lassen, gestehen sie manchmal kleinlaut ein. Depressionen und Schlafstörungen möchte die Schulmedizin »mit Schlafentzug heilen«. »Ein scheinbares Paradoxon, das bereits Einzug in die Therapie gefunden hat. Schon seit Jahrzehnten erfahren depressive Patienten durch einen geplanten Schlafentzug in der Klinik wie durch ein Wunder Heilung – allerdings nur kurzfristig.«[105] Kurzfristig! Falschere Schlussfolgerungen sind nicht zu ziehen, außer man will die Menschen früher altern lassen und meint, der Furz (oder das heitere Aufstoßen) beim geistigen Verdauen bliebe besser im Darm des Unterbewusstseins.

Wenige Zeilen später heißt es im selben Artikel: »Ins Bett legen ist ein Fehler [...] zum Beispiel nach einer schlechten Nacht mittags aufs Ohr«. Der Autor, Wolfram Eberhardt, zitiert dann eine Schweizer Studie: »Wer lange im Bett lag, erkennt, dass er danach vielleicht noch erschöpfter und depressiver ist.« Auf die Idee, dass, wer kürzer im Bett lag, erschöpfter ist, kommt er gar nicht. Unter welchen Umständen und mit welchen mechanischen oder sozialen Tages- und Weckperspektiven derjenige im Bett lag, bleibt in dem dreiseitigen Artikel auch völlig unangetastet.

Zwei Seiten davor ist vom »Träumen zur falschen Zeit« die Rede. Sicher ist der bevorzugte Zeitpunkt des Träumens dann, wenn der Tiefschlaf endet und im REM zwar die Kontrolle noch nicht einsetzt, aber das Aufwachen eben auch noch nicht. Das bedeutet aber nicht, dass es nicht auch im Wachen oder in Tiefschlafsituationen Träume und traumähnliche Verarbeitung gibt. Demzufolge gibt es keinen »falschen Zeitpunkt« fürs Träumen, schlimmstenfalls unpraktische Situationen, was wir schon daran merken, dass manche Eltern ihrem Jüngsten zurufen: »Träum doch nicht!«

Niemand wird bestreiten, dass Stress und Depressionen auch nach dem Verstummen einer aktuell zugespitzten Entfremdung und der sozialen Depravierung nicht abklingen und demzufolge individuell therapeutisch relativiert werden können. Oder dass es begrenzte Heilerfolge durch begrenzten Schlafentzug gibt. Aber die therapiestiftende Funktion der Überwindung sozialer Unterdrückung und vor allem des kollektiven Defragmentierens bei einer solidarischen Gegenwehr gar nicht anzusprechen, ist eigentlich der Skandal der strukturellen Einpassung von Medizin unter das jeweilige Regime.

In dem gesamten Beitrag ist auch nie davon die Rede, welchem konkreten Zeitregime der entsprechende Proband unterworfen war oder ist. Ist der Wecker zum Beispiel gestellt, prägt sich das ins Bewusstsein ein und beeinträchtigt natürlich Länge, Reife und Erholsamkeit des Schlafs. Außerdem: Wer mittags ein paar Minuten nach stundenlanger harter Arbeit eine Entspannung oder gar einen kurzen Mittagsschlaf einlegt, hat dies noch selten bereut. Jeder Schlaf ist zunächst einmal gesund. Ein falsches Träumen und ein falsches Schlafen gibt es nicht. Nur eine Gesellschaft, die ihre Uhren nach dem Kapital stellt, kann auf

105 *Apotheken Umschau*, 15.10.2017, S. 76.

solch einen grundsätzlich falschen Gedanken verfallen. Was wir an Schlaf unseren Schulkindern und uns vorenthalten haben, weil die Menschen glauben oder wissen, sich dem Eigenleben von Webstühlen unterstellen zu müssen, hat nicht nur Millionen von körperlichen Immunsystemen, sondern auch von psychischen bereits während des Schlafs zerstört.

Statt das Nichtschlafgeschehen, also die Phasen vor, zwischen und nach dem Schlafen, pauschal für überflüssig zu erklären, diesbezügliche Instrumentarien aus dem Schlafzimmer zu verbannen, vor allem pauschal alles Audiovisuelle, sollten wir die Umstände des Schlafs den Märchen anpassen, die wir uns selbst zu erzählen oder die andere für uns geschrieben haben. Dies kann mit einem Hörbuch geschehen, mit einem gegenseitigen Geschichtenvorlesen im Bett, und selbstverständlich auch mit beruhigenden Filmen, die offensichtlich in der gesamten Schulmedizin wegen des Lichteinfalls auf die Netzhaut dämonisiert sind, statt dabei eine Sonnenbrille gegen Blaulicht zu empfehlen. Wobei es allerdings Hunderttausende besser wissen, die schon bei etwa einem Tierfilm, einem Vortrag, einer harmonischen Musik eingeschlafen sind.

Es muss also viel Wissenschaft und Phantasie aufgewendet werden und zwar nicht, wie systemimmanente SchulmedizinerInnen vorgaukeln, um die Bruttozeit im Bett zu reduzieren, sondern sie so zu bauen, dass netto eine Mindestsumme von 7–8 Stunden Schlaf täglich herauskommt. Die Möglichkeiten dazu reichen von der Meditation bis zu biologischen Beruhigungsstoffen und gelegentlich leichter Medizin gegen Epilepsie. Das Corona-Panikorchester von »GroKo« und »Ampel« diktierte aber nur Boostern und Verbieten; nicht einen einzigen Ratschlag zur Stärkung unserer Immunabwehr, die immerhin bis dato über 90 % aller Infektionen erfolgreich versorgt hatte. Von Schlafbedingungen war bei den staatsmonopolistischen Enteignern des »Mittelstands« ebenso wenig die Rede, wie von anderen politischen Umständen der Immunabwehr: mehr Öffis und sozialer Wohnungsbau für Abstandsoptionen, gesündere Ernährung, früherer Renteneintritt für Risikogruppen, Arbeitszeitverkürzung zum Stressabbau, Öffnung von Saunen und Endorphin steigernden Kultureinrichtungen etc.[106] Aber: Letztendlich bringt nichts von sich aus die eigentliche Freude am Leben (auch der Immunabwehr) zurück, wenn nicht realistisch-revolutionäre Strategien zum Glückserwerb *organisiert* werden.

Wer Angst aber wirklich gerecht werden will, sollte sie sich nicht als eine monolithische mechanische Reflexkraft sehen, sondern genauer betrachten. Wer

106 Siehe meine Rezension zu Hendrik Streecks »Unser Immunsystem« in: *Nachdenkseiten*, 26. November 2021/ *Ossietzky* 1/2022).

über die Straße geht, wenn die Fußgängerampel gerade auf Rot geschaltet hat, bekommt etwas Angst. Wer allerdings früher schon mal auf der Straße in einer ähnlichen Situation angefahren worden war, bekommt eine noch größere Angst. Wer beim Ausscheren in einer Rechtskurve schon mal einen Unfall erlitten hatte, wird in einer Rechtskurve möglicherweise mit feuchten Händen das Steuer umklammern. Wer eine Bulldogge mit fletschenden Zähnen auf sich zu laufen sieht und keinen erhöhten Herzschlag verzeichnet, ist wahrscheinlich geistesgestört. Angst empfindet auch, wem von seinem Vorgesetzten mit der Kündigung gedroht wird. Wer dauerhaft mit seiner Kündigung rechnet, weil Zeitungen verkünden, dass »sein« Konzern Arbeitsplätze vernichtet, empfindet möglicherweise noch größere Angst. Hinzu kommt der zentrale Strukturaspekt der materialistischen Psychologie von der Enteignung jedes Anteils der eigenen Arbeitskraft.

MarxistInnen haben die Entfremdung zwar philosophisch gezeichnet, aber selten in eine subjektive Kategorie gewendet und als therapierbares Bild der Grundangst dieser Grundtragödie vermessen. Dies liegt auch daran, dass eine dauerhafte, gesellschaftlich-strukturell determinierte Fragmentierung als Krankheitsbild so schwer greifbar ist, solange Angst einfach überall ist – wenn sie sich auch mal schwerer und mal leichter äußert. Zwar meint Marx, dass bestimmte Berufsgruppen (wie künstlerisch selbstständig Tätige) aus extremen Beeinträchtigungsfeldern der Entfremdung herausgenommen seien. Letztendlich lässt sich aber sagen, dass ein Mensch ohne Krankheitsspuren von Entfremdung und Angst unter den vorherrschenden Produktionsverhältnissen bislang nicht einmal vorstellbar ist.

Somit entzieht sich Entfremdung dem diagnostischen und therapeutischen Zugriff nicht durch Verdeckung, sondern durch ihre Offensichtlichkeit. Ihr Geheimnis liegt an der Oberfläche. Es wird aber notwendig sein, die dauerhaften Erkrankungen, die strukturell in der Innenarchitektur des Imperialismus enthalten sind, als Gegenstand notwendig solidarischer Entgegnung zu fassen, auch wenn diese dadurch nicht vollständig heilbar, sondern nur minderbar werden. Die Linderung schafft einen Appetit auf eine gesündere Gesellschaftsformation, als die vom kapitalistischen Zeitregime verordnete.

Der polnische Erziehungswissenschaftler Bogdan Suchodolski hat sich Ende der Sechziger besonders verdient gemacht um jene Beziehungen, die zwischen dem ordinären Kapitalismus und seiner Auswirkung auf das subjektive Glück bestehen. Er schreibt:

> [Der Mensch] ist in der Lage – wie das Marx bezeichnet – auch nach den Gesetzen der Schönheit zu schaffen. Das, was die Tiere produzieren, dient nur

> ihnen zur Lebenserhaltung, während das, was der Mensch schafft, die Natur außerhalb des Menschen erhält und verändert. Das verhält sich so, weil die Produkte der Tiere in gewissem Sinne zu deren Körper gehören, während die menschlichen Produkte als einzelne äußerliche Gegenstände existieren.[107]

Suchodolski bezieht sich hier auf »Die kleinen ökonomischen Schriften« von Marx und Engels. Das Wesen der menschlichen Produktion rührt aus seinem hohen Abstraktionsgrad und befördert diesen während des Produzierens im gattungsgeschichtlichen Ausmaß. Er fährt fort, diesen Prozess der Entfremdung mit Marx einzukreisen:

> [Im Zentrum steht die Arbeit], deren Erzeugnisse nicht mehr dem gehören, der sie erzeugt hat [...] Der Arbeiter kann weder von ihnen leben, noch an ihnen ausgebildet werden, er kann sie nicht ästhetisch bewundern und sie zu seinem geistigen Eigentum machen [...] Sein Leben nimmt entfremdete Gestalt an, er wird zum Sklaven seiner Produktion, die ihm völlig fremd ist [...] Es ist zugleich eine menschliche, geistige Diskrepanz, die darin besteht, daß die produzierten Gegenstände unter diesen Bedingungen keine Entwicklungsfaktoren des menschlichen Wesens sind und sein können. Der Arbeiter kann als Mensch nicht werden, was die von ihm erzeugten Dinge sind, er kann sie nicht zu Element des eigenen geistigen, moralischen und ästhetischen Lebens machen. Daher wird ihm die Welt der Dinge, die er erzeugt, immer fremder [...] Der Arbeiter negiert sich selbst in dieser Arbeit und bestätigt sich nicht, er ruiniert seinen Körper und seinen Geist anstatt sie zu härten und zu entwickeln, wie dies bei jeder freien menschlichen Tätigkeit geschieht.[108]

Der Absatz schließt wieder mit einem Marx-Zitat:

> Wie in der Religion die Selbsttätigkeit der menschlichen Phantasie, des menschlichen Hirns und des menschlichen Herzens unabhängig vom Individuum, d. h. als eine fremde, göttliche oder teuflische Tätigkeit, auf es wirkt, so ist die Tätigkeit des Arbeiters nicht seine Selbsttätigkeit. Sie gehört einem andren, sie ist der Verlust seiner selbst.[109]

107 Suchodolski (1972), S. 155.
108 Ebd., S. 156/157.
109 MEW 40, S. 514.

Für die krankhaften Auswirkungen dieser »Entfremdung« genannten Fragmentierung kann trotz ihrer Dauerhaftigkeit erstens durch den gemeinsam erlebten Prozess eines solidarischen Kampfes erhebliche Linderung geschaffen werden und zweitens durch die Ergebnisse dieses Kampfes: die eines verbesserten Zeit- und Lohnregimes noch unter den Bedingungen der Kapitalherrschaft. Dauerhaft und grundlegend ist sie aber nur mit anderen Produktionsverhältnissen überwindbar. Religiöse Subordination, Träume, trivialisiert flache Ästhetik, Omnipotenzphantasien, Sexismus, Pornosucht und andere Süchte sind dabei ihre antipodischen Entsprechungen in der Subjektivität. Sie dienen einerseits als kompensatorisch fiktive Vorstellungsräume und andererseits spiegeln sie die unmenschlichen Verhältnisse bis tief in die Intimität. Man kann diese als asozial kritisieren und diskriminieren. Am Ende läuft so was aber oft nur darauf hinaus, »dem Hungernden die Speisekarte vorzuhalten« (Brecht). Perspektivisch sind jedoch die ansprechende Einladung in den gemeinsamen Kampf für Frieden und zur Verbesserung der Zeit- und Lohnregimes sowie dessen letztendlicher Überwindung als kapitalbedingende und kapitalbedingte Verhältnisse die wirklich nachhaltige Problemlösungsstrategie und Therapie.

In gewisser Hinsicht liegt die feministische Philosophin Frigga Haug mit ihrem »Vier-in-eins«-Konzept goldrichtig, durch welches eine gewisse Zeiteinheit (vorzugsweise: ein Tag) in die Bereiche »Erwerbsarbeit (nach erheblicher Arbeitszeitverkürzung), Pflegearbeit Nahestehender, Kultur und Politik« aufgeteilt sein soll. Der Charme ihres Vorschlags hatte allerdings anfänglich gelitten, weil sie ihn nicht hinreichend abgrenzte. Wo muss sich ihr Reproduktionskonzept spezifisch gegen die kapitalistischen Produktionskonzepte sträuben? Immerhin hat der resorptionsfähige, erneuernde Imperialismus sogar gewisse Teile des Kampfes gegen die Entfremdung bislang entfremden können, zum Beispiel mit wirren Emanzipationstaktiken oder dem »bedingungslosen Grundeinkommen«. Zweitens hat sie nicht deutlich gemacht, wo sich »Vier-in-eins« von den üblichen individualistischen Konzepten wie »Diszipliniere Dich und ändere Du Dein persönliches Leben« unterscheidet. »Vier-in-eins« muss sinnvoll verwoben werden mit den Arbeitskämpfen der Gewerkschaften um ein anderes Lohn- und Zeitregime – was teilweise in den neuen Konzepten der IG Metall bereits Anklang findet. Jede alltägliche Durchbrechung der Alltäglichkeit des Entfremdungsregimes ist ein Beitrag für einen anderen Alltag und ein Vorgeschmack auf ein Mehr davon. Die Lust in und durch diese Kämpfe ist in jedem Falle auch therapeutisch und angstmindernd, selbst wenn die Überwindung der »Grundtragödie Entfremdung« erst mit dem Ende des Imperialismus eingeläutet werden kann.

Wer hingegen seine Angst und Angstbereitschaft, besonders die zur Nacht, medikamentös zu verkleinern sucht, wird nicht unbedingt durch weniger intensive Albträume belohnt. Der Bedrohte ist im Gegenteil im Schlaf passiv-empfindlicher, weil untätiger. Die Angst ist im Zuschnitt der Träume angelegt. Sie zielt darauf, sich auszudrücken und zwar auf eine Weise, die die Auslösung mittransportiert und auf den Träumenden zuschneidet, indem sie die Angstauslösung unter anderen Umständen re-inszeniert. Ist die Angst mechanisch (medikamentös) reduziert, kann sogar mehr davon in die Traumverarbeitung sublimiert werden. Sind nach dem Aufwachen dann Fetzen der Traumarbeit noch verbalisierbar, kann dies auch ein gutes Zeichen für Linderung sein. Bleibt der Traum völlig im Verborgenen und setzt nur geringfügige Anteile der Gewalt in seine Metaphern um, ist sein Heilungsgrad beziehungsweise sein Defragmentierungsresultat auch geringer. Krisenhaft wird die Formatierung der Angst, wenn überhaupt kein Schlaf erreicht wird. Jeder wird feststellen, dass Gedanken, die besonders stark zur Ablenkung geeignet sind, das Einschlafen beziehungsweise Wiedereinschlafen erleichtern. Dazu zählen natürlich pornographische Vorstellungen, die zu lindern und nicht nur abzulenken vermögen. Traumarbeit, Drogen, externe Pornographie, Kunst und Spiel sind nur unterschiedliche Arten der Arbeit mit der Angst. Andersherum sind verschiedene dauerhafte Ängste auch Grundlagen für Spiel-, Drogen-, Pornosucht, Borderline und andere Ausdrucksformen der Schizophrenie.

Die Lust an der externen, willkürlichen Pornographie verweist allerdings hier auf ein ähnliches, wenn auch viel tiefer verdrängtes Deutungsmuster, als Spiel und Spielsucht oder auch der unpornographische Traum. Was in der Realität Angst macht, wird in den eigenen Regiebereich des »Prunkgemachs der Schatten« gerückt, dessen Spannung sich aus dem ganz Intimen und dem ganz Fremden, aus der Schmach und dem Triumph durchmischt. Pornographie beansprucht nämlich als Sucht so viel Therapieaufwand, weil sie selbst zum Therapieprogramm, zur antipodischen Evasion wurde. Wenn unsere Urgroßeltern (vor allem männlichen) Sex als eine Art »Ventil« »entschuldigt« haben, dann klang das zwar nicht sehr wissenschaftlich, aber wir spürten: da war was dran.

Männern ist dabei die weibliche Sexualität letztendlich so wenig vorstellbar, wie Frauen umgekehrt die männliche. Allein die Orgasmusenergie bei Frauen ist messbar höher. Dafür ist die Rezeptionsbreite vordergründig sexueller Reize bei Männern ausgelegter als bei Frauen. Aus diesen Widersprüchen Anklagebänke zimmern zu wollen, mindert aber keine Ängste. Die Unfähigkeit, einander ganz zu verstehen, sollte aber in die Fähigkeit münden, zu lieben. Die hierfür unterschiedlichen drei Haupthormone Progesteron, Östrogen und Testosteron scheinen hiergegen durch die kapitalistische Matrix unterschiedlich zänkische Stereotypen anzutreiben. Selbst klassenbewusste Linksintellektuelle skizziert die britische Erfolgsautorin Sally Rooney in ihrem von der *jungen Welt* als »marxistisch« gepriesenen Gegenwartsroman »Schöne Welt, wo bist du« mit einer erheblichen Rückfallquote ins Kindische. Kaum glaubt sie, ihr Liebhaber habe einer Anderen »schöne Augen« zugeworfen, macht ihm die Literaturwissenschaftlerin eine Szene wie eine höhere Tochter des letzten Jahrhunderts und stellt ihn vor die Alles-oder-nichts-Frage. Die tragende Strebe jenes Geborgenheitskonstrukts, auf das der Mix aus Hormon und Geschichte einen Teil ihrer Sinne runterzurrt, droht aus dem Nestgrundstück herauszutänzeln, schon droht sie ihm mit allem, was sie hat. Dann schämt sie sich und philosophiert anschließend auf der Chatfunktion ihres Handys nur noch über den Nordirlandkonflikt und die Widersprüchlichkeit der katholischen Kirche dort. Eine statistisch messbare Mehrheit von Frauen dürfte solche Anfälligkeit in ähnlichen Situationen befallen – egal ob sozialistisch gebildet oder nicht. Von Männern ist noch weniger Schmeichelhaftes zu vermelden, weil sie weniger auf den eigentlichen Nestbau fixiert sind, als darauf, ein Püppchen auf den Rand des Nests zu setzen, um ihren Potenzradius zu präsentieren.

Was beide dann wieder zur Vernunft orientierten Ordnung ruft, ist … der Traum vom Anderen. Denn am nächsten Morgen sagen sie sich jeweils: Scheiße, da hab' ich mich ganz schön gehen lassen! Und sagen es dann auch dem Anderen. So hilfreich ist der Traum und kluge Menschen sollten sich zu ihm bekennen: als Liebende, aber eben auch bei Wissenschaft, Therapie und Kunst. Der Traum muss darum auch alles dürfen. Das macht ihn kostbar. Dafür muss die Zivilisation freie Räume für heitere und offene Diskussionen und Diskurse schaffen, will sie nicht am Darkroom der Verklemmungen Schaden nehmen. Je voller der Tag, desto tiefer der Schlaf. Je verzweckter das Tun, desto entzweckter das Ruhen. Je vernünftiger die Organisation von Arbeit, desto erfrischender das Träumen.

Der Traum ist auch nötig, um sich fast Vergessenes und Verdrängtes zu merken. Das unterscheidet den Albtraum vom Furz und den schönen Traum vom reinen Rülpser der Seele. Letzteres verdampft. Traum hilft bleibend. Jeglicher Hirnaufwand, der den Schlaf nötig hat, um Eindrücke im Gedächtnis zu lagern – in Bewegung und nicht statisch abgepackt – macht den Traum zum Kollateralprodukt. Eben, weil alle Registrationen eine kognitive, also der Gesellschaft zugewandte und eine affektive, von der Gesellschaft abgewandte Seite haben, wobei die eine Seite für die Metapher in Richtung Konkretion, die andere für den Begriff in Richtung Abstraktion zuständig ist. So wie im gesamtgesellschaftlichen Prozess Wissenschaft und Ästhetik in der Beobachtung desselben Gegenstands einander bedürfen. Einen Einfall haben liegt da auf halber Strecke. Bei »Rose« fällt mir spontan ein konkretes Bild ein, bevor ich darüber nachdenke, das Wort als Begriff erfasse und mich dann mit ihrem Stiel, den Dornen, den Blättern, der Blüte, auch mit dem Alter der konkreten Rose näher befasse.

Die metaphorische Seite hat vor 100 Jahren Freud als Unterbewusstsein bezeichnet. Zu diesem Unterbewusstsein gibt es widersprüchliche Angaben, die auch nicht sehr präzise sind. Lange Zeit war da die Auffassung, dass das Unterbewusstsein das für die Gesellschaft Irrelevante abspeichert. Auf eine nicht näher bezeichnete Weise soll also dieses Unterbewusstsein ins Versprachlichte wabern, im Volksmund bekannt etwa als »Freud'scher Versprecher«. Ansonsten bleibt Unterbewusstsein das abgeschlossene Reservat des Abge- und Verdrängten. Die Hypnose auf der Couch gibt überwiegend Kindheitserlebnisse preis, bei denen das Bewusstsein entweder noch zu unreif gewesen war oder gescheut hatte. Durch alleinige Vorhaltung des Therapeuten nach der Hypnose glaubte die Psychoanalyse den Knoten lösen zu können.

Zu den großen Errungenschaften Freuds zählt allerdings der Begriff der Verdrängung. Sicher sind neurotische Knoten auch durch individuelle Gespräche zu lockern. Der große aufklärerische Gestus der Psychoanalyse, das Ego zu entgötzen und ihm seine Einflugschneisen für Gesellschaft via Über-Ich, Verdrängung und Unterbewusstsein theoretisch vorzuhalten, darf in keiner Weise dem flotten »neoliberalen« Gestus geopfert werden, demzufolge das Individuum für sich alleine verantwortlich sei, »seines Glückes Schmied« und deshalb weder kollektiver Gegenwehr noch Therapie bedürfe. Es bleiben aber erhebliche Zweifel besonders an der psychoanalytischen Therapiekonzeption, von denen ich nur drei erwähnen möchte:

Erstens: Wenn die Kraft der Verdrängung bei Freud derartig stark wirkt (und hieran gibt es wenig Zweifel), wie soll dann ein individuelles Gespräch diese überwinden? Selbst, wenn der Patient weiß, dass eine erheblich schädigende Hemmung seines Sexuallebens in der Kindheit das aktuelle weiterhin schädigt, wie kann er das an der Verdrängung vorbei zu einem neuen bewussten Umgehen damit formieren?

Zweitens: Wenn ein gewisser Grundriss dieser Schädigung durch die weitere Lebenspraxis in den Klassenverhältnissen (Erleiden von Enteignung o. ä.) fortwirkt, kann dann eine solche Neurose individuell und allein auf das kindliche Erleben bezogen aufgelöst werden? Könnte also ein Scheidungskind seine Trennungsangst überwinden, wenn gleichzeitig weiterhin Trennungen in Familien- oder Arbeitswelt veranstaltet würden und die neurotische Konstellation am Leben erhielten?

Drittens vor allem: Könnte ein im Kollektiv erworbener Schaden (und bei der Familie handelt es sich doch zweifellos um ein staatlich sanktioniertes Kollektiv) als Abdruck von Arbeitsteilung und Entfremdung dadurch ausgeschaltet werden, dass eine aus dem überlagernden Kollektiv herausgeschnittene soziale Miniatur Patient und Therapeut ansprechen, ohne die größere Struktur anzusprechen? Vermag sich der Therapeut dabei herauszuhalten?

Das Lästige an Freuds Konzeption des »Unterbewusstseins« ist einerseits, dass jede/r alles darüber behaupten kann, ohne den mindesten (klinischen) Nachweis dafür zu erbringen und andererseits, dass es allzu oft wie ein abgekapseltes Zellengewirr dargestellt wird, das in der Kindheit angelegt lebenslang fortwirke. Zu diesem Zweck wird das Prozessuale eingeengt und nur die nächste Umgebung, meistens das Elternhaus, herausgefiltert. Das sich ständig weiterbewegende soziale Geflecht, also etwa im Arbeitsleben beziehungsweise in der Ausrichtung des heranwachsenden Menschen auf die Arbeit wird um seine Pointe gebracht und reduziert auf eine Biografie ohne Historie. So wie einst Biologen Samenkörner aufschnitten in der Hoffnung, dort eine Miniatur der Pflanze zu finden, wird das Kind als ein an sich schon fertiges Wesen dargestellt, das nur noch bestimmte quantitative Entfaltungen braucht.

Eine »Leidtragende« dieser Fehlkonstruktion ist die Psychoanalytikerin Louise J. Kaplan. Ihr 600 Seiten dicker Bestseller von 1991 ist zwar voll schöner literarischer Zitate, aber auch voller medizinischer und psychologischer Spekulationen. Der Titel »Weibliche Perversionen – Von befleckter Unschuld und verweigerter Unterwerfung« gesteht zwar erfreulicherweise ein, dass Perversionen und perverse Pornographien nicht nur das traurige Vorrecht von Männern sind, nimmt aber in schlechter alter Freud-Manier die Perversion als eine Art »Erbanlage« aus dem Elternhaus. Die sozialen Umstände, also pervertierende und Perversion wachhaltende beziehungsweise verändernde Arbeitsverhältnisse werden von Kaplan bestenfalls als Randnotizen wahrgenommen.

Dabei beginnt ihr »Prolog« eigentlich erfolgversprechend: »Das 20. Jahrhundert endet in einer Konformität der Perversion, die die Bedeutung erotischer Freiheit herunterspielt.«[110] Oder:

> Daher sind diese (= männlichen, Anm.d. A.) Spielarten des Sex nur Parodien auf Abenteurertum. In Wirklichkeit dienen sie entschieden der Beschwichtigung der persönlichen Dämonen. [...] Sexuelle Verhaltensweisen als solche,

110 Kaplan (1991), S. 14.

> mögen sie nun »abartig« sein oder nicht, können jedoch nicht als Schlüssel zu der weiblichen Perversion dienen, da Frauen andere Verhaltensweisen – man könnte sagen andere Täuschungsmanöver – anwenden, um ihre Dämonen zu besänftigen.[111]

Wir wollen an dieser Stelle ausdrücklich die sicher sinnvolle Diskussion nicht führen, was eine »Perversion« ist oder ob Pornographie immer pervers sein muss und welche Umdeutungen Perversion im Rahmen der Menschheitsgeschichte erfahren hat beziehungsweise noch erfahren wird. Das Tragische an der Freud'schen Konzeption, der Kaplan hier in den Wirrwarr folgt, ist, dass die Perversion auf einer Bühne spielt, die im abgeschlossenen Theater der Kindheit beginnt, das weder von äußeren Faktoren und noch nicht einmal vom Publikum selbst wesentlich umgestaltet werden wird. Aber ein Theater kann öffentlich gefördert, vom Publikum im Stich gelassen oder gar von Luftwaffen bombardiert werden. Dann ist es nicht mehr da. So ist auch die Kindheit kein Bunker. Aber das »Unterbewusstsein« des Stücks erscheint der Autorin unanfechtbar:

> Die perverse Strategie ist unbewusst. Der Schauspieler, der Protagonist des Dramas, weiß nur, dass er sich gezwungen fühlt. [...] weiß jedoch nicht, dass seine Aufführung dazu dient, »Ereignisse« zu meistern, die in der Kindheit so aufregend, so furchteinflößend, so kränkend waren, dass sie damals nicht gemeistert werden konnten. [...] Der perverse Mensch erträgt [...] sogar wirkliche Qual und sucht sie manchmal, weil er, indem er sich auf diese unangenehmen und schmerzhaften Gefühle konzentriert, die Schrecken und Kränkungen, die zentrale Aspekte seiner Kindheitstraumen waren, im Zaum halten kann.[112]

Dass Kindheitstraumen, also der Stoff dieses Dramas, schrumpfen können, wenn sie nicht von perversen äußeren Umständen immer wieder aufgerufen werden – etwa durch soziale Entfremdung –, ist strukturell in der Theorie Freuds nicht angelegt und fehlt auch bei Kaplan. Natürlich waren Freud und Kaplan Dialektiker/in, aber eben keine materialistischen. So findet die Psychoanalytikerin zwar richtig heraus, dass »die besondere Strategie der männlichen Perversion darin besteht, beschämende weibliche Wünsche auszudrücken, indem er sie hinter einem

111 Ebd., S. 19.
112 Ebd., S. 20/21.

Männlichkeitsideal verbirgt«.[113] Wenn aber zwei Seiten später der Satz kommt: »Niemand kann seine furchtbaren Geheimnisse erraten, am wenigsten er selbst«, könnte man das Buch eigentlich beiseitelegen. Denn wie soll die Autorin »furchtbare Geheimnisse« erraten und darüber schreiben, wenn es »niemand kann«?

Kaplan bleibt auch dann an der Oberfläche, wenn sie diese pointiert:

> Auch der Homosexuelle in Frauenkleidern, der allgemein als Paradebeispiel für Transvestitismus gilt, ist kein Transvestit. Er ist ein homosexueller Mann, im Grunde eine Verkörperung der Frau, der die Phantasien und Ängste anderer homosexueller Männer anspricht, indem er die physischen und intellektuellen Unzulänglichkeiten der Frauen karikiert.[114]

Oder: »Manche Frauen stehen innerlich unter dem Zwang, ein masochistisches Szenario auszuagieren, und brauchen dazu einen Mann, der die Rolle des sadistischen Demütigers spielt.«[115] Dann kommt die Randnotiz: »Transvestitismus und sexueller Masochismus sind Perversionen, die dem Mann erlauben, sich mit der degradierenden Stellung zu identifizieren, die Frauen von der Sozialordnung zugeschrieben wird, ohne dass er dabei sein Gesicht verliert.«[116] Hier schnüffelt Kaplan an einer Spur, der sie leider unkritisch folgt. Was ist, wenn sich diese degradierende Stellung in der Sozialordnung ändert? Was geschieht mit Menschen, die an der Veränderung bewusst arbeiten? Oder um es sehr schlicht zu fragen: Hat es empirisch in sozialistischen Gesellschaftsordnungen wie in der DDR, in denen eine gewisse Gleichstellung von Mann und Frau angelegt war, ähnliche Befunde für Masochismus und Transvestitismus gegeben, wie in kapitalistischen, etwa den USA? Hierüber gibt es auch keine Befunde in der westlichen Sozialforschung.

Die sozialen Randnotizen der Autorin betreffen nur isolierte, einzelne Fehler, aber nicht Entfremdung und Repression der kapitalistischen Produktionskonstruktion. Somit verbleibt ihr Buch meist in flüchtiger Beobachtung:

> In Wahrheit sind Männer nicht von Natur aus Sadisten. […] Manche Männer fühlen sich zu Vergewaltigung, Verstümmelung und Mord mit Verstümmelung getrieben. Andere kommen einfach an einem Arbeitstag oder nach einem Tag ohne Arbeit, der sie in die erniedrigende und entwürdigende Lage einer Frau

113 Ebd., S. 22.
114 Ebd., S. 34.
115 Ebd., S. 36.
116 Ebd., S. 37.

> versetzte, nach Hause und bestätigen sich ihre Männlichkeit, indem sie ihre Frauen schlagen und ihre Kinder misshandeln. Diese alltäglichen Aufführungen sind meiner Meinung nach Folgen der perversen Strategie[117]

– also nicht pervertierender Arbeitsverhältnisse. Weil die Autorin nicht Pornographie von Pornographie unterscheiden kann, sondern Pornographie für ein Synonym perverser oder kommerzieller Pornographie nimmt und nicht als unwillkürliche Vorstellung, verstrickt sie sich in Widersprüche. Sie schreibt, es sei eine Täuschung, »Pornographie habe etwas mit erotischer Liebe zu tun. Pornographie hat stets Hass zum Inhalt, der durch ein erotisches Szenario maskiert und zurückgehalten wird.«[118] Aber wie passt diese Unerbittlichkeit zu ihrer Feststellung:

> Perversionen sind ein Beispiel dafür, wie die erotischen Leidenschaften versuchen, die destruktiven Impulse zu zügeln. Glücklicherweise wird dieses Ziel durch das Ritual des sadomasochistischen Szenarios meistens erreicht. [...] In Wahrheit gelingt es der Pornographie, sadistische Impulse zu zügeln, indem sie die mörderischen Handlungen in einem Skript versteckt, das erotische Motive hervorhebt.[119]

Somit gesteht sie zu, dass Pornographie Perversion entschärft und doch zu einer erotischen Vorstellung führen kann. Aber was ist Erotik anderes, als ein kompensatorisches Echo der Erziehungs- *und* Arbeitsverhältnisse in einer Gesellschaft?

Restriktiv und restringiert verfährt Kaplan auch mit den erotischen Formen: »Die Ästhetik der männlichen Pornographie entsteht aus der Erniedrigung der Frau und aus der Furcht vor und dem Hass auf den weiblichen Körper.«[120] Auch wenn dies sicher viele Motive der Pornographie betrifft, so darf doch bestritten werden, dass dort, wo es keinen oder nur geringen Hass auf den weiblichen Körper gibt, die Pornographie vor dem inneren Auge der Handelnden gänzlich erlischt. Immer und immer wieder hingegen identifiziert Kaplan Pornographie mit solcherlei Hass: »... ein Akt des Hasses in künstlerischer Verkleidung sei ein Liebesakt.«[121] Aber auch dieser Hass unterliegt beim Einzelnen in der Regel einer Schrumpfung oder Erweiterung durch äußere Einflüsse, also qualitativer

117 Ebd., S. 38.
118 Ebd., S. 363.
119 Ebd., S. 39.
120 Ebd., S. 346.
121 Ebd., S. 380.

Veränderung. Denn die Quelle versiegt nicht, solange Menschen unter sozialen Verletzungen und deren Ausweglosigkeit leben, lieben und arbeiten müssen.

Dann wird die Psychoanalytikerin plötzlich sehr versöhnlich, indem sie feststellt, weibliche Schönheitsoperationen und sexverschärfende Einschnürungen seien »für sich genommen keine Perversionen«.[122] Sie seien es nur dann, wenn sie zur »Hauptbeschäftigung« würden. Nun, ich will an dieser Stelle nicht ausschließen, dass irgendwann in besserer Zukunft hochhackige Stöckelschuhe (die Kaplan freudianisch für einen Ersatzpenis hält) milde belächelt werden könnten als alltäglich prostitutives Attribut an überkommene, gesellschaftliche Projektionsrituale auf den weiblichen Leib. Aber bis dahin genießen diese einschnürenden Perversionen offenes oder heimliches Zungenschnalzen. Wenn auch ein kritischer Blick immer auch ein antizipativer sein muss. Den hat Kaplan durchaus gegenüber ihren Geschlechtsgenossinnen:

> Da die Selbstverstümmlerin verworrene Phantasien über den Penis hat, ihn abwechselnd als verstümmelndes Organ, als machtvollen Heiler der Vagina oder als Gegenstand betrachtet, der den Körper zusammenhalten und vor die auslaufenden Gefühle einen Stöpsel setzen kann, ermutigt sie den Mann zu der totalen Penetration ihrer Vagina, die sie fürchtet.[123]

Oder:

> Die Erleichterung, die das Mädchen bei seinen früheren Experimenten mit der Selbstverstümmelung erfahren hat, regt es dazu an, auf Autobahnen oder einsamen Landstraßen zu trampen, um einen Lastwagenfahrer anzuhalten, der es vergewaltigt. Andere suchen in schmierigen Kneipen nach einem harten Burschen.[124]

Alle von Kaplan geschilderten Beobachtungen werden aber immer nur aus einer einzelgeschichtlichen Vita abgeleitet, ohne die gesamtgeschichtlichen »Begleitumstände« umfänglich zu würdigen.

Dieses Grundproblem der gesamten neueren freudianischen Schule kommt auch dort zum Ausdruck, wo sich Louise Kaplan mit der Magersucht, der Anorexia

122 Ebd., S. 384.
123 Ebd., S. 416/417.
124 Ebd., S. 416.

nervosa, beschäftigt, die überwiegend bei Mädchen im Alter nach der ersten Menstruation auftreten kann. Gemeinhin geht diese »Schule«, wie die allermeiste bürgerliche Psychologie, von einem menschlichen Wesen aus, dass bereits in der Kindheit in seiner Qualität und Grundstruktur vorhanden ist, die durch das Leben nur noch mengenmäßig verengt oder ausgeweitet wird. Die qualitativen Sprünge, die aus der Einheit der Widersprüche nicht nur in der Persönlichkeit, sondern vor allem in der sie umgebenden Gesellschaft erfolgen, sind diesen Psychologen entweder nur dialektisch als individueller Widerspruch von Unterbewusstsein und Bewusstsein oder aber nur materiell empirisch, nicht jedoch in der Historizität gesellschaftlicher Verhältnisse bekannt. Wären sie nicht einerseits nur dialektisch und andererseits nur materiell, würden sie die Sonne, wie Wygotski Shakespeare zitierte, im Wassertropfen spiegeln sehen, also die gesellschaftlichen Verhältnisse in der individuellen Psyche oder wie Marx das Individuum als gesellschaftliches Ensemble.

Vom Psychologen Friedrich Engels in seiner »Anteil der Arbeit an der Menschwerdung des Affen« über Leontjew/Wygotski bis zu der Schule von Klaus Holzkamp verläuft diese ganz andere, die Widersprüche der Persönlichkeitsentfaltung viel eingehender auskostende Spur. Dort stellt sich das Wesen des Kindes im Verhältnis vor und zur Arbeit und der dazu notwendigen Sprache und Bewusstseinsentwicklung viel reicher, differenzierter und darum eben lebendiger dar, als die schroffen Dogmen der allermeisten Freud-Schüler und auch die der Autorin Kaplan. Sie schreibt zum Beispiel, weil Kinder hilflos und völlig abhängig sind von denen, die für sie sorgen, fühlten sie sich geborgen, geliebt und wertvoll, wenn sie sich den Rollenstereotypen anpassen. Um gut angepasste, normale Kinder aus ihnen zu machen, würde »durch diese Spur von Seelenmord das Kind von einem Teil seiner persönlichen Identität abgeschnitten, der sich vielleicht weiter entwickelt hätte«.[125] Damit würde jede Erziehung (wirklich jede!) zum Seelenmord. Es wird suggeriert, dass es bereits eine Identität beim Kind gäbe, die sich autonom und von sich aus entwickeln würde, wäre da nicht die Anpassung an »Normalität«.

Hier leuchtet die Propaganda auf, die Geschlecht zu einem »rein sozialen Konstrukt« erniedrigen will und entsprechend meint, durch den Verzicht geschlechtsspezifischer Vornamen, Kleider, Sprachbezeichnungen und Spielzeugen eine eigenständige Persönlichkeitsentfaltung zu forcieren. Kaplan: »Indem ein Mädchen eine weibliche Identität annimmt, gibt es einen kleineren oder größeren Teil der Eigenschaften Tugenden und Talente, die in seiner Gesellschaft

125 Ebd., S. 481.

als männlich definiert werden, auf.« Dazu zählt Kaplan: »Freude, Wehmut, Betroffenheit, Dankbarkeit, Güte, Mitleid, erotische Lust, Passivität, Überlegenheit, Sinnlichkeit, Traurigkeit oder die Fähigkeit sich in eine Person des anderen Geschlechts einzufühlen.« Somit wird eine »Identität« beim Kind angenommen, die bereits so aktiv und bewusst agiert, dass sie immerhin etwas, »was sie bereits hat, aktiv *aufgeben*« kann. Nebenbei geht Kaplan von einer festgesetzten »weiblichen Identität« aus und prophezeit für den Fall, dass die Aspekte dieser schon ziemlich fertigen »kindlichen Psyche, die unterdrückt und der Ausdruck verwehrt wurde, in einer Perversion oder, schlimmer, im Wahnsinn zum Ausbruch« komme.[126] Wenn dann die Mutter mit »trällernder Stimme und leuchtenden Augen« sagt: »Oh, was bist du für ein schönes Baby«, gäbe »das Baby – um an der Herrlichkeit und der Macht eines spiegelnden Anderen teilhaben zu können, etwas von seinem eigenen Selbst auf«. Es ist verblüffend, wie klug und klar denkende Menschen davon ausgehen können, dass ein Baby über eine Identität beziehungsweise ein »Selbst« verfügen und damit aktiv etwas aufgeben kann – und das nicht müsste, wenn nur die Eltern etwas aufgeklärter und anomaler wären.

Auf der Basis einer dialektisch-materialistischen Psychologie würden bestimmte statische Formulierungen der Psychoanalyse in eine ganz andere einzel- und gesamtgeschichtliche Bewegung gebracht. Was bei Louise Kaplan immer wieder »Kastrationsangst« heißt, wäre dann vielleicht »Potenzangst«, die auch ständig mit anderen Versagensängsten im alltäglichen Leben und vor allem im Beruf korrespondiert. Potenzangst wird zwar dann auch eine ständige und strukturelle Furcht, aber nicht um die Hoden, sondern um die Arbeitsergebnisse, die privatkapitalistisch begutachtet, angeeignet und damit weggenommen werden. So wird eine Potenzangst (auch die, zum alten Eisen zu werden) ständig am ärgerlichen Leben gehalten.

Sicher würde auch ich in der Magersucht des pubertären Mädchens einen Wunsch nach Zurückschrumpfen in die kindliche Geborgenheit sehen. Oder wie Kaplan es ausdrückt:

> Daß mit der Magersucht Probleme gelöst werden sollen, die mit der Entwicklung des Mädchens zu einer Frau zusammenhängen […] [D]ie Magersüchtige präsentiert sich der Welt als geschlechtsloses Kind, als Karikatur frommer Weiblichkeit. […] Mit ihrem geschlechtslosen Körper und ihrer

126 Ebd., S. 482.

> abschreckenden Auszehrung verspottet die Magersüchtige die Macht der Sexualität der Erwachsenen.[127]

Aber warum nur der Erwachsenen, möchte man fragen. Warum nicht auch der gleichaltrigen Jungs und Mädchen? Diese Frage hängt eng mit der von Kaplan vertretenen, aber unhinterfragten empirischen These zusammen, dass Magersucht vorwiegend Frauen ab dem elften Lebensjahr befällt. So befindet sich Kaplan auf einem Irrweg, dessen Dickicht des Unterbewusstseins sie immer tiefer hineinzieht. Zuerst schreibt sie zutreffend: »Je höher eine Pflanze oder ein Tier auf der scala natura angesiedelt ist und je länger der Reifeprozess dauert, desto mehr Möglichkeiten hat die Umwelt, die ursprüngliche oder frühe Form des jeweiligen Organismus zu verändern.«[128] Aber dann engt sie das wieder freudianisch ein. Durch die Erziehung zu einem braven, allseits geliebten Mädchen würde bei der potenziell Magersüchtigen der »kleine Seelenmord verübt«, so, »daß es seines eigentlichen Wesens beraubt wurde«.[129] Die biologistische Fiktion, die sich dahinter verbirgt, heißt: Es gäbe eine innere Identität im Baby, ein »eigentliches Wesen« beim Kleinkind, um das die Pathologie der Anpassung (an was eigentlich?) den Menschen sukzessive berauben würde. Er war ein Wilder und wurde ein Angepasster, ein/e TarzanIn in einer uniforme scolaire.

Das Besondere, das den sprechenden, arbeitenden Menschen von der Pflanze auf der scala natura unterscheidet, wäre dann eigentlich keine Zivilisation, sondern nur Pathologie. Die hat unter anderem den Namen »Kastrationsangst«. Der Magersüchtigen macht »das behaarte, maskuline, phallische Aussehen nicht zu schaffen.« Im Spiegel sieht sie sich auch als »einen jungen Mann, der auf das Mädchen im Spiegel scharf war und es verführen wollte«.[130] »Durch ihren Auftritt als Hungerkünstlerin erlangt sie ungeheure Macht«.[131] »Die Selbstkastration der Magersüchtigen ist ihr Stolz, ihr zweifelhafter Triumph über die Allmächtigen, die jede Spur von Machtanspruch und Rebellion in ihr unterdrücken wollten«.[132] Wieviel einzeln Zutreffendes in wie wenig Welt! Sodass sich hier eine geballte Ladung von Interna zwischen der Magersüchtigen und ihren Eltern völlig autonom abkapseln darf. Dabei gilt es, die Interna sozial auseinander zu ziehen, um

127 Ebd., S. 487/488.
128 Ebd., S 486.
129 Ebd., S. 488.
130 Ebd., S. 489.
131 Ebd., S. 494.
132 Ebd., S. 496.

Penis, Penisneid und »Kastrationsangst« in den Zerr- und Widerspiegeln der Gesellschaft zu entblößen.

Dass die Analyse ständig in Verbindung mit dem Freud'schen Penisneid gebracht werden muss, bekommt absurde Züge. Ohnehin ist es eine extravagante Vorstellung, dass ein Junge erschrickt, wenn ein Mädchen keinen Penis hat und ein Mädchen das Glied vom Gegenüber bereits als Sexualorgan ausmacht, nach welchem es neidvoll trachtet. Der Neid auf den Penis, auch auf den symbolisierten, ist in biografischer wie gesamthistorischer Wahrheit aber kein hinreichendes Motiv für die Gewalt, die eine Magersüchtige sich antut.

Kaplan beschreibt nur, aber betrachtet nicht tiefer, warum es so wenig magersüchtige Jungen gibt. Sie erklärt auch nicht, warum die Verunsicherung um die eigene Menstruation, das Anwachsen von Geschlechtsorganen und andere Veränderungen derartige Selbstzweifel bei jungen Frauen auslösen, während Jungs immer forscher und offensiver werden. Hier kommt auch kein Empiriker an der Biologie vorbei. Die Hormone Östrogen und Progesteron, die die weibliche Sexualität vorrangig treiben und wechselseitig antreiben, sind in Bezug auf die Sexualität und den Umgang mit dem eigenen Körper unbestimmter (man darf durchaus auch sagen: »verspielter, versonnener«). Auch der Liebesakt, die Annäherung an den Geschlechtspartner, geschieht so weiblicherseits, in der großen Mehrheit jedenfalls, unbestimmter, zurückhaltender, unsteter.

Das alles lässt erheblich mehr Raum für Selbstzweifel, die dann – neben sozial verkorkster Frauenbilder – auch noch in der Familie durch latente oder offene Konflikte befördert werden können. Beim Jungen hingegen läuft das meist einfacher, vorpreschender ab. Sein Trieb räumt die Zweifel einfach beiseite. Seine Sexualität ist bestimmt von der Bestimmtheit. Wenn es etwas gibt, was junge Frauen und Mädchen jungen Männern und Jungs neiden, dann ist dies diese Bestimmtheit, diese Unbeschwertheit und Direktheit, mit der die Kerle die Selbstzweifel trotz aller Akne, Stimmbrüche und Behaarung einfach so beiseite schubsen. Sollte sich dieser Drall im Penis ausdrücken, kann hier mit sehr viel Phantasie auch von Penisneid gesprochen werden, aber in Wahrheit ist Neid junger Frauen auf junge Männer ein durch und durch sozialer, womöglich in Penis und Muskeln ausgedrückter.

Andersherum beneiden junge Männer Frauen durchaus auch um deren Feinheiten und Zärtlichkeit. Diese Widersprüche sind nicht einfach weg zu erziehen, sondern zueinander geordnet, um in die ganze Sache zwischen die Geschlechter eine Bewegung zu bringen, die man gemeinhin Liebe nennt. Da der Neid von Männern auf Frauen später einsetzt und durchaus hinter maskuliner Pose versteckt sein kann (hier hat Kaplan recht), ist er weniger zum literarischen oder wissenschaftlichen Betrachtungsobjekt geworden als der sogenannte Penisneid, bei dem junge Frauen Männer einfach nur um deren Unterkomplexität, Unkompliziertheit und vordergründig um adoleszenten Komplexmangel beneiden.

Vielleicht sollten wir hier vorübergehend mal die komplizierte Psychologie beiseitelegen und alles auf das Nächstliegende herunterbrechen. Als Mensch nehme ich zuallererst die unmittelbare Welt ausschließlich aus der Warte meiner Augen, Ohren, Fingerspitzen, Nase und Schleimhäute wahr. Ich blicke aus meinem Körper auf andere Körper, aus mir angewachsenen Gegenständen auf externe, aus meiner Bewegung auf die Bewegungen Anderer. Allmählich erkenne ich dahinter Ordnungs- und Machtfaktoren, denen ich mich zunächst einmal, mit mehr oder weniger großem Widerwillen, anpasse. Erst wenn ich diese sprachlich zu erfassen vermag – teilweise gegen meine ursprünglichen Instinkte und Impulse – bilde ich die Voraussetzung dafür heraus, mich als Subjekt ins Objektive als Teil der Umgebung von mir und in das Objektive in mir zu setzen. (Die höchste Form dieses Denkens ist die Klassifizierung der in Widerspruch sich bewegenden Ensembles, seien diese nun Gravitationswellen oder Produktionsverhältnisse. Geschichte wird aus diesem Denken erst, wenn zumindest ein Mensch es einem anderen mitgeteilt hat, damit es in Hand und Handlung einfließen kann. Die Raum-Zeit-Delle gab es schon vor Einstein. Geschichte schreibt sie erst seit der Allgemeinen Relativitätstheorie.)

Also haben Kinder vor ihrer sprachlichen Grundausbildung noch keine eigenständige Sicht aufs Objektive. Ihre Wahrnehmungen sind in Borniertheit mit anderen Gleichaltrigen verstrickt. Denn – und da brachte Wygotski mit seinen Sprachversuchen Licht in das Dunkel von Freud und Piaget – der Mensch entwickelt sich nur äußerlich vom Einzelnen (und dessen unterschiedlich getönten Muttermilchwünschen) zum Kollektiv. Innerlich entfalten sich Menschen erst nach sinnvoller Ausbeutung durchlaufener Kollektive zu besonderem Ego (das ein Brecht-Gedicht oder einen Picasso verlangt). Darum ist es ein gräuliches Vorurteil, sozialistische Betätigung nivelliere die Menschen. Sie liefert erst die Basis für kraftvolle und kraftgebende Individualität! Dann nehme ich Menschen wahr (meistens gleichaltrige), die unbeschwert und belanglos agieren und auch ihre kurz gesteckten Ziele erreichen. Mit meiner Fähigkeit zu abstrahieren (und damit Zweifel zu vertiefen) hinterfrage ich Machtfaktoren. Ich registriere allmählich, dass Unmittelbarkeit und Unbeschwertheit nicht immer zum Ziel führen und gelegentlich der Macht auf den Leim gehen. Dies ist der Moment, in dem es relativ typische männliche und weibliche Muster gibt, mit dieser Unbeschwertheit umzugehen. Der Anfang zum eigentlichen Wesen des Menschen, der spricht, Begriffe bildet, abstrahiert, um die Ecke denkt, List und Aufrichtigkeit funktional und mit Folgen sieht, ist gemacht. Korrektive Kollektive entstehen und bilden dabei auch Individualität heraus, wobei Therapie eine wichtige Rolle spielen kann, aber nicht muss.

Das Wesen des frühkindlichen Denkens und Sprechens ist noch zu spontan, zu fragil, um Rollen in gesellschaftlicher Alternative aktiv einfordern zu können. Frühestens jugendliche Männer haben eine gewisse Katharsis von Männlichkeit und Frauen das Kathartische von Weiblichkeit durchlaufen, um selbstständig – weil sie dann erst intellektuell und im Kollektiv darüber beraten können – über die Vorzüge von Weiblichkeit an und im Mann und von Männlichkeit an und in der Frau entscheiden zu können. Sie zuvor umzutrimmen, um damit dem Dogma, das Geschlecht sei »nur ein soziales Konstrukt«, zu huldigen, sie also gänzlich vom hormonellen Geschehen weg zu zwingen, ist zumindest eine psychische Gewalttat. (Zumindest bleibt es noch lange »zuviel verlangt«, wenn junge Frauen ihre erste Menstruation exakt so befühlen müssen wie Jungs ihren ersten feuchten Traum.)

Die Entfaltung des Intellekts ist immer auch eine Ablösung von tierischer Biologie, die damit nicht ausgeschaltet, aber untergeordnet wird. Das sieht auch Kaplan richtig: »Im Gegensatz zu den Tieren sind wir Wesen, deren Sexualleben fast ausschließlich von der Phantasie und kaum von biologischen Instinkten bestimmt wird«.[133] Wie die kritische Psychoanalyse generell, so ist auch Kaplan einerseits aufklärerisch: »Unsere Sexualität ist von besonderer Art und hat keine Parallele im Tierreich« (!). Allerdings gelangt sie dann zu einer idealistischen Abtrennung der Biologie, also des Zusammenspiels von Hormonen von der historischen Sozialität: »Die Einzigartigkeit unserer Sexualität macht es möglich, dass wir weder von der Gesellschaft noch von der Natur beherrscht werden müssen.«[134] Selbst zu bestimmen und damit auch der Biologie einen beherrschbaren Raum zuzuweisen, ist aber doch nicht der »Einzigartigkeit unserer Sexualität« zu verdanken. Die »Einzigartigkeit unserer Sexualität« ist nichts ohne die Einzigartigkeit unseres Intellekts, unserer PartnerInnen und der mit Anderen erarbeiteten Weisheit.

Der Streit um Ei und Henne ist an dieser Stelle für den Marxismus gewissermaßen unentschieden ausgegangen, weil beide nie fix und statisch, sondern in phylogenetischer und später gesellschaftlicher Entwicklung erkannt wurden. Die bürgerliche Psychologie aber bleibt hier nach wie vor spekulativ: »Sex als

133 Kaplan (1991), S. 53.
134 Ebd., S. 536.

Konsumgut ist nichts anderes als ein weiteres Produkt des Gesetzes des Konsumismus, des Warenfetischismus, der perversen Strategie, die die politischen und sozialen ökonomischen Strukturen der modernen Welt durchdringt.«[135] Was hier was oder wen »durchdringt«, ist also unmaterialistisch aufgefasst. Der kulturelle Überbau schafft sich angeblich selbstständig aus Konsumismus den Sex als Konsumgut. Für Kaplan ist nicht Klassenherrschaft, sondern Geschlechtskonformität der Anfang von Kommerzialisierung. Wohin diese führt und was die Form der Konformität ausmacht, wird ausgeblendet. Wo kollektive Alternativen entwickelt wurden, wird deswegen gar nicht historisch in Betracht gezogen. Dabei ist Kaplan tiefsichtiger als andere PsychoanalytikerInnen, die nicht erkennen möchten, wie ökonomische Ausbeutung »sozioökonomisch« die Biologie durchdringt, nachdem sie in den Kapitalverwertungsverhältnissen ihre spezifischen Machtstrukturen etabliert hat. Sie zitiert zunächst Alice Echols' Abrechnung mit dem »Kulturfeminismus«, wo Rollen von der materiellen Seite, also den Körperdrüsen und Hormonen, völlig abgekoppelt werden: »Weibliche Sexualität ist sanft, diffus und personenbezogen [...] Männer gieren nach Macht und orgiastischer Abfuhr.«[136]

Ihre Untersuchungen »weiblicher Perversionen« habe Kaplan dazu gebracht, »einigen Aspekten des Kulturfeminismus zuzustimmen«. Unkritisch hatte sie diesen aber zuvor zitiert. Männliche Sexualität sei

> selbstsüchtig und gewalttätig. [...] Die Sexualität der genitalen Kontakte spielt im Leben einer Frau keine zentrale Rolle. Männer haben es dringend nötig, dass sie ihre Penisse in Vaginas stecken können, aber Frauen kommen sehr gut ohne diese Art von Sex oder sogar ohne jeglichen Sex aus.[137]

Darum würde die Frau mit ihrer rätselhaften, »bösartig polymorphen Sexualität [...] sooft als Bedrohung für die Weltordnung dargestellt«. Aus Kaplans Sicht wäre weibliche Sexualität möglicherweise eine Kraft, »die die Sozialordnung angreifen könnte«. Weibliche Sexualität? Ohne soziale Differenzierung? Also die von Maggie Thatcher, Angela Merkel, Alice Weidel, Susanne Klatten, Annalena Baerbock plus ... Rosa Luxemburg, Clara Zetkin, Sahra Wagenknecht?

Warum Männer aber dem Drall ihrer Drüsen nicht einfach durch Onanieren nachkommen, warum es also männlicherseits tatsächlich zu Mehraufwand

135 Ebd., S. 539.
136 Echols (1985), S. 550.
137 Kaplan (1991), S. 551.

kommt, als eine rein pornographisch herausgeschnittene oder nachgebildete Vagina oder einen stofflichen Fetisch zu benutzen, sondern begehrenswerte Gemeinschaft zu suchen, beantwortet Kaplan auch nicht. Wie alle diese psychoanalytischen Feministen nie sozialer Bedrängnis und Drang – gerade auch bei Männern – auf die Spur kommen wollen, so ist davon auch auf den 560 Seiten des Standardwerks von Louise Kaplan nichts zu finden.

> Eines der Kernprobleme der Psychoanalyse ist ihr statischer Pessimismus: Und wenn eine Kindheitsphantasie über die weiblichen Geschlechtsorgane im Geiste eines Erwachsenenmannes wieder auftaucht, ist sie im Laufe der Entwicklung mehrere Male verändert worden und hat inzwischen alle möglichen sozialen Stereotypen und kulturellen Mythen in sich aufgenommen. [...] Freud hat als erster festgestellt, dass kleine Jungen aus ihren Theorien über Sexualität heraus wachsen können und sie vergessen, aber sie werden sie niemals ganz aufgeben.[138]

Diesen Theorien zufolge wäre Sexualität wohl das einzige, das kleine Jungen als Konstante dem kommunikativen Zugriff anderer lebenslang vorenthalten. Denn ansonsten können Menschen ja ändern: sich und andere.

Ein sozialer Realismus fehlt der Psychoanalyse in ihrer Grundstruktur. Kaplan kommt zu folgendem Begriff vom Lernen: »Erst allmählich lernt das Kind, seine Phantasien von logischen und vernünftigeren Einschätzungen der Wirklichkeit zu trennen, und selbst dann wird sein erotisches Leben [...] immer eine Sache der Phantasie bleiben.«[139] Was diese Sache der Phantasie aber von Pornographie unterscheidet, sagt sie ebenso wenig, wie Zwänge und Arbeitsumstände Logik und Vernunft beeinflussen, also wie Logik erlernt wird und wie hilfreich Phantasien der Logik dabei werden können. Solcherlei Beziehung zur Welt versagt die Psychoanalyse dem Individuum regelmäßig. Womit Psychoanalyse auch kauzig wird: »Da der Junge seine Mutter idealisiert und sie für die mächtigste Person in seinem Leben hält, ist er überzeugt, dass sie den mächtigsten Penis von allen hat.«[140] Von hier, wo der Penis als biologischer Stoff und nicht als Symbol für Korrespondenz und Projektion sozialer Verhältnisse herhalten muss, ist nur noch ein winziger Schritt zur statischen Theorie von »Perversion« bei Kaplan: »Damit war für ihn

138 Ebd., S. 67/68.
139 Ebd., S. 69.
140 Ebd., S. 70.

unbewusst die Bedeutung verbunden, dass er eine Frau sei, aber eine Frau mit Penis – die typische Phantasie der Transvestiten.«[141]

Entfremdung als Ausdruck und Empfindung kapitalistischer Enteignungs- und Machtverhältnisse ist dieser Psychoanalyse fremd. Die Korrespondenz des vorgeblichen Kastrationskomplexes oder Penisneids zu einer strukturell generalisierten Versagensangst ist ihr keine wirkliche wissenschaftliche Betrachtung wert. In diesem Geist zitiert Kaplan den Psychologen Karl Abraham und dessen Abhandlung über den weiblichen Kastrationskomplex: »Eines der wichtigsten Machtinstrumente der Sozialordnung ist die Lehre von der Normalität, vor allem dann, wenn es um geschlechtsspezifisches Verhalten geht«.[142] Die sogenannte Normalität ist also nicht ein System verhandelbarer und umkämpfter Normen, das sich über die Produktionsverhältnisse erhebt und auf sie einwirkt, sondern für sich genommen das wichtigste Machtinstrument der Sozialordnung. Hier wird der Reiter zum Ross: Aus den infantilen Phantasien stammt also die Profitlogik.

Selbst die politisch widerständige Autorin George Sand wird psychologisiert: »Es ist sehr gut möglich, dass Sand ihr ganzes Leben lang nach der Umarmung einer zärtlichen Mutter gesucht hat.«[143] Tatsächlich: Das ist »sehr gut möglich«, denn solche Sehnsucht existiert bei etwa 90 % aller Menschen! Genauso wenig originell heißt es dann: »Trotzdem suchte sie ihr wahres Selbst immer in den Armen eines Mannes, dem sie phallische Vollkommenheit zuschrieb.«[144] (Offensichtlich bin ich hier der falsche Ansprechpartner, denn es ging mir wirklich noch nie in den Kopf, was dieses, einem verschrumpelten halben Hähnchen nachgebildete Organ, mit »phallischer Vollkommenheit« zu tun haben soll.)

Da ist er wieder, der kulturelle Pessimismus, den von Marx bis Brecht alle Aufklärer in ihrer Grundannahme vom lebenslangen Lernen zu durchbrechen gesucht haben: »Nie hat es eine Sozialordnung gegeben, und es wird auch nie eine geben, die von einem weiblichen Kind nicht auf irgendeine Weise Anpassung an ein wie auch immer geartetes Geschlechtsideal von Weiblichkeit verlangt.«[145] Diese Theorie ist nicht nur statisch in Bezug auf das Ende der Menschheitsgeschichte, sondern auch in Bezug auf die »Weiblichkeit«, zu der es in einer entfalteten, von weniger Entfremdung geprägten Gesellschaft keines Abstiegs im Sinne von Anpassung bedarf, sondern eines Aufsteigens zu neuer geistiger und körperlicher

141 Ebd., S. 182.
142 Ebd., S. 199.
143 Ebd., S. 528.
144 Ebd., S. 529.
145 Ebd., S. 533.

Produktivität. Angenommen, es gäbe mehr Kitas, mehr Abschaffung der Vorrechte männlicher (Muskel-)Kraft, mehr Automatisierung im Haushalt, mehr Unterstützung der Erziehenden, warum sollten traditionelle »Geschlechtsideale« nicht unter die Räder von Klassenkämpfen geraten?

Pessimistisch ist Kaplan auch mit der erweitert sozialen Umgebung von Mann und Frau: »Die Familie hat es immer als ihr wichtigstes Ziel angesehen, die emotionale Vertrautheit ihrer Mitglieder untereinander zu vertiefen. […] [D]ie Gesellschaft ihrerseits interessiert sich fast überhaupt nicht für das Gefühlsleben ihrer Mitglieder.«[146] Wenn sie sich bloß da nicht täuscht. Jede Diktatur und auch jede bisherige Ausbeutergesellschaft hat – allein schon zu ihrer eigenen demagogischen Legitimation – als Ideologie das »Gefühlsleben ihrer Mitglieder« zum Hauptgegenstand ihrer Anstrengungen gemacht. Von einem Desinteresse kann da wahrlich nicht die Rede sein, besonders jetzt bei den feminin getünchten KriegstreiberInnen der NATO.

Die Psychoanalyse verengt sich und den Fokus zu oft auf die Gestalt der Neurose, statt den Gehalt in der Gestalt zu qualifizieren. Der Gehalt der Neurose ist Entfremdung. Was sie »will«, ist die spezifisch erlebte Entfremdung rückgängig oder ungeschehen machen. Die Gestalt der Neurose ist die dissozial hilflose Rebellion gegen das ganz spezifische Erinnern. So wie die Gestalt des Wortes immer zum Gehalt des Begriffes tendiert, tendiert der gesellschaftliche Gehalt einer spezifischen Entfremdung in der Neurose zum individualistischen Verweigern seiner Gestalt. Die Neurose selbst ist also auch ein oft über langen Zeitraum gestreckter dissozialer »Autotherapieversuch«, der aufbegehrt und der Verdrängung unterworfen ist. Die Gestalt der Neurose begehrt gegen den Gehalt auf. Dem also ähnlich dissozial beikommen zu wollen, wie dies in der privatisierten Patient-/Therapeutenbeziehung geschieht, ist viel zu wenig. Aufgehoben werden kann die Neurose nur in der Auseinandersetzung mit ihrem eigentlichen Gehalt. Oder am Ende gar nur durch das geglückte Tun vieler, mit denen man bespricht und bedenkt. Der Begriff »Behandlung« muss also über das Sprechzimmer hinausgreifen.

Auf der Suche nach der Beziehung von Gehalt und Gestalt im Spiegel des Menschenhirns erinnern wir uns an den Streit zwischen Wygotski und Piaget, ob das individualistische Gelalle eines Säuglings um Milch wirklich »autonom« sei, oder ob nicht doch die Autonomie der Persönlichkeit im Gegenteil erst mit dem Gebrauch der Sprache, also nach dem Lernen des sozialisierten, allen zugänglichen Menschheitsstoffes erst entfaltbar sei. Piaget sah die allgemeine Entwicklung vom

146 Ebd., S. 534.

autonomen Laut des Kindes zum Sozialen, während Wygotski nachwies, wie sich Autonomie erst auf Grundlage der Sozialisiertheit entwickelt. Dieser Streit spiegelt phylogenetisch, was in der Einzelentwicklung doch eigentlich logisch sein dürfte. Dass nämlich das Sprachliche erst die Einzelpersönlichkeit möglich macht, während aber das nicht Versprachlichte dadurch nicht ganz verschwindet, sondern nur in den Hintergrund in das unter dem Bewusstsein Liegende abgedrängt wird, aber doch vorhanden bleibt. Es sammelt nach wie vor spontane Eindrücke, die der Sprache nicht zugänglich sind. Schlicht auch, weil solche Eindrücke oft keinen direkten Gebrauch finden, nicht tagespolitisch versprachlicht sein müssen, zum Beispiel Schönes, Auffälliges oder Widerwärtiges.

Nehmen wir an, das Bewusstsein griffe auf, was an Wirklichkeit für die Arbeit und die Reproduktion relevant ist, was sich im Alltag als nützlich und notwendig gezeigt hat. Aber da viele Wahrnehmungen hier von keiner unmittelbaren, kurzfristigen Bedeutung sind, werden sie im Unterbewusstsein eingespeichert. Auch das unfassbare, traurige, schreckliche Unlösbare. Danach wäre die traumatische Defragmentierung zunächst nur eine Irrfahrt durch diese als irrelevant oder unlösbar registrierten Bilder. Warum aber sollte es eine nach objektiver Logik strukturiert selektierende Steuereinheit geben und wo im Hirn sollte sie sitzen? Oder: Woher sollte sie sich phylogenetisch entfaltet haben? Sowenig wie es ein Fortschritt wäre, die Suche nach dem ordnenden Gott vom Himmel ins Hirneiweiß zu verlagern, hat der »Weltgeist« außerhalb des gesellschaftlichen Stoffwechsels der Menschheit mit der Natur seinen Hort. Wenn alle Arbeit nämlich mit einem Mal zusammenbräche, der »Weltgeist« erschlaffte kurz darauf. Andersherum: Die erblühende Geistesarbeit, besonders als Wissenschaft – aber vor allem als Kunst –, reibt gezielt an gesellschaftlich gesetzten Grenzen und so auch an der von der enteignenden Privatisierung durchprägten Entfremdung.

Erkenntnistätigkeit – besonders ihre staatlich verfasste in Schule und anderen herrschenden Bildungseinrichtungen – hat einen generellen Grundwiderspruch zur privaten Aneignungsstruktur ihrer Früchte und zur Zurichtung ihrer Methoden durch Kapitallogik. Dieser Grundwiderspruch wirkt auch bei Erkenntnissen fort, die vom Kapital direkt in Auftrag gegeben wurden, weil deren ideologische Fixierungen nachteilig auf den Wissensumgang durchschlagen – auch wenn Macht Wissen bis in die letzte Hirnzelle zu sortieren sucht und bis in unsere Hirntätigkeit hinein selektiert beim Bilderspeichern, mit Begriffen begreifen, beim mit Sprache Handlung umorganisieren.

Sprechen wir zunächst einmal nur von der Mindestanforderung des Erkennens, der Registration. Die Wahrnehmung bedarf im »Unterbewusstsein«, also in der ästhetisch zuständigeren (meist rechts aktiveren) Hirnhemisphäre eine Art absichernder Unterfütterung für das, was in der (meist links fokussierteren) weniger musischen Hirnhälfte wahrgenommen wurde und zur Begrifflichkeit tendiert.

Das Hirn hat, links und rechts, vorne und hinten, gewisse Schwerpunkte und lokalisierbare Herausforderungen zu meistern – und zwar gleichzeitig. Eine strikte Trennung, die etwa Beziehungen und Kommunikation zwischen Begriff und Bild in Links-/Rechts-Abteilungen zerschneidet, gibt es nicht. Onur Güntürkün von der Abteilung Biopsychologie an der Universität Bochum spricht, vorsichtig genug, von

> Asymmetrien: Nicht beide Hirnhälften sind für alles gleichermaßen zuständig. So ist die linke Hemisphäre spezialisiert auf viele – aber nicht alle – Sprachprozesse. Links wird etwa die motorische Sprachumsetzung gesteuert, für die tausende kleinster Muskelpartien angesprochen werden müssen. Auch für abstrakte Begriffe wie Freiheit oder Liebe ist überwiegend die linke Hirnhälfte zuständig. Unser Lexikon für konkrete Begriffe wie Laptop oder Kaffeetasse ist dagegen in beiden Gehirnhälften in etwa gleich gut repräsentiert. Und es gibt auch einige rechtshemisphärische Komponenten von Sprache, etwa die Sprachmelodie oder das Lesen zwischen den Zeilen. Und auch außerhalb der Sprache gibt es Asymmetrien in der Aufgabenverteilung: Räumliches Denken, Zahlenverständnis oder Gesichtserkennung sind etwa eher rechts angesiedelt, die Messung kleiner Zeitabstände und Wahrnehmung kleiner Details eher links. Leider gibt es darüber hinaus extremen Wildwuchs. Da heißt es dann zum Beispiel, die linke Hemisphäre sei fürs analytische, die rechte fürs ganzheitliche Denken da. Das ist aber eine neurowissenschaftlich schlicht falsche Verallgemeinerung des oben Gesagten.[147]

Ebenso, wie ein lohnender Wissensgegenstand gleichzeitig und gleichermaßen logisch abstrahierend wie sinnlich vertiefend widergespiegelt wird, korrespondieren verschiedene auseinanderliegende Hirnbereiche, um räumliche Widerspiegelung in einem Atemzug kooperativ zu realisieren. Die jüngere Entdeckung einer »emotionalen« (und darum überlegenen) »Intelligenz« war so fulminant nicht, denn es gibt keine unemotionale Intelligenz. Ich sehe zum Beispiel als Knabe eine altdeutsche, braunschwere Schranktür, hinter der ein Jagdgewehr liegt und die verschlossen ist. Weiterhin sehe ich im Bad eine weiße, leichte Schranktür,

147 https://www.dasgehirn.info/aktuell/frage-an-das-gehirn/linke-und-rechte-hirnhaelfte-verschiedene-welten

hinter der Klopapier liegt. Meine emotionale Beziehung zum Jagdgewehr ist eine andere als die zum Klopapier. Beim korrespondierenden Abgleichen mit anderen, ähnlich gearteten Schranktüren wird zwar nicht mehr logisch Jagdgewehr oder Toilettenpapier in Verbindung gebracht. Aber umso mehr fließen sie subkutan in das Zeichen, also die jeweilige Schranktür, mit ein – mitsamt Gebrauchswert (Klopapier) beziehungsweise Mythos (Jagdgewehr) und somit als affektive Beziehung zum dahinter verborgenen Gegenstand. Unwillkürliche Rezeption verbindet also beim Ansehen jeder weiteren weißleuchtenden Schranktür das eine und bei jeder weiteren dunkelschweren, altdeutschen Schranktür das andere, während gleichzeitig die theoretische Erfassung der beiden Schranktüren notwendigerweise von dieser affektiven Konkretion abstrahieren muss. Hypnose, Dichtung oder Gemälde, also Metaphern, vermögen sie zwar wieder aufzurufen. Aber Begrifflichkeit in ihrer Tendenz zum Wesentlichen muss die Affekte abstreifen. Beides, Bild und Begriff, beziehen sich zwar auf denselben Gegenstand. Der lässt sich allerdings erst in Tat und Arbeit weiter erschließen. Die unterschiedlichen Hirnbereiche, die eher rechnenden und die eher modulierenden, verarbeiten korrespondierend denselben Gegenstand in ungleicher Weise.

Ob nun verteilt auf verschiedene Regionen des Hirns oder gar auf seine beiden Hälften: Ständig stützen gegenläufige Tendenzen die Merk- und Bildungsfähigkeit beziehungsweise vererben sich durch ihre Einzelgenesis in die Begrifflichkeit fort. Das Jagdgewehr oder das Klopapier bleibt jeweils den beiden unterschiedlichen Schranktüren implizit auch im abstrahierenden Erkenntnisvorgang latent erhalten. Denn nach gewissen Erfahrungen wird niemand hinter einer weißen Badezimmertür ein Jagdgewehr oder hinter einer altdeutschen, dunkelschweren Schranktür Toilettenpapier vermuten. Der Tendenz des Denkens zu Begrifflichkeit bleibt das Empirische (hier Klopapier und Jagdgewehr) unterschwellig erhalten, wenn es auch gleichzeitig durch die Begrifflichkeit bestritten wird.

Da der Gegenstand des Denkens nie ein statischer ist, sondern in der Regel aus Bedürfnis- und Arbeitsprozessen, aus praktisch gewonnenen Erfahrungen oder am Feierabend, nach der Arbeit, aus der Reproduktion der Arbeitskraft entsteht, ist auch die bildhafte Gegenläufigkeit nicht auf statische Skizzen begrenzt. Dazu nehme ich als Beispiel ein Vorstellungsgespräch. Ich sitze vor dem potenziellen Chef und versuche mich so zu verhalten, dass er mich einstellt. Dabei lächle ich und um zu lächeln, empfinde ich ihn auch als partiell angenehm. Man könnte mit Freud und Josef Rattner hier durchaus von der »Identifikation mit dem Aggressor« ausgehen. Wenn dabei bloß nicht die soziale Widersprüchlichkeit der Situation auf der Strecke bleiben würde. Klaus Holzkamp hat den Raum, den Freud mit dem

Über-Ich bezeichnet, als den Teil markiert, aus welchem Menschen sich geistig das Aufgezwungene »freiwillig« einverleiben, sodass von dort auch ein perverses Wohlgefühl der Anpassung strömt.

Ich dränge mich also regelrecht in die Position, den potenziellen Chef als angenehm zu empfinden. Ich weiß nicht, wie Freud damit klarkäme, dies als »Über-Ich« zu bezeichnen, weil ja eine spätere Berufseinstellung mithilfe meines wohlfeilen Anbiederns und mit diesem »Chef« einer geglückten Strategie gleichkäme und somit eigentlich doch meine Ich-Kräfte stärken würde, wohingegen ein verfrühter Streit beim Einstellungsgespräch eine Arbeitslosigkeit bewirken könnte und somit eher dem Über-Ich zugutekäme. Sei's drum. Wir bleiben vorerst Freud-immanent und nehmen mal an, ein Über-Ich drängte mich dazu, in diesem Vorstellungsgespräch möglichst angepasst und sympathisch zu agieren und zu erscheinen.

Nehmen wir nun aber an, der potenzielle Chef hätte eine Warze mit einem hässlichen Barthaar darauf. Wenn ich es länger anschauen würde, könnte es sein, der potenzielle Chef würde das bemerken. Aus diesem Grunde schaue ich nicht so lange hin und spalte es ab. Ich spalte es aber in ein Feld ab, in dem es keine Worte, also kein Gehege, keinen Zaun, keine vorgestanzte Form gibt. Im Traum kann es wiederkommen, als ein einzelner Baum, ein Galgenbaum etwa, oder das Barthaar einer Raubkatze. Es spaltet sich also von der Identifikation mit dem Aggressor ein Gegenbild ab – und die Warze mit dem Barthaar erscheint mir im Traum, eher widerwärtig. Ich verarbeite die Arbeit.

Wäre hierfür nötig, zu verdrängen, was der potenzielle neue Chef für ein Arschloch oder wie hässlich er ist, wäre diese Verdrehung mit Sicherheit eine auf geglückten Ausgang angelegte Strategie. Der potenzielle Chef hingegen müsste bei diesem Einstellungsgespräch weit weniger verdrängen, was zu dem Schluss führen könnte, seine Ich-Kräfte seien stark. Die alle Bewegung in der Geschichte ausmachenden Widersprüche zwischen den Klassen bliebe allerdings in diesem Modell außen vor, wenn nicht die geglückte Strategie des Einen (mehr Ichstärke) das Unglück des Anderen (reif für den Schrottplatz des Verdrängten) bedeuten würde – je nach Klassenstandpunkt.

Wenden wir uns nun noch einmal der dreiteiligen Topologie Sigmund Freuds zu, der selbst dankenswerterweise von seiner Arbeit als »einer psychoanalytischen Spekulation« sprach.[148] Zunächst nahm er an, die Persönlichkeit gliedere sich in 1. Bewusstes, 2. Unbewusstes und 3. Vorbewusstes. Einige Jahre später kam er dann zum Modell aus »Ich, Es und Über-Ich«. Wobei die Verdrängung irgendwo

148 Freud (1940), S. 23.

dazwischen hängt, denn sie kann bewusst und heilsam vom Ich oder (etwa als Inquisitor gegen die Auslebung der Triebimpulse des ES) vom Über-Ich auch als ein Hemmer und Verklemmer eingesetzt werden. Die zweite Annahme würde sicherlich auch bei unserem oben skizzierten Vorstellungsgespräch zum Zuge kommen.

Mittlerweile ist das erste Abtun der ersten Freud'schen »Verdrängungslehre« einer tiefgehenderen Auseinandersetzung gewichen, die nicht alle Unsicherheiten überwindet und neue Fragen aufwirft. Unstrittig aber scheint, was unter anderem 2004 im Magazin *Science* vom US-Psychologen Michael Anderson vorgelegt wurde. Danach zeigten Versuchspersonen in gleicher Versuchsanordnung bei willkürlich herbeigeführter Verdrängung (gemessen von einem Magnetresonanztomografen), dass ein Hirnareal im präfrontalen Kortex, das motorische und geistige Prozesse hemmt, sehr aktiv wird. Solches ist auch bei unbewusst unwillkürlicher Verdrängung anzunehmen. So fand der Forscher Nikolai Axmacher ebenfalls in einem Kernspintomografen eine gleichzeitig herabgesetzte Aktivität des Gedächtniszentrums Hippocampus heraus. Doch gleichzeitig verstärkte sich die Aktivität der sogenannte ACC, eines Hirnareals, das mit Konfliktverarbeitung in Zusammenhang steht.

Die dichte Dialektik von Bildhaftem und verallgemeinerndem Wahrnehmen kann sogar beim Lesen festgestellt werden. Dass dieses unser Hirn – vorübergehend intensiv, aber dauerhaft nur in kleineren Schritten – verändert, dürfte auf der Hand liegen. Das Erlernen von Lesen in der Einschulungsphase verändert, laut dem Fachblatt *Science Advances*, die Hirntätigkeit fundamental. Dessen Fortschrittszentrum des Lesens liegt exakt in jenem Hirnareal, das Gesichter erkennt und wiedererkennt. Zwischen dem Seh- und dem wachsenden Sprachzentrum liegt »die Schnittstelle zum Erkennen von Buchstaben« (worauf schon Wygotski mehrfach hingewiesen hatte). Das verallgemeinernde Lesezentrum ist also gleichzeitig mit dem Abscannen von konkreten Äußerlichkeiten befasst und davon geprägt.

Andererseits hemmt Kontrolle schöpferische Denkprozesse. Wo nämlich Wissenschaftler Hirnareale manipulierten, die für regelbasiertes Reagieren zentral sind und deren Tätigkeiten hemmten, fanden Probanden mehr und kreativere Lösungen. Eine Londoner Forschungseinrichtung fand laut *Scientific Reports* heraus, je mehr Regeln außer Kraft gesetzt worden waren, desto mehr Kreativität und neue Ideen würden freigesetzt. Als man dies allerdings offen mit kommerzieller Verwertung ankündigte, wurde dieser Effekt signifikant unterschritten.[149]

149 *Apotheken Umschau*, Juli 2017, S. 65.

Es darf davon ausgegangen werden, dass schöpferische Problemlösungsstrategien zu Hemmung und Verdrängung in einer negativen Korrelation stehen.

Eine zweite Unsicherheit produzierte Freud selbst in Bezug auf seine Theorie der Verdrängung, die er mutig dem vergötzten Bürgerego der politischen Restauration entgegenhielt, indem er die Verdrängung als Ausgrenzung tabuisierter, schmerzlicher Erfahrungen oder unerledigter Triebimpulse ins Unterbewusste hinein recycelte. Er hielt das aber nur dort für möglich, wo bereits anderes verdrängtes Material einen Kanal in den psychischen Abfalleimer geebnet hatte – womit die Frage angelegt ist, wie die allererste Verdrängung sich ihren Weg ebnete. Gerade hier wird ihm von Kritikern vorgehalten, dass bestimmtes posttraumatisches Leiden eben leider nicht durch Verdrängung als Abwehrmechanismus geheilt werden könne. Zudem sei eine scharfe Abgrenzung der Verdrängung gegenüber einer bloßen Unfähigkeit zur Erinnerung notwendig.

Freud legt auch hier wieder den Mechanismus der Verdrängung in die Autonomie der Persönlichkeit. Ob aber Verdrängung zum Zuge kommt (nach Freud auf vorangegangenen Verdrängungswegen) und Linderung verschafft, wird am Ende von den Kräftekonstellationen um die potenziell verdrängende Person herum entschieden. Auch hier stößt die Einzeltherapie an ihre historischen Grenzen und weist auf die gesellschaftlichen Konstellationen, die über reale Heilung oder Unglück entscheiden, Verdrängung erzwingen, Verdrängung ermöglichen oder sich einer Problemlösungsstrategie öffnen.

Freund nahm an, dass Bewusstsein nur eine besondere Funktion bei seelischen Vorgängen wahrnehmen könne. Dies trieb er in eine statische Hierarchie, in der das Bewusstsein irgendwo in der Mitte, aber nicht in widersprüchlicher Ergänzung zum Nichtbewusstsein, die Sprache nicht in widersprüchlicher Ergänzung zum Nichtversprachlichten rangiert. Da Freud die dialektische Einheit eines zur Versprachlichung drängenden Bewusstseins mit dem zur Entsprachlichung Gedrängten nicht sieht und vor allem nicht die historische Dynamik der die Persönlichkeit umgebenden sozialen Verhältnisse, die über Strategie und Taktik der Verdrängung zumindest mitentscheiden, vermag er der Verdrängung keine kollektive Funktion zuzuweisen, auch wenn er sie massenhaft in seinen therapeutischen Beobachtungen addiert. Freuds Theorie der Verdrängung ist einerseits ein kolossaler Meilenstein der jüngeren Aufklärung und andererseits in sich noch individualistisch und somit nicht historisch. Außerdem übersieht sie noch die wesentliche Beziehung von Denken und Sprechen, wie von Metaphorik und Begrifflichkeit. Freud gibt einer Instanz, die über die Verdrängung entscheidet, eine nahezu gottähnliche Funktion in der Psyche des Einzelnen.

Nehmen wir einen Schlafenden, der soeben blitzartig von einem glücklich beeindruckenden oder aber einem Albtraum erwacht ist. Unmittelbar während des Erwachens überwältigen ihn die Färbungen und Empfindungen in metaphorischen Wogen. Wenige Sekunden nach dem Aufwachen schon dünnt und trivialisiert sich die Affektfülle aus. Wenn er seinen Traum erzählen soll, wird er fast enttäuscht nur noch eine relativ fade Skizze liefern können. Für Freudianer wäre das der Klassiker der Verdrängung. In Wahrheit aber sucht der Traum sofort mit dem Erwachen in Richtung sprachlicher Form zu gelangen. Dies ist sein Drang zur Bewältigung. Aus dem Traum wird schon wenige Sekunden danach eine wesentlich harmlosere Erzählung, von der der Träumende glaubt, aus einem furiosen Tanz der Gefühle seien nun nur noch Trippeleien übriggeblieben.

Eine kleine Selbstbeobachtung: Ich leide schon lange an Vergesslichkeit, ein Zustand, der im Alter natürlich nicht besser wurde. Letztens, im Halbschlaf gen Morgen zu, fiel mir noch nicht einmal ein, wer die Mona Lisa gemalt hatte. Es purzelten einige Namensfetzen umher. Ich entschied mich, diese falschen Worte an mein Erinnern heran zu lassen: den Namen des Opernkomponisten »Leoncavallo«, den Vornamen »Amadeo« (ein Hotelkettenname wie »Leonardo«), »Michelangelo«. Ich sperrte die falschen Fetzen nicht weg, sondern sprach sie in Gedanken aus. In diesem Moment fiel mir ein, dass der Maler der »Mona Lisa« seinen Geburtsort im Namen trug. Also hantierte ich mit dem Adjektiv »de«. In dem Moment, wo aus »de« »da« wurde, war »Leonardo da Vinci« plötzlich da. Durch die logische und klangliche Einkesselung des Namens gelang mir also die Umgehung meiner Vergesslichkeit. Nur das Zulassen »falscher« Gedanken ermöglichte den weniger falschen. Erst die Eröffnung des Unlogischen anhand der äußeren Form, der entfernten Bildhaftigkeit, des äußeren Zeichens, schuf der Logik neue Gelenkigkeit.

Möglicherweise hängen die Assoziationen, die da traumatisch nachts vom Hippocampus in meine Großhirnrinde wandeln, um dort länger abgelegt zu sein, mit Empfindungen zusammen, die ich unterdrückt hatte, z. B. um in einem Vorstellungsgespräch angepasst zu wirken. Möglicherweise aber gibt es auch archaische Tierbilder, die über die Gattung hinaus in uns aus der Phylogenese als Reprise aus Urzeiten abgelagert erscheinen. Ich will das nicht ausschließen, obwohl ich nicht genau weiß, wie archaische Tierbildfragmente biologisch-physisch in Chromosomen gespeichert sein können. Aber diese Wege der Natur sind noch unergründet. Ich fand schon immer bemerkenswert, dass Männer, wenn sie erotisch liebkosen, oft zu Tiernamen wie »Maus«, »Rehlein«, »Kätzchen« o. ä. Zuflucht nehmen, die ebenso aus in der Kinderzeit erworbenen Tierwelten entstanden sein könnten, wie möglicherweise aus angelegten archaischen Bildern, die heute noch das auszeichnen, was wir als schön und gleichmäßig empfinden.

Auf jeden Fall könnte man von einem oben skizzierten Vorstellungsgespräch zu weiteren Schlussfolgerungen gelangen, die auf seine traumatische Verarbeitung weisen. Mir fällt dabei ein: So wie sich eine Pflanze in ihrem Gegenstück verwurzeln muss und zum Aufstreben das Abgestorbene braucht, der Gedanke, wenn er sich tatsächlich durch vielfältige geistige Verarbeitung festsetzt, sein absolutes Gegenstück braucht. Dass also das, was der ästhetische Teil des Hirns ablagert und was traumatisch verarbeitet wird, ein absolutes Gegenstück zu dem umschließt, was tatsächlich bewusst und mit Begrifflichkeit erlebt und gelernt wurde. Das Abgelegte und das Gelernte widersprechen also einander, aber nur, um sich so zu bestärken und einander zu bedingen.

Das ist der entscheidende Punkt. Da die bisherigen empirischen Wissenschaften weder ihre Messgeräte auf Dialektik ausgelegt haben, noch ihre Versuchsanordnungen von der inhärenten Manipulation des »Versuchenden« (oder Psychotherapeuten) oder von der Aussparung feiner Alternativen der »Versuchten« bereinigten, waren die meisten Forschungen besonders im Hirnbereich nur auf Epiphänomene angelegt und nicht auf die wirklich inneren Vorgänge. So manipulativ wie die demagogischen Demoskopien der Achtziger/Neunziger die »Versuchenden« auf die »Versuchten« pausenlos Umfragemehrheiten herunterrieseln ließen, in welchen das Wort »Reformstau« gegen öffentlich-rechtliche Eigentümer mit dem Ziel der Privatisierung wurden, so werden heute »Akzeptanz von mehr Europa«, »pauschale Impfbereitschaft« oder »Toleranz« repressiv abgefragt. Die mediale Manipulation besteht darin, gleichzeitig die Frage nach den konkreten Vertragsbedingungen der EU (Verankerung von Tariflöhnen, Streikrechten und Einkommenssteuerspitzensätzen) oder die Risiken von mRNA-Gentherapien zu verdrängen. So wie der kommunistische Freud-Schüler Wilhelm Reich sein Buch »Massenpsychologie des Faschismus« nannte, ist Verdrängung auch außerhalb der einzelnen Biografie zu finden.

Wir wollen uns noch einmal der »Verdrängung« zuwenden. Nicht nur, weil keine realistische Erörterung der Pornographie ohne realistische Näherung an die Verdrängung möglich wird und nicht nur, weil Freud die »Verdrängungslehre« zum »Grundpfeiler, auf dem das Gebäude der Psychoanalyse ruht«, erklärt hatte, sondern vor allem, weil Verdrängung – einzeln wie kollektiv – eine ideologische Knute im Klassenkampf beschreibt.

Freuds Sofa und die Verdrängung

Seit Sigmund Freud 1914 seine Verdrängungslehre aus seinen praktischen Erfahrungen als Neurologe notiert hatte, wurde diese wellenartig immer wieder widerlegt und für falsch und überholt erklärt. Seit einigen Jahren ist hingegen die Mechanik der Verdrängung, der hartnäckige Widerwille beim Erinnern und Aussprechen viel früher wahrgenommener, komplexartiger, angstbehafteter Erlebnisse auf neurobiologischen Grundlagen nicht mehr so einfach von der Hand zu weisen.[150] Dass Verdrängung von etwas schmerzlich Erlebtem oder Befürchtetem durch das Über-Ich weg vom Ich ins Es verschoben wird, wo Triebimpulse und Unversprachlichtes/Unversprachlichbares gespeichert sind, soll einerseits als ein Abwehrmechanismus zum Erhalt der Gesundheit und andererseits als ein psychotisierendes, also krankmachendes Potenzial wirken. Beides ist mit Bedrohung, Angst, Scham (C. G. Jung) und Tabus konnotiert. Welche »innerpsychische« Instanz auf welche Weise allerdings die Macht ausübt, solche Tabus auszugrenzen, in Gesundheit oder Neurose zu überführen oder womöglich als beherrschbar zu erkennen, bleibt – wie so viele soziale Fragen in der Individualpsychologie – unbeantwortet.

Freud schrieb aus seinen klinisch-ambulanten Erfahrungen heraus, man bekäme im Gespräch »einen Widerstand zu spüren, welcher sich der analytischen Arbeit widersetzt und einen Erinnerungsausfall vorschiebt, um sie zu vereiteln«. Zeigt sich also bei der Beantwortung einer Frage widerwilliges Zögern oder affektive Abwehr, darf auf die Verdrängung ihrer Bestandteile geschlossen werden. Eigentümlich dabei, weil doch zwei völlig unterschiedliche Kompetenzen des Bewusstseins beteiligt sind, ist die gleichgültige Nähe der beiden Vorgänge: die Unlust dabei kann willkürlich oder unterbewusst, nicht zu können oder nicht zu wollen, produziert worden sein. Dieser Differenzierungsmangel durchzieht die allermeiste Literatur zum Thema »Verdrängung«.

C. G. Jung konzipierte dazu 1905 »diagnostische Assoziationsstudien« als Versuchsskizze. Personen mussten zu einigen Wörtern andere assoziieren. Dabei registrierte er Hautreaktionen wie Schwitzen als Stressindikatoren und inneren Aufwand. Diese Art Test wurde in den folgenden Jahrzehnten fortgesetzt, widerlegt, erneut angepasst und um Gedächtnistests ergänzt, bis das Phänomen »Verdrängung« dann sogar in die Alltagssprache vordrang. Bemerkenswert und

150 Vgl. Fanny Jiménez, *Die Welt*, 26. 05. 2013.

durchgehend: Emotional freudige Ereignisse werden erheblich leichter behalten, bedrohliche erheblich weniger.

Also scheint es mehrere Typen des Verdrängens zu geben: zunächst das bewusste Nichtregistrieren wollen (ein Unfall, von dem ich mich abwende). Dann das Registrieren, aber nicht zur Sprache vordringen lassen (Kind »ertappt« Eltern zum ersten Mal beim Sex). Dann das bewusste Verdrängen: Ich will darüber nicht reden. Ich will diese Enttäuschung vergessen. Schließlich der Neurose bedingende Vorgang des Ausbremsens einer schmerzlichen oder bedrohlichen Situation vor dem Eindringen in das metaphorische und begriffliche Erkennen. Das geschieht bei Freud durch das Über-Ich. Dies sperrt das Verdrängte in den Zuchtstall zu den Triebimpulsen, die – je nach Alter – noch wenig zum Einsatz gekommen waren. Sowohl der therapeutisch sinnvolle Einsatz von »Verdrängung« als Abwehrmechanismus, als auch der neurotische oder möglicherweise auch schlicht pragmatische sind jeweils nicht nur von der moralischen Wertung durch den Therapeuten oder seinem Patienten abhängig, sondern auch der Kräftekonstellation geschuldet, die den Probanden umgibt. Es zeigt sich wieder der alte Fehler der Individualpsychologie, diesem sozialen Magnetfeld keine besondere Aufmerksamkeit zu schenken. Die Verdrängung darf uns aber nicht als bloßer Skandal in einem Ich vergötzenden Rationalismus faszinieren, sondern sollte auch das Interesse an den der jeweiligen Verdrängung eigenen Kräfte und der sie aus- und einlösenden Instanzen wecken – eben als Gegenstand sozialer Wissenschaften.

Unter der reißerischen Überschrift »Abwehrmechanismen der Seele« bemerkt Simon Demmelhuber:

> Wir lassen uns das Frühstück schmecken […], während im Radio eine Schreckensmeldung die andere jagt. Wir wurden verlassen, übers Ohr gehauen, bei der Beförderung übergangen, haben Ziele nicht erreicht, gute Vorsätze gebrochen. […] Eine verlorene Liebe, eine verpasste Gelegenheit, die bittere Kränkung, das erlittene Unrecht, die aufgestaute Wut, das namenlose Leid der Welt – mit solchem Gedanken- und Gefühlsgepäck wird das Laufen mühsam. Besser weg damit, wegpacken, verstauen, einfach nicht mehr dran denken. Glücklich ist, wer vergisst, was doch nicht zu ändern ist.
> […] Doch das ist nur die eine, die »normale«, »gesunde« Seite des Verdrängens. Aber es gibt auch eine dunkle, pathologische Dimension. Sie beginnt da, wo das Beiseiteschieben und Abwehren nicht mehr als probate Strategie der Lebensbewältigung durchgeht, sondern krank macht. Denn die verdrängten Bewusstseinsinhalte, so lehrt die Psychologie, sind nicht wirklich vergessen

und erledigt. Sie sind lediglich dem Zugriff des Bewusstseins entzogen, in den seelischen Untergrund verschoben. Dort arbeiten sie im Verborgenen weiter, lösen unter Umständen massive Ängste, Verhaltensstörungen, Blockaden und depressive Zustände aus.[151]

Der mit diesen Zeilen aufkeimende Widerspruch, warum, wie und wann einerseits ein Inhalt so schwach wirkt (oder der Widerstand gegen ihn so stark), dass er abgeschoben werden konnte, andererseits aber so stark (oder der Widerstand so schwach), dass er die Abschiebung durchbrechen könnte und nun krank macht, wird nicht angetastet. Ebenso wenig welcher Gehalt und welche Gestalt besonders geeignet sind, eines von beiden zu vollbringen und unter welchen äußeren Bedingungen.

Die Fragezeichen, die doch streng logisch entstehen müssen, wenn mittels semantischer Gestalt ein »unterbewusster« Gehalt getestet und später durch Sprachvorhaltung therapiert werden soll, werden einer Halluzination geopfert, in der unsere Seele so etwas wie eine launische Majestät ist, die autonom schaltet und waltet. Wenn aber aus der Versprachlichung Verdrängtes sich gerade qua definitionem der Wahrnehmung entzieht, wie kann sprachliche Vorhaltung das ins dunkle Es Ausgegrenzte wieder ans Licht bringen? Ganz simpel gefragt: Kann eine einst von ihrem Stiefvater Vergewaltigte die beiden Worte »Stiefvater« und »Vergewaltigung« wirklich gar nicht oder nur widerwillig aussprechen? Ist die Vorhaltung der beiden Worte schon die Einleitung der Heilung einer Verdrängung? Oder ist es bereits ein Therapieerfolg, wenn sie die Begriffe selber ausspricht, z. B. vom Therapeuten übernommen wiederholt? Oder könnten nicht von ihr beide Worte ausgesprochen werden – aber das eigentliche Vergewaltigungserlebte aussparend, umgehend oder gar nur pseudobeherrscht? Wäre solch umgehender Wortgebrauch nicht der eigentliche »Erfolg« der Verdrängung, dass der Gestalt ihr eigentlicher Gehalt, das Wort, die Begebenheit selbst, entzogen wird?

Ist den wortfixierten Versuchsanordnungen seit C. G. Jung wirklich abzulesen, dass Schwitzen oder ähnlich unspezifische Signale tatsächlich für jenen Stress stehen, der beim Wiedererfassen der verdrängten Begebenheit entsteht? Oder könnten die gemessenen Signale nicht jener »psychischen Arbeit« geschuldet sein, die Begebenheit (erlittene Vergewaltigung) an der Begrifflichkeit (dem Aussprechen von »Vergewaltigung«) vorbei zu führen? Dann jedenfalls wäre eine Therapie auf den diagnostischen Spuren dieser Versuche von geringem Erfolg gekrönt.

151 Wie man Menschen beeinflusst: *Radio Bayern 2* am 22. 02. 2017.

Demmelhuber fährt fort:

> Solche traumatischen Erlebnisse können die Psyche so sehr überfluten und überfordern, dass sie jegliche Erinnerung an das Geschehen verweigert und aus dem aktiven Bewusstsein verbannt. Um sich vor dem Schmerz des Erinnerns zu bewahren, spaltet die Seele das auslösende Erlebnis vollständig ab.

Das Es und das Unterbewusstsein bei Freud mögen ja düster sein, die Sprache der darüber Schwadronierenden wirft im Kohlenkeller Schatten. Einerseits »verweigert die Psyche jegliche Erinnerung«, lässt sich davon aber (durch welche »Schleuse«?) »überfluten«. Die so überflutete, arme Seele bringt dann doch die Kraft auf, »das auslösende Erlebnis vollständig abzuspalten«. Aber wie kann etwas »vollständig« Abgespaltenes irgendwohin zurückfluten? Und was ist »aktives Bewusstsein« – etwa in Abgrenzung zur Seele/Psyche?

Ich will hier noch einmal meine Empfehlung wiederholen, am Freud'schen Begriff der »Verdrängung« unbedingt festzuhalten, das Bilderbuch von Es und Über-Ich jedoch beiseite zu legen, damit wir das Unterbewusste als Hafen der Metaphern mit ihren sinnlichen Verankerungen, aber das Bewusstsein als gattungsgestütztes, höchstmögliches Anpeilen des Horizonts zu analysieren vermögen. Das heißt: Der Mensch hört, sieht, schmeckt oder ertastet etwas, scannt es gleichzeitig nach hinten mit früher Erlebtem ab und versucht es nach vorne für sein tätiges Leben sprachlich zu verallgemeinern. Die Verallgemeinerung steigt auf, gewisse Konkreta hinter sich lassend. Konkretes bleibt »zurück«, aber das Begriffene weiterhin stützend und ausmalend. Beide Vorgänge fallen nicht zusammen, sondern bleiben in dialektischer Abstoßung füreinander belebend. Dann sucht Metapher tendenziell mit jeder Erkenntnis eine Begrifflichkeit in Sprache. Sprache sucht anhand von etwas praktisch zu Bewältigendem die »passende« Vorstellung dazu, was dann mehr oder weniger konkrete Metaphern benötigt. Ergo benutzt bei einer psychischen Störung, etwa in der Verdrängung wie der Schizophrenie, die Metapher eine extra falsche Sprache. Sprache umgeht gleichzeitig eine bestimmte Reihe metaphorischer Vorstellungen. Es ist also nichts jemals »vollständig abgespalten«.

Demmelhuber weiter:

> Der Preis für dieses Rettungsmanöver, im Fachjargon Dissoziation genannt, ist hoch. Viele traumatisierte Menschen leiden unter Angstattacken, sozialer und emotionaler Isolation sowie zeitweiligem Realitätsverlust. Sie erleben sich als vollkommen hilflos, gefühlstaub, ausgebrannt, entwickeln starke

> Suchtneigungen und verweigern jede aktive Auseinandersetzung mit ihrer Situation. Genau darauf aber kommt es an. Daher versuchen Trauma-Therapeuten, ihre Patienten behutsam an das angstbesetzte Ereignis heranzuführen, um es schließlich bewusst aufzuarbeiten und zu bewältigen. Erst dann können die Betroffenen das zuvor abgespaltene Erlebnis wieder in ihre Lebensgeschichte einbinden und zuletzt auch den befreienden Abstand gewinnen.

Es gibt TraumatherapeutInnen, die sich und ihre Methoden, Kindheitserlebnisse mit neuer Sicherheit zu verbinden, kommerziell bewerben und vorgeben, selbst schwerste traumatische Syndrome »behutsam« auflösen zu können.

> Durch die Beteiligung der Spiegelneuronen gehen im Gehirn fast die gleichen Prozesse vonstatten, wenn wir etwas tun, wenn wir andere dabei beobachten oder wenn wir dasselbe in der Vorstellung tun. So ist es möglich, die durch traumatische Erlebnisse abgespaltenen Kind-Anteile, die noch heute das Trauma mit allem Leid lebendig halten und Symptome verursachen, um darauf aufmerksam zu machen, in der Vorstellung retten zu lassen, was sofort die mit dem jeweiligen Kindanteil verbundenen Symptome auflöst.[152]

»... Sofort [...] Kindanteile [...] auflöst« – die mit derart großen Heilsversprechen im Internet Werbenden haben neben einer rein auf den Körper bezogenen Therapie (mit einer Art Akupressur) besonders solche Konzepte anzubieten, bei welchen im Kindesalter erlittenen Verdrängungen eine neue Versuchsanordnung beizugeben wäre, innerhalb derer sich der entsprechend von Verdrängung geplagte Patient einen Helfer – vorzugsweise eine Märchengestalt – aussucht und damit gleichsam meditativ das Bedrohungspotenzial in Schach hält. Über Einschränkungen der Therapieerfolgserwartung sagen die Webseiten nichts. Wie eine solche regressive Veranstaltung positiv wirken kann, wenn zum Beispiel in der Jetztzeit ähnliche, schmerzliche Erlebnisse in Arbeit oder Familie fortwirken, die dadurch das Verdrängte korrespondierend am Leben erhalten, wird von diesen Therapeuten völlig ausgespart. Wer also am Arbeitsplatz ähnlich brutales Mobbing erleidet, das er auch als Schulkind zuhause beziehungsweise in der Klasse erlitten hat, wird mit Sicherheit auch mit einem märchenhaften Schutzengel gemeinsam träumend in der entsprechenden Therapieanordnung kaum »sofort den Kindanteil auflösen«.

152 Psychotherapeutin Gabriele Kahn, in www.traumatherapie.de

Die Phobie der entsprechenden Diagnose- und Therapieansätze gegenüber dem Arbeitsplatz, dem beruflichen Geschehen, dem Geldverdienen, der Familie und Liebe, bzw. anderen sozialen Umgebungsfaktoren in der Jetztzeit ist bemerkenswert durchgängig. Da ist der Hinweis des renommierten niederländischen Traumatisierungsforschers Prof. Dr. Onno van der Hart eher schon ein Segen:

> Ich glaube, dass der Kern jeder Traumatisierung in extremer Einsamkeit besteht. Im äußersten Verlassensein. Damit ist sie häufig, bei Gewalttrauma immer, auch eine Traumatisierung der Beziehungen und der Beziehungsfähigkeit. Eine liebevolle Beziehung, die in mancher Hinsicht einfach »sicher« ist, wird unerlässlich sein, um überhaupt von einem Trauma genesen zu können.[153]

Dass er hier nicht von »Solidarität« als der »liebevollsten Beziehung« spricht, ist vielleicht dem Zeitgeist geschuldet. Somit wird Einsamkeit zum Brennspiegel der wesentlichen in Traumata verhafteten Verdrängungsgehalte. Wenn man gleichzeitig bedenkt, dass die konsequenteste Widerlegung der Einsamkeit Gegenwelt mit Gegenwehr ist, kommen wir hier einer Traumatherapie näher, die auch die Jetztzeit im Auge behält.

Im Übrigen ist auch der Begriff »soziale Bindungen« mit Vorsicht zu genießen, denn ein Kind mag an Bezugspersonen gebunden sein, aber in der für jegliche Traumatisierung relevanten späteren Produktion und Reproduktion taugt ein dichotomisch-hierarchisches »Bindungs«-Modell weniger. Es verunklart, weil es kolonialisierend das Therapieobjekt von der Subjektwerdung ausspart. Erkannte, bewusst eingegangene oder angegangene Bindungen sind etwas anderes, als mystifiziert vorgefundene, fetischisierte, gedankenlos heruntergeschluckte.

Mit einem lesenswerten Beitrag hat Götz Eisenberg 2017 die Diskussion um diese Brache der Linken wieder angestoßen.[154] Aber auch bei ihm ist zu viel noch antiautoritär pauschaliert: »In einer an ihrem Reichtum erstickenden Gesellschaft beobachten wir neuartige Formen der Kindsaussetzung«. Nun ist keine Klassengesellschaft dergestalt, dass in der Regel diejenigen die Kinder aussetzen, die »an ihrem Reichtum ersticken«. Auch Eisenberg verharrt in der Individualpsychologie der 68er, abseits von Arbeitsbiografien und fixiert auf die Kindheit:

153 https://www.kidcare.ch/public/upload/assets/217/ppt_Wilma_Weiss%20Referat.pdf, zitiert nach: Huber: Die Phobie vor dem Trauma überwinden – Ein Gespräch mit Onno Van der Hart. Trauma und Gewalt, S. 58–61.

154 *junge Welt* vom 22. 07. 2017.

> Von Sigmund Freud und Wilhelm Reich haben wir gelernt: Am Grunde unserer Neurosen liegen häufig abgewehrte sexuelle Triebwünsche. [...] Verdrängung bedeutet Produktion von Unbewusstheit und damit Einschränkung des Bewusstseins. [...] Unterdrückung macht dumm.

Auf der Grundlage der materialistischen Sprachpsychologen aber erscheint solcherlei »Dummmachung« kaum als eine aus einem hellen Tank »Bewusstsein« verdrängte Umfüllung in den dunklen Tank »Unbewusstheit«. Widerspiegelt der Mensch nämlich stoffliche Welt dialektisch in der Tendenz von begrifflicher Verallgemeinerung, aber korrespondierend mit der Tendenz zur bildhaften Konkretion, dann lernt er eben doch gleichzeitig sowohl im Bewusstsein als auch im Unbewussten. Demzufolge unterdrückt eine Verdrängung beides: sowohl die sprachliche Intelligenz als auch deren affektive, weniger bewusste Merkpotenziale. Mit reiner »Rückfüllung« ins Bewusste, etwa per individualsprachlicher Vorhaltung, ist Therapie also weniger erfolgreich. Der Befund fällt also dramatisch aus.

Aufklärend hingegen ist Eisenbergs Übernahme von Artur Koestlers und Jean-Paul Sartres Empfehlungen für einen pragmatischen »Modus Vivendi« mit Komplexen und anderen Neurosen, »etwas aus dem zu machen, was man mit uns gemacht hat.« Aber Eisenberg greift mit seiner liebevollen Empfehlung des Barons Münchhausen, der Mensch könne »sich am eigenen Schopf aus dem Sumpf ziehen«, zu kurz. Heißt dieser Sumpf nämlich kapitalistische Entfremdung, nährt dieser Komplexstrukturen und Neurosen immer aufs Neue. Dann zieht er stärker herunter, als der individuelle Schopf zu halten vermag. Warum also nur zum individuellen Schopf greifen, wenn der kollektive Antagon der Entfremdung, die Werktätigen, eine viel höhere Hebelwirkung entfaltet? Wenn Streiks und ähnlich vernetzter kultureller Widerstand auch individuell erhebliche Therapieerfolge bereiten können? Die Debatte muss weitergehen. Aber nicht ohne die großen sowjetischen sowie ohne die anderen, noch zu wenigen materialistischen, d. h. dialektisch-realistischen Psychologen einzubringen.

Der menschliche Erkenntnisprozess währt tendenziell (bei biologisch durchschnittlicher Gesundheit der Hirnfunktionen) von der ersten bis zur letzten Lebenssekunde fort. Die stoffliche Außenwelt wird sowohl in der Tendenz der verallgemeinernden Begriffsbildung, als auch in der Tendenz, die Vorstellungen gleichzeitig mit Konkreta ästhetisch zu vertiefen, widergespiegelt – einem 3D-Film im Zeitraffer gleich vom Wahrnehmenden zur Abstraktionstendenz von den Sinnen distanziert und dann wieder zur affektiv anteilnehmenden Konkretisierung herangezogen. Die Verweigerung einer Realität hemmt entweder die Tendenz zur versprachlichenden Begriffsbildung oder aber die Tendenz der metaphorischen Affektivgestalt oder gar beides. Inwieweit diese Hemmung neurotische oder psychotische Dimension annimmt, ist, so wie ihr innerer Mechanismus, den äußeren Kräftekonstellationen geschuldet, die mit dem verdrängten Realitätsgehalt korrespondieren.

Wenn wir nun das Freud'sche Modell der Verdrängung (trotz erheblicher Skepsis gegenüber der dreifachen Funktionszuweisung an Ich, Es und Überich) mit unserem Konzept des gleichzeitig konkreten und abstrakten Wahrnehmens, also korrespondierender Metaphorisierung und Versprachlichung in eine konstruktive Verbindung bringen wollen, liegt es nahe, für den Prozess der Verdrängung eine Entsprachlichung von außen anzunehmen (»Sie will/er kann darüber nicht sprechen«). Das hieße: Verdrängung benötigt auch das punktuelle Eliminieren von begreifender Sprache beziehungsweise ihre Verhinderung oder ihre nichtssagende Banalisierung durch unsinnige Sprachfetzen.

Aber hieße das, dass ein metaphorischer Zusammenhang nun gänzlich kopf- und sprachlos herumwabert? Ist die Versprachlichungstendenz hier gänzlich ausgehebelt? Eher nicht, denn obwohl im neurotischen Geschehen die Tendenz zur Metaphorik und Begriffsbildung gleichermaßen in den Vorgang des Merkens einbezogen bleibt, wäre trotz der psychotischen Störungen gleichzeitig auch das Bedürfnis nach sprachlichem Ausdruck angelegt. Womöglich käme es dann dazu, dass ein »Mann seine Frau mit einem Hut verwechselte«, wie im Buchtitel des angloamerikanischen Erfolgsautors und an Wygotski orientierten Psychologen Oliver Sacks, der in einem TV-Gespräch »Verdrängung« als partielle Schizophrenie bezeichnete (was letztlich hieße, dass Schizoidität, anders als bislang angenommen, viel verbreiteter, ja strukturell angelegt wäre).

Jedenfalls ist das Verdrängte nicht etwas Lebloses in einem Kompost, sondern zielt entweder in der Metaphorik oder in der Ausdrucksform am jeweils erlebten Ausschnitt der Realität vorbei. Der Tendenz zur Vervollständigung von Begriff und Metapher beim Aufrufen von Gesehenem, beim Erkennen und Wahrnehmen, beim Erinnern und Aufmerken, beim Merken, beim Vergessen, wäre demzufolge das Verdrängen prinzipiell im Wege.

Aber wäre Verdrängtes tatsächlich durch das Über-Ich in die dumpfe Brutwelt des Es zu den Trieben, nach Freud, weggesperrt? Der eingeschüchterte Wunsch neben die noch jungen Triebimpulse ins Verließ verbannt? Ist es tatsächlich so, dass ein rein sprachlicher Aufruf des ferngelegten Willens am Widerwillen vorbei diesen Verdrängungsmechanismus auszuhebeln vermag? Dann könnte die sprachliche und »herrenlose« Metaphorik eine neue konstruktive Korrespondenz frei eingehen. Aber wer oder was verschafft ihr diese Freiheit?

Stellen wir, um der Sache auf die Schliche zu kommen, zunächst die beiden Vorgänge gegenüber: die übliche Verdrängung und die übliche Wahrnehmung. Die Wahrnehmung geht in der Grundtendenz zunächst auf einer sehr einfachen Ebene der Konkretion von einem Bedürfnis beziehungsweise einer Handlungsoption aus, die gelöst werden könnte (etwa Durstlöschung, Hungerstillung oder andere konkrete Tätigkeits- und Bedürfnisbenennungen). Befriedigungs- und Problemlösungsstrategien einzuleiten, zu erfassen und entsprechend in einen Ausdruck zu operationalisieren, sind und bleiben der Ansporn jeder Versprachlichung – individuell kurzatmig und gattungsspezifisch über den Tellerrand planend und theoretisierend. Klassisch betrifft dies zwar zunächst nur die ersten Lautmalereien beziehungsweise Wortverbindungen beim Kleinkind. Aber letztendlich ist dies auch das eigentliche Betätigungsfeld für Erkenntnistheorien: Vorstellung dominiert anfänglich, Begriff ist nur rudimentär anzutreffen.

Grundsätzlich liegt diese Tatsache aber auch »ersten Wahrnehmungen« zu Grunde. Aber dann verfeinert und präzisiert sich das Wort, beziehungsweise die Sprache und zwar in der Tendenz der Begriffsbildung und des Begreifens abstrakter Zusammenhänge. Zu der akkumulierenden Begriffsschaffung und seiner Anwendung müssen gewisse Vorstellungen, wenn zu absonderlich, abgestreift werden. (Wer den Begriff »Zierblume« verwendet, wird eine spontane Vorstellung von längerstieligen Blütenträgern haben, als bei Veilchen und Stiefmütterchen. Exotische Unterwasserblumen würden zunächst von diesem Begriff ausgenommen.) »Typische« Vorstellungen hingegen werden trotz und mit Abstraktion weiter transportiert (bunte Farben mehr als das Gelb von Mais und Sonnenblume). Der spontane Begriff von »Zierblume« und der klassifizierende lösen sich voneinander, ohne einander aufzugeben. Mit jedem dieser Sprach- und Erkenntnisschritte werden Vorstellungen abgestreift, aber eben nicht zerstört. Andererseits werden neue Begriffe geschaffen, beziehungsweise in ihrem Gehalt qualitativ erweitert. Wer hätte sich bei den ersten »Flugobjekten« bereits Ziolkowskis Raketen, die Gebrüder Wright oder eine Drohne vorstellen können? Vom Düsenjet auf den »Schneider von Ulm« zu schließen, bedarf intellektueller Mühe. Welcher Ökonom wäre aus reiner Beobachtung der freien Konkurrenz im frühen Kapitalismus auf die transnational agierenden Oligopole gekommen (außer eben in den »Grundrissen« Marx)? Und welcher Mensch weiß mit 13 Jahren bereits, was der Begriff »Genuss« so alles umfasst?

Jeglicher Vorstellungs-, Sprach- und Erkenntnisfortschritt zielt letztendlich auf ein Tun, auf eine praktische Veränderung oder Bewahrung gegen den Trend, also auf reales Leben, das günstiger mit anderen Menschen, also über Kommunikation und Sprache, zu gestalten und zu verbessern ist als in der inneren Vorstellungswelt. Die Dialektik zwischen Vorstellungswelt und Begriffswelt ist geboren, die miteinander widersprüchlich korrespondieren, einerseits einander bedingen, andererseits aber gegeneinander tendieren. Sie wird gewöhnlich mit den ersten Schuljahren zu einer weiteren Blüte und zwar durch strengere Formvorgaben gebracht. Eine Grunderwartung wird dabei erweitert: Sprache hilft praktisch. Theorie hilft eben auch praktisch. Deswegen wird Praxisoption in der Sprachverwendung immer relevanter. In ein statisches Modell gepresst hieße diese Dynamik: Es gibt eine Vorstellungswelt, es gibt eine Begriffswelt. Die Korrespondenz zwischen beiden ist geleitet von der jeweiligen lebensgeschichtlichen und profitiert von der gesamtgeschichtlichen Praxis.

Die Verdrängung ist dem vollkommen entgegengesetzt. Hilflos einer Gewaltandrohung oder Gewaltausübung ausgesetzt, versagen die Handlung dagegen, dann die Sprache darüber und dann die Vorstellung davon, weil die Praxis kein geglücktes Entrinnen beinhaltet. Dies enthauptet die Metapher von der Sprache und hackt der Sprache die metaphorischen Füße ab. Von der Ausweglosigkeit in der Praxis ausgedacht, können also die Vorstellungswelt und die Begriffswelt keine unmittelbare Orientierung für die Sinne mehr darstellen. Ihre Ausblendung geschieht aber aus der Unentrinnbarkeit in der Praxis. Der Hebel ist so oder so mit der Praxis verbunden und kann nur über sie wieder zu Vorstellung und Sprache werden, wenn es eine dem Grundriss der Erniedrigung entgegengesetzte andere Praxis gibt. Diese kann künstlerisch, therapeutisch oder durch gemeinsamen kämpferischen Widerstand gegen eine der Erniedrigungsstruktur affinen Macht entstehen, die nun ihre Grenzen gezeigt bekommt. Aber alles, was die Metapher wieder mündig macht, muss mit einer praktischen Korrespondenz angelegt sein.

Es sind nicht die Metapher oder die Sprache, die der Verdrängung (zeitweilig) geopfert werden, sondern die Beziehung zwischen beiden, die auf Praxis orientiert ist. Die Ursache des Widerwillens beim Aussprechen von Verdrängtem liegt also nicht darin, dass es gegen Sprache opponiert oder gegen Metaphorik. Nicht einmal die hier oft therapeutisch passende Musik kann die Verdrängung heilen, wenn nämlich in der Lebenspraxis keine geglückte Realität mithilft, auf den gespannten Erkenntnisbogen von der Metaphorik bis zur Begriffstendenz einzuwirken und ihm eine realitätstüchtige Perspektive zu eröffnen. Ein individuelles Therapiegespräch wäre hier nur Surrogat. Gegen eine Tat-Sächlichkeit wirkt nur eine Tatsächlichkeit, gegen Entfremdung ergo eine zumindest punktuelle

Aufhebungsperspektive und Option, die am Ende – zumindest teilweise – logisch antizipiert sein will.

Es kann zwar in den nach C. G. Jung vorgenommenen Tests zum Schwitzen und anderen Ausdrücken von Stress und Widerwillen kommen. Die eigentliche Gegenwehr findet nicht gegen die sprachliche Vorhaltung statt, sondern in der Beziehung zur metaphorischen, soweit diese eine andere (!) Praxis antizipiert und für möglich anspricht. Die Vorstellungsräume des Metaphorischen sind mit der Sprache aufgerufen, Verdrängung therapeutisch zu überwinden.

Wenn z. B. ein Großteil der Verdrängung aus einer brutalen Abwertung der sexuellen Integrität käme, wie es Freud annimmt, muss die Therapie so nahe wie möglich an die verdrängte Tat bzw. Praxis heran. Der Weg dahin kann auch über eine Phantasiearbeit gehen, die Sprache und Metapher, Theorie und Ästhetik einbezieht. Wer also pornographische Vorstellungen pauschal kriminalisiert, verlängert die Verdrängung nur. So wie Verkürzung des Schlafs die heilsame Wirkung der Träume verkürzt. Der Zwecklüge, geträumt würde nur in der REM-Phase, sollte kein Glaube geschenkt werden: geträumt wird immer. Nur immer anders. Immer wird dabei ein wenig Traumatisiertes aus dem Unfassbaren gelöst, selbst in der Halbschlafphase vor dem Aufstehen. Immer moduliert das Hirn Defragmentierungen in bewegten Bildern, in Musik. Natürlich ist Sprache nicht nur der Begriffstendenz vorbehalten, sondern wird zuweilen auch Modulationsmasse für Metaphorik. Aber dann tritt sie eher an eine ihrer eigentlichen Logik fremde Stelle, eben die des Bildes.

Um die dialektische Korrespondenz des verallgemeinernden und des bildhaften Vorstellens in dem einen Prozess des Wahrnehmens zu beleuchten: die Verallgemeinerung des Denkens mittels Versprachlichung, geschieht in der praxisrelevanten Anpeilung des Sprach- und Literatur-*Fundus der Gesellschaft*. Dort liegt theoretisch, verallgemeinert das Begriffspotenzial, das sich natürlich ständig »nach vorne« verändert und erweitert und auf das die Empfindung, beziehungsweise Wahrnehmung, Zugriff nehmen möchte. Gleichzeitig werden Teile der Vorstellungen zum Zwecke der Verallgemeinerung »nach unten« abgestreift, Teile der charakteristischen und typischen Metaphern hingegen weitertransportiert, um sie im synkretischen Standby für die Begriffsbildung zu halten. Andere Metaphern hingegen werden sogar gegebenenfalls mit begrifflichen, abstrakten Begriffen aufgeladen und nehmen vorübergehend die Trägerrolle für abstrakte Gedanken ein. Dies geschieht im Abscannen beziehungsweise Abgleichen eines früher Erlebten. Diese Denkbewegung erfolgt also, wie die »Weiterbildung«, gleichzeitig nach vorne und »nach hinten«.

Was an Metaphern weitergetragen und versprachlicht wird, ist in der Regel das Charakteristische, also das, was Einblick ins Wesen des Vorgangs und der Sache ermöglicht. Was an Metaphern im Schwebezustand eines Standby gelassen wird oder nach hinten abgestreift, ist meist nur das Typische, also das, was Einblick in die Erscheinung, die Konkretion und die damit affektiv verbundene Vorstellung ermöglicht. (Typisch heißt: »Das sieht ihm ähnlich«.)

Diese beiden auseinanderstrebenden Tendenzen, »nach vorne und zurück«, bleiben durch die Korrespondenz in einer Spannung zueinander auf die Praxis bezogen, fallen weder deckungsgleich zusammen, noch streben sie vollkommen auseinander. Das Unwesentliche, Nichtcharakteristische, aber auch das Untypische werden bei der Verallgemeinerung tendenziell abgestreift. Das Typische unterliegt zuweilen einer gewissen Verwechslungsgefahr mit dem Charakteristischen und hat so eine Gnadenfrist des Verweilens. Bei einer weiteren Präzisierung und Zuspitzung des Gedankens im Wort beziehungsweise im Begriff, verringert sich diese Verwechslungsgefahr zwischen Charakteristischem und Typischem. Ein gewisser rosagrünlicher Investor hat privat ein Krankenhaus erworben. Nun begründet er kostenlogisch den Abbau von Arbeitsplätzen. Das ist charakteristisch. Wenn er betrunken ist, singt er mit den Verbliebenen Arbeiterlieder: »Das ist typisch für ihn!«

Somit hat die individuelle Begriffswelt immer verschiedene Schichtungen, so wie die Metaphorik, also die Welt der Vorstellungen, auch unterschiedliche Schichtungen in ihrem Fundus hält. Es ist aber dabei keinesfalls gesagt, dass eine untypische oder unwesentliche Metapher vollkommen verschwindet, sondern sie bereichert den ästhetischen Bereich des Denkens nur in einer größeren Entfernung zum begrifflichen Denken, um dann in Träumen, Phantasien, in der Kunst wieder aufzuleuchten.

Eben darum betrifft eine Verdrängung weder nur die Sprache, noch nur die Metaphorik. Da sie aus einer vollkommenen Hilflosigkeit in einer oder mehreren praktischen Situation/en entsteht, zerfurcht sie die korrespondierende Spannung zwischen beiden, also alle Schichtungen und Spannungen des Erkenntnisprozesses. Sie kann nur, eine geänderte oder für Veränderung offene praktische Situation vor Augen, die praktische Relevanz für beide Generaltendenzen – die der rückwärts abgleichenden und der nach vorne begreifenden – einleiten. Für Verdrängung ist praktische Gegenwehr und Gegenwehr in realistischer Kunst von wesentlich größerer Bedeutung als jegliche individualisierte Therapie.

Eine besondere Entgegensetzung zum Verdrängten findet in der Musik statt. Statt also, wie in den letzten Jahrhunderten, ästhetischen Geschmack zu einer reinen Intimsache zu erklären, könnten auch, ganz spezifisch eingepasst, mit Hilfe der persönlich musikalischen Vorlieben, Korrespondenzen mit dem Verdrängten rekonstruiert werden. Nicht in der ärgerlichen Weise sauertöpfischer Therapie, sondern schlicht in einem auf konkrete Praxis, gerade auch auf künstlerische Selbsttätigkeit, zielgeleiteten Umgang mit vorfindbarem Glückszuwachs und ästhetischer Freude – zu der auch die Pornographie gehört.

Es kann gar nicht genug Zweifel formuliert werden gegenüber Methoden, mit einzelnen Worten ausgelöste körperliche Reaktionen für irgendeine Intensität von Verdrängung halten zu wollen. Wenn vom Probanden das Wort in seiner Gestalt am Gehalt vorbei gelenkt würde, hätte an dieser Stelle der Versuch wenig Aussagekraft. Nehmen wir das Symptom einer Vergewaltigten. Sie würde möglicherweise das Begriffswort »Vergewaltigung« rechtsstaatlich korrekt formulieren und dabei gar nicht auf ihre eigene Vergewaltigung beziehen, sondern eben nur als abstrakte allgemeine Beschreibung. Es müssten also neben dem Wort »Vergewaltigung« verdrängte Bilder »angesprochen« werden, denn es handelt sich zweifelsfrei bei einer solchen Verdrängung um eine brutale Trennung von Wortgestalt und Gehalt, von Metapher und Begriff. Aus der dialektischen Einheit von Abscannen und Verallgemeinern werden zwei zerrissene Fragmente, die auch anderen persönlichkeitsentfaltenden Praxisbezügen, Bildvertiefungen und erhöhtem Erkenntnisgehalt im Weg stehen. Weder diagnostisch noch therapeutisch hilft es viel, frontal an eine metaphorische Störung durch eine begriffliche Vorhaltung oder umgekehrt gelangen zu wollen. Auch das dreifache Modell Freuds und die darin völlig unhaltbare Doppeltankfunktion des Es (sowohl als Quelle des noch unausgelebten Triebhaften als auch als Speicher des verdrängten Scheiterns) ist für Diagnose noch für Therapie sonderlich produktiv.

Bevor nun die stets durch Widerlegung und Falsifikationswellen gehärtete Freud-Gemeinde im Chor wiederholt: »Das ist doch nur ein Modell!«, sollen ein paar gleichsam modellimmanente Fragen gestellt sein: Da ist das Über-Ich, der Statthalter für gesellschaftliche Zwänge, Sitte und Anstand, Tabu und Züchtigungsangst. Dann, quasi darunter, ist das Ich: Rezeptor und Motor für geglückte Strategien, Intelligenz und ästhetischen Gefühlsreichtum. Irgendwo an der Seite ist eine Höhle namens Es, mit drängenden Impulsen, die sich im frühkindlichen Alter vom Oralen über das Anale ins Genitale steigern und deren Grundantrieb bei Freud »Libido« heißt – mitsamt Verdrängtem.

Wie darf man sich das vorstellen? Aus der Höhle des Es kriecht ein Triebimpuls, wird vom Über-Ich zurückgejagt – was der »Verdrängung« gleichkommt –, zieht sich dann mit eingezogenem Schwanz wieder ins Es zurück. Aber: teilt dort nun der Impuls seine Eingeschüchtertheit den anderen Triebimpulsen mit? Steht er dort wieder jungfräulich rein neben den anderen Triebimpulsen, obwohl er doch schon einmal verjagt worden ist? Eigentlich müsste es dann doch ein Es1 und ein Es2 geben?! Kommunizieren nun die unterschiedlichen Impulse aus unterschiedlichen Triebmassen – oral, anal, genital – über ihre unterschiedlichen Erfahrungen mit dem Zuchtmeister des Über-Ichs untereinander? Überhaupt: Was kriegt das Ich davon mit?

Wenn schon kein Zusammenlernen des Unverdrängten mit einem bereits verdrängten Trieb in der Höhle des Es stattfindet: gibt es tatsächlich keine Umwege und Geheimpfade zum Ich, am Cherubim des Über-Ichs vorbei? Wie kommuniziert das Ich im Falle einer geglückten Therapie? So, dass ein womöglich sich entwickelndes, gar lernendes Über-Ich nicht anachronistisch bleibt, völlig unsinnig wird, weil es seinen »Staatsauftrag« nicht mehr erfüllen kann? Wie also lernt die Verdrängung gegen die Therapie? Lernt das System Ich – Über-Ich – Es? Wo sind seine genetischen Potenziale? Oder bleibt es gar statisch? Da wir ja diese Schrift auch dem Klassenkampf gewidmet haben: Wie kommuniziert dieses Modell mit verändernden und veränderten Kräftekonstellationen außerhalb der so abgeschottet, modellhaft dargestellten Psyche? Oder bleiben auch diese Interdependenzen statisch?

Kommen unerfüllbare Liebe, Triebimpulse etc. wirklich direkt aus dem Es als biologischem Stautank in die Psyche? Auch wenn Geschichte »nach Es greift«, um dem Trieb das soziale Potenzial der Kompensation schlimmerer Entfremdungen, also den Sinn der Sinnlichkeit zu geben, dann würde jede Unterdrückung – sei sie aus antisexistischen oder rechtsstaatlichen Gründen oder aus tyrannischer Prüderie der Herrschaftssicherer motiviert – gleichfalls Unterdrückung von Defragmentierung, also von Linderung der Brüche bedeuten.

Sicher, in manchen Fällen verstößt die pornographische Linderung eines Bruchs des Einen durch spätere Umschwenkung in sexistische Praxis gegen die Unversehrtheit einer/s Anderen. Dennoch sollte eine auf Befreiung von Knechtschaft und auf *neue* volkswirtschaftliche Produktivität angelegte Gesellschaft in dubio pro reo (im Zweifel für die Lust) entscheiden. Denn Verdrängung ist nicht etwa Abdrängung ins Nichts. Verdrängtes wird (äußerlich im Darknet, innerlich in der individualtherapeutischen Dunkelkammer) einerseits meist ein sich ausweitendes Lager aus dem Giftmüll logisch verweigerter Realität. Andererseits entfaltet Verdrängtes – wenn man Freud folgt, dass Verdrängung Verdrängung nach sich zieht – eine sich ausweitende Mechanik von Realitätsverweigerung, die zu individuellen und kollektiven Schizophrenien, Sektenverhaftung, vollkommenen Wahrnehmungseinbußen und Massenpsychosen führen kann. Zur

Linderung oder gar Überwindung schwerer psychotischer Einbußen, zu deren Großmechanik das monopolkapitalistische Zeitdiktat (mit zu langer Fremdarbeit und zu kurzen Ferien und Erholungsphasen) zweifelsohne zählt, sind also kommunizierte pornographische Vorstellungen tendenziell produktiver als verdrängte.

Therapieoptionen gegenüber Verdrängtem sind erstens der Schlaftraum, zweitens andere Phantasievorstellungen (gerade auch die pornographischen), drittens die Kunst, viertens Individualtherapie, etwa durch Meditation oder Hypnose, aber vor allem das solidarisch kollektive Verstandenwerden an der Scham, dem schlechten Gewissen und der Angst vorbei, das kollektiv zur Versprachlichung zu führen vermag. Dies erfolgt durch die Ersetzung des Widerstands des individuellen Bewusstseins gegenüber einem Realitätspartikel (Abwehr und Wahrnehmungsverweigerung) durch den kollektiven Widerstand gegen die Verursachung dessen, was dies Verdrängte und die Verdrängung gleichermaßen aus ökonomischer politischer und sozialer Übermacht hervorgebracht hatte. Glückt dieser Vorgang ein oder zwei Mal, etwa im Streik, ist Erfassung durch Erfassung ein für alle Mal erleichtert. Im Traumschlaf geschieht ein partiell neuronales Deaktivieren, dass die Verdrängung psychosomatisch umschreibt. Der Traum selbst mag dazu nur die Begleitmusik liefern. Er ist nicht, wie vielfach angenommen, immer bereits Ausdruck oder Spiegelbild des Verdrängten.

Wir können feststellen, dass Erinnern immer einen besonderen Grund braucht, der für die Praxis, in der Operationalisierbarkeit, in der Problemstellung, und in der emotionalen Bedeutung relevant ist. Was nicht gebraucht und verbraucht wird, wird zunächst gar nicht aufgenommen, auf jeden Fall aber nicht weiterverarbeitet. Es muss also einen Grund, ein Motiv, eine Emotion geben, etwas nicht zu verdrängen, etwas nicht zu vergessen, sondern zu erinnern. Erinnerungen haben immer affektive Anteile. Eine relevante, motivierende, lustinspirierende Begebenheit kann also nicht völlig spurlos vorüberschleichen. Aber wir nehmen nicht alles auf, weil wir nicht alles aufnehmen können. Alles Aufgenommene muss sich immer auch in einem Zusammenhang bewähren. Ein überflüssiges Angebot ist eines, nach der die Praxis nicht verlangt.

Immer und immer wieder möchte ich, auch wieder anlässlich dieser Erörterungen, die Empfehlung wiederholen, ein Schulfach, zumindest vom 3. Schuljahr an, mit dem Arbeitstitel »Psychosomatik und Drogenkunde« einzurichten, das zumindest enthält:

– klinische Potenziale der Krankheitseigen- und Früherkennung, gängige Krankheitsbilder, verschiedene medizin(theoret)ische Ansätze nebst Anleitung zur Selbstbeobachtung;

– den gesundheitsstabilisierenden Umgang mit Drogen;

– die Einführung in psychologische, persönlichkeitsbezogene, dialektisch-realistische Theorieansätze, Generationsspezifik und Altersaussichten;

– Beziehungsprobleme und Entkriminalisieren pornographischer und ähnlicher intimer Vorstellungen; Öffnung für das Sprechen darüber;

– Einschlafübungen und autogenes Training; soziale Ursachen von Schlafbehinderungen;

– andere auf kollektive wie individuelle Glücksmehrung angelegte Strategien; auf realistische Widerständigkeit angelegt!

Entscheidend ist, inwieweit durch Schule das gemeinsame Sprechen über Blessuren, psychische Störungen, Linderungspotenziale und deren tiefe Verschränkung mit historischen Prozessen lust- und geistvoll angeregt werden kann.

Schönheit ist nicht gottgegeben

Geschmäcker seien verschieden, heißt es. Die einen mögen Dickere, die anderen halt Schlanke. Allerdings scheint dennoch mehrheitlich gesetzt zu sein: ein Skelett gilt als abstoßend. Wir ahnen warum: weil es Endlichkeit und Hilflosigkeit anzeigt. Gevatter Tod ist nur ein Knochengerüst, aber die Bedrohung schlechthin. Eigene Unverwüstbarkeit bekommt ihr Gegensignal gesetzt. Selbst für größte Liebhaber von androgynen Magermodels gilt: etwas an Bindegewebe, warmen Gefäßen und Haut sollte wenigstens darüber sein.

Soweit der gemeinsame Nenner der allermeisten Geschmäcker. Dann, und erst dann, gehen sie auseinander, aber gewiss nicht auf den reinen Pfaden des Zufalls. Wer gertenschlanke, untergewichtige Mannequins bevorzugt, bleibt dennoch auf widersprüchliche Weise mit dem Skelett verbunden, das erinnerbar bleibt. Die Hilflosigkeit behält eine in Widersprüchen eingehegte Erkennbarkeit. Die pädophile Dominanzlust, die zumeist mit der eigenen sozialen und erotischen (Im)Potenzangst korrespondiert, ist offensichtlich. Nun könnte man daraus kurzschließen, der Bezug zur rubensartigen Walküre, zur fettleibigen Ummantelung des Skeletts sei selbstbewusster, sozial stabiler. Der kleine Mann, der antipodisch über den großen Busen verfügen und im Gewebeberg versinken will, muss aber nicht unbedingt der Gegenentwurf zum Anbeter der Androgynen sein. Dieses Feld ist so gut wie unerforscht. Deshalb sei auch vor Kurzschlüssen gewarnt. Darum hier nur einige wenige Grundannahmen (als Heteromann, der einfach diesbezüglich noch zu wenig über die anderen Geschlechter weiß):

Die Körpermaße entsprechen in sich widersprüchlichen Ausdrucksformen von Vitalität und Schaffenskraft, die sich unterschiedlich gegen Hilflosigkeit und Skelett abgrenzen. Wer von Magersucht erregt wird, spiegelt damit eigene körperliche Kompetenzängste und in evasionistischen Verfügungs- und Unterwerfungslüsten frühere Ängste vor der eigenen sozialen und sexuellen Verfügtheit. Wer auf die Annonce einer Rubensfrau abfährt, will vordergründig »etwas in der Hand haben«, das ihn hintergründig selbst in der Hand hat. Er spielt so die eigene, frühere Verfügtheit in der neuen Unterworfenheit szenisch neu durch, um sich ihrer zu entledigen. Er traut das seinem Körper zwar zu, aber nicht seiner sozialen Existenzgeschichte. Wer in diesen »persönlichen« Geschmacksfragen variabler ist, wer ein variableres »Beuteschema« hat, dürfte auch sozial mehr Verfügungsoptionen gelernt haben, hat mehr Glück gehabt, das anderen vorenthalten geblieben ist – wenn auch hoffentlich nicht auf ewig. Denn auch die archaischsten Geschmacksfragen sind Gesellschaftsfragen.

Der Bezug zur Pornographie liegt zudem auch in ihrem Widerspruch zu offizieller Schönheit und Anstand. Sie braucht Unanständigkeit. Denn Verunreinigung und damit Beschädigung der Reinheit ist pornographische Substanz. Im Zentrum steht weniger die jeweilige Technik der Verunreinigung mittels Körperausscheidungen o. ä. als die Schönheit selbst, die Ingredienzien ihrer Reinheit. Aber damit, also mit der Frage, was allgemein (= von mehreren Menschen kommuniziert) als »schön« empfunden und dann in die schmutzigen Phantasien der Pornographie gezogen wird, steht logisch die Frage, was das Bild dieser Schönheit kommunizierbar macht, was es weiter »vererbt«, damit diese bestimmt zugerichtete Form von Schönheit als »gesetzt« gelten kann. Für das weitverbreitete Schönheitsideal, populär auch »Beuteschema« genannt, gibt es eine Reihe folkloristischer Erklärungen, die in der Archaik wühlen, biologische Muster, die einen direkten Sprung aus dem Tierreich ins Menschenhirn zu Grunde legen (Reh, Katze, Maus o. ä.).

Wie sich diese weitervererben, welche (und ob überhaupt) Chromosomen oder Gene diese Vorurteile, die schönheitsfördernde Haltung »Anmut« und ähnlich hintergründige Schönheitsideale beinhalten und transportieren, ist noch nicht aufgeklärt. Wahrscheinlich dürfte es auch nie aufklärbar sein, weil alle Bilder der Schönheit nur in einer Entsprechung zur gesellschaftlichen Wirklichkeit relevant bleiben. Sie bekämen ansonsten die Kommunikationsbasis, Unterschiede und Abgrenzungen entzogen, sodass die biologistische Frage nach den archaischen Urbildern am Ende doch wieder im geschichtlichen Gegeneinander landet, wo sich die erotische Metapher dann als relativ eigene Schöpfung der Hirne erschließen ließe.

Warum denn ist das Schiefe nicht so fürs schöne Beuteschema prädestiniert, wenn etwas schief geht, jemand schief läuft, vom Alter schief gebeugt ist, schief grinst usw.? Also: Schiefes eignet sich nicht so sehr für ein Schönheitsbild wie Ebenheit, wie Ausgeglichenheit und alle Parität des goldenen Schnitts. Diese nun wieder hat eine gewisse Entsprechung mit der Ordnung der ersten Nahrungsaufnahme, der ersten Bindungen und Vertrautheiten in der Wiege, später der Übersicht am Arbeitsplatz. Außerdem sind Gliedmaßen überschaubar, haben eine gewisse Gleichförmigkeit und zwar auch in Gebrauch und Aktion. Aber sie sind eben auch »harmonisch in einer nichtharmonischen Umgebung«.

Was der Fortpflanzung dient, unterliegt auch noch einer gewissen Parität in der entsprechenden Anordnung. Wird der Fortpflanzungstrieb aber von der Gesellschaft in die pornographische Welt vereinnahmt, wird der individuelle

Fortpflanzungstrieb zur Hingabe in Bildern, die den herrschenden Anstand, wo dieser auch Bedrängnis ist, zu durchbrechen sucht. Aber selbst dieses gesellschaftliche Ahnen und das Verruchte ist noch individuell und kann erst in gemeinsamer Artikulation zu einer Glücksstrategie werden.

Sofort widerstreiten die Ordnungsmetaphern der Ebenheit und die Lust auf die kleine Brechung: Der kleine Fehler, der ein unschuldiges Gesicht erst in Wirklichkeit erotisiert. Noch ist da die kleine Idylle der geordneten Werkzeuge, der gleichschenkligen Zange, der Hebelwirkung beim Brecheisen. Aber schon ist da die Vorahnung, wie der beherrschende Mann sich vergisst und die schamhaft verschlossene Schöne ins Stöhnen gebracht werden kann. Abweichungen durchbrechen aber Gleichförmigkeit und bereichern sie erst dadurch. Das Vergorene, Alte ist dunkel und übelriechend. Das Blütenweiße ist hell und jung. Die menschliche Sexualität mit all ihren pornographischen Fetischen trachtet nach Umkehrung, nach Brechung des Reinen im Schmutz und des Beschädigten in der Auferstehung. Was viele Metaphern durchzieht, ist so natürlich auch das latent Pornographische.

Aber sämtlich chiffriert diese Ästhetik die sozialen Widersprüche. Die herrschenden Ideologien stehen darum auf Kriegsfuß mit dieser gesellschaftlichen Dialektik des werktätigen Alltagsbewusstseins, das sich zunächst »unausgegoren« seine kleine bessere Welt von anderen – meist subversiv – abzugrenzen versucht. Dieses wird einerseits von oben kommerzialisiert und somit eingepasst, andererseits mit Hohn und Spott überzogen. Der Versuch einer zunächst harmonischen proletarischen Gegenwelt soll besonders hart gezüchtigt werden. Neuerdings im Geist einer politischen Korrektheit, die – etwa den Kampf gegen Rechtsextreme – proletarische Kulturansätze gentrifiziert, kleine Gegenwelten als bildungsferne zu zerbrechen sucht und »den öden Kosmopolitismus der Monopole« (Brecht) mit »Weltoffenheit« zum Umerziehungsdiktat über atomisierte Lernobjekte zu erheben versucht.

Eine besonders feiste Verlockung, gegen rechts in die falsche Richtung zu kämpfen, lieferte *Die Welt* am 30. November 2017 unter der Überschrift: »Starker Ordnungssinn macht anfällig für Rassismus und Homophobie«.[155] Dieselbe Springerpresse, die Ende der 1960er-Jahre »kleine Leute«, Bauarbeiter, verwirrte Arbeitslose und Polizeibeamte aufhetzte, bis schließlich jungen Frauen ihre Protestschilder gegen den Vietnamkrieg auf dem Kopf zerschlagen sowie Benno Ohnesorg und Rudi Dutschke erschossen wurden, hat, angereichert mit

155 https://www.welt.de/gesundheit/psychologie/article171118384/Starker-Ordnungssinn-macht-anfaellig-fuer-Rassismus-und-Homophobie.html

grüngewendeten Altachtundsechzigern und mit kurzschlüssig antiautoritärem Freudianismus, einen neuen Krieg gegen die »kleinen Leute« entdeckt. Erneut wird sich auf berühmte »US-Wissenschaftler« (diesmal aus der Universität Yale in Connecticut) berufen. Die wollen nämlich herausgefunden haben, dass die »Neigung zu ästhetischer Uniformität, [...] Abneigung gegen Unordnung, [...] den Drang schaffen, Minderheiten zu diskriminieren.« Dies klingt nicht nur schrecklich plausibel, sondern möchte auch in den Ohren Älterer, die einst in Springerblockaden standen, die den Eindruck hervorrufen, die Springerpresse sei jetzt nach links gerückt.

»Sauberkeit und Symmetrie« sei die »neue Grundlage für Vorurteile« und zwar gegen »ethnische Minderheiten, Drogenabhängige, Übergewichtige, Schwarze, Menschen mit Hautkrankheiten und Schwule«. Die Yale-Wissenschaftler stellten in der Zeitschrift *Nature Human Behavior* fest: »Die Beziehung zwischen Musterabweichungen und der Abneigung gegen soziale Abweichung ist groß und unabhängig von der Kultur. [...] Obwohl nicht-soziale Musterabweichungen und soziale Abneigung komplett unterschiedlicher Herkunft zu sein scheinen, überlappten sich die beiden Wesensarten immer wieder.«

Die Welt kommt dann zu einem Ratschlag, an dem Geheimdienste ihre helle Freude haben dürften:

> Sie haben eine Person in Ihrem Freundes- oder Bekanntenkreis, deren Ordnungsliebe das normale Maß (= in Zentimetern?, Anm.d. A.) übersteigt. [...] bei der jeder Gegenstand in der Wohnung seinen festen Platz haben muss? [...] Dann sollten Sie sich mit ihr vielleicht lieber nicht über (gesellschafts-)politische Themen unterhalten.

Man darf also im Umkehrschluss davon ausgehen, dass laut *Welt* Fans des schwarzen Künstlers Harry Belafonte oder von Nelson Mandela unordentliche Menschen sein müssen. Wohlbemerkt: Die Probanden, die sich in dieser Psycho-Anna-Lieschen-Müller-Studie für den »Drang, schutzbedürftige Minderheiten zu diskriminieren«, anfällig gezeigt hatten, waren durch solche Einschätzungen verdächtig geworden: »Abneigungen gegen schief hängende Bilder, [...] nicht aufgeräumte Schreibtische [...], krumme Stücke«,[156] die aus einem runden Kuchen geschnitten waren.

Sicher waren von links oft Ordnungssinn und Pünktlichkeit schon zu jenen »Tertiär-Tugenden« erklärt worden, mit denen man auch ein KZ führen könnte.

156 Ebd.

Aber dass aus diesen tertiären Tugenden primäre Einstellungen entstünden, war von der Linken glücklicherweise nie behauptet worden, wie es die Studie aus Yale nahelegt und wie es nun die Springer-Zeitung *Welt* genüsslich aufbereitet. Früher konnte »Springer« gar nicht genug gegen »Langhaaraffen und Gammler« hetzen und deren physische Bedrohung kulturell mitvorbereiten. Nun können die Haare gar nicht lang und zerzaust genug sein, um sich gegen »Antisemitismus«, wie ihn Springer mit der Israelkritik gleichsetzt, gewappnet zu zeigen.

Was ist der innere, pseudopsychoanalytische Kern dieses populistischen Unsinns? Hier wird Wirkung mit Ursache verwechselt. Oder anders: dass Metaphorik autonom und nur quantitativ gewertet wird (= mehr oder weniger Ordnungssinn), aber nicht als qualitative Größe, die mit anderer Metaphorik korrespondiert und durch soziale Einflüsse ihre Bedeutung verändert. Wer sagt denn zum Beispiel, dass die Buchenwald-Häftlinge ihren Widerstand gegen die »ordnungsliebende SS« nicht auch mit einer großen Ordnung in der Illegalität vorbereiten und durchführen mussten?

Wir sollten die materialistische Psychologie (Wygotski, Leontjew, Holzkamp, Sève u. a.) zu Rate ziehen, um dem Entstehen von Fremdenhass auf die Spur zu kommen, um zu erkennen, dass keine früh erworbene Metaphorik das Lern- und Arbeitsleben autonom und unverändert übersteht. Fremdeln ist zunächst eine kindliche Eigenschaft, die in den allermeisten Menschen entsteht. Fremdes erzeugt Misstrauen und Angst, beileibe nicht immer ohne realen Grund. Erst konkret tätiger Umgang mit etwas Besonderem, Fremdem schafft Vertraulichkeit. Nur dadurch wächst die Fähigkeit zur pluralen Verarbeitung, also dem eigenen Misstrauen gegenüber Fremdem ebenfalls zu misstrauen. Die kulturelle Breite entsteht in tätigem Umgang mit dem Fremden, in dem Beginn von arbeitsorientiertem Lernen und Lernen in der Arbeit. Außerdem sollte in diesem Zusammenhang auch vor allzu leichtgläubiger Willkommenskultur für jedwedes Fremde gewarnt werden. Auch die ökonomischen Techniken, durch die Not anderer, etwa als Aktiengroßbesitzer, reich zu werden, darf einem Menschen durchaus zeitlebens fremd bleiben, ohne dass er deswegen für Rassismus anfällig würde.

Die Abwehr gegenüber Ausbeutungsstrategien der eigenen Konzernspitze kann eine sehr rationale Ablehnung von fremder Wirtschaftsweise begründen. Die Arbeiterbewegung hat nicht deswegen zum Internationalismus gefunden, weil Parteivorstände an sie appelliert haben, generell auf Fremdeln und Hass zu verzichten, sondern weil sich in der Arbeit und vor allen Dingen in der Arbeitsverweigerung, etwa beim Streikpostenstehen, die kollegiale und solidarische Tugend unabhängig von nationaler Herkunft als rationale Überlebensstrategie durchgesetzt hat. Ein

Aspekt, der in der gesamten Migrationsdebatte erheblich zu kurz kommt: die gemeinsame Gegenwehr von Menschen mit migrantischen und nichtmigrantischen Hintergründen gegen die ökonomischen Zusammenhänge, die nur auf Kosten ihrer gemeinsamen Einbußen an Lohn, Rente, Heimat und Geborgenheit für wenige profitabel sind. Aber auch diese Gegenwehr in der Arbeit bedürfen, wie Arbeitsvorgänge selbst, einer Ordnung und einem Sinn. Wer hinterlässt seinen Werkzeugkasten unaufgeräumt seinem Kollegen von der Spätschicht?

Die vordergründige Verwurstung der Studie aus Yale unterscheidet nicht qualitativ zwischen der »Kulturtechnik Ordnungsliebe« als alltagsnötiger Qualität und jenem obsessiven Ausdruck von Hilflosigkeit, der aus Unerfahrenheit mit Arbeit und politischer Gegenwehr entstanden war. Die materialistische Psychologie unterscheidet zwischen der Hilflosigkeit, die ihren sozialen Ursprung in den Ausbeutungsverhältnissen und dem ungelernten Umgang mit Fremden ohne gemeinsame Praxis hat und jenen demagogisch von rechts eingeführten Kategorien, die Unterschiede zwischen der entfremdenden Ausbeutung und der Ausbeutung Fremder konstruieren.

Ordnungssinn mag an der in Hilflosigkeit verstärkten »Ekelsperre nach unten« und dem »Sozialneid gegen oben« anknüpfen, bleibt aber eine umkämpfte, von den sozialen Verhältnissen und Kräftekonstellationen zwischen Kapital und Arbeit widersprüchlich wachsende Kategorie. Die aus dieser Hilflosigkeit verstärkte Affinität entspricht einer hilf- wie sinnlosen Ordnungshysterie und einer Angst vor äußeren Einflüssen, die das eigene ohnehin kleine Glück gefährden könnte. Dies wird in der Yale-Studie lediglich oberflächlich interpretiert. Solche »Überlappungen« (wie die Studie ungenau notiert) sind sicherlich haufenweise vorhanden. Über biografische Bedeutung und sozialen Sinn von Ordnung und Anordnung, von Symmetrie und Harmonik, sagen weder schief hängende Bilder, noch die Beziehung zu Fettleibigkeit oder krumm herausgeschnittene Kuchenstücken irgendetwas aus.

Alle bisherige Geschichte, schreibt Marx, ist eine Geschichte von Klassenkämpfen. So auch die jeweilige individuelle Geschichte eines jeweilig konkreten Ordnungsbezugs. Den »Antifaschismus« sich nun darin austoben zu lassen, dass er krumme Formen, schiefe Optik und Unordnung propagiert und zwanghaft aufnötigt, um progressiven Bezug zur Weltoffenheit zu demonstrieren, zurrt »Antifaschismus« auf Political Correctness herunter und beraubt ihn seines roten Kerns, stets die organisierte Gegenwehr gegen Unrecht und Ausbeutung im Zentrum zu vertreten, was im Kampf gegen Antikommunismus und Gewerkschaftsfeindlichkeit allenfalls noch defensive Artikulation erhält.

Das Zentrum des Antifaschismus bleibt also nicht das angewöhnte Lippenbekenntnis zu allem Fremden, das zwanghafte Umerziehen zu krummen Formen und Unordentlichkeit, sondern die Emanzipationsoption gegen den noch fruchtbaren Schoß, aus dem das Rechtsextreme kroch: ein sinnlicher und gebildeter Widerstand gegen den Imperialismus. Brecht irritierte einst eine auf Unordnung eingeschworene linke Gemeinde mit seinem Plädoyer für Sozialismus als »die Ordnung« gegen die krisenhafte Unordnung des Kapitals. Aber mit seinen diesbezüglichen Einlassungen hatte er auch das subjektive proletarische Alltagsbewusstsein vor Augen, in dem Ordnung zum Überlebensprinzip geworden war.

Der Mensch, der sich gut fortbewegt, tut dies im Gleichgewicht seiner Kräfte. Aus dem Gleichgewicht geraten, ist demzufolge unproduktiv. Trotzdem erzeugen wir kulturell Zustände, in denen wir willkürlich aus dem Gleichgewicht geraten. In der Kunst delektieren wir uns daran, wenn es andere tun. Ordnung ist dem Besitzlosen die äußere Form, um die innere Verworfenheit, die Kapitalakkumulation über ihn bringt, überhaupt ertragen zu können. Diese Ordnung ist somit nie vollständig die Ordnung der Herrschenden, sondern auch ein eigener, selbst erwirtschafteter Raum. Diese Seite der Ordnung war für die sozialökonomisch darüberstehenden Ideologien stets eine Provokation.

Schönheit profitiert von der Ebenheit. Wer Knoten löst und entrümpelt, ist vom goldenen Schnitt und seiner Übersicht angezogen und steht wieder vor einem neuen Knoten. Diese Ebenheit spiegelt sich natürlich auch in den Tiergesichtern, die unsere Märchenwelt durchziehen. Disney hat im Laufe seiner Arbeit dies zu einer trivialen Meisterschaft getrieben, bei der alles Körperliche, jeder Geruch und alles Unrunde, gar Pornographie, nur noch verwirrt. Deswegen ist »Cinderella«, die völlige Entschärfung von »Aschenputtel«, auch Disneys Meisterwerk, wo zugehauchte Liebkosungen abseits aller Körpersäfte jede Unanständigkeit ersetzen. Ebenheit ist die Basis für Schönheit, der die Lust aber gleichzeitig zu widersprechen trachtet.

Die Suche nach Geborgenheit in der Zweisamkeit hat ebenfalls eine gewisse Parität zur ästhetischen Grundlage, die aber nicht immer als Interessenausgleich gelingt. Die Harmonie ist einerseits die perfekte Reproduktionssphäre, andererseits antipodische Korrespondenz mit disharmonischen Arbeitsprozessen. Disharmonie zwischen Produktivkräften und Produkt, den aktuellen Produktionsverhältnissen, bleibt dem Wissen zunächst vorenthalten und orientiert in der »Freizeit« auf Idylle. Je mehr diese harmonischen Nischen Biografie und Arbeitsumstände wieder- und widerspiegeln, je mehr Harmoniesucht aus disharmonischen Erlebnissen aufsteigt, desto mehr wirbeln diese Metaphern auch ihre Gegenteile mit auf: die Unebenheit, das Durchbrechen und das Unanständige.

Die bürgerliche Psychologie hat mit solcherlei nichts im Sinn. Für sie ist die Schönheit bereits vorgeburtlich eingeschreint, unveränderbar, also vom Affen zum Menschen transponiert. Daniel Haag-Wackernagel beginnt seine Studie für die Universität Basel mit folgenden Worten:

> Was wir als schön empfinden, ist weder Geschmackssache noch zufällig. Die Merkmale sexueller Attraktivität signalisieren Gesundheit, Vitalität und Fruchtbarkeit und haben sich im Lauf unserer Evolution als zuverlässiges Instrument herausgebildet, um potenzielle Geschlechtspartner zu beurteilen. Attraktivität wird in allen Kulturen sehr hoch bewertet, hat aber nicht immer Vorteile.
>
> Wir analysieren ununterbrochen andere Menschen, ohne es bewusst wahrzunehmen. Der Mensch ist ein Augentier. In Sekundenbruchteilen können wir die Gesichtsmerkmale eines andern analysieren und relativ zuverlässige Aussagen über Alter, Gesundheitszustand, momentane Stimmung sowie ethnische und sozioökonomische Herkunft machen. In einem Versuch waren Menschen bereits nach 33 Millisekunden in der Lage, über die Vertrauenswürdigkeit einer abgebildeten Person zu urteilen, und nach 167 Millisekunden war der Eindruck bereits so zuverlässig, dass die Testpersonen ihre Meinung in der Regel nicht mehr änderten. Der »erste Eindruck«, den wir uns von andern machen, bestätigt sich später oft, was für die Zuverlässigkeit dieses Erkennungssystems spricht. Doch wozu haben wir diese Fähigkeit entwickelt? […]
>
> Wackernagel fährt fort:
>
> Das Erkennen attraktiver Merkmale ist dem Menschen angeboren. Schon Neugeborene bevorzugen solche Gesichter und widmen ihnen mehr Aufmerksamkeit als weniger attraktiven. In Wahlversuchen hat man herauszufinden versucht, welche Gesichtsmerkmale vom Gegengeschlecht als attraktiv bewertet werden. Ein breites Lächeln, große Augen und hervortretende Wangenknochen wirken bei beiden Geschlechtern anziehend. Bestimmte Merkmale wie ein großer Augenabstand, eine große Augenbrauenhöhe oder eine dicke Unterlippe sind es nur bei Frauen.
>
> Besonders interessant […] sind Merkmale, die beim einen Geschlecht attraktiv, beim andern aber unattraktiv sind. Bei Frauen attraktiv und bei Männern unattraktiv wirken etwa eine große Oberkopfhöhe und weite Pupillen, bei Männern ist ein kräftiges Kinn anziehend, während es bei Frauen negativ bewertet wird. Symmetrische Gesichter werden als attraktiver bewertet als weniger symmetrische.

> Versuche mit höheren Tierarten zeigen, dass Männchen mit hoher Körpersymmetrie bei den Weibchen bessere Verpaarungschancen haben als weniger symmetrische. Eine hohe Symmetrie widerspiegelt eine stabile Embryonalentwicklung, die unter anderem auf einer Resistenz gegen Krankheiten und Parasiten und einer gewissen Toleranz gegenüber Toxinen beruht. Zudem kann eine hohe Symmetrie auf das Fehlen von schädlichen Mutationen hinweisen, die sich im Bau des Körpers und des Gesichts manifestieren. Symmetrie dient bei Tieren somit der Erkennung von gesunden und fitten Partnern.[157]

Die meisten Vorstellungen von Schönheit gehen im Grunde davon aus, dass der Mensch ein halb tierisches, halb historisches Wesen sei. Im »Forum kritische Psychologie« wird dieser Streit ausgetragen. Bernhard Uhrig insistiert gegen Ute Osterkamp: »Der Mensch ist kein Sphinx; und man kann ihn nicht aufteilen: halb Frau halb Löwe; halb Mensch halb Natur.«[158] Die jeweilige Schönheitsvorstellung wäre dann nämlich irgendwo grundlegend für ewig instinktiv angelegt oder vom lieben Gott eingehaucht. Dann könnte sie sich bestenfalls ein wenig modulieren lassen – je nach den offiziellen Vorgaben von dem, was in einer Gesellschaft als besonders abstoßend gilt. Die Grundlage des Schönen habe dann etwas Ewiges, über alles »Deformierte« Erhabenes, etwas gegen Historie Konserviertes, also konservatives.

Bliebe das so, wäre schön immer schön und hässlich immer hässlich. Die Schönen hätten ein durch keinerlei Humanismus relativierbares Privileg, es sei denn (eine Absurdität, die nicht ganz von der heutigen Genderei abweicht), der Staat verböte den Schönen nur mit ihresgleichen zu kopulieren und verordnete ihnen stattdessen eine gewisse Quote an Dicken, Kleinwüchsigen, Schiefgewachsenen, Pickeligen o. ä. Erst mit der historischen Beweglichkeit von Schönheitsidealen und vor allem der Auflösung ihrer gesellschaftlich verkrampften Fixiertheit käme echte Bewegung in die Sache und könnten die Hässlichen wahrhaft hoffen, als solche nicht mehr verworfen zu werden.

Dazu aber bedarf es methodisch einer Auflösung der Annahme, dass in unserer Genomik und Erbanlage ein Schönheitsideal schlummere (siehe Daniel Haag-Wackernagel in der Baseler Studie), das stabil mitwächst und sich allenfalls modifiziert erotisiere. In einer kurzen, aber heftigen Kontroverse mit Ute Holzkamp-Osterkamp wendet sich Uhrig dagegen, dass »sexuelle Bedürfnisse

157 https://www.unibas.ch/de/Aktuell/Uni-Nova/Uni-Nova-116/Uni-Nova-116-Attraktivitaet.html
158 Uhrig (1979), S. 178.

des Menschen durchgehend als in ihrem Wesen biologisch bestimmt aufgefasst werden.«[159] Somit wäre auch erotisierendes Äußeres nicht biologisch verfasst und trüge als historische Kategorie auch seine Auflösbarkeit in sich.

Wenn die Schönheit aber an das Hässliche im historisch-sozialen Leben antithetisch gefesselt ist, seine Wucht aus der Abgrenzung und Abwendung vom Hässlichen bezieht und dies Hässliche dabei also immer mittransportiert, dann muss es einen bestimmbaren Teil im Leben geben, wo sich diese oder jene Schönheit nach der Geburt als begehrte Vorstellung zu entwickeln beginnt.

Klaus Holzkamp wirft Lucien Sève vor, »die Erforschung der frühkindlichen Entwicklung der Zuständigkeit der Psychoanalyse zu überlassen.«[160] Allerdings liegt solches zunächst auf der Hand, weil die marxistische Psychologie sich besonders auf die Arbeit stützt und diese eigentlich erst (um den Jugendbegriff Lenins zu verwenden) mit dem Abschluss der Jugend mit der Berufsausbildung beginnt und in der Jugend eine Zurichtung darauf erfährt. Das Frühkind hingegen hat nur eine sehr (etwa familiär) indirekte Orientierung auf die Reproduktion. Dennoch dürfte Holzkamps Kritik zutreffend sein, denn selbst in den losesten Fäden des Säuglings sind bereits deren Anfänge und Enden (also die ökonomischen und anderen Umstände der Familie) historisch angelegt. In jedem Falle geht es also auch bei der Suche nach dem Grund von Schönheit um »eine inhaltliche Bestimmung der wesentlichen Züge der unmittelbaren Gesellschaftlichkeit individueller Subjektivität«.[161]

Wie wir bereits gesehen haben, bringen die Hormone einen gewissen Drive hervor, ohne allerdings beim Menschen zum Verhaltenspräjudiz oder gar zum biologisch-pseudowissenschaftlichen »Freifahrtschein für unentschuldbare Übergriffigkeit« zu werden. Die vom Testosteron bewegte Erkenntnistätigkeit der Sinne hat mehr offensive Aktivität, während die von weiblichen Hormonen stimulierte eine sensiblere Rezeption verzeichnet. Das ist sehr grob unterschieden. Aber mit dem Hormon und besonders mit dessen Anstieg schwingt ab ungefähr dem 10. Lebensjahr in der männlichen Wahrnehmung mehr Transivität (sie greift eher hin beim Sehen, wirkt in Gedanken eher ein, betont aktiv-bläulich schwächere Kontraste, hält schnelle Bewegungen an, um sie »fest«zuhalten) und in der weiblichen mehr Retransitivität (sensibler beim Riechen, sie spiegelt mehr zurück beim Sehen, bildet in wärmeren Tönen ab.). Was passiert aber nun, wenn ein junger

159 Ebd., S. 177.
160 Holzkamp (1979), S. 41.
161 Ebd., S. 37.

Mann eine flauschige Katze, ein treudoofes Pony, eine Plüschmaus sieht oder sein Schwesterchen oder die Mutter mit Ausformungen? Entweder er weiß mit seiner Erotik (die das Erkennen ja gleichwohl untermalt) nix anzufangen und/oder er ist durch räumliche Trennung eines Käfigs, Entfernung, gesellschaftliche Regeln wie Inzestverbot, staatliche Verbote oder andere Tabus davon abgetrennt. Dann kommt ihm das Bild dennoch nahe, verbleibt also nicht nur im Vorhof sachlicher Begriffsbildung. Aber so wächst es sich zu einem entfernten Sehnen nach Katze, Maus, Pony, Mutterfigur, Kindfrau aus. Schönheitsideale sind zwar noch nicht vollzogen, aber angelegt.

Was geschieht mit diesen »Geschmackskomponenten«, wenn die Arbeit besonders hässlich ist und nach ästhetischer Kompensation und Evasion verlangt? Das Kinderbilderreich erhebt sich gegen das Jetzt. Das Geborgene birgt im Verborgenen die antipodischen Vorstellungen, gegen Gezacktes das Runde, gegen die übergroße, verletzende Fratze das süße Kätzchen. Alles das nicht abseits erotischer Untermalung, sondern stets mehr oder weniger pornographisch. Schönheit – auch die reinste, sachlichste – ist immer also im historischen Fluss, nie unbeeinflussbar und nicht in der biologischen Natur fixiert. Das heißt natürlich keinesfalls, dass ein vorschneller manipulativer Eingriff, ähnlich dem Gendern und der Political Correctness, die Sprache der Herzen für falsch befinden und auslöschen kann. Auch wenn sich Schönheitsideale lange und träge erhalten, sie sind materialistisch und mittels der gesellschaftlichen Dialektik aufzustöbern, also keinesfalls überall und »ewig auch unbelehrbar«.

Scham und Tauschwert

»Erotik ist die Überwindung von Hindernissen. Das verlockendste und populärste Hindernis ist die Moral«, formulierte Karl Kraus. Pornographie ist zunächst eine sachliche, nicht moralisch gewertete Titulierung. So wie der Begriff »Kultur« moralisch unbewertet eine besonders systematisierte Art bezeichnet, wie Menschen ihre Lebensgewohnheiten pflegen, bezeichnet Pornographie die Abbildung sexueller Momente. Sie bezeichnet Darstellungen und Vorstellungen, die mehr oder weniger direkt mit sexuellen Handlungen verbunden sind, ob sie nun sexuelle Handlungen bebildern oder diese als innere Vorstellung synchron begleiten. Denn es gibt keine menschliche sexuelle Handlung ohne diese innere Begleitmusik aus pornographischen Bildern. Jeweilige pornographische Vor- und Ausstellungen, also innere oder äußere Bebilderungen, hängen in einer Gesellschaft immer auch mit deren inneren sozialen Konflikten und Gefällen zusammen. In der Regel ist die innere pornographische Untermalung der Phantasie vorzugsweise aus einer antithetischen Fesselung an Erlebnisse der Vorzeit zu erklären, die aber damit nicht nachhaltig suspendiert werden.

In früheren Gesellschaften, besonders des europäischen Südens, war die öffentliche Zurschaustellung sexueller Handlungen viel üblicher, als in den Zeiten nach der Überdeckung sexueller Gepflogenheiten durch die diktatorischen katholischen Sittenherrschaften. Gleichzeitig aber deuteten noch im alten Rom, vor der antisexuellen Wende, direkte Ausmalungen weiblicher und männlicher Geschlechtsorgane auf Luxus und Privileg gegenüber den Unteren. Während die Unterdrückungsphasen sexueller Lust (besonders mit dem Faschismus und dem Postfaschismus der Adenauer-Ära in Westdeutschland) bestimmte Höhepunkte zeitigten und heute ebenfalls mit religiösen Diktaturen neuen Auftrieb erleben, müsste das subversive »Privileg« in seiner Heimlichkeit dem öffentlichen Anstand als dem Ausdruck der staatlichen Ordnung abgetrotzt werden. In äußeren Bildern wie in Kabinen, Heften, Filmen oder in Literatur ist Pornographie zunächst dennoch immer eine individuell innere Vorstellung. Sie sagt noch nichts über ihren Rang innerhalb der gesellschaftlichen »inneren« Vorstellungen.

Wie bereits beschrieben: Mit der Ausgrabung von Pompeij 1850 fanden erstaunte Archäologen direkte pornographische Ausmalung an Wänden von vornehmen Wohnzimmern und öffentlichen Gebäuden. Erst jetzt wurde das weltweit verbreitete Phänomen der pornographischen Darstellung zum Interesse bei Ausgrabungen – und verschämt eingestanden. Zumal diese ordinären Darstellungen keinesfalls in unteren, »ordinären« Schichten, sondern innerhalb der Besitzenden zum Zierrat geworden waren. Für einige wenige Wissenschaftler lag die Interpretation nahe, dass diese Pornographie überhaupt nicht heimlich war. Sie diente sogar als protzendes Privileg, als Zurschaustellung von Luxus. Der halbe Reaktionär Martin Luther schlug die Hände über dem Kopf zusammen angesichts der Zügellosigkeiten und Multikulturalitäten im Rom des Vatikans. Er kehrte zurück in sein Thüringen und wetterte fortan gegen die römischen Ausschweifungen. Der Streiter für die Befreiung vom Ablasshandel war gleichzeitig ein Bekämpfer der sexuellen Offenheit, des Zusammenlebens von Religionen, der »moralischen Verkommenheit« in der Vatikanstadt – wiewohl die katholischen Gouverneure in Deutschland viel reaktionärer waren als die ersten LutheranerInnen.

Die Pornographie kam bei Katholiken und Protestanten gleichermaßen unter die Räder – mit dem Verbot von Masturbation und Prostitution und mit unhaltbaren Drohungen für die Verwahrlosung von Körper, Geist und Gesellschaft beim Pornokonsum. Aber in Wirklichkeit führt dieser Genuss noch nicht einmal bei der Jugend zu mehr oder verfrühtem Sex. Sexualwissenschaftler Alexander Hill meint im WDR-Wissenschaftsfernsehen sogar, »sexuelle Skripte in gehobener Pornographie könnten die Geschlechterrollen erweitern helfen«.[162] Nicht gemeint damit ist sicherlich so was wie der trivialordinäre Klassiker »Unterm Dirndl wird gejodelt«. Auch Susan Sontag plädiert für anspruchsvolle Pornographie und nennt dafür gute Beispiele, z. B. »Die Geschichte der O.«.

Religiöse Feudalregimes hatten andere Unterscheidungen: nicht vertikal »trivial oder feinsinnig«, sondern horizontal »schmutzige Freuden für die feinen, keine solchen Freuden den kleinen Leuten«. Sie verbanden mit ihren Verbotsstrategien gegen freizügig artikulierten Sex die Hoffnung, libidinöse Strömungen umleiten und auf ihre Ikonen kanalisieren zu können (für Freud der Prototyp der »Sublimation«). Die Kirche vermochte hysterische Ohnmachtsanfälle (bis zum Blutaustritt der Therese von Konnersreuth u. ä.) beim Anblick von Heiligen und des Gekreuzigten zu produzieren, von denen Starkultmacher in der »Beatlemania« nur träumen durften.

Aber ist Freuds Libido tatsächlich eine fixe Materie, die hin und her zu kanalisieren ist, eine kopflose Energieströmung, der man wahllos »sublimierend« ein unterschiedliches Objekt vor- und aufsetzen kann? Ist »das Objekt der Begierde« austauschbar und nicht auch von den gesellschaftlichen Erlebnissen vorgezeichnet,

162 https://www1.wdr.de/mediathek/video/sendungen/quarks-und-co/video-die-art-der-pornografie-100.html, Die Wissenschaft der Pornographie, 14. 03. 2017, *WDR/Quarks*, verfügbar nur bis 14. 03. 2022.

damit auch geprägt von den sozialen und biografischen Widersprüchen des jeweiligen Subjekts? Bleibt die Grundtragödie der kapitalistischen Klassenunterdrückung nicht zumindest subtil unterbewusst in Spurenelementen mitgefühlt: als Entfremdung, als psychische Dauerspiegelung der Enteignetheit der Werktätigen von allem Produzierten und allen Produktionsinstrumenten, die sie selber anfertigten? Warum sollen libidinöse, pornographische Vorstellungen in ihrer Entstehung aber von sozialer Wirklichkeit ausgenommen sein? Wenn doch alle Vorstellungen einerseits Rezeption des Äußeren sind und andererseits Kompensation der innewohnenden Widersprüchlichkeit und Frustration? Also einerseits geistige »Nahrungsaufnahme«, aber auch andererseits aufsteigende Phantasieblasen aus der »geistigen Verdauung, zu denen Träume, Kunst, Rauschzustände, Religion und Pornographie gleichermaßen gehören«? Es ist doch ausgeschlossen, dass dauerhaft im betrieblichen oder reproduktiven Umfeld erlebte Demütigung und Züchtigung nichts mit einer pornographisch vorgestellten Demütigung und Züchtigung zu tun haben. Aber die Ganglien des einen zum anderen sind von den vielen und großen Fragen umlagert, die die gesellschaftliche Erörterung – von Wissenschaft ganz zu schweigen – scheut oder mit plumpem Biologismus aus der »angeborenen Aggression«, dem »Mutterinstinkt« und dem »Fortpflanzungstrieb« meint ableiten zu können. Auf die Frage, wie Träume, Pornographien und ähnliche Vorstellungen im Einzelnen aus konkreten sozialen Widersprüchen und Biografien gespeist werden, wollen wir später noch zurückgekommen.

An dieser Stelle sollten erst ein paar Bemerkungen gemacht werden, die vordergründig wie Einschränkungen aussehen gegenüber unserer These, dass alles Denken, alles Sprechen des Menschen auf die biografische Tätigkeit und die gesellschaftliche Arbeit gerichtet sind und korrespondierend von dort geprägt werden. Wenn auch die generelle Tendenz der Sprachbildung auf die biografische Tätigkeit (Arbeit, Erholung, Berufsbildung, Spiel als Experiment, künstlerische Betätigung) ausgerichtet ist und somit auf gesellschaftliche Arbeit, so ist nicht jede sprachliche Äußerung vordergründig an dieses Ziel »Arbeit« geheftet. Besonders Geschwätz ist keine Sprachentwicklung der Produktionsentwicklung an und für sich, sondern eher deren Ablenkungsmanöver, was dann allerdings doch noch besondere, »negierende« Spuren des Arbeitsalltags trägt: statt realer Selbstermächtigung lediglich die Fiktion von Selbstermächtigung. So trägt imaginierte Omnipotenz oft ungewollt den Blütenstaub der jeweils erlebten Ohnmacht. Die ihr untergeordneten Plaudereien sind nur als von ihr abgeleitet zu untersuchen. Die Sprache selbst würde auf der Stelle treten und absterben und mit ihr das korrespondierende Denken, wäre sie nicht produktiv und auf Produktion angelegt.

Auch die Vorstellungen, die Phantasien, Bilderfolgen, Tag- und Nachtträume, soweit sie nicht zur Sprache finden können oder noch nicht zur Sprache gefunden haben, tragen die Merkmale einer »Arbeitsorientierung« nicht vordergründig auf der Stirn. Weder Traum, noch unwillkürlich pornographische Vorstellungen (im Unterschied zu willkürlichen, etwa Gemälde oder Pornofilm) ordnen sich der Logik der Produktionsverhältnisse und Produktivkraftentwicklungen direkt unter. Sie sind ihr vielmehr gegenläufig. Träume zum Beispiel sind deswegen so unlogisch gemischte Bildmontagen, weil sie in Versteckspiel, Tarnung und Umgehung der Kontrollzentren im Hirn geschult sind. Dies gilt vor allem für pornographische Träume, die vorrangig im Widerspruch zum gesellschaftlichen Anstand entstehen, weshalb eine Liebesbeziehung den Zauber in ihrem Anfang immer aus einer Art Beglaubigung durch den »Notar Unanständigkeit« bezieht.

Es wäre also ein zu linearer Materialismus, alles Sprechen, Denken und Vorstellen auf die gesellschaftliche Arbeit zu beziehen. Vieles davon entsteht aus ihr, ohne aber direkt auf sie bezogen zu sein. Wir haben den Vorgang verglichen mit aufsteigenden Blasen beim Verdauungsprozess, um es anschaulich zu machen.

Die innere Sprache bei Wygotski rangiert wie ein Bindeglied zwischen Denken und Sprechen. Sie ist entfalteter als das reine Denken, aber noch nicht so entfaltet, wie das äußere Sprechen und Schreiben. Gilt das aber auch für jene absonderlichen Menschen, die (ohne ein iPhone im Ohr) oft randalierend laut auf der Straße mit sich reden? Gilt das für jedes Selbstgespräch, für jeden Schmerzensschrei, für jedes Gelächter? Es dürfte auf der Hand liegen, dass zwischen innerem Sprechen und Selbstgespräch eine große Überschneidung, aber keine Kongruenz besteht.

Das innere Sprechen ist zwar vorzugsweise unphonetisiert, kann aber auch durch Selbstgespräch nach außen gewendet werden. Dazwischen sollten aber Unterschiede gemacht werden, wie beim lauten und beim tonlosen Lesen eines erkenntnisreichen Textes. Auch beim Selbstgespräch, beim unwillkürlichen spontanen Laut (Schmerz, Spaß) und beim inneren Sprechen ist der Gebrauch der Sprache nicht unbedingt ausschließlich nach vorne, auf Handlung, auf die nächste Arbeit orientiert, sondern von ihr »zurückgeworfen«. Dasselbe gilt auch für die Vorstellungen, die im Traum oder in der Pornographie und anderer Phantasie stattfinden. Es ist der unwillkürliche oder künstlerisch willkürliche Prozess, sich Defizite, Notlagen, Schmerzen, Ängste und Ärger verfügbar zu machen. So wie man im dunklen Keller pfeift, man »So ein Scheiß!« sagt, wenn etwas misslingt oder »Sie liebt mich doch!« angesichts einer kalten Schulter. Es hat etwas von der Höhlenmalerei unserer Vorfahren, die meinten, damit bedeutende Wettereinbrüche zumindest zum Teil hervorzurufen. Diese darstellende Wiedergabe in eigener Erreichbarkeit ist durchaus mit den Merkmalen einer inneren Sprache ausgestattet, sich Diskrepanzen in den eigenen Verfügbarkeitsradius hinein zu malen, zu sprechen, zu singen, zu flüstern oder zu träumen.

Das nicht Eingelöste in Arbeit und Gebrauch wirkt auf die Sprache zurück, wo sie auf Gebrauch und Arbeit orientiert ist. Die davon ausgelösten Vorstellungen sind eine notwendige Begleiterscheinung gesellschaftlicher Tätigkeit, auch wenn sie ins Intimste versetzt werden. Bewältigung ist also ein doppelseitiger, in sich widersprüchlicher Prozess. Neben der reinen Erkenntnis wird mit dem Erleben und Erleiden ein gegenläufiger, aber der Not entsprechend kompensatorischer und therapeutischer Bedarf mitproduziert. Beim Ausdruck logischer Zusammenhänge werden unterschwellig sinnliche, weit weniger logische Vorstellungen mit »(her)ausgedrückt«.

Der Laut des Lachens ist mit der reinen biologischen Funktion des Hustenreflexes nicht identisch, weil Letzterer keinerlei Gesellschaftlichkeit aufweist. Die meisten Witze beherbergen eine Enttabuisierung. So würde ein hochvornehmer, reich auftrumpfender Zylinderträger, der in den Matsch fällt, für das sogenannte gemeine Volk zum herzhaften Lachen führen. Eine arme, alte, gehbehinderte Frau im selben Matsch liefert weniger Grund zur Schadenfreude.

Das Trauern, das immer auch die Trauer um sich selbst und um den eigenen Verlust einschließt, ist Folge eines übermächtigen bedrohlichen Geschehens, das mit einer eigenen (Trauer)Arbeit bewältigt wird. Dazu dient auch die Beerdigungszeremonie, das herzhafte Singen und Weinen. Durchdringt bei der ersten Todesnachricht der Schmerz noch das Denken, durchdringt mittels der Trauerarbeit und der Zeremonie das Denken den Schmerz, um ihn zu beherrschen. Die Unfassbarkeit macht der Fassbarkeit Platz. Diese entgegengesetzten Entwicklungen produzieren Albträume, erlösende Träume, Vorstellungen.

So etwa darf man sich auch die Entstehung der Pornographie aus dem Widerspruch zwischen der geselligen Zuneigung und der völlig intimen Sehnsucht, zwischen Scham und Unanständigkeit denken. Pornographische Vorstellungen diskriminieren oder gar verbieten zu wollen, kann im extremen Einzelfall zwar notwendig sein, produziert aber in der generellen Tendenz die riskante Struktur subordinierter Entäußerung und Abdrängung ins Subversive, das sich dann oft asozialerer Mittel bedienen muss. Zumal, wenn Zuneigung und Sehnsucht mit der Entfremdung in der Arbeit und anderen schwerwiegenden gesellschaftlichen Notlagen korrespondieren und die dadurch sich einstellenden pornographischen Vorstellungen um die spielerischen Potenziale gebracht werden. Faschistische, reaktionär islamische und katholische Hegemonien diktieren der werktätigen

Bevölkerung mit den Verboten von Schwangerschaftsabbruch, Ehebruch, Homosexualität und offener Kommunikation das »Zurück der Pornographie in die Fortpflanzung«, räumen sich selbst aber alle bigotten Lustbarkeiten ein und errichten ein Regime aus Angst, Komplexen und Neurosen, das die kreativ-intelligente Produktivität hemmt. Mancher feministischen und antisexistischen Propaganda sollte auf diesem Hintergrund mit gründlicher Skepsis begegnet werden.

Es geht also darum, die pornographische Vorstellung sachlich und ohne moralische Wertung einzuordnen, zunächst ohne zu bewerten, wie libidinöse und pornographische Vorstellungen einhergehen mit einem in der Rockmusik gewünschten »I wanna lose control«, also einem Zustand abseits der staatlichen Verbotsschilder und einem gleichzeitigen Kontrollverlust (korrespondierend mit Dopamin, das ebenso bei Drogenkonsum ausgeschüttet wird).

Aber zuerst soll es hier um die funktionale Rolle der pornographischen Vorstellung auf dem Weg zur sexuellen Handlung gehen. Die Produktion von Vorstellungen und die Funktion von Scham und Pornographie bewerte ich hier zunächst bei Männern, weil diese mit etwas einfacher zu definierenden pornographischen Vorstellungsmodi ausgestattet sind. Sehr grob gerastert durchläuft die Vorstellung bei »Liebe« oder »Liebesbeziehung« drei Phasen, in denen jeweils die Scham (als molekularer Systemabdruck der jeweiligen Gesellschaft und deren jeweiligen Anstandsregeln) eine entscheidende Rolle spielt. Die Durchbrechung der Scham obliegt, oberflächlich betrachtet, schwerpunktmäßig dem Mann, wenngleich daraus nicht mechanisch die Unterdrückung der jeweiligen Frau gefolgert werden kann, denn das Spiel mit Scham ist zumeist ein Wechselspiel mit Reiz und Scham, ein unausgesprochenes Joint Venture.

Die erste Phase ist die Erotik, eine libidinöse Aura voll vage schwirrender Reize und unfokussierter Sexappeals, noch abseits einer konkreten Kontaktanbahnung. In dieser Etappe der Erotik dominiert noch die Scham, aber bereits im Widerstreit mit Sex, wenn auch noch nicht mit direkter Sexualität. Der pornographische Anteil ist noch indifferent, begehrt aber auf gegen die Scham und misst sich mit ihr. Es ist die Eröffnungsphase am Spielbrett.

Das jugendliche Stadium nach der Erotik ist das körperlichere der Pornographie. Hier dominieren weniger schamhafte Vorstellungen und eine direktere sexuelle Abbildung. In ihr überwindet der Sex, schon Sexualität werdend (deren Primärorgane, ja schon rein körperlich in der Nähe des Anus platziert, nicht eben die höchste Anständigkeit und Reinlichkeit ausstrahlen), die Rituale der Scham. Sexualität setzt sich über die Scham in der Vorstellung hinweg, beschmutzt sie oder beginnt anders spielerisch zu manipulieren. Insofern ist auch die bildliche äußere Darstellung der Sexualität hier nichts anderes als eine nach außen gewendete, innerliche Vorstellung. Das Innere und das Äußere der Vorstellungen werden dabei gleichermaßen mit dem Begriff Pornographie tituliert. Die sexuelle Handlung selber ist ohne ein Mindestmaß an pornographischer Vorstellung bei Menschen nicht möglich, selbst wenn die Handlung, z. B. als Masturbation, noch so mechanisch abläuft, ruft sie verschwommene Vorstellungen hervor, die sie begleiten.

Erotik als erste Ansprache ist darum nur unterschwellig pornographisch. Die pornographische Phase danach fokussiert auf konkrete Figuren, dominiert die Scham. In der sexuellen Handlung selbst wird, dann drittens, die Scham pornographisch lustvoll durchbrochen. Natürlich gibt es facettenhafte Übergänge zwischen diesen drei Phasen Erotik – Pornographie – sexuelle Handlung. Aber durch diese grobe Phaseneinteilung lässt sich der Widerstreit mit der Scham übersichtlicher machen.

Bei den meisten Frauen scheint die Scham in der Phantasie noch länger die Oberhand zu behalten und dazu ein Bündnis mit den defensiveren Wirkungen der beiden weiblichen Hormone einzugehen. Die Phase 1 bei der Anbahnung, also die diffusere, vage Erotikphase ist wesentlich ausgiebiger und dauerhafter. Die eigentliche pornographische, also die zweite Phase, wird von anderen Körperteilen bebildert, ist aber nicht weniger schamlos als beim Mann und leitet auch hier zu einer sexuellen Handlung über, die während des Vorspiels von indirekteren Bildern als bei Männern begleitet wird. Frauen spiegeln sich intensiver und umfänglicher in den männlichen Reaktionen wider, während Männer ihre Ergebnisse wesentlich enger aus der unmittelbaren Einwirkung auf die beiden Geschlechtsorgane ablesen. Trotz der erheblichen Unterschiede in ihrer inneren Ästhetik können wir im Durchschnitt bei Frauen und Männern von diesem Dreiphasenmodell bei der Liebesanbahnung ausgehen.

Die Disparität von 72 % pornokonsumierenden Männern gegenüber 28 % Frauen (laut *WDR*) sagt also weder etwas über eine biologisch imprägnierte Aversion von Frauen gegenüber sexuellen Abbildungen und Vorstellungen, noch etwas über eine letztendliche Zufriedenheit von Männern mit dem disparitätisch männerorientiert angebotenen Filmstoff- und Marktangebot aus. Ich jedenfalls habe noch keinen Mann getroffen, der »Die Geschichte der O.« oder feministische Pornoproduktionen (z. B. aus dem mutigen Konkursbuch-Verlag von Claudia Gehrke) abgelehnt hätte. Nur: Männer nehmen halt auch mit trivialeren Angeboten als Grundreiz vorlieb. Zumal auch in diesem Marktsegment elaboriertere Produkte in der Herstellung aufwendiger und teurer sind. Das darf aber niemanden berechtigen, nicht auch für Männer einen höheren Genuss bei aufwendigerem Storyangebot kategorisch auszuschließen. Eine Sendung im *WDR* behauptete, weil Männer im Durchschnitt auch mehr Fleisch konsumierten, würden sie dies auch beim Porno tun, während Frauen dagegen mehr Kleider und Wort im Porno benötigten. Auch bräuchten Männer mehr Abwechslung bei den Figuren im Film, während Frauen mehr Abwechslung bei den Geschichten bevorzugten. Wer die *WDR*-Dokumentation und die angeführte Beweisführung genauer anschaut, wird hingegen für diese einfachen biologiereduzierten Thesen nur simples Pornomaterial im klinischen Versuch finden. Da der Warenfetisch Scham nirgends zum Untersuchungsgegenstand wurde und weil nur von der direkten Anziehungskraft von Schamlippe, Brustwarze und Penis ausgegangen wird, bleibt die Messung auch dem Körper verhaftet und somit self-fulfilling prophecy. Man hätte sie sich auch sparen können. A rose is a rose – und Fleisch ist Fleisch. Und Männer sind halt Männer. Sie rasen mit gesenkten Hörnern & Co nur auf das los, was bei Frauen mit dem Beiwort »Scham« belegt ist.

Wenden wir uns lieber der heilsamen Wirkung des Pornos auf die in der Jugend, Arbeitswelt, Familie erlittenen Seelenschäden zu. Kompensatorische Defragmentierung in der Vorstellungswelt und Phantasie durch Pornographie haben nämlich durchaus auch biologische Dispositionen in den unterschiedlichen Ausgangspositionen der Geschlechter zu beachten. Männer bringen zur Seelenreparatur, an der die Pornographie erheblich beteiligt ist, mehr sexualdisponierte »Drive-Gefühle« in Korrespondenz mit ihren jeweiligen sozialen Alltagsproblemen ein als Frauen. Eine junge Mutter benötigt für ihre Seelenreparatur die Projektion auf ihr Baby, also eine wesentlich weniger offensiv angelegte »Gefühlsmasse«, um sich ausbalancierter, selbstbewusster und resistenter zu fühlen. Somit ist auch hier der weibliche Bedarf an Pornographie herabgesetzt gegenüber dem »werdenden Vater«.

Wer sich mit dem psychischen Ausweichmanöver der persönlichen und kollektiven Verdrängung sowohl beim Individuum, als auch bei größeren Bevölkerungsgruppen befasst, kommt zu dem Eindruck, dass sich offensichtlich gesellschaftlich und gesamtbiografisch (inklusive der Klassenbeziehungen) ungelöste Problemstrukturen in die Sexualität und damit in die Pornographie einlagern, um dort lösbarer aufzuscheinen. Mit den Arbeitsverhältnissen der Menschen verändert sich deren Sexualität grundlegend und »entfremdet« den Fortpflanzungstrieb von der tierischen Sexualität. Die menschliche Sexualität bietet das ontogenetische Gesamtbecken zur Auspufferung, Linderung, Zuspitzung, Verfügbarmachung, Lustwendung von Lustlosem, Unlustbearbeitung von Verspottetem, Schattenbild einer beleuchteten Unannehmlichkeit für die gesamtbiografische und geschichtliche Regiefähigkeit.

Insofern sollten wir uns noch mal der Theorie von Ágnes Heller zuwenden, um zumindest eine von sogenannten Freudo-MarxistInnen oft verwendete Unlogik kenntlich zu machen. Ágnes Heller war die erste, die den Begriff der Gefühle und Bedürfnisse in eine von objektivistischen Interessenlagen völlig überzeichnete, marxistische Rezeption einbrachte. Das ist ihr ewiger Verdienst als Schülerin des gigantischen Humanisten Georg Lukács. Sie überwindet den Ökonomismus in ihrer MarxistInnen-Generation, die reine Interessenslagen ökonomisch definierter Klassen zum monokausalen Entstehungsgrund von Gefühlen überhöht hatte. Dem hält sie menschliche Bedürfnisse als relativ eigene Größe wunderbar mutig entgegen und trotzt damit der Subjektivität neuen Raum ab. Das entfaltet sie jedoch manchmal leider nur halbherzig oder besser »halbgeistig«, weil sie dem Objektivismus einen statischen Subjektivismus entgegensetzt. Bei ihr erscheinen Gefühle und Bedürfnisse am Ende nicht als Dynamik gesellschaftlicher Klassen in von den Produktionsverhältnissen bestimmten Klassenkämpfen, sondern subjektiv herausgefiltert und abgeschieden.

Für Nichtphysiker ist im Streit der Physiker um Albert Einstein, Max Planck, Niels Bohr, Werner Heisenberg u. a. von besonderem Belang, dass eine Theorie, die auf der Seite der Theoriemacher wie auf der Seite des gedeuteten Gegenstands Raum und Zeit außer Acht lässt, somit also Weltteile in Statik zu fassen versucht, an ihrem Gegenstand notwendigerweise vorbei zielt, weil der Gesamtzusammenhang sich ständig und auch während der Versuchsanordnung in Raum und Zeit bewegt. Das größte wie das kleinste Teil schwingt und bleibt eben immer in Bewegung.

Einen psychischen Zustand oder eine Erkrankung ohne Zeit und Raum diagnostizieren zu wollen, schlägt als Defizit auf die Therapie durch. Eine gesundheitliche Veränderung ohne ihre Prozesshaftigkeit, also Verfall und Erneuerung von Zellen, Umgang mit der eigenen Biografie und Klassengeschichte, Arbeitsanforderungen im Betrieb, Stimmungen etc. zu bestimmen, gelingt nur mit dieser Einschränkung. Ohne unmittelbare räumliche Umgebung (Produktionsverhältnisse, Temperaturschwankungen, häusliche Hygiene, Schlaf und Ernährung) zu einer nachhaltigen Heilung gelangen zu wollen, ist unrealistisch. Das ist die fundamentale Schwäche an Ágnes Hellers Theorie der Gefühle und ihrer »Theorie der Bedürfnisse«. Sie fasst Bedürfnisse und Gefühle oft statisch, löst sie aus den Klassenkämpfen heraus, also aus der spezifischen Prägung durch die jeweiligen Klassen und aus der Geschichte, und spricht so den Gefühlen grundsätzliche Progression ab.

Dabei weiß sie es besser:

> Ohne Arbeit als gesellschaftlichen Auftrag gibt es im Leben der Mehrheit der Menschen keine Aufgabe und dadurch hat der Wille kein Objekt mehr; es gibt dann kein Ziel, dessen Mittel man finden und anwenden muß, in dessen Interesse man die entsprechenden Gefühle mobilisieren, andere aber in den Hintergrund drängen soll; der Wille reduziert sich zum bloßen Wunsch.[163]

Kaum aber wendet sie sich einem einzelnen Bedürfnis zu, wird es allgemein, nicht mehr in konkreter Zeit-Raum-Entfaltung gefasst: »Das Bedürfnis nach Befriedigung des Gefühls der Ermüdung, das Schlafbedürfnis, bildet bekanntlich die untranszendierbare Grenze in der Produktion des absoluten Mehrwerts in der extensiven Phase der kapitalistischen Industrialisierung.«[164] Wie sich aber das Schlafbedürfnis auf den vergangenen Arbeitstag und dessen Verhältnisse bezieht und der Schlaf diese spiegelt, Unerfülltheiten und Fragmentierungen im Traum ausgleicht, fehlt bei ihr als historische Beziehung des menschlichen Schlafs zu den unmittelbaren Produktionsverhältnissen.

Marx spricht von »animal spirits«, Heller von »Drive-Gefühlen«. Tomkins grenzt den Trieb (Grundelement von Drive-Gefühl) vom Affekt ab. Beide sind nicht kulturell erworben, sondern genetisch programmiert. Für den Affekt führt Tomkins sechs Prototypen auf: Interesse, Vergnügen, Überraschung, Leid, Ärger und Angst. Der Affekt sei in seinen Ausdrucksformen neuronal fixiert und nicht gelernt, was Tomkins an der ähnlichen Mimik blind geborener Kinder belegen möchte. Was allerdings menschliches Denken und Sprechen an den Beweggründen und den Bewegungsformen der Affekte gesellschaftlich zurichtet und neu formatiert, ist bei Tomkins nicht zu Ende gedacht. Sicher löst ein Stich in die Handfläche spontan eine ähnliche Gesichtsverzerrung bei allen Menschen aus. Aber schon ein bewusster Vorsatz – »ein Indianer kennt keinen Schmerz« – bringt diese Determinante zum Schwanken. Dies trifft auch auf Drive-Gefühle zu.

Die Begriffe Trieb und Affekt, Drive-Gefühl und animal spirit sind eigenartig unscharf in Bezug auf die Frage, ob ein in der organischen, tierischen Natur angelegter Trieb so in die menschliche Gesellschaft und Triebgenetik übernommen werden kann. Was mit dem Trieb passiert, wenn sich der Mensch mit ihm auseinandersetzt, bleibt unscharf:

163 Heller (1980), S. 283.

164 Ebd., S. 94.

> Die auf die Drive-Gefühle aufgebauten gesellschaftlichen Ko-Determinanten heben nämlich den Drive Charakter des Drives nicht auf: wenn auch die Drive-Gefühle mit Affekten, Orientierungsgefühlen, sogar mit Emotionen kombiniert werden, bleiben ihre distinkten Merkmale doch bewahrt: die auf Drive-Gefühle aufgebauten übrigen Gefühle haben solche gemeinsamen Merkmale, die sie von denen, die nicht auf Drive-Gefühle aufgebaut worden sind, unterscheiden.[165]

Damit nimmt Ágnes Heller einen tierischen Trieb und »baut darauf« Co-Determinanten. So bliebe der tierische Trieb in diesem additiven Aufbau erhalten. Gerade der Hinweis, dass die menschliche Gesellschaft den Trieb nicht im Hegelschen Sinn aufhebt, sondern nur komplimentiert, führt zur Statik. Nach Tomkins zeigen die Drive-Gefühle als Signale des Organismus, dass im Organismus etwas nicht in Ordnung und die biologische Homöostase (= Gefühlsbalance) in Gefahr ist, zusammenzubrechen, wenn zum Beispiel sexuell-biologischer Abrieb nicht erfolgt und die Gesellschaft dies erleichtert oder verweigert. Der Trieb bleibt aber stets derselbe. Biologie (Hunger, Durst, Schlaf, Fortpflanzung) und Geschichte ergeben eine beziehungslose Dualität anstelle einer neuen mehrpoligen Qualität. Der Mensch formatiert sich aber in seiner Freizeit Hunger, Durst, Schlaf, Fortpflanzung derart, dass er der Fragmentierung in der Nichtfreizeit sehr spezifisch entgegenwirkt. Nicht einmal ein Laster bleibt von der Lästigkeit unreflektiert.

Würde das Konstrukt von den Co-Determinanten stimmen, bliebe damit im Menschen der sexuelle Trieb – die Samenblase hierzu der Harnblase und deren imperativen Drang nachgebildet – neben und mit der gesellschaftlichen Co-Determinante zwar zusammengepackt, aber als solche autonom in Rohform und Inhalt vorhanden. Die Sexualität würde dann zwar an ihren Hörnern irgendwie von der Gesellschaft als Co-Determinante gezogen, aber sie bliebe weiter als Tier vorhanden. Dann wäre schlussendlich nicht die Frage, warum so viele Männer masturbieren, sondern warum es so wenige sind. Und warum sich so viele dem teuren Spaß der erotischen Geselligkeit unterziehen, um zum Orgasmus zu gelangen.

Wir untersuchen hierzu einmal jene Männer, die es nicht lassen können, Prostituierte aufzusuchen. Dieses Ereignis erfolgt in höchstmöglicher Abgeschiedenheit und damit abgeschirmter Individualität. Wer die Statistiken der Prostituiertenbesuche mit jener Zahl von Männern abgleicht, die häufigen Puffbesuch

165 Ebd., S. 92.

eingestanden haben, wird nachvollziehen, wie die Prostitution das verschwiegene Spiegelbild suggerierter Mächtigkeit in der überhöhten Individualität und Abgeschiedenheit zum Geschäftsmodell gemacht hat. Warum gibt ein Mann aus dem Dorf das letzte Ersparte her, um in der Stadt eine Prostituierte aufzusuchen? Warum lädt er sich eine teure App runter, wenn doch der pure Handbetrieb preiswerter zur selbigen Entspannung führt? Denn wenn es rum ist, denkt doch jeder, es wäre doch gar nicht nötig gewesen.

Von der therapeutischen Wirkung bei Männern abgesehen, dass im Puff gesellschaftlich und individuell verursachte, latente Potenzangst weit weniger Impotenz produziert, spiegelt die Prostitution in Wahrheit in einer warentauschenden Gesellschaft jene in Abgeschiedenheit projizierte Verfügungsmacht-Erotik, die auch am Ladentisch beim Kauf des neusten Handys, schnelleren Autos, beim Kommandieren der Restaurantbestellung, beim Buchen eines exklusiven Touristikhotels »schnackelt«.

Die kommerziell-erotische Spannung beginnt sich schon mit der Vorabvorstellung und Planung des Puffbesuchs aufzubauen, geht dann über in den aphrodisierenden Kaufhandel selbst, bei dem über Tabu- und Schamzonen hinweg verbal tabubrechend kommuniziert wird, die »die Frauenwelt« der »Männerwelt« mit allerlei Androhungen vorenthält und reizvoll abdeckt. Es ist das Erlebnis von Mächtigkeit über Scham und Tabu, die Vorstellung ihrer Durchbrechung, die dieses Geschäftsmodell befeuert. Die Durchbrechung der Scham bei der Prostituierten (als Projektionsfläche ohne individuelle Biografie oder Innenleben) bleibt aber, solange Scham und Tabu als Determinanten der Kapitalgesellschaft bedrohlich bleiben, eine Halluzination. Die Attraktivität der Schamdurchbrechung ist auch in der kameradschaftlichen Liebesbeziehung im Laufe der Jahre nicht zu mindern, sondern solange zu steigern, solange individuelle Scham die gesellschaftliche spiegelt und individuelle Schamlosigkeit die Unverschämtheit des Kapitals.

Der eigentliche sexuelle Akt geht im Puff dann auch in jener kommerziellen, aber hochindividualisierten Versuchsanordnung auf. Ausgerechnet dieser Umgang mit dem Trieb bzw. dessen Konstitution sollten von den gesellschaftlichen Co-Determinanten ablösbar sein? Wie soll der sexuelle Handel hier wieder in Trieb und kommerzieller Abfolge entknotet, zerlegt und herausgelöst werden? Handel und Trieb sind mit der Warenhaftigkeit eins geworden, durchdringen einander und werden dummerweise »Sex« genannt. Nur in dieser Fassung und Begriffenheit sind die Drive-Gefühle, das Konzept von Tomkins und Heller, überhaupt »rettbar«. Niemals neben der Gesellschaft als Co-Determination, sondern immer in ihr und von ihr geprägt. Menschen haben darum einen messbar höheren

Orgasmus als alle Tiere, weil er von der Gesellschaft beherrscht wird, die sich in ihm entspannt.

Um ihr Trieb-Gesellschafts-Co-Determinations-Konstrukt zu halten, greift Ágnes Heller zu oft auf extravagante, nichtalltägliche Notlagen »zurück«. Der »dem Hunger Tod nahestehende Schiffbrüchige zum Beispiel wird nicht selten zum Menschenfresser«.[166] »In den KZs war auch die ekelerregende Nahrung immer begehrenswert, da sie den quälenden Hunger gestillt hat.«[167] Insofern glaubt sie, dass der Appetit nur dem Hunger zuaddiert, eigentlich untergeordnet sei. Nimmt man aber den menschlichen »Normalfall«, emanzipiert sich der Appetit vom Hunger. Das Wesen der Vorratsbildung in den Produktivkräften, das lange vor der Regung eines Hungergefühls zu einem abstrakten Produktionsplan wird, lässt mit seiner Entfaltung im wirklichen Appetit vom wirklichen Hunger nichts übrig. Vielmehr wenden sich, wo Gesellschaft zu Geselligkeit wird, die so verwandelten Triebe von ihrer Notgetriebenheit ab und der sehr konkreten Kompensation zu, wie sie die Arbeitsprozesse und der soziale Alltag in entsprechenden Defiziten angelegt haben. Das Schaffen von Vorräten, um den Hunger erst gar nicht entstehen zu lassen, wird zum Ort der kleinen Freuden (und so auch Thema für den Klassenkampf). Bei Ágnes Heller wird zwar der Hunger ins Zentrum gerückt, aber nicht jener seelische Hunger, der vom Hunger nichts wissen will. Feinschmeckerei und Hunger, erholsamer Traumschlaf und Müdigkeit, Weinverkostung und Durst, künstlerische Erotik und Fortpflanzungstrieb stehen zwar in antipodischer Beziehung, aber mit der Menschwerdung wird die Notlage tendenziell ausmanövriert, was nachkapitalistische Verhältnisse ahnen lässt.

Heller meint, »auf die Drive-Gefühle werden Affekte, kognitiv situative Gefühle und Orientierungsgefühle aufgebaut: so der Nahrungs- und der Bekleidungsgeschmack, die Wohnungspräferenzen, der sexuelle Aspekt (Erotik).« Aber sie blendet danach den dialektischen Zusammenhang zwischen dem »Bekleidungsgeschmack« und der konkreten Arbeit aus. Heller übersieht die Konfigurierung als Widerspiegelung der vergangenen Arbeit – etwa in Traum, Pornographie, Kunst, Religion, in der sich im Unterschied zu allem Tierischen die vergangene Arbeit kundtut.

Heller unterscheidet – auch als Vorwurf an Freud – zwar zwischen Affekt und Trieb, wodurch diese »Unterscheidung außerordentlich wichtig ist, da sie den ganzen Fragenkomplex des Verhältnisses von Natürlichem und Gesellschaftlichem

166 Ebd., S. 92.
167 Ebd., S. 93.

beinhaltet«.[168] Da sie aber selbst den Affekt nur als etwas auf den tierischen Trieb gesetztes Äußeres sieht, kommt sie der Sache auch dort nicht auf den Grund, wo sie zurecht Freuds Psychoanalyse kritisiert: »Freud leitet den Ödipuskomplex aus der Unterdrückung des sexuellen Triebs ab; obwohl er die Folge der Unterdrückung des Affektes ist, und nicht die des Drives.« In Wahrheit durchläuft der Trieb in den Sprach- und Arbeitssystemen der Menschheit eine vollkommen neue Formel. Er bildet nicht mehr das Tier ab, sondern sein so kompensiertes Gegenüber, die menschlichen Arbeitsumstände.

Heller bewertet auch die Scham als statische Determinante: Es

> »gibt keine Gesellschaft, die die Furchtexpression und die Furcht, die Schamexpression und die Scham [...] nicht kannte. Dies war auch schon Darwins Hypothese. Deshalb schickte er Fragebogen, die sich auf die Expressionen bezogen, an die auf den verschiedensten Erdteilen lebenden Missionare, die seine Hypothese verifiziert haben. Seitdem ist diese Hypothese wissenschaftlich gesichert.«[169]

Weil aber die Scham in ganz unterschiedlichen Dosierungen und auf ganz verschiedene Körperteile projiziert in Raum und Zeit vorkommt, kann die Hypothese nur als sehr ungefähr und oberflächlich, aber keinesfalls als »gesichert« gelten.

Wie Sigmund Freud bleibt leider auch Ágnes Heller im Fatalismus der Kindheit stecken. »Das oft beschämte Kind wird selten zu einem moralisch autonomen Erwachsenen und wird eher zum Konformismus neigen.«[170] Als Warnung ist das schön und gut, wie auch Freuds Warnung vor dem Untertanengeist aus der sexuellen Verklemmung. Aber Unterordnungsprozesse dieser Art auf eine Lebensphase vor das Eintrittsalter ins Arbeitsleben zu verlagern, schlägt der Gesellschaft jegliches Reparaturbesteck systematisch aus den Händen. Eine geglückte Arbeitsbiografie, die die punktuell erfolgreich organisierte Durchbrechung der Kapitalregimes im Alltag beinhaltet, vermag tendenziell kindliche Unterdrückungen auszugleichen. Auch diese Überlegungen unterscheiden die historisch-materialistische Psychologie von der Psychoanalyse der Egos grundlegend.

Ágnes Heller sieht auch Scham im Grunde als Affekt im Sinne Tomkins:

168 Ebd., S. 95.
169 Ebd., S. 101.
170 Ebd.

> Es geht hier um das Gefühl, das wir während der Bloßlegung unseres Selbst empfinden, wenn wir zum Beispiel jemandem unsere Liebe gestehen oder mit jemanden über uns selbst sprechen. Das eine Moment des Scham-Affekts ist dabei anwesend: es ist so, als ob wir uns nackt auszögen, wenn auch nicht vor der Öffentlichkeit, so doch vor den Augen des anderen.[171]

Natürlich verzeichnen wir auch bei Tieren leise Anflüge von Scham, etwa beim Gebären, Erkranken oder Sterben. Aber das, was Scham auslöst und vor dem sich geschämt wird, ist in der menschlichen Gesellschaft nicht genetisch fixiert, sondern im historisch fundamentalen Wandel. Die Scham wird auch nicht überwunden, wenn wir das Allernötigste anziehen, um Nacktheit zu verstecken. Sie wird erst letztendlich bezwungen, wenn wir in der gesellschaftlichen Rangelei (= Ringen um Rangordnung) nach oben kommen. Man schämt sich nämlich auch, wenn man mit einem abgerissenen alten Trainingsanzug hinter einem modisch aktuellen Markenprodukt rangiert.

Ohnehin konzipiert Heller die Scham auch hier wieder nur in ihrer krudesten, rudimentären Not: »Die Scham kann den Sexualaffekt unterdrücken.«[172] Dass aber die Scham auch ein Spiel zur Verstärkung des animal spirits werden kann, sieht sie ebenso wenig, wie sie nicht den Hunger in Beziehung zu Kochsendungen oder andere luxuriöse Umgangsformen mit den unmittelbaren Trieben als menschliche Anpassung und bewussten Gebrauch der tierisch-biologischen Ausgangsnöte erkennt.

Mit Scham/Körperbedeckung verfährt sie reduziert und geschichtsfremd, wie sie auch Schönheit als ewiges Ideal, aber nicht als antipodische Entsprechung des im Arbeitsprozess erfahrenen Unschönen, als Dialektik der Enteignung und Entfremdung verabsolutiert:

> Um das Beispiel aus unseren eigenen Erfahrungen zu nehmen: wenn wir uns eine Bach-Motette oder ein Beethoven-Quartett oder ein Mahler-Lied anhören, was fühlen wir? Die heterogensten Gefühle, die Erschütterung, Berührtsein, Freude, seelischen Schmerz, Traurigkeit, Mitgefühl, Sehnsucht, Melancholie, Begeisterung, Unbehagen, Beruhigung, Aufgeregtsein oder aber das Gefühl: ich fühle mich getroffen. Welche Gefühlsexpressionen melden sich bei uns? Die verschiedenartigsten: die Expressionen des Versunkenseins, der

171 Ebd., S. 112/113.
172 Ebd., S. 113.

> Aufmerksamkeit, der Fröhlichkeit und der Traurigkeit oder sogar Weinen und Lachen. Es kann von keinem dieser Gefühle und Gefühlsexpression behauptet werden, daß sie ästhetisch sind. In dem ästhetischen Erlebnis ist das Objekt, das unsere Gefühle auslöst, *das* ästhetische Objekt (das Schöne).[173]

Dass aber die vielen hier additiv aufgeführten Gefühlsregungen immer auch ihre dialektische Entsprechung zum Realen des zum Leben notwendigen Erwirtschaftens beinhalten, also von Mensch zu Mensch, von Klasse zu Klasse, von Regionen und Regimes zu deren anderen, wird ihr nicht gewahr. Das optische Schöne mit seiner speziellen Verwebung aus Winkeln und Rundungen ist nicht naturgegeben, sondern korrespondiert mit menschlichem Erleben und aus menschlicher Verarbeitung. Sollte es zu geschmacklichen Angleichungen kommen – nicht zu kolonialen Umerziehungsdiktaten! –, so setzt dies Angleichung der Lebensverhältnisse voraus und ist menschheits-, schichten-, aber nicht naturgemacht.

Ágnes Heller sieht das ästhetische Gefühl als

> eine eigenartige Gefühlsdisposition, eine Art von Empfindlichkeit, die, wo und wann immer auch wir uns der Schönheit gegenüber befinden, gerade wegen dieser schönen Form die peak experience mitsamt allen Gefühlsgeschehnisse in uns auslösen wird.[174]

Damit wäre also *die* Schönheit unwandelbar, ein Etwas, das unsere erotischen Affekte anzieht, ein aus der tierischen Welt herübergeretteter goldener Schnitt, eine Art ewige archaische Abbildung in einer uns innewohnenden Grundfigur. Nicht einmal im gleichen Kulturkreis, wo sich die schöne (An)Ordnung der gesellschaftlich erlebten Unordnung, wo spezifische Harmonie der spezifischen gesellschaftlichen Disharmonie wider- und entsprechen, finden wir konstante Metaphern. Letztendlich chiffriert Schönheit Besitzanzeige, Erotik und auch Habsucht im Wandel. Ob alles heute noch Unansehnliche hässlich bleibt, wenn diese hässlichen Besitzverhältnisse überwunden sein sollten, ist wahrhaft dahingestellt. »Die Genüsse Aller bisherigen Stände und Klassen mußten überhaupt kindisch, ermüdend oder brutal sein, weil sie immer von der gesamten Lebenstätigkeit, dem eigentlichen Inhalt des Lebens der Individuen getrennt waren.«[175]

173 Ebd., S. 202/203.
174 Ebd., S. 204.
175 MEW 3, S. 404.

An dieser Stelle sollten wir noch mal zur Bedeutung der Korrespondenz kommen, um keinesfalls Scham oder Pornographie als von außen kommende Additionen darzustellen, die in der Gesellschaft keine Entsprechung haben. Scham ist nicht nur Haltung gegenüber sexueller Anzüglichkeit, sondern auch preistreibend und angebotsverknappend in der Warenwelt. Strukturaffekte wie Scham korrespondieren, wo auch immer sie in verschiedenen gesellschaftlichen Bereichen vorkommen, miteinander, also die Scham in der Warenwelt mit der Scham in der Erotik usw. Somit lernt der Strukturaffekt Scham seine Belohnungen, Beeinträchtigungen und Tauglichkeiten in korrespondierenden Bereichen der Produktion und der Reproduktion, also im Leben.

Die Behauptung, Mädchen bekämen von ihren Müttern antrainiert, junge Männer schmachten zu lassen, ist so absurd wie die These, Männer bekämen von ihren Vätern antrainiert, Frauen aufzureißen. In Wirklichkeit korrespondiert die von der Mutter empfohlene Umgangsweise, nicht schnell zur leichten Beute, also zur Schlampe oder Ramschware zu werden, mit der gesellschaftlichen Beobachtung, dass überall dort, wo geschmachtet wird, ein Wert steigt. Die Beobachtung aus der kapitalistischen Warenwelt korrespondiert also mit dem Training der Mütter, Tanten und Großmütter für das Mädchen. Es ist also kein Lernen, sondern subtile, rollenfokusierte Konditionierung, welche die Scham zu einem strukturellen Affekt, zu einer lebendig flexiblen Haltung im unterschiedlichen Umgang macht. Der Gestus Scham wird also zum erprobten Konzept. Die alten Tanten trainieren Scham also nicht vorwiegend dem kleinen Mädchen an, sondern wissen mit Anekdoten aus dem realen Leben zu überzeugen und zu vertiefen.

Das Wehklagen der alten Tanten über die Freizügigkeit anderer Geschlechtsgenossinnen – im ordinären Auftritt, in Prostitution oder Pornofilm – über den Verlust des Lerneffekts ist dem Gegeifer ähnlich, das sich Charlotte Roche mit ihren »Feuchtgebieten« einfuhr. Hier nimmt sich eine Frau – eine »Landesverräterin« ihres Geschlechts – die Frechheit heraus, die geheim gehütete und gegen alle Blicke fest verpackte Köstlichkeit des Goldstaubs zwischen den Beinen in einer Inflationsorgie des Ordinären den gemeinen Säuen vorzuwerfen. Es ist die weibliche Krämerseele, die hier keift. Auch die folkloristische Behauptung, die Verbreitung ordinärer Pornographie sei rückenmarksschädigend, enthemmt krankhaft die Preissteigerung.

Kritischer den geschlechtlichen Rollenbildern und ihrer Gestanztheit gegenüber wäre ein Betrachten der materiellen Bewegungen, die letztendlich den geistigen Bewegungen, auch dem Zustandekommen von Pornographie, zugrunde liegen. Die anorganische Natur funktioniert bekanntlich nach den Bewegungsgesetzen der Repulsion und Kontraktion, der Anziehung und Abstoßung nach Maß wie Masse.

Kein Felsgestein lernt – auch nicht nach Jahrtausenden der Steinschläge. So weit, so klar. Aber das menschliche Sehen wird leider auch nur mechanisch betrachtet, nicht wirklich als lernend, sondern nur als passives Rezipieren interpretiert, von außen nach innen strahlend. Darum wird das menschliche Auge auch einer Fotokamera gleichgesetzt, sein wesentlicher Teil als »Linse« bezeichnet. Aber das »Blicken« ist kein rein passiver Vorgang – von außen nach innen –, sondern gleichzeitig von innen nach außen. Der Prozess des Sehens beinhaltet Verarbeitungsvorgänge. Registration, Interpretation und Veränderbarkeit sind nicht mechanisch im unauflösbaren Widerspruch zu fassen, sondern ein einheitlicher Vorgang, ein dialektisches Zusammenwirken. Ähnlich der Zunge einer Echsenart, die aktiv nach außen schnellt und mit dem angeklebten Insekt zurückkehrt. Vorausgesetzt, das Insekt wurde vorher gesehen. Etwas trivialisiert können wir uns auch den menschlichen Blick vorstellen, der nach außen auf einen konkreten Gegenstand (er)fassend zuläuft und diesen in Blitzesschnelle mit seinen bisherigen Erfahrungen abgleicht und erkennend Handlungsoptionen zuordnet. Beim Tier sind diese Erfahrungen summarisch und synkretisch miteinander verbundene Eindrücke und Erlebnisse. Beim Menschen wird das Sehen dagegen in dem Maß, in dem Sprache konkretisierend wird, zur abstrahierbaren Erfahrung. Der Mensch hat als einziges Lebewesen sein Sprachsystem zu verallgemeinern gelernt und diese Verallgemeinerungen in einem für seine gesamte Gattung und deren posthume Intelligenz jeweils zugänglichen System namens Schrift und Kultur abgelegt. Schrift und Kultur entfalten sich entsprechend realer Praxis immer weiter, erreichen einen höheren Abstraktionsgrad und damit auch immer höhere Zugänglichkeit für die Konkretion.

Der Blick, so wie die anderen abtastenden Sinne des Menschen, vereinigt gleichsam eine gleichzeitig abstrakt veranlagte und konkret definierende Dialektik. Nach außen blicken und nach innen denken, dann sprechen, geschehen letztendlich immer zusammen, können niemals ganz voneinander getrennt geschehen. Sehen ist also keineswegs nur passiv und besteht nicht nur aus rezeptivem Eindruck. Insofern ist das Erblicken und Erhören eine introvertierte Arbeit, ein veränderndes Sehen. Das sinnliche Wahrnehmen des Menschen kann alleine deswegen auch niemals das Wahrgenommene 1:1 innerlich abbilden, weil das Bisherige »im Wege ist«. Der Fortschritt der menschlichen Sprache ist gleichzeitig ihr Problem. Während der Verstand den äußeren Inhalt aufnimmt, formt sich der

Inhalt das Innere. Die oft viel zu quantitativ missverstandene 11. Feuerbachthese heißt also auch ontogenetisch, dass die Veränderung und die verschiedene Interpretation eine dialektische Korrelation aufweisen, dass auch das Blicken aktiv ist, selbst wenn dieses erst passiv gewürdigt werden muss.

Springen wir nun schnell zur pornographischen Betrachtung. Wie gesagt, der Kuhmann betrachtet den Euter der Kuhfrau relativ teilnahmslos. Seine zurückgelegten bisherigen Erlebnisse mit diesen Eutern und Zitzen drängeln ihm keine Erkenntnisse über deren erogene Zonen auf. Er braucht diese auch nicht, um den Fortpflanzungsakt temporär anzustreben. Mit einem Wort: So wenig, wie die Kuhfrau eine Scham für ihren Euter empfindet, empfindet der Kuhmann eine biologische Zudringlichkeit dazu. Dies hängt weniger mit seiner biologischen Positionierung zusammen, als mit der in der Kuhgemeinschaft vorhandenen Zuordnung des Euters, der als Milchgeber und Belastung – und nicht als mehr – angesehen wird. Es gibt in der Natur nämlich keine biologische Ausstrahlung der Brüste. Das Training erogener Zonen durch die gesellschaftliche Hindeutung auf Scham und Schamlosigkeit unterbleibt. Selbst dann, wenn der Mund des Kuhkindes vielleicht erogene Partialempfindungen oder ähnliches wachsaugen könnte.

Die Menschenfrau hingegen verhüllt ihren Busen und der Menschmann empfindet, möglicherweise auch durch die Rituale verstärkt, den hormonverstärkten Drang der Entblößung. Was ist aber das abstrakte Prinzip, das sich in der Scham verhüllt, chiffriert und am Ende pornographisch bloßstellt? Was sind die abstrahierten Erlebnisse, mit denen der Blick des tendenziellen Gesamtmannes den schamhaft verhüllten Busen ansieht? Was ist die Empfindung der tendenziellen Gesamtfrau bei ihrer schamhaft reizvollen Verhüllung? Es ist, wie wir aus diesem Beispiel gesehen haben, keine biologische, sondern eine rein gesellschaftliche Zuordnung. Es ist die Scham, die zum Beispiel in einer Ausbeutergesellschaft die/der Unterlegene für seine wirtschaftlichen Forderungen empfindet und es sind diesen gegenüber die Schamlosigkeit und die Reize des politisch und gesellschaftlich Machtvolleren, der diese Forderungen und Rechte »von unten« schlicht verweigern darf. Diese geschlechtsspezifisch anmutende gespiegelte Hierarchie ist aber mitnichten an *den* Mann oder *die* Frau geknüpft, sondern spiegelt sich allgemein als antipodische Metaphorik. In der Erotik wirkt sich immer auch gesellschaftliche Dichotomie aus. Schon allein im Blick ist die Erotik von der Gesellschaft, ihren Arbeitsbedingungen und sozialen Verhältnissen, ist Pornographie von sozialem Machtgefälle nicht trennbar.

Wenden wir uns selbstbewusst dem Klassiker erotischer Spannung zu: dem Männlichem und dem Weiblichem. Warum heißt es bei der Frau: Schamhaar,

Schambein und Schamlippen oder schlicht »die Scham«? Warum gibt es beim Mann eigentlich diese Scham nicht? Versteckt etwa die Kuh irgendetwas vor dem geilen Bullenblick? Nichts dergleichen. Diese Scham ist erst mit der Gesellschaft gekommen. Aufzuspüren im viel besungenen Kampf der Geschlechter ist eine abstrakte (keinesfalls nur konkrete) Aversion plus Fixierung von Männern auf die Schamhaftigkeit der Frau und eine ebenso abstrakte Aversion von Frauen gegen des Mannes Schamlosigkeit und geschichtlich formatiert gegen dessen Direktheit beim Wollen.

Je höher nun aber die gesellschaftliche Taxiertheit, desto größer wird der Radius des erotisch Erzielbaren und auch die Technik von Flirt und anderer Erfolgsstrategien im Umgang der Schamlosigkeit mit der Scham (bei guter Bezahlung und Zeitgestaltung ungehemmter bei Frauen). »Wert« und Taxiertheit aber sind ebenfalls die Reflexion der Arbeit und Befriedigung im Lohn.

Gewisse Formen der Scham dienen in der Gesellschaft durchaus auch der Verdeckung von Interessen. Verschämtheit in der Wunschäußerung spiegelt den Charme des Warenhaften in die Verhandlungsrhetorik. Schamlos gilt dabei als unverschämt. Will jemand jemanden ausbeuten oder betrügen, gibt er hehre Ziele vor. Wer ans russische Erdgas will, stimmte früher in den Chor der AntibolschewistInnen und heute für mehr sexuelle Vielfalt gegen Putin ein. Scham entspricht im sozialen und politischen Leben einer warenförmigen Hemmung gegenüber dem Wollen und gewollt sein. Sexuelle Schamlosigkeit hat, entgegen antimännlicher Vorurteile, nichts ordinär biologisches mehr. Tierische Direktheit deklassiert und verstört das Spiel der Geschlechter sogar, ersetzt Spannung, behindert den Eros männlicher Direktheit bei der Überwindung weiblicher Verschämtheit. Eine Frau mag einem Mann 100-mal »Du Hengst!« ins Ohr flüstern und er ihr »Meine Stute!«. Das Tierische ist längst abgehängt. Hinter Projektionen stehen viel öfter eine Buchhalterin oder ein Buchhalter. Formen von Verdecktheit eigener Interessen korrespondieren mit der Ordinärstellung gegenüberliegender Interessen. Mit dem Eindringen immer neuer sozialer Widersprüche in den Alltag spiegelt die Erotik also Scham und Schamlosigkeit wieder und wider.

Noch spannender zu durchleuchten sind aber die »massenpsychologischen« großen Korrespondenzen. Ich möchte dies an der korrespondierenden Beziehung zwischen Scham und Entfremdung der Arbeit darlegen. Zunächst wird das kleinlaute, fremdbestimmte Auftreten, das schließlich per Überidentifikation mit dem Hierarchen die Oberhand gewinnt, von Geburt an in der Familie eingeübt. (Althussers Hinweise auf die »ideologischen Staatsapparate« – über die

Einschulung bis zu den Bildungs-, Reproduktions- und Karriereperspektiven des Gemeinwesens – sind dabei durchaus hilfreich.)

Nach der Elternfamilie aber betraten die jungen Werktätigen die für sie zunächst fremden und mehr oder weniger vom enteignenden Monopolkapital bestimmten Betriebsstätten. Sie taten dies eigens und alleine zu dem Zweck, Lohn für ihre Reproduktion zu empfangen. Fortwährend wurden sie aber gezwungen, sich mit ihrem Arbeitsplatz, dessen Ordnung und Sauberkeit sowie mit den Produkten zu identifizieren, die ihnen nach kollektiver Fertigung wieder weggenommen werden. Jede von außen erzwungene Identifikation aber erbringt eine Überidentifikation. Sie verklärt sich ins Religiöse, um ihrer faktischen Substanzlosigkeit bestenfalls geringfügig bewusst zu werden. (In der Beschreibung der Religion mit kollektiver Verdrängung sind sich Materialisten und Freudianer durchaus einig.) Dieser Widerspruch ist der der Entfremdung und zeichnet die Werktätigen auf monopolkapitalistischem Boden aus (selbst wenn sie sich als Handwerksmeister im Besitz eigener kleiner Produktionsstätten wähnen, die aber per vorgeschossenem Kapital und Abhängigkeit von Lieferverträgen größtenteils fremdbestimmt sind). Ihr Sprechen vom Lohn, vom Einhalten von Tarifverträgen oder Lieferverträgen geschieht individualisiert, schamhaft nach Durchbrechen einer inneren Hemmschwelle, vor allem solange ihre Stellung im Konflikt materiell schwach ist. Die psychologische Hemmschwelle hängt am Grad ihrer gewerkschaftlichen Organisation, den Befreiungsereignissen in ihrer unmittelbaren gelernten Geschichte, am Wissen über die Produktionsverhältnisse etc. Die sprachliche Hemmschwelle ist jedoch unter ihresgleichen geringer. Innerhalb der Arbeiterschaft wird frecher gesprochen als in der fremden Kommunikationssphäre der Enteigner (zu denen z. B. bürgerliche Veranstaltungen, das Wartezimmer eines Arztes, Kindergeburtstage reicherer Leute, als auch Wahlurnen zählen). »Besserverdienende« vermögen das Schicksal der Ärmeren durchaus erheblich zu bestimmen. Die Scham des Kindes, ein zu kleines Geschenk unterm Weihnachtsbaum offen zu beklagen, korrespondiert mit der Hemmung des Lohnarbeiters beim frechen Formulieren seiner »schamlosen« Forderung.

Gesellschaftlich sanktioniert vermag die Lohnarbeit nicht »schamlos« von sich behaupten, sie würde nur eingebracht, um Lohn zu empfangen. Der Lohnarbeiter muss sich immer mit dem sogenannten »großen Ganzen«, dem Betrieb, dem Arbeitsplatz und der Perfektion der Produkte identifizieren. Er muss sein Arbeitsgerät in Ordnung halten. Das macht Scham aus. Sie neidet gleichzeitig den Schamloseren deren Schamlosigkeit. (Eine von Faschisten gern genutzte Demagogie. So wie in der gemeinen bürgerlichen Sprache »Geltungsbedürfnis«

als Schimpfwort gilt, während dessen Gegenteil, »ein Bedürfnis, nichts zu gelten«, wortlos akzeptiert zu werden scheint.)

Die Unverschämtheit, die der Staat als Machtkonstrukt seinen Autoritäten als Epauletten verleiht, vom Gessler-Hut über den militärischen Repressionsstaat bis zur *Bild*-Zeitung, und von seinen Untertanen deren Akzeptanz abfordert, hat also ihren direkten Quell in den Produktionsverhältnissen konkret am Arbeitsplatz. Der Pomp der ökonomischen Macht und des Staates profitiert von der Enteignung seiner stärksten Klasse, der Werktätigen, als gesamtgesellschaftliche und staatliche Entfremdung. Er fließt auch in nationale Folklore ein: als Verschämtheit.

Fortschrittlicheres Arbeiterbewusstsein wird dem kapitalistischen Enteigner Schamlosigkeit, Skrupel- und Bedenkenlosigkeit nachsagen und dies unter Gleichgesinnten und seinesgleichen auch frech verbreiten. Aber eben nur in intimerer Umgebung. Somit bleibt die Schamwelt im Ganzen erhalten und wird allenfalls mit Witzen, Spottgesängen oder Kneipensprüchen relativiert, aber durch diese Form der Kompensation meistens noch verstärkt. Die wahre Verminderung der Scham ist der Streik, für das Individuum die gleichsam wichtigste »Menschwerdung« auf monopolkapitalistischem Boden. Wo jeder Widerstand fehlt, paart sich allerdings Scham mit Ekel, Ausgrenzung, Omnipotenzvorstellungen, verstärkt sich mit realen biografischen Niederlagen um die Aufwertung der eigenen Ware Arbeitskraft und ihre kompensatorischen Halluzinationen um ein Vielfaches.

Bleibt die Durchleuchtung der Produktionsverhältnisse dem werktätigen Menschenhirn vorenthalten, wird sie alleine zur ästhetischen Kategorie (= Unterbewusstsein). Überidentifikation mit dem Familiären als Heimat wird dann zum hysterisch fixierten Refugium der Enteignetheit. Demgegenüber werden das Skrupellose, Bedenkenlose, Schamlose als Eigenarten des Enteigners ästhetisch dämonisiert, vom ökonomisch logischen Gehalt der Ausbeutung getrennt. Gelingt es der herrschenden Propaganda nun ästhetisch (siehe Walter Benjamin über das Ästhetische in der Politik) den jüdischen Pfandleiher X, den Sozialschmarotzer Y, den unverschämten Gewerkschaftsführer Z als eine besonders schamlose Projektion anzuprangern, überträgt das so ästhetisch begrenzte Denken das Empfinden um die Enteignung der Produkte eigener Arbeitskraft auf die entsprechenden Schamlosen und Fremden. Da die Herrschenden und ihre Medienkaste gerne so reagieren, verschießen sie den Neidkomplex auf solche Geringprivilegierten, die sie schamlos als schamlos hinstellen: statt auf schwarz-blau-gelb-grün-braune Bosse wird nun auf rote Bonzen gefeuert.

Beizukommen ist dem Schamkomplex nur wenig, solange man nur auffordert, Ekel, Ausgrenzung und Scham individuell zu unterdrücken. Ebenso wenig wäre es gelungene Erziehung, einem Kind nach der Freud'schen Analphase aufzuzwingen, seinen Kot oder Kotze anzufassen, weil wissenschaftlich erwiesen sei, dass daraus kein Schaden entstünde. Die gegenwärtig »Gewohnheiten des Herzens« (Hermann Scheer) überrollenden Umerziehungswellen z. B. für neue Sex- und Essgewohnheiten ignorieren selbstgefällig, wie langsam ein Gros der Werktätigen materiell und kulturell »aus ihrer Haut können« und wie sehr vertraute Kultur dann mit Überbetonung der fremden, von oben verordneten Kultur entgegentrotzt, eben weil Hemmungen wie Scham und Ekel nicht einfach nur kulturell schweben, sondern ökonomisch verwurzelt sind. Das Reaktionäre wird durch den Modus dieser vermeintlich aufklärerischen Umerziehungsdiktate in Trotzreaktion sogar noch vermehrt.

Um Scham und Schönheit vollzieht sich eine Art »self-fulfilling prophecy«. Was sich in Übereinstimmung mit dem aktuellen Schönheitsideal befindet (Blässe versus Bräune, Muskelaufbau versus Zierlichkeit, Schlankheit versus Nährablagerung im Fett, Durchsetzungskraft versus Schüchternheit) ist teilweise den sich ändernden Produktionswirklichkeiten (inklusive Technik und Ausbeutung) geschuldet und auch teilweise Absprache oder Konvention. Diese »Schönheit« gilt fürderhin als umworbener, zugleich schamhafter und dadurch höherwertiger. Demzufolge wird das Durchbrechen dieser Scham wiederum höherwertig angesehen. Was dagegen weniger mit dem herrschenden Schönheitsideal übereinstimmt, muss sich selbst »mehr strecken«, gilt als weniger umworben, sodass sich die Scham hier leichter zu durchbrechen scheint. Da Scham zugleich lockend wie verweigernd auftritt, schaukelt sich dies bei tendenziell weniger oder mehr Übereinstimmung mit »Schönheit« rauf und runter.

Gesellschaftlich wirkmächtig gegen Hemmungen wird Aufklärung vorrangig, wo Produktionsverhältnisse wenigstens im Ansatz zu durchleuchten und im kollektiven Kampf als bewältigbar dem Erkennen preisgegeben sind. Ohne Kampf in der Ökonomie ist also letztlich kein Kampf ums sogenannte Unterbewusste gewinnbar. Ein zumindest partiell erfolgreiches Auflehnen muss zunächst immer auch auf die Produktion und Arbeit zielen. Es bleibt nämlich, solange es sich alleine auf die Reproduktionssphäre begrenzt, gehandicapt und verführbar. Erst, wenn es die Produktionsstätte geistig und/oder praktisch betritt, sind die Keime zur Emanzipation gelegt. Das daraus resultierende Denken muss zumindest »etwas theoretisch« sein, um Rebellierendes gegenüber Rassistischem imprägnieren zu können. Lenin sagte zu Recht, dass ein Streik hundert Bücher zu ersetzen vermag. Demzufolge sind Kampfpraxen im Sozialen die nachhaltigste Öffnung für Aufklärung, Kunst, Wissenschaft – und »Liebeswelt«.

Wie weiter oben ausgeführt verwenden ArbeiterInnen in ihrer »restringierten« Sprache vor allem Tuworte oder Verben. Wenn weniger Waren anpreisende Worte wie Adjektive und Adverbien verwendet werden, bleibt für mich die Frage, wie Arbeiter denn ihre Ware Arbeitskraft lohnfördernd anpreisen können, wenn dieser Akt über das hilflose »gute Arbeit für gutes Geld!« oder die kargen Attribute eines Arbeitszeugnisses hinausgehen soll – während das mithilfe ihrer Lohnarbeit Geschaffene einen ganzen Werbekatalog an farbigsten Adjektiven hervorbringt. Man könnte sagen, dass die Arbeitersprache schamhafter ist, weil sie die eigene Arbeitskraft als Ware nicht so offen anzupreisen versteht. Während die Bürgersprache den von anderen geschaffenen Produktereichtum viel reichhaltiger an Attributen in ihr Repertoire zu übernehmen imstande, also weniger verschämt ist.

Der Stolz des Werktätigen bezieht sich, wenn auch kleinlauter, auf die konkrete, Gebrauchswerte schaffende, unmittelbare Körperlichkeit der Arbeit. Während der Stolz der Bourgeoisie, den sie offen zur Schau trägt, schamlos und teilweise skrupellos auf die abstrakte, also enteignete Arbeit baut, die in ihr Kapital einfließt. Seit dem Beginn aller Klassenkämpfe begründen sich also Dreistigkeiten und Unterwürfigkeit bis ins Intime und Religiöse ästhetisch aus der unterschiedlichen Beziehung zu Produkt, Produzieren und Produktionsverhältnissen.

Die menschliche Scham ist kein pures Wegducken und so bei keinem Tier beobachtbar, sondern ein Produkt der Geschichte. Die Scham ist eine konkrete gesellschaftliche Konstellation, bei der hernach die Scham eines konkreten Menschen angetastet und schließlich durchbrochen werden soll. Nun möchte man hohnlachend einwenden, was denn mit einem primitiven Pornoheft mit seinen statisch austauschbaren, sehr allgemein zugänglichen Abbildungen von Geschlechtsteilen an Scham konkret durchbrochen wird. An dieser Stelle tritt die Projektion, in der aus dem jeweiligen ordinären Bild Teile »entnommen« und schließlich mit denen erinnerter Figuren neu zusammengefügt werden. Denn das heimliche Betrachten durchbricht die gesellschaftliche Hemmung und Verbotssituation unter einer gewissen Eigenregie. Wenn es nicht mehr als Gegenbewegung zum Verbotscodex einer solch primitiven pornographischen Ausstattung herhält, weil die soziale Umgebung mit derart trivialen Pornographien überschwemmt ist, wird ein solches Pornoheft auch nicht mehr genügen. Dann steigt die Lust nach Enttabuisieren und Durchbrechung der Scham in Richtung schärferen Tobaks. Das sagt noch nichts über die ästhetische Qualität, aber über die gesellschaftliche Umgebung des Rezipienten.

Die Scham spielt noch eine andere Rolle in der Reproduktionssphäre. Sie ist der Nährboden für Erotik, Folklore und Märchenwelt. Sie ist es auch als Spiel mit

Straps und Fetisch, was sämtlich als Erzählungen, wie als Wissenschaften von Generation zu Generation den Sprachfundus der Gattung Mensch und den einer Nation und deren kulturellen Fundus ausmacht. So zwanghaft die Scham auch ist und sich der Schamlosigkeit ausgesetzt fühlt, so lustvoll ist doch das Spiel mit ihr. Kollektive Scham bleibt kulturelle Spiegelung von Enteignung und Entfremdung. Wenn Scham auch erniedrigend wirkt, das Spiel mit ihr hebt Reiz und Lust in Kunst, Unterhaltung, Traum, Pornographie, sogar in der Religion, wo bestimmte Rituale, wie Beichten, den Leib Christi essen etc. auch Scham lustvoll-verklemmt entklemmen. Alles das kann Opium sein, was sich das Volk macht. Es kann aber auch ein befreiendes Aufatmen sein, das Harmoniefixiertheit und Religion zurückdrängt. Die spielerische Seite von Essen, Trinken, Traumtätigkeit, Religion, Pornographie und Sexualität sind insofern Resultanten der Gesellschaft, als sie ihr ausgebesserte Arbeitskraft zuzuführen vermögen.

Wenn man sich hierzu dem Unterschied der Traumtätigkeitsbeziehung nähert, der zur Realitätsspiegelung besteht, fällt zunächst auf, dass sich im Traum die Emotion das bewegte Bild sucht, während sich in der Spiegelung aktueller Realität das Bild die Emotion (auch als Merkposten) entfaltet. In Bezug auf den Traum gäbe es hier zwei Auslegungen. Erstens: Es besteht ein gewisses emotionales Grundrauschen, dass zu seiner manifesten Überwindung Bilder formt. Oder zweitens (freudianisch angelegt): Es gibt ein unerfülltes emotionales Aufkommen, das in ein Bild hinüberschwappt.

Um mich nicht gleich dem Verdacht auszusetzen, das emotionale Grundrauschen als religiös ewige Größe, als ein von einem Jenseitigen eingepflanztes Perpetuum Mobile anzusehen, sollten wir es eher für eine Gesamtorchestrierung aller im tätigen Umgang mit der stofflichen Welt geläuterten Bedürfnisse (z. B Triebe) halten. Seit vor etwa 4 Milliarden Jahren Aminosäuren auf äußere Entbehrungen reagierten, hat zwar der anorganische Stein nicht das Bedürfnis, zu platzen oder zu fallen. Er zerfällt nach äußerlichen universellen Gesetzmäßigkeiten von »Anziehung, Abstoßung« (Engels, »Dialektik der Natur«). Eiweiß und Organisches haben aber die innere Tendenz, in Zellteilung auf äußere Entbehrungen zu reagieren. Seit sich dieses erste Fühlen um die Qualität der Abstraktionen und damit über das Organische hinausgehende Organisieren erweitert hat und demzufolge sich selbst schließlich in einem konkreten Widerspruch zum allgemeinen Äußeren sieht, sich also als »Ich« begreifen kann, sind die Emotionen gegen und neben der Begrifflichkeit des historisch schlingernden Tankers einer denkenden Spezies in ständig tätiger Bereitschaft im Triebgeflecht.

Dennoch ist die These vom emotionalen Grundrauschen, das nach Zufall in den Traum schwappt und bewegtes Bild wird, zu lasch. Hingegen macht die freudianische Definition, wonach einzig das Unerfüllte dieses Grundrauschen zum »Überlauf« in den Traum hebt, Traumtätigkeit passiv zur abgeschlossenen Resonanz – ohne aktive Beziehung zur äußeren Welt. Mir scheint eher, dass jene Formbilder, die das emotionale Grundrauschen ausmachen, auch eine Antizipation von künftiger Verarbeitung sind. Will sagen: Der Traum bewältigt das Vergangene und Unerfüllte dort, wo sich dies komplex einer neuen Erwartung von Tätigkeit in den Weg legt. Der Traum räumt der zukunftsorientierten Hoffnung die bleierne Hemmung von gestern beiseite. Sein biologisches Grundrauschen heißt Tiefschlaf, die Antizipation von Tätigkeit mit rückwirkender Aufarbeitung ist die Traumtätigkeit. Der Traum spiegelt die Lust am Spielen – sogar mit dem am Ungemach.

Das Spiel ist dabei Antrieb und Beginn der Freiheit, aber eben unter vorgefundenen Umständen. Das Spiel ist Forschung, also ein Experiment, nach allgemein akzeptierten, älteren Regelabläufen. Es beherbergt aber auch einen Drang der Selbsttaxierung im Taxieren der äußeren Abläufe. Das sexuelle Spiel – wie reagiert die Partnerin auf mich? – beherbergt ebenfalls diesen Forschungsdrang zum Erfahreneren und ist immer zugleich auch ein Experiment – mit Läuterungspotenzialen für die Mitspieler.

Ein »Richtiges im Falschen« als geglücktere Biografie im Kapitalismus ist immer Ausbau des Spielerischen. Das meint gleichermaßen Kampf um die Höherbewertung der Arbeitskraft kollektiv als auch spielerischer Umgang in der Partnerschaft mit der Scham (etwa in Rollenspielen) individuell. Die Gemeinsamkeit in Liebe und Organisation kann zu einem produktiven Miteinander aus Gegenwehr und Gegenwelt führen, wie es auch bei Lucien Sève anklingt. Ein Tabu in der Liebe gegenüber der Arbeit und ein Tabu in der Kampforganisation gegenüber dem Intimleben erscheinen darum wenig produktiv. Gelegentlich bedingen sich nämlich Prüderie und Gewerkschaftsfeindlichkeit.

Der Umgang mit Scham und Ekel, etwa im Umgang mit beschädigten Körperteilen in der Pflege, besteht in der Dialektik aus Hinnahme und Abwehr gegen die ästhetischen Begleiterscheinungen des Verfalls und liefert die Elixiere für Altersrassismus. Viele ältere Menschen schämen sich für ihren Körper. Eng damit verbunden ist oft die Scham vor Nacktheit und das Abschalten von Sex. Gerade älteren Menschen ist es oft zutiefst unangenehm, die intimsten Bereiche und Körperfunktionen den Blicken der Pflegenden auszusetzen.

Die Anteilnahme an Krankheit und Sterben ist immer auch die unterschwellige Identifikation damit, eher im Sinne einer Negation. Man spürt sich selbst im Kranken und bemitleidet sich. Die bewusste Auseinandersetzung damit wird wieder eine soziale. Unter oft unwürdigen Bedingungen der Pflege siechen Menschen dahin: »Da hat man so lange gearbeitet und verendet so. Man ist hier beiseitegelegt.« Diese Endstation in Hoffnungslosigkeit verstärkt sich mit Ekel als ein Bangen um sich selbst. Auch im Beileid. Die Arbeit an der Aufwertung eines »dritten glückserfüllten Lebensabschnitts« (Sève) ist also letztendlich gesellschaftliche Arbeit für erweiterten Genuss der Lüste.

Ebenso belastend nämlich bleibt sonst die Situation für pflegende Angehörige. Auch bei ihnen treten häufig Scham- und Ekelgefühle auf. Ekel gegenüber Kot, Urin und anderen Körperausscheidungen kann man sich nicht einfach abgewöhnen. Es gibt Möglichkeiten, sich mit diesen Gefühlen aktiv auseinanderzusetzen, um zu einem weniger belastenden Umgang mit Ekelsituationen zu gelangen, sagen zumindest Pflegebedienstete. Aber vor allem: Eine bessere materielle Ausstattung relativiert Scham und Ekel. Klassenkampf hilft! Sèves Forderung nach einem erfüllten dritten Lebensabschnitt würde damit links ein großartiger politischer Zugewinn.

So syndromatisch Ekel und Scham bei vielen Menschen verwurzelt sind, so sehr sucht sich aber auch hier die Phantasieebene auf der Theaterbühne, im Traum, in der Erotik (insbesondere Dirty Sex) vom Ekel freizuspielen und mit der entsprechenden Scham zu experimentieren. Nehmen wir die Beziehung Scham – Tauschwert in der Prostitution. Viele Umfragen unter Freiern zeigen, dass der eigentliche Sex im Puff gar kein guter war, aber die Vorerwartung und die Akquisition von derartig prickelndem Kauferos zuvor aufgeilt. Der Vorgang, eine Angehörige des schamhaften Geschlechts durch Gelderwartung in die Schamloslosigkeit zu wenden, entfaltet prickelnde Vorfreude. Dagegen fällt ein eigentlich schlaffer Orgasmus nicht so negativ ins Gewicht. Erotik chiffriert Kaufakt. Kaufakt chiffriert Erotik.

Scham und Unterlegenheit muss nicht immer weiblich sein. Wer Brechts Gedicht von »Förster und Gräfin«[176] liest, wer den Hollywooderfolg »Enthüllung« (mit Demi Moore und Michael Douglas) sieht, weiß, dass Macht (auch weibliche) generell die Phantasiematrix für das schamlos dominierende Spiel mit der Scham ist. Die Erotik der Märchen und Spielfilmplots jedenfalls nimmt sich die Biologie der Sexualität nur, um Spannung aus sozialen Gefällen zu bauen. Ohne Dialektik aus Schamlosigkeit und Scham prickelt jedenfalls weniger in einem Drehbuch.

176 https://lyricstranslate.com/de/bertolt-brecht-ballade-vom-f%C3%B6rster-und-der-gr%C3%A4fin-lyrics.html

Diese Dialektik spiegelt sich bis in die kleine Metapher »Bikini und Straps« aus Schamlosigkeit und Bedeckung. Ohne hierbei den Vordergrund zu übersehen, auf welchem sowohl die ukrainische Tabledancerin nackt ist als auch die schwerreiche Filmdiva. Aber wer das Detail beobachten und schätzen gelernt hat, wird aus der Oberfläche schälen, wie das Ordinäre eingesetzt oder verdeckt wird. Nacktheit und Nacktheit sind das gleiche, aber eben nicht dasselbe. Das soziale Gefälle spielt mit: Hängt die Frau verzweifelt und materiell von der ordinären Geste ab? Ist sie davon beherrscht? Oder spielt sie damit und zeigt, wie turmhoch sie darüber steht? Zwei Menschen verfügen über einen Hummerschwanz: Die eine holt ihn aus dem Abfalleimer eines mondänen Hotels. Die andere verfüttert ihn an ihren Zwergpudel.

Wer Macht hat, kann nicht nur offener sein, sondern erhält durch Offenheit auch mehr Macht. Macht macht Aura, Aura macht Macht. Macht trägt offen zur Schau. Gleichzeitig assimiliert Mode soziale Unterlegenheit kompensatorisch, überbrückt Klassenunterschiede im Status, gleicht an im Design.

Wer den Designfrieden stören will, braucht dazu ein eigenes ästhetisches Ende der Scham, einen Eros der Schamlosigkeit. Metaphorisch malen dies James Dean in »Jenseits von Eden«, Silvana Mangano als stolze Reisarbeiterin in Giuseppe De Santis' »Bitterer Reis« und Marlon Brando in »Die Faust im Nacken«. Zunächst pulsiert es in der Unterhaltungskunst innerhalb der Enteigneten, bevor es frech den Bannkreis verlässt und nach draußen ins Freie tritt und gegen die kapitaldotierten Enteigner antritt. Aus der strukturellen Verschämtheit der Enteigneten herauszutreten, sich unverschämt und »sexy« zu inszenieren, durchbricht bereits vordergründig die Schüchternheit der Entfremdung und gilt dann schon – allein im Design – als Kriegserklärung an den großen Enteigner.

Ökonomie in der Psyche dechiffrieren

Gerne gebe ich sinngemäß einen Satz des kommunistischen Literaturnobelpreisträgers Pablo Neruda wieder, wonach die Reaktionäre wissen, dass die Gefahr von Veränderungen einer Gesellschaft nicht in der Rebellion eines Einzelnen liegt, sondern in der Organisation der Massen.[177] Aber die echte Größe der von den Reaktionären verfolgten Einzelnen entsteht, wo sie den Massen Türen öffnen und aufhalten mit möglichst viel intellektuellem Sinn für Übergänge, also einem ausgeprägten Klassenbewusstsein.

177 Neruda (1974).

An anderer Stelle habe ich bereits LeserInnen mit der Behauptung entsetzt, dass am Ende über guten Sex nicht ein großer Busen oder ein großer Penis, sondern eine große Gewerkschaft entscheiden. Dies sollte zum letzten Abschied aufrufen, den wir vom Tierreich vollziehen, wenn wir die menschliche Einzelpsychologie und Pornographie erforschen wollen. Ansonsten würden wir bei dieser Expedition ins Menscheninnere stets von Ähnlichkeiten mit anderen Lebewesen vom Kern abgelenkt werden. Für die individuelle Ichstärke all derer, die strategisch kaum mehr als ihre Arbeitskraft zu verkaufen haben, ist die organisierte Gegenwehr und die entsprechend zum (Be)Greifen nahe Gegenwelt nötiger als jede religiöse Fluchtbewegung des Hirns aus der Drangsal des Istzustandes. (So religiös agiert auch, wer den nächsten Schachzug oder Übergang in etwas Besseres vor lauter Schwadronieren über eine klassenlose Gesellschaft ignoriert.)

Es bedarf nun auch keiner besonderen Psychologie, herauszufinden, dass – dem Menschen entgegengesetzt – für ein Waldtier ein gewisser Geruch mit einem gewissen Vorteil der Nahrung oder Fortpflanzung verbunden und konditioniert ist. Psychologie wird dagegen erst reichhaltig mit den Beobachtungen des Menschen bei seinem sozialen Umgang mit Schlaf, Nahrung und Fortpflanzung, also dem vielfältigen Gebrauch der Arbeitsmittel zum, aber auch *als* Vorrat, das heißt mit Zeichen, Metaphern und Begriffen als vermitteltem Zugang zu diesem Vorrat. Der Vorrat zieht ebenso den einzelnen Menschen an, wie er die Kämpfe der Klassen bestimmt, die um ihn geführt werden. Von daher ist es schon zutreffend, wenn Politzer formuliert, die ganze Psychologie sei nur möglich, »wenn sie eingebettet ist in die Ökonomie«. Darum auch Wygotskis Satz: »Die Psychologie braucht ihr ›Kapital‹.«[178] Um gleich aber schlichteren Gemütern den spontanen Sprung in den Ökonomismus aus diesem Satz heraus zu erschweren: Jedem wirtschaftlichen Regime muss das Recht auf Persönlichkeit, Subjektivität und Biografie extra abgerungen werden. Die einzelne Geschichte (Biografie) ist nicht deckungsgleich mit der Geschichte der Klasse, der das Einzelwesen angehört. Sie kann aber auch nicht autonom und gegen diese Klassengeschichte definiert werden. Marx, Engels, Lenin und andere Klassiker der menschlichen Befreiung haben ebenso wie die klassischen Literaten des dialektischen Realismus, dem einzelnen Werktätigen immer auch ein einzelnes Gesicht verliehen, das stets Züge der Klasse trug, weil es ansonsten über den Überbau in den folge- und schwerelosen Raum entschweben würde: »schwebend unwirksam«, wie die Juristen manche Vertragskonstrukte nennen.

178 Wygotski, S. 252.

Was gelangt nun linear von der Ökonomie in die Psyche, oder was, wie Lenin formulierte, nur »im Zickzack«? Wie etwa gelangt jener »Wettbewerbsgeist« der Ausbeutung, besser, schneller und klüger zu werden, in die Knochen der Einzelnen? Der Kleinkrieg somit auch unter die Beherrschten? (Ich habe sogar tiefschürfende Marxisten erlebt, die Konkurrenzverhältnisse unter der Hand gedeihen und Eitelkeiten, bis herunter auf Silbenerwähnung, fokussieren ließen und mit ihren Publishern um jeden überflüssigen Halbsatz rangen.)

Aber was dreht sich um, sobald die Ökonomie sich in die Seele wendet? Wie entstehen denn konkret Träume als Reinszenierung oder idyllische Antipoden? Wie bereitet sich das Volk sein Opium, die Religion, über die Zeiten zu? Wie formt die anständige Ordnung an Werkbank, Heim und Herd die Partnerschaftsgelübde, die doch nur in der Unanständigkeit gedeihen wollen? Wie entsteht Schönheit? Warum erschien in Zeiten häufigerer Feldarbeit die Gesichtsbräune gegenüber vornehmer Blässe unschön, warum triumphiert heute jedoch die Bräune gegen Büro- und Fabrikhallenarbeit? Was ist der wahre Gehalt, der sich in den Gestalten von Pornographie spiegelt?

Also: Welche Entfremdung, wenn sie die unmittelbare Ökonomie des Alltags verlässt und sich zur psychischen Seite der Biografie verfestigt, will dort kompensatorisch gespiegelt sein, um überhaupt ausgehalten werden zu können? Wie dreht sie sich konkret um? In welche Metapher? Und was produziert die Metapher, holt, selektiert und »archiviert« sie aus der Spiegelwelt spontaner Vorstellungen, um gezielt im Traum, in pornographischer oder künstlerischer Metapher heil- und wirksam zu werden? Oder sind die Bilder beliebig und ungefähr – Hauptsache, sie lenken ab? Vieles deutet auf ein völlig neues materialistisches (!) Forschungsgebiet hin, um den Affinitäten von jeweilig sozialer Entfremdung und »deren« passender metaphorischer Gegenwirkung – die besonders pornographischer Wirkmacht zugutekommt – auf die Schliche zu kommen.

Sève spricht öfters von einer sozialen Konditionierung und hebt diese qualitativ über die Konditionierung der Pawlowschen Theorie vom höheren Nervensystem. Im Unterschied nämlich zur biologischen Konditionierung (Geruch, Beleuchtung, Gong = Futter), die auf innewohnenden Trieben beruht, kommen die Antreibfaktoren der sozialen Konditionierung überwiegend von außen. Es kann nicht oft genug wiederholt werden: Es geht nicht mehr um die unmittelbare Stillung des Hungers, sondern um das Ereignis des Essens. So wie die Stillung des Durstes im gesellschaftlichen Ereignis als Trinkgelage endet, wächst aus dem Fortpflanzungstrieb das sexuelle, erotische und pornographische Erlebnis in gesellschaftlich disponierter Abgewandtheit von der Gesellschaft. Warum soll nun ausgerechnet ein solches sexuelles Ereignis, das zudem mit gesellschaftlich assoziierter Potenzangst, mit Taxiert-und-Eingeschätzt-Werden gepaart ist, vom ökonomischen und gesellschaftlichen Zusammenhang als »Intimsphäre« inhaltlich abgeschieden werden können? Formal sicher, weil die Form der Abgeschiedenheit den Inhalt der Einbeziehung überhaupt erst ermöglicht. Das stille Kämmerlein gewährt meiner Phantasie jenen Trug der temporären Allmacht, die sich, »den herrschenden Verhältnisse entronnen«, ihre antithetische Fesselung verschafft.

Wenn Marx zum Beispiel den Geiz als einen gesellschaftlichen Antrieb sieht und als nichts dem Menschen Angeborenes (»Abstrakte Genußsucht unterstellt einen Gegenstand, der [die] Möglichkeit aller Genüsse enthielte«[179]), dann ist die Unersättlichkeit der »verfluchten Goldgier« eine Resultante des Geldverkehrs und nicht umgekehrt. Marx: »Das Geld ist daher nicht nur *ein* Gegenstand der Bereicherungssucht, sondern es ist *der* Gegenstand derselben.«[180] Ein Superreichtum beherrscht auch den Superreichen wie das Rad den Hamster, treibt ihn in Unvernunft. Kopfschüttelnd hält ihm die breite Mehrheit entgegen, das letzte Hemd habe keine Taschen. So kann erotische Prunksucht auch getrost als erste Aufhebung des Fortpflanzungstriebes in der Ausbeutergesellschaft entschlüsselt werden. Wenn das Wort Sexismus einen Sinn hat, meint es auch Hamster und Rad.

Sève hält sich zurecht zugute, Anfang der Siebziger dazu beigetragen zu haben, dass es in der französischen Bildungspolitik nicht mehr das Schimpfwort der »fehlenden Begabung der großen Masse« gegeben hat und nicht mehr so oft von einer biologischen Begabung geschrieben wurde oder einer, die bereits nach wenigen Lebensmonaten eine irreversible Einschränkung beigedichtet bekommen hat. Aber das Besondere, das mit einer gesellschaftlichen Begabung einhergeht und das bei großen Komponisten, Wissenschaftlern, Schriftstellern, Politikern und vor allem bei bedeutenden Philosophen nicht abgestritten werden kann, bedarf einer gründlichen und nicht vordergründigen Aufarbeitung.

In jedem Fall können wir mit Sève übereinstimmen, dass es nicht eine Begabung, einen fixen Kanon der Intelligenz, Kultur etc. gibt, an der sich alle messen lassen müssen. Unterschiedliche, sich perspektivisch ergänzende Begabung kommt in unterschiedlichen Regionen, Klassen und Zeiten unterschiedlich vor, weil sie sich in einem Gesamtrepertoire der Gesellschaft zusammenfindet und zur geistigen Weiterentwicklung komplementiert. Ein globaler Prozess der Erkenntniserweiterung und Vertiefung von Wissen und ästhetische Deutungen ist

179 MEW 42, S. 149.
180 Ebd.

durchaus vorhanden. Die jeweiligen Bevölkerungsgruppen rufen unter regionalen, klassenspezifischen Gesichtspunkten und auf ihre jeweilige Produktion hin das Nötige aus Kultur wie Wissenschaft ab und zwar ihrem unmittelbaren spezifischen Gebrauch entsprechend. In unterschiedlichen Quantitäten entfalten sich Wissen und Ästhetik weiter und werden dann wieder zurück in den großen Topf gegeben, den einst Wandmalereien, Hieroglyphen, Erzählungen am heimischen Feuer und heute Clouds und Netzwerke füllen. Der Abruf und das Lernen geschehen in der Tätigkeit. Diese Tätigkeit lässt sich wieder einteilen in Ausbildungszeit, Lohnarbeit, Freizeit, politische Aktivität. Insofern bedarf es einer Psychologie, die jede Beziehung und das enge Verhältnis, das Psyche und Ökonomie in diesem Stoffwechsel eingehen, im Einzelnen – und das heißt im Biografischen – erfassen hilft.

In seinem neuen Vorwort »Für eine Wissenschaft der Biographie« (in: »Marxismus und Theorie der Persönlichkeit«[181]) schreibt Sève von den fünf theoretischen Operatoren, die uns Marx für die biografische Psychologie hinterlassen habe: die der produktiven Tätigkeit, der Vermittlung in Werkzeug und Zeichen, der Vergegenständlichung (etwa in der in Maschinen geronnenen Arbeitskraft) und die der Aneignung. Als fünfte: »[Die] Entfremdung als dem Grunddrama jeder Klassengesellschaft, in dem die Individuen massenhaft mehr oder weniger daran gehindert sind, sich diese Menschenwelt«, die sie mühsam mit ihrer Tätigkeit erzeugt haben, selbst anzueignen. Dieses »Drama« wird zum Syndrom aller Ausbeutungsgesellschaft und konnotiert alles: Kleinheit und Größe, Jugend und Alter, Hautfarbe, Geschlecht, unterschiedliche Begabungen und Intelligenzen, Träume, Religionen, Künste und Erotik. (*So* kann aus der notwendigen Irritation vor Fremdem unter Umständen auch Rassismus werden – aber bevor dieser sich auf Einwanderer bezieht, sind auch Alte, Kleinwüchsige, Behinderte, fools on the hill im eigenen Umfeld gemeint.)

Allerdings taucht hier ein bedenkenswerter Widerspruch auf, von dem Sève schreibt, dass er ihn von Yves Clot und Ivar Oddone erfahren hätte. Beide hätten ihn auf jeweils einen Missstand seiner theoretischen Konzeptionen aufmerksam gemacht. Einerseits gäbe es ein so unterdrücktes Leben, dass eine wirkliche Biografie gar nicht mehr ausmachbar sei, weil bei so viel historischer Unterdrückung das biografisch Konkrete verschüttet bliebe. Andererseits gäbe es sogar in der dem Kapital übereigneten, abstrakten Arbeit Emanzipationskeime. Demzufolge sei die Welt doch nicht in dieses Schwarz und Weiß einer gebrauchswertschaffenden und nur lohnantreibenden Seite der Ware Arbeitskraft einzuteilen. Weil

181 Argument Verlag Hamburg 2016.

die nur Gebrauchswert schaffende Seite der Ware Arbeitskraft in den Köpfen der Arbeitenden nie von der Tauschwertseite völlig getrennt existieren könnte. Somit stünde jeder Arbeitsvorgang mit der Emanzipation der Arbeiterklasse in irgendeiner, wenn auch vielleicht nur winzigen Verbindung.

Die Einwände von Clot und Oddone und verdichteten sich bei Sève zu einem Rätsel. Ist das tauschwertumzingelte Denken womöglich zu keiner Eigenreflexion begabt, also biografieunfähig? Oder ist doch in der tiefsten Fixierung auf den Tauschwert über den Reallohn ein Widerspruchskeim angelegt? Die beiden Annahmen schienen zunächst völlig unvereinbar. Träfe ersteres zu, müsste die Affirmation, also die Zudeckung allen individuell bewussten Seins, mit einem großen Gewicht an Religiösem in trivialer Ästhetik und Pornographie erfolgen. Weil sich, ähnlich der Freud'schen »Verdrängungs-Konzeption«, jede Nichterkenntnis kompensatorisch entgegengelagerten Projektionsraum sucht. Träfe dagegen zweiteres zu, müsste gerade in diesem abgedrängten Raum ein geheimer Reiz lauern, der die tauschwertschaffende Arbeitskraft an ihre Gebrauchswerte erinnert, die den gesellschaftlichen Reichtum ausmachen.

Ist es bei näherem Hinsehen nicht eine idealistische Vorstellung, dass der durchschnittliche (Teilzeit)Arbeiter dem Kapitalisten nachlässig seine Arbeitsergebnisse mit dem verächtlichen Ruf vor die Füße schmisse: »Hier hast du den Gebrauchswert meiner Ware Arbeitskraft. Rück den Tauschwert raus und wir sind quitt!«? Ist es nicht wahrscheinlicher, dass der durchschnittliche Arbeiter, auch der schlechtest bezahlte, mit der Haltung produziert: »Schau her, was für eine gute Arbeit. Ich identifizierte mich damit!«? Auch wenn diese Identifikation völlig unrealistisch bleibt, weil ihm ja das Produkt weggenommen wird und er nur einen Lohn als Teilersatz bekommt.

Andererseits aber ist das reine Hirnspiegeln der entfremdeten, depravierten Situation während des Arbeitsprozesses dauerhaft auf diese Weise psychisch gar nicht durchhaltbar. Wer kann denn, nicht anders als ein Bauer seine Furche, sein Stück Werkzeug bearbeiten, ohne einen aktiv affektiven Anteil, gelegentlich sogar eine Verliebtheit zu spüren?

Beide Einwände, der von Clot und der von Oddone, verkennen nämlich die Geschichte der Klassen in ihrer Dynamik und damit in ihrem Erkenntnispotenzial. Abstrakte Arbeit entfremdet zwar die Fiktion von der guten Arbeit. Aber diese Entfremdung zieht die »dreifach Hegel'sche« Aufhebung nach sich: lagern, hochheben und aufheben (auflösen). Aus der konkreten Erfassung der guten Arbeit vermag womöglich der individuelle Arbeiterkopf wenig. Aber mit den Anderen in Abgleichung und mit der Gewerkschaft in Bewegung kann daraus die Forderung nach »gutem Lohn für gute Arbeit« erwachsen. Somit ist die ideologische Statik der beiden Einwände in der realen Bewegung der Klassenkämpfe aufhebbar und dieses erkenntnistheoretische Problem prinzipiell lösbar.

Ergänzend möchte ich zunächst noch spekulativ hinzufügen: meistens macht sich nämlich etwas aus dem organischen Zusammenhang Weggenommenes im weiteren Fortgang bemerkbar. Mehl und Zucker zum Beispiel werden durch den Entzug von Vitalstoffen (B-Vitamine, Folsäure) lager- und transportfähig haltbar gemacht. Beim vermehrten Konsum von raffiniertem Mehl und Zucker wird damit aber im Körper ein Defizit und damit ein Überbedarf an eben diesen Vitalstoffen produziert, der zu Nerven- und Hauterkrankungen bis zur Gürtelrose führen kann. Ein anderes Beispiel: Dem Kleinkind – und dieser Beobachtung der Freudianer kann man ja nur zustimmen – wird der Kot weggenommen und aus hygienischen Gründen entfremdet, das heißt mit »Bähbähpfui« belegt. Es bleibt aber das Bedürfnis nach weicher, formbarer Masse, zu welchem dann Kinderpsychologen den Rat liefern, in diesem Lebensabschnitt dem Kleinkind Knete zu geben. Die Herrschenden haben dem Volk immer Opium und Knete zum Selbermachen überlassen – aber in gewissen Grenzen.

Dauerhaft durch den von Ausbeutergesellschaften strukturierten Enteignungsvorgang könnte sich demzufolge als eine negative Anlage die Entfremdung in der Psyche darstellen, der exakt die fortgenommenen Produkte und Produktionsmittel in einer Art traumatischer Metapher im dreifach Hegel'schen Sinne aufhebt. Das hieße, nicht nur die Entfremdung im Allgemeinen, sondern auch das konkret Enteignete wirft seine Schattenspiele in die Seelenlandschaft. Wo das Wort noch nicht ist, bedarf es ästhetischer Entfaltung in Korrespondenz auch mit den kleinsten Schritten des Lohnkampfes, um diesen Zusammenhängen auf die Spur zu kommen. Eine soziale Erkenntnisbereitschaft aus Unwohlsein (Oskar Negt schrieb einst von der »Soziologischen Phantasie«) bleibt im Kopf der Arbeitenden angelegt. Denn Arbeiter bleiben abgespeist. Lohn ist immer weniger als die verausgabte Arbeitskraft. Knete wird dem spielenden Kind hingegen mehr sein als sein Kot.

Klar, es träumen auch Tiere. Aber der Traum beim Hund ist reine, unmittelbare Repetition. Beim Menschen hingegen geschieht es vermittelt durch das soziale Erleben, verschlüsselt, reinszeniert. Klar, es haben auch Tiere Erwartungen an ihren Herrn. Aber linear auf einen oder zwei Gegenstände begrenzt. Das äußerste an psychischer Vermittlung ist in der Regel der Instrumenteneinsatz im Radius von Pawlows »bedingtem Reflex«. Die Erwartung von der Enteignung des Arbeitsmittels bleibt dabei naturgemäß außerhalb aller Vorstellungen. Beim Menschen wird daraus jedoch eine Phantasie, ein Märchen, eine Theorie. Klar, auch Tiere haben ein Gewissen, z. B. als unmittelbaren Reflex aufs Herrchen. Beim Menschen ist es quasi ausgelagert in einen gesellschaftlichen Codex von Moral (im Plural!).

All das steht zunächst dem unorganisiert hilflosen Menschen gegenüber. Klaus Holzkamp hat in seinen Berliner und Fuldaer Vorlesungen (auf YouTube zu genießen!) immer wieder darauf hingewiesen, dass jedes Bewusstsein zunächst alleine ist. Du hast Bewusstsein, ich habe Bewusstsein, aber wir beide haben nicht zusammen ein Bewusstsein, können nur Teile davon mit- und zueinander kommunizierbar und später organisierbar machen. Auch Klassenbewusstsein ist zunächst das Bewusstsein *eines* Menschen von (s)einer Klasse, aber nie Addition oder Abstraktum von mehreren Bewusstseinen. Das Bewusstsein einer größeren Gruppe ist also nur insofern relevant, dass es in allen individuellen Hirnen selbig ist.

Wer nun vorschnell auf unterhalb des versprachlichten Bewusstseins liegende Geistesregungen verweist, die doch aller Welt oder größeren Volksgruppen zu eigen seien, dem muss in aller Schärfe entgegen gehalten werden: Alles Empfinden, das ich einem anderen Individuum andichte, ohne dass es dies selbst von sich begriffen und ausgedrückt hat, tue ich ihm an, übergriffig, gewaltsam, kolonisierend. Es macht aus dem angenommenen Sentiment ein Ressentiment, wird Vorurteil, kein Urteil. Alle folkloristisch veranschlagten Epiphänomene des Rassismus, vom dummen Mongoloiden, geizigen Juden, ordnungsfanatischen Deutschen, wilden Buschmännern, faulen Griechen, bildungsfernen Langzeitarbeitslosen, spießigen Kleinbürgern, lüsternen Muslimen, falschlächelnden Asiaten, schwermütigen Russen (aber auch: der alte weiße Mann, der dem jungen Fortschritt im Weg ist) sagen nichts über den Benannten einzelnes Bewusstsein aus, sondern nur über das des Vorurteilenden, der nicht authentische Belege und Eigenaussagen der Beurteilten heranzieht, sondern sie zum Projektionsobjekt seiner eigenen Traumwelten »kolonisiert«. Um sie hernach leichter diskreditieren zu können. Heraklit: »Die Wachenden haben eine gemeinsame Welt, doch im Schlummer wendet sich jeder von dieser ab an seine eigene.«

Allerdings: Das vornehmliche Wachsein beruht auf Kommunikation und nicht auf Projektion. Das wissentliche Reden betrifft die wachende Menschheit. Der individuelle Reifegrad in der Durchdringung der Klassifizierung anderer Menschen hängt von der Übernahme theoretischer, von Anderen aufgeschriebener und gesprochener Zusammenhänge ab, ist also alles andere als ein individuell autochthoner Erwerb.

Menschliche Träume und Projektionen, Erwartungen und Gewissensbisse kreisen um die Aufhebung des Ich-Fokus – im Hegel'schen Sinne: Ich hebe mir mein Ich auf, während ich es zu anderen geselle, hebe es somit eine Qualität höher und lasse das vorherige darin und hinter mir. Der tendenziell im Kapitalismus alleingelassene Mensch ist nämlich strukturell identitätssüchtig. So wie Religion Opium des Volkes ist, suchen sich die Leute ihre Identitäten, grenzen diese gegen unten und oben, nach links und rechts ab. Darüber ignorant als Aufklärer in eigener Identitätssucht hinweg zu stiefeln, wird meist eine böse Gegenwehr darunter zusammenballen. Es ist wichtig, zunächst lauschend zu verstehen, was zu belehren und zu entfalten ist.

Identitätssucht sucht nach Vertrautem, auch nach nostalgischem Retirieren in Harmonie und Idylle, als Heimat, Nation, vollkommene Partnerschaft. Je unreflektierter dieser Reflex, desto absoluter wird die Idylle: als Nationalismus, als Harmoniesucht, aber auch in und als Erwartung neuer Vertraulichkeit, als fanatisierbare Schutzraumfixierung. Auch als Erotik und sogar als das, was gelegentlich zu vorschnell »Sexismus« genannt wird. Sonst hätte die Sexualität nicht viel mehr Zulauf als die Fortpflanzung. Denn ihre Intimität begründet sich in der Unanständigkeit, wo Anstand als die Oberfläche der herrschenden Verhältnisse empfunden wird.

Es gibt zwei grundsätzliche Übertragungsmöglichkeiten, um den depravierenden Herabsetzungen in der früheren oder aktuellen (historisch immer arbeitsbedingenden) Biografie der Reproduktionsumgebung individuell entgegenzuwirken: die eigenermächtigende Heraufsetzung des Individuums, in Sexualität, Traum, Kunst, Unterhaltung oder Spiel, oder die repetitive Re-Inszenierung der bedrohenden oder erlittenen Herabsetzung unter nunmehr möglichst eigener Regie, etwas als Therapie.

In beiden Fällen werden Gefahren- oder Bedrohungskonstellationen in den möglichst eigenen Gestaltungsbereich gerückt und dort neu durchgespielt. Zu den zivilisatorisch höchstentwickelten Therapien zählen Eigengestaltung als Potenzial der Selbstermächtigung, der Gebrauch künstlerischer Formen, der wissenschaftlichen Methoden und/oder dann die politisch praktische Gegenwehr. Aber auch die literarischen Künste sind darum so unterhaltsam, weil sie therapierend und kräftigend sind. So meinte es wohl auch Aristoteles, als er sagte, das Theater sei für die Seele, je nach Übersetzung, reinigend oder heilend. Die anekdotische Selbstermächtigung wird z. B. befeuert mit einer Spannung in einer Story, wobei zur Dialektik aus Einbezogenheit des Lesers in die Handlung bei gleichzeitiger Abgespaltenheit davon Anzensgruber für die Bühne schmunzelnd notierte: »Es kann dir ja nichts g'schehn.«

Bekanntlich entstehen in echten Bedrohungssituationen, aber dann auf niederem Niveau, auch Computerspielsüchte, Drogensucht oder Sexismus – aber doch nicht aus biologischer, sondern aus jeweils sozialer Disposition und letztendlich auch nur mit ihr heilbar. Therapeutisch geht es darum, das Gefahrenpotenzial in den eigenen Aktionsradius zu transponieren und sich dort seiner Fremdbedrohung, zumindest fiktional darübersteigend, möglichst zu entledigen. Besser wäre real: als Anteilnahme des Zeitgenossen an den Klassenkämpfen der Menschwerdung.

Die Ästhetik, sowohl im Spiel, als auch in der Kunst, im Traum und in der Sexualität erlaubt es, anhand von Ähnlichkeiten Bedrohungssituationen zu konfigurieren und so vorübergehend willkürlich mit diesen Ableitungen des Drohpotenzials umzugehen. Gelegentlich folgt dann sogar der Gegenwelt auch eine effiziente Gegenwehr (bestimmte dialektisch-realistische Kunst befördert dies). Aber meistens bleibt es nur Refugium und eingebildete, vorübergehende Beruhigung, Evasion, fiktive Idylle. Notwendig leider! (Aufklärung verfällt hier oft in die schreckliche Attitude, mit der bloßen Fortnahme fiktiver Evasion Köpfe hin zur wahren sozialen Wirklichkeit zu öffnen, also unverfälschter auf das enggedruckte Papier von Kritik zu drücken.) Probleme, die sich der übermächtigen Bedrohung ähnlich anfühlen, aber kleiner und beherrschbarer erscheinen, haben ein ungeheures Ablenkungspotenzial für den Bedrohten, der nun sogar glaubt, mit diesem Feuer spielen zu können – am Computer, beim Liebespartner, Beichtvater, Therapeuten, Stammtisch o. ä.

Spielsucht in Spielhöllen oder am Computer deuten auf Reinszenierung von Gefahrensituationen in der Manege der erkauften Eigenregie hin. Vergewaltigte Frauen, die sich immer wieder von potenziellen Vergewaltigern angezogen fühlen, aus Schaden nicht klug werdend, re-inszenieren die Unterwerfung, um »endlich einmal wenigstens« ähnliche Situationen und Bedränger beherrschen zu können. Meist aber mit den Erfolgsaussichten des Hasen gegen den Igel im Märchen. Viele Sicherheitspolitiker rennen gegen »Gewalt und Hass« mit dem Geschrei von Prävention an, aber am Ende rennen sie nur nach – und hassen Hassende.

Hier bietet sich wieder Gelegenheit für einen Einschub, damit ich das Spiel als Therapie und kompensatorische Übertragung nicht zu hoch lobe. Denn Spiel kann auch großen erkenntnistheoretischen Schaden anrichten. Und zwar an der Stelle, wo philosophisches Arbeiten mit Spielerei verwechselt, wo linke Politik nur als Abenteuer des Experimentierens verstanden wird, meist von selbst ernannten Avantgarden, die auf dem Rücken Angeführter mit fremden Muskeln Gewichte heben wollen.

Wissenschaftliche Erkenntnismethode hat von Hegel und Marx revolutionär profitiert. Dazu sollten wir uns tiefer die elfte Feuerbachthese vornehmen. Raoul

Pecks schöner Film »Der junge Marx« (in welchem Engels leider nur als der Dr. Watson bei Sherlock Holmes wegkommt) führt sie etwas zusammenhangslos ein. So, als ob Marx nur aufriefe, zur Veränderung der Welt endlich die Ärmel hochzukrempeln, statt auch eine veränderte Interpretation der Welt zu leisten. Eine von Marx gesehene enge methodische und nicht nur additive Beziehung zwischen Interpretationen durch Philosophen mit der praktischen Veränderung von Welt kommt auch in einer volkstümlichen Weisheit zum Ausdruck: »The proof of the pudding is in the eating.«. Um in einer wissenschaftlichen und politischen Versuchsanordnung mich selbst in die Veränderung einzubringen, um das Potenzial der Interpretation auszuschöpfen, muss ich beides mit ganzer Kraft tun. Wenn ich aber nur (gedanken)spielerisch an die Veränderung gehe, wird das ganze Potenzial des Interpretierens, das aus der Handlung resultiert, nicht in vollem Umfang ausgeschöpft. Die möglichst realistische Interpretation wird nur ersichtlich, wenn die ganze Kraft unverzettelt auf eine ändernde Handlungsstrategie konzentriert und dafür aufgewendet wird.

Wenn ich Politik nur spielerisch betreibe, mal dies versuche, mal jenes ausprobiere, werde ich meine Kenntnisse dem Zufall überlassen, oft auf der Stelle treten oder gar zurückfallen. Nehmen wir die so entscheidende Bündnispolitik. Diese birgt die Kernfrage der Hauptkampflinie, der Schwerpunkt- und Prioritätensetzung. Jeder Wahlkampf ist Bündnispolitik, jede gewerkschaftliche Tarifauseinandersetzung (bei der die Lohnforderung nicht zu weit über dem aktuellen Bewusstsein ansetzt, aber eben auch nicht zu lasch und demotivierend), jede Meinungsführerschaft muss den Hebel an der populärsten, aber auch anschlussfähigsten Stelle im Alltagsbewusstsein ansetzen. Für eine linke Partei hieße das, in einer gewissen historischen Phase die größtmögliche Bündnisbreite stiftende Forderung ganz nach oben zu setzen. Etwa als platte Frage: Setzt die Linke aktuell die Forderung »NATO-Abzug von der russischen Grenze« oder »Kampf dem Sexismus alter weißer Männer« im Wahlkampf oben auf die Agenda? Wofür setze ich die meiste Arbeitskraft, Geldmittel und Zeit ein? Hat die Linke dann unter Aufbietung aller gerade verfügbaren Kräfte Erfolg bei der wirkmächtigen Verbreiterung des Friedenskampfs, wird in den Köpfen auch der Kampf gegen Sexismus davon profitieren – was mit der alternativen Schwerpunktsetzung »gegen Männer« kaum möglich werden dürfte.

Nach Erforschung und Einschätzung mobilisierbarer Kräfte dürfte wohl eher auf das Friedensthema gesetzt werden. Der NATO zugewandte Medien würden Alarm schlagen, weil sie die Linken in Moden verzetteln wollen. Sie fordern den Hauptkampf »gegen den Sexismus« und fördern entsprechende Persönlichkeiten, die mit Friedensphraseologie den Krieg gegen Transphobie verschärfen – vorzugsweise im Kreml oder im chinesischen KP-ZK. Dann aber wäre eine talentierte Führung dafür gewählt, einen realitätstüchtigen Gegenvorschlag zu unterbreiten, der demokratisch beschlossen oder abgelehnt wird. Ob dieser realistisch war, prüft die Interpretation später anhand der Veränderung und Veränderbarkeit, also im Grad der real ausreizbaren Bewegung, also in außerparlamentarischen oder Wahl-Kämpfen. Die Interpretation (Demoskopie, Empirie-Auswertung usw.) erhält erst in der Handlung, in der verändernden Mobilisierung ihren letzten Schliff. Erst die Aktion hebt die Interpretation hoch über das Spekulierte. Ihr Scheitern oder Gelingen liefert neues Erkenntnismaterial, verstärkt entweder den Kurs gegen die NATO oder zwingt zum Umsteuern für den Hauptkampf gegen den Sexismus. In der Realitätstüchtigkeit eines Leitantrags für Wahl- und andere Kämpfe erweist sich das Talent einer Führung.

Wenn nun aber diese Linke nicht ihre ganze Kraft auf ihren Beschluss verwendet, sondern nur zu 70 % die Anti-NATO-Forderung verfolgt und zu 30 % gegen den Beschluss arbeitet, würden ja nur 40 % (= 70 minus 30) an der Mobilisierung von Bewusstsein und Bewegung wirken. Somit würden beide Seiten ein entsprechend geschwächtes Ergebnis in der Praxis zur Bestätigung ihrer theoretischen Voraussetzung heranziehen. Eine solche Linke wäre also danach so schlau wie am Anfang. Dies ist also nicht nur praktisch, sondern erkenntnistheoretisch der Grund, weshalb Rosa Luxemburg ihre Empfehlung gab: »Freiheit in der Diskussion – Einheit in der Aktion!« Das erfordert von der unterlegenen Minderheit, die Aktion der Mehrheit nach Kräften zu unterstützen. Vorausgesetzt, der Beschluss war nach tiefgehend kontroversen, undiskriminierenden Diskussionsbeiträgen und nach umfassender Berücksichtigung empirischer Be- und Hinweise demokratisch erfolgt.

Das Spiel bildet ansonsten (also nicht in einer militärischen oder antikapitalistischen Führung) bei allen intelligenten Lebewesen einen individuell ergänzenden Gegensatz zu den gestrengen Prioritäten des Alltags. Sowohl menschliche als auch tierische Intelligenz bilden aus Prioritäten Hierarchien ab, während das Spiel bei beiden einen davon abgelegenen, geschützten Raum sucht. Sicher gibt es bei den Tieren auch in der Sexualität ein Spiel, aber an der Fortpflanzung orientiert. Die menschliche Gesellschaft orientiert das erotische Spiel sukzessive fort von der Fortpflanzung. Das Spielen übt etwas im geschützten Raum ein, das Menschliche aber spielt etwas im geschützten Raum nach. Es wird so nur therapeutische Kompensation. Denn die Praxis, auf die sich das Spielen bezieht, geschieht nach allzu strenger Prioritätensetzung im obigen Sinne. Dazu hat das

Spiel korrespondierend ebenso gestrenge Regeln nachgebaut, denen man/frau sich aber freiwillig (!) unterwirft. Der Ausbau der Lüste als Spielen im erotischen Raum mit Scham, Hemmungen, Ekel, sozialem Unten und Oben, erlittener Schmach, Komplexen und Verklemmungen ist in der Kunst viel weiter, als in den Diskursen über sexuelle Lüste (siehe dazu auch: Michel Foucaults Diskurstheorie im »Gebrauch der Lüste«). Was also liegt näher als ein Bündnis von Kunst und Sex, das die Biografien der Liebespartner reflektiert und sich bewusst gegen (z. B. die grünlich-korrekten) Prüderieoffensiven stemmt?

Wenn Marx sagt, die Menschen machten zwar ihre Geschichte, aber unter vorgefundenen Umständen, so heißt dies auch umgekehrt, dass die Geschichte sich ihre Menschen »macht« und dabei als vorgefundenen Umstand mit dem Menschen und seiner speziellen Biologie als gesellschaftlichem Ensemble vorliebnehmen muss. Darin verborgen ist die Aufforderung, das ästhetische Glück auch als erotische Lüste auszubauen, die Biografie als menschgewordene Geschichte mit spielerischem Eros bedenkend.

Bevor wir aber dahin gekommen sind, die Vorteile der Kunst mit unseren Lüsten als Resultanten unserer tätigen Biografien endlich glückssteigernd offener zu verbinden, so wie es bereits in kleinen Ansätzen dem erotischen Rollenspiel gelingt, sollten wir noch einen Blick in die Kunst tun, um der Pornographie auf ihre Schliche zu kommen.

Mir fiel eine Ähnlichkeit, ja Analogie, zwischen dem Beharren Sèves auf der einzelnen Biografie (und den entsprechenden Widerständen der alles kollektivierenden Klassentheoretiker gegen ihn) mit dem Hervorheben der Einzelgeschichte bei Georg Lukács (und seinen Widerständen) auf. Obwohl Brecht und Lukács (der gelegentlich in seiner Konstituierung von »Klassenbewusstsein« ahistorisch zu allgemein wird) lange gegeneinander standen, was die etappenübergreifende (»ewige«) Wirkung einzelner Romancharaktere insbesondere bei Tolstoi und Thomas Mann betraf, waren sie in Bezug auf die Biografie (= in der Kunst: die Fabel) einer Meinung. Werner Mittenzwei:

> Wie auch Brecht verteidigt Lukács die Fabel mit großer Entschiedenheit [...]. [Lukács] plädiert entsprechend der Fabeltechnik des 19. Jahrhundert für eine engmaschige Verknüpfung für die organische Verhakung der einzelnen Teile. Das Organische, Kontinuierliche wird zum Kriterium der Fabel. Die Kunst der Nuance regelt die Fabelführung. Eine Fabelauffassung, wie sie zum Beispiel Brecht vertrat, bei dem die Verknüpfung der einzelnen Teile nicht mehr unmerklich, sondern auffällig vor sich gehen sollte, der die Verhakung der

einzelnen Teile über den Widerspruch, durch ein bewußtes Gegeneinandersetzen der einzelnen Teile anstrebte, konnte von Lukács nicht akzeptiert werden.[182]

Lukács befürchtete mit den Elementen von Brechts epischem Theater die Demontage der Bühnen-Ästhetik als Kunst schlechthin und verblieb lieber bei der klassischen Erzähltechnik – und damit in einer geruhsam minutiösen Schienenführung der Fabel, die nichts in der Kurve aus den Gleisen springen ließ. Brecht hingegen zerstörte die Theaterkunst nicht (so wie Kurt Vonnegut übrigens auch nicht die Romankunst mit »Slaughterhouse V« zerstört, was oft behauptet wurde), sondern erweiterte die Technik, indem er in sie ein Aufzeigen der Methode aufnimmt. Brecht zeigt Schienenführung und Weichenstellung beim Fahren, so wie in dialektisch realistischer Psychologie (und »Natur«wissenschaft) im Versuch Versuchte und Versuchende mitreflektiert werden sollten. Sogar das Springen über eine historisch relevant umgestellte Weiche in der Schienenführung kann so ein Weg des Narrativs werden. Das ist der Sprung des Verfremdungseffekts: eine Verschiebung hiesiger Konfliktformate in andere Zeiten (in frühere Zeiten wie bei der »Courage«) oder in andere Orte (»Sezuan«). Wer über die Erzählung im 21. Jahrhundert nachdenkt, möge künftig beide – Lukács *und* Brecht – zusammendenken.

Wer also aus ästhetischen Lehren von Lukács und Brecht seine Schlussfolgerungen für das erkenntnistheoretische »hic Rhodus hic salta« bei der Biografiekonzeption Sèves ziehen möchte, darf getrost sowohl von der gebrochenen, kompensatorischen Spiegelung der Klassenwidersprüche in der Phantasie, dem Traum und der Pornographie ausgehen, als auch vom Erkenntnissprung in Bezug auf Klassenwidersprüche.

Lenin sprach vom »Herangehen des (menschlichen) Verstandes an das einzelne Ding, der Anfertigung eines Abdrucks (= Begriffs) von ihm«. Dies sei »*kein* einfacher, unmittelbarer, spiegelartiger, toter, sondern ein komplizierter, zweiseitiger, zickzackartiger Vorgang, der die Möglichkeit *in sich schließt*, daß die Phantasie dem Leben entschwebt«.[183] »Denn auch in der einfachsten Verallgemeinerung, in der elementarsten allgemeinen Idee (›der Tisch überhaupt‹) *steckt*«, laut Lenin, »ein gewisses Stückchen Phantasie. (Vice versa: es ist unsinnig, die Rolle der Phantasie auch in der strengsten Wissenschaft zu leugnen …).«[184]

182 Lukács (1977), S. 14 (Vorwort).
183 LW 38, S. 352.
184 Ebd., S. 353.

Wollen wir die Biografie in der Sève'schen Psychologie und die künstlerische Fabel nebeneinanderstellen, so fällt eine große Überschneidung beim Konstrukt der »großen Liebe im Leben« auf. Manche Künstler würden ebenso wie einige Feministinnen oder bürgerliche PsychologInnen behaupten, die Liebe sei ein Produkt der tierischen Sexualität. Die große Liebe sei nun einmal die naturgegebene, höchstmögliche Idylle abseits der Arbeitswelt. Marxistisch gesehen ist sie dagegen die höchstmögliche Überschneidung sämtlicher antipodischer Spiegelungen der Arbeitswelt in den Phantasien, die den subjektiven Eindruck vermitteln, der Projektionsgegenstand spiegele geradezu die Sehnsüchte und Triebe, strahle sie aus. Dabei saugt er sie eher auf. Meine Liebe strahlt mir aus, was ich ausstrahle, aber kein Strahl kommt wieder, wie er ausging. Das Leben erblüht im Strahl, der von der Blüte mich zu ihr zurücknimmt.

Aber festzuhalten ist: Die Rangfolge, das Ranking der Liebesverhältnisse, von einstigem/r Liebhaber/in rückwirkend, also historisch betrachtet, wird abgelöst von der reinen Sexualität, in der Phantasie verarbeitet und als Kostbarkeit abgelegt. Insofern entspricht die Biografie der Erotik eher der künstlerischen, als der biologischen Ontogenese. So wie die erfahrene Liebhaberin oder der erfahrene Liebhaber retrospektiv, verleiht

> der Dichter […] seinen Gestalten einen bestimmten »Rang«, indem er sie zu Hauptgestalten oder Episodenfiguren macht. Und diese formelle Notwendigkeit ist so stark, daß der Leser auch in nicht durchkomponierten Werken instinktiv diese Hierarchie sucht und unbefriedigt bleibt, wenn die Gestaltung der Hauptfigur, im Vergleich zu den anderen und zu der Handlung nicht dem »Rang« entspricht, der ihrer Stelle in der Komposition an sich gemäß wäre.[185]

Für Anhänger der gesellschaftlichen Aufklärung war der Grad der Widerspiegelung relevanter historischer Realität in den Novellen wichtiges Bewertungskriterium. In der deutschen Literaturgeschichte gibt es für sie – nach der Klassik von Goethe, Schiller und Hölderlin – so gleichsam chronologische Schichtungen, etwa vom Naturalismus (Gerhard Hauptmann) zum Expressionismus (Ernst Toller, Friedrich Wolf) zum Realismus (Brecht, die Manns). Aber unabhängig davon sollten wir unterscheiden zwischen religiöser und materialistischer, zwischen bloß evasionistisch-trivialer und realistisch-unterhaltender Literatur. Die evasionistische Literatur lenkt dich weg von dir, die realistische zu dir. Bloß evasionistische

185 Lukács (1977), S. 173.

blendet dir die gesellschaftlichen Widersprüche aus, die realistische fährt mit dir durch sie hindurch. Die Einheit von den Widersprüchen regiert die Entwicklung. Aber das Denken kennt vielfältige Umwege an deren Wahrnehmung vorbei. So kann sich evasionistische Literatur auch als Einheit in Widerspruch zu den Widersprüchen setzen. Die realistische setzt sich neu in Widerspruch zu den Widersprüchen in der werdenden Einheit. Dies zeichnet sich auch in den Formationen von Phantasien und Projektion. Wir haben zehn zufällige Probanden befragt, ob sie Intimeres wissen wollten über mögliche Sexualpraktiken von a) Walt Disneys Micky Maus, b) Karl Mays Old Shatterhand, c) der katholischen Bibel-Maria, d) Goethes Faust oder e) Brechts Seeräuber-Jenny. Es gab nur zwei der zehn Befragten, die sich für Maria, Micky Maus oder Old Shatterhand entschieden hatten. Die Mehrheit wollte mehr wissen über das Intimleben der Figuren von Brecht und Goethe.

Trieb und Lüste gegen Kapital und Zeitregime

Alle Triebe und Grundbedürfnisse, die die Gesellschaft beziehungsweise die Geschichte vorfindet, sind unterschiedlicher Art. Schon der Hunger ist in der Nähe gewisser Akkumulationsentfaltung nicht mehr schlicht als reine Sättigung zu erfassen. Die Arbeit in der Küche spiegelt die Lohnarbeit und deren Zeitregime, denen sich Kochen und Nahrungsaufnahme nicht nur entzieht, sondern auch entgegenstellt, dialektisch wider. Eine Kochsendung z. B. transponiert einen eigenen Regieanteil in die Küchenarbeit, der in der Lohnabhängigkeit strukturell verweigert bleibt. Sie lebt also vom Kochzwang und gegen ihn sich befreiend.

Die Flüssigkeitsaufnahme beziehungsweise die Befriedigung des Dursts, ist ebenso elaboriert – von den Ritualen des Tees bis zum Trinkgelage. Zumal hier auch Rauschmittel, die dem Berufsalltag vollkommen entgegengesetzt sind – zum Beispiel der Alkohol –, den Gegenakzent verstärken helfen. Während es bei der einzelnen sexuellen Technik schwerer fällt, ihre konkreten Antipoden in der Arbeitsbiografie ausfindig zu machen, sind bestimmte Formen von Alkoholkonsum leichter dem Alltag zuzuordnen. Die ästhetische Dimension des Rausches zeigt den Grad des Reproduktiven in antipodischer Spiegelung der Produktionsverhältnisse. (Ich brauche eher ein spezielles Bedürfnis gegen spezielles Erleben und Erleiden.)

Noch einmal: Die Sexualität ist kein so zwingender biologischer Trieb wie Essen, Trinken und Schlafen (bzw. Träumen), wiewohl ihre Lust in erheblich zwanghafte Komplikationen ausarten kann. Es gibt keinen Menschen, der ohne Essen und Trinken beziehungsweise Schlafen auskommt. Aber es soll durchaus Leute geben, die niemals Sex hatten. Dass dies nicht übermäßig gesund sein soll, wussten schon Freud und Wilhelm Reich mit seiner Sexpol-Initiative in der KPD.

Über die Gestaltung der Sexualität gibt es keine Kochsendungen, sondern oft nur ziemlich schlichte, lineare Pornographie, wenn man von den großen Dichtungen und Bildern, die sich damit befasst haben, einmal absieht (Michelangelo, Shakespeare, Villon, Goya, Brecht, Henry Miller u. v. a.). Es sollte mehr öffentliche, mediale, schulische Beschäftigung damit geben.

Alle mehr oder weniger vorhandenen Grundbedürfnisse und Triebe hängen natürlich mit dem ökonomischen Stoffwechsel direkt linear, aber eben auch antipodisch-reproduktiv zusammen und zeigen, dass alle bisherige Geschichte eine Geschichte der Klassenkämpfe war. Denn Lohn- und Zeitregime, unter deren unerbittlicher Knute die Bedürfnisse nach Befriedigung entfaltet werden oder meist verkümmern, sind niemals aus dieser Befriedigung herauszuhalten.

Während also einerseits mit der kapitalistischen Akkumulationsreifung Bedürfnisbefriedigungspotenziale anwachsen, wachsen andererseits die Restriktionen, wobei aber die Lüste sich über die der ursprünglichen Akkumulation hinaus entfalten und sich vom Kampf ums Dasein als ursprünglicher Sättigung emanzipieren. Daraus ergibt sich mit der Formation des Stamokap ein Widerspruch, den Haug in seiner »Warenästhetik« bereits erfasst hat, wenn er Adorno dort widerspricht, wo letzterer im Konsumismus nur Falsches und Ausweglosigkeit konstatiert. Haug erblickt einen einfachen Hebel im Waren-Narrativ: den Kampf um Lohn einerseits als Teilhabe am erweiterten Konsum und andererseits als selbstermächtigendes Kennenlernen der Ware Arbeitskraft in gesellschaftlichen Zusammenhängen. Insofern spiegelt sich die Lohnarbeit immer auch in den Reproduktionstätigkeiten und damit in die Befriedigung der jeweiligen Grundbedürfnisse, in den Reiz des Kochens, des gemeinsamen Trinkens, der Gestaltung von Schlafumständen etc.

In glücksarmer Freizeitgestaltung offenbart sich oft das Lohn- und Zeitregime in den Arbeitsprozess hinein und aus dem Arbeitsprozess heraus. Es durchdringt sowohl den Konsum als auch die erotische Welt. Der Kampf für ein anderes Zeit- und Lohnregime hat als Kampfziel die Entschränkung von Genuss mit einer bislang völlig ungekannten Ausweitung der Kreativität. Ein neuer Klassenkampf besonders in den hochakkumulierten, imperialistischen Metropolen könnte also sowohl die »private, intime« Sphäre, den Konsum und seine Qualität, als auch die sozialen Arbeitsverhältnisse ins Visier nehmen. Mit neuen Vorstellungen eines wahrhaft liberalen (= auf Befreiung angelegten) Sozialismus wären Grundlagen für einen Aufstieg vom Rosagrünlichen zum Roten gelegt. Die quantitativen und qualitativen Seiten eines antikapitalistischen Emanzipationsprozesses würden so attraktiver und von mehr Menschen verstanden. Dies aber bedarf einer Entprivatisierung des Privaten. Egon Krenz und ich fuhren einst an den österreichischen Attersee zu einem Camp junger SozialistInnen und KommunistInnen und ihrem Seminar »Über das Subjektive« und erfreuten uns besonders eines genialen Transparents: »Sex-Stundentag: Damit das Feierabendbier nicht der einzige Höhepunkt bleibt!« That's the way!

Ich will an dieser Stelle keine theoretischen Spekulationen anstellen, sondern nur auf eine Konsequenz der Durchdringung der individualpsychologischen Seite des monopolkapitalistischen Zeitregimes exemplarisch aufmerksam machen. So wie im Arbeitsprozess nämlich empfinden wir in der Erholungsphase nicht nur, dass wir einzelne Handgriffe und Geistesbewegungen zeitsparend (»effizient«, um ja nichts zu verpassen) miteinander verschränken sollten. Effiziente Handgriffe und Geistesbewegungen ziehen sich als Verschränkungen in unserer Metaphorik im unterschwelligen Bewusstsein bis in unser Freizeitverhalten und nähren eine doppelgesichtige Aggression gegen uns selbst. Wir hassen uns unterschwellig geradezu dafür, wenn wir etwas übrig lassen, etwas verpassen oder beim Fernsehen Kartoffelchips kauen, obwohl wir wissen, wie sich das auf die Fettleibigkeit auswirkt. Deswegen kommt gelegentlich noch ein besonderer Spin der Zerstörung in unser Essverhalten und das verpönte Herunterschlingen. Unser Konsumverhalten ist sowohl minimale Abnabelung von der elterlichen Vorhaltung bei Tisch, als auch gleichzeitig ein Selbsthass auf unsere Sucht, der den Suchtgegenstand vernichten will. Sie ist drittens dennoch die zeitsparende Verschränkung von doppelt ablenkendem Fernsehgenuss mit dem Genuss von Kartoffelchips. Niemand kommt dabei dahinter, wie schlecht das Fernsehprogramm ist. Und die Chips.

Ein anderes, selbst gestaltetes und selbsterstrittenes Zeitregime könnte in der Lage sein, viel mehr eigenständig zu regeln und auch mit anderen, ähnlich Bedrohten kommunizierbar zu machen. Warum sollten Linke darüber nicht reden? Kämen wir somit zu dem Gedanken, eine Praline oder Kartoffelchips als Genuss allein zu stellen, nichts anderes zu tun, als das Einzelne zu konsumieren, das Fernsehen dabei also entweder abzustellen, wenn wir eine Praline im Mund zergehen lassen oder den Konsum der Praline außerhalb der Fernsehzeit zu genießen. Wir würden mehr exklusive Aufmerksamkeit erübrigen für das Fernsehprogramm und für die Praline, sowohl dem jeweiligen Genuss die nötige Geschmacksempfindung einräumen, als auch dem Problem des Fettes zu Leibe rücken.

Wir bräuchten also kein eisernes Nein gegen jeden kalorienreichen Konsum, der womöglich in der verschlungenen Fülle ungesund würde, sondern ihn zunächst nur völlig abseits anderer Betätigungen aufmerksamer genießen. Wir hätten zwei Teufel in einen Sack gepackt: den der Fettleibigkeit und den des oberflächlichen Abgelenktseins und wären schon ein ganzes Stück weiter. Ohnehin: Eiserne Verbote gegen Konsum sind einfach nicht nachhaltig. Sie produzieren ihr Gegenteil in der Breite der werktätigen Bevölkerung. So können wir liberal und antikapitalistisch einigen Verboten und Regeln mit intelligenten Ausnahmen entgegentreten. Junge Menschen erst via Politik die Busverbindungen von Dorf zu Dorf zu streichen, sie ins Auto zu drängen, wenn sie drei Dörfer weiter in die Disco wollen und null Promille hinterm Steuer zu erzwingen, ist weltfremd und auf gewisse Weise menschenfeindlich. Das Recht auf Rausch besteht als erkämpftes Menschenrecht, zumindest solange es noch Klassenwidersprüche gibt. Warum also sollen sich – als vorübergehende Notlösung eines von Politik erzwungenen Dilemmas – junge Leute nicht ab dem zweiten Bier ein weithin sichtbares Schild ins Autofenster hängen, auf dem sie der Öffentlichkeit mitteilen, dass sie etwas mehr getrunken haben und sich selbst dafür Disziplin antun, das Auto mit weniger als 30 km/h wenigstens nach Hause zu kutschieren? Phantasie und Pragmatik müssen die Ausnahmen klug beschreiben, die jede Regel in ihrer Generaltendenz bestärkt.

Die Freizeitgestaltung ist ein zentrales Kampffeld geworden. Dazu zählt zunächst ihre quantitative Ausweitung und gleichzeitig ihre qualitative Neudurchdringung. Die Verlängerung des Schlafs, der Verzicht auf Wecker für Auszubildende und Werktätige, die extensive Ausweitung von Urlaub, die Entschränkung der Genüsse (Fernsehen/Chips) anstatt vollständiger Unterwerfung des menschlichen Biorhythmus unter (Webstuhl, Hochofen, Dampfmaschine und heute) Roboter wären mögliche Perspektiven. Alles das und natürlich auch die zeitquantitative Ausweitung und qualitative Vertiefung des erotischen, sexuellen und pornographischen Sektors kann durchaus auch zu einer Neubewertung der Reproduktionssphäre führen – besser als alle Untertanen-Technik.

Nehmen wir noch mal die Schlafumstände: Wie unausgesprochen und kopflos sind Kult und Propaganda des »kurzen« Schlafs, des Frühaufstehens und Weckerstellens eingeschliffen, auf die besonders die deutsche Ordnungsliebe so stolz ist. Erst die Jahres-, dann die Maschinenlaufzeiten haben sich seit Jahrhunderten den Biorhythmus unterworfen, ohne die gesundheitlichen Folgen von Schlafdefiziten für den geistig defragmentierenden Körperhaushalt zu berücksichtigen. Man gilt ja geradezu als Parasit, wenn man den Wecker zum Feind der menschlichen Gesundheit erklärt. Da wird einem der psychosomatische Unsinn aus miserablen und uralten Untersuchungen vorgehalten, dass der Mensch eigentlich nur zwei Schlafphasen benötigen würde. Erneutes Ein- und Ausschlafen sei sowieso tagediebischer Überfluss.

Gerade im Älterwerden, mit sinkendem Melatoninspiegel, ist Schlaflosigkeit angesagt. Das Reservoir der Bettstunden muss auf brutto neun bis zehn Stunden angehoben werden, um netto auf sieben bis acht Stunden Schlaf zu kommen. Seitdem dies von der Produktivkraftentwicklung her möglich wurde, gibt es auch mehr Schlafuntersuchungen und Bücher. Vor wenigen Jahrzehnten noch (als ich für meine Doktorarbeit in den Gießener und Frankfurter Unibibliotheken danach stöberte), gab es nur eine Handvoll Bücher in wissenschaftlichen Bibliotheken zum Thema »Schlaf« – und darunter gerade einmal ein ganzes Kapitel über den Zusammenhang von Schlaflosigkeit und Thermodynamik (Frieren, Degeneration von Fiberreflex- und anderen Immunpotenzialen, Konzentrationsschwäche etc.). Nun gut: Literatur und Wissen, also Kultur, schienen wieder einmal den

Produktivkräften hinterher zu schleichen. Den Produktionsverhältnissen muss ein anderes Zeitregime, das eine ausgiebige und neue Kultur des Schlafens einbezieht, erst kämpferisch abgetrotzt werden. Was wir den Kindern aber heute immer noch antun, besonders denen in Dörfern mit weiten Schulwegzeiten, graust einer Sau.

Gesellschaftliche Widersprüche aus Reproduktionssphäre und Arbeits- und Ausbildungsalltag korrespondieren mit Arbeitsbefähigung und Sozialisation bzw. biografisch mit Kindheitserlebnissen. Das Reich der Entfremdung im Arbeitsalltag kann erst durch ein neues Reich der Verfremdung bisheriger Reproduktionsgewohnheiten, in einer großen gesellschaftlichen Diskussion nicht nur mit TherapeutInnen, sondern auch MitstreiterInnen gegen bisherige Zeitregimes und deren Annäherung an die einzelnen Biografien sinnreich angegangen werden. Dem Schlaf, seinen Gewohnheiten und Störungen kommt im Kampf für ein menschlicheres Zeitregime eine besondere Rolle zu. Darum hier noch ein paar Ergänzungen.

In der alten Schulmedizin überwiegt Schlaf als ein Dornröschenschloss, das durch Dornen und Sträucher vom Alltagsleben abgetrennt bleibt, ohne äußere Sozial- und Zeitregimes mit dem Schädelinneren in eine logische Verbindung zu bringen. Schlafstörungen werden in den Patienten hineinprojiziert, um jegliche Klassenrealität zu verschweigen. Wenn Schlafstörungen zunehmen, ist das die Schuld einzelner Menschen, die im Schlafzimmer einen Fernseher stehen haben oder tagsüber »den Stress zu nah an sich heran kommen lassen« oder zu spät noch gegessen haben. Dieses »Fehlverhalten« auszuschalten bewirke dann, einen »normalen« Schlaf zu erleben. Wenn es nur so einfach wäre. Die *Apotheken Umschau* zitiert den Schlafmediziner Jörg Lindemann von der Universitätsklinik Ulm, der kritisch anmerkt: »Wenn wir wenig schlafen, fühlen wir uns als Helden.«[186] Aber daraus die Konsequenz zu ziehen, den gesamten Alltag dem Schlafbedürfnis und vor allem dem gestörten Schlafbedürfnis anzupassen, kommt diesem Arzt nicht in den Sinn. Dabei wird das nächtliche »Grübeln« wie eine Psychostörung benannt, die durch Verhaltenstherapie zu überwinden sei.[187] Das Problem wird individualisiert, statt die Gründe des Grübelns zu realen Lösungsstrategien ins Verhältnis zu setzen oder zu solchen kollektiven Kommunikationsprozessen, die auf Lösungsstrategien individueller oder kollektiver Art zielen. Denn schon das Gespräch über Gegenwehr hat therapeutische Wirkung: die gemeinsame gewerkschaftliche Aktion als Weiterentwicklung der

186 November 2017, S. 14.
187 Ebd., S. 17.

Therapiegruppe. (Als ich 1984 für den IG-Metall-Vorsitzenden Franz Steinkühler die Kulturarbeit bei der 35-Stundenwochen-Kampagne mitgestalten durfte, gelang es uns auch, andere Ästhetik, anderen Schlaf und andere Freizeit beispielhaft einzubringen.)

Merkwürdig an dem Beitrag der *Apotheken Umschau* nimmt sich aus, dass zwar alle Schlafforscher in Teilen die Realitäten anerkennen, aber keinerlei soziale Schlussfolgerung in die Forschungen einfloss. Der Arzt Lindemann schrieb so, als unterliege die Menge und der Zeitpunkt des Schlafes dem alleinigen Willen des Patienten: »Sie gehen zu spät ins Bett, müssen aber morgens trotzdem früh raus und manövrieren sich so in ein chronisches Schlafdefizit.«[188] Prof. Randerath von der »Deutschen Gesellschaft für Schlafforschung und Schlafmedizin« (DGSM) kritisiert immerhin eine herrschende Institution: »Viele Menschen müssen bei uns gegen ihre innere Ruhe leben. Die Schule etwa beginnt viel zu früh.«

34,4 % der TeilnehmerInnen einer Umfrage der *Apotheken Umschau* bezeichnen sich selbst als »Nacht-Eulen, die abends erst richtig munter werden und dafür morgens gerne länger schlafen«. Dass wir also generell – und nicht erst wegen Corona und der Priorität auch unseres ungeimpften Immunsystems dagegen – die Bruttoausschlafzeit verlängern sollten, um die gestörte und unterbrochene Nettoschlafzeit wenigstens halbwegs in den Griff zu bekommen, dringt auch in den bürgerlichen Betrieb der Schlafforschung vor. Dass dies aber eine Auseinandersetzung mit herrschenden kapitalgemachten Zeitregimes bedeutet, keineswegs. Darum müssten die gewerkschaftlichen Aktionen für Arbeitszeitverkürzung auch von Individualtherapeuten unterstützt werden. Das kommt der Redaktion nicht in den Sinn. Sie müssten ja sonst manchen Big-Pharma-Inserenten ihrer *Apotheken Umschau* vors Schienbein treten.

Dass das nächtliche Grübeln aus der individuellen Hirnverschalung hin zu dem Grund des nächtlichen Grübelns gelöst und auch zu einem kollektiven Problemlösungsprozess ausgebaut werden könnte, kommt auch für Schlafforscher Riemann von der Uniklinik Freiburg nicht infrage. Wie sollte die Uniklinik Freiburg auch reale soziale Probleme als Grübelgründe systematisch berücksichtigen können? Riemann schreibt: »Im Rahmen einer kognitiven Verhaltenstherapie lernen die Betroffenen, ihre negativen Erwartungen infrage zu stellen.«[189] Was aber ist, wenn die »negativen Erwartungen« Ausdruck realer Verhältnisse sind, in denen die Befriedigung externer Erwartungen über die eigene Existenz

188 Ebd., S. 12.
189 Ebd., S. 18.

entscheidet? Dann würde die kognitive Verhaltenstherapie, die negative Erwartungen »infrage stellt«, nichts anderes bedeuten als Anstiftung zu Irrealem.

Vollends irreal wird eine vorgebliche Störung des Patienten diagnostiziert, wenn Riemann meint: »Objektiv gemessen haben schlafgestörte Patienten etwa eine halbe Stunde weniger Schlaf als normale Schläfer, empfinden subjektiv aber zwei Stunden weniger.« Warum das dann als »schlafgestört« bezeichnet werden muss, weiß nur der Schlafforscher selbst. Dagegen gibt es objektiv Millionen schlafgestörte Menschen, die jede Nacht zwei Stunden oder mehr Schlafdefizit einfahren. Dies macht einen anderen Begriff für das erstgenannte Phänomen der Selbsttäuschung erforderlich als »schlafgestört«. Denn alles, was im Schlaf geschieht, ist dem Nichtschlaf geschuldet.

Die *Apotheken Umschau* enthält gelegentlich kluge Untersuchungen, obwohl sie mit Zuspitzungen als populär kommerzialisierendes Periodikum ihre Riesenauflage und Big-Pharma-Annoncen gefährden würde. So eröffnet sie mit »Erholsamer Schlaf« als Titel. Um über die Rekonstruktion von Tageserlebnissen in Traum und Schlaf aufzuklären, wird existierendes Wissen als Ergebnis neuester Forschungen von Experten präsentiert: »Dazu spielt das Gehirn wichtige Ereignisse des zurückliegenden Tages noch einmal durch. Es feuern dieselben Nervenzellen in gleicher Abfolge – nur zehnmal schneller.«[190] Endlich wird eingeräumt, dass Schlaf in jedem Falle nicht nur Immunboten stabilisiert und dadurch sogar Virenausbreitung entgegenwirkt, sondern auch psychischen Bedrängern abhilft. Insofern wird die deutsche »Superkultur« vom Frühaufstehen – besonders mit den wachsenden Flexibilisierungs- und Verkürzungspotenzialen von Arbeitszeit – immer grotesker. (Auch ein Thema, das in der Corona-Bekämpfung, leider auch beim klugheiteren Hendrik Streeck, völlig unangesprochen blieb.)

Die moderne Schlafforschung basiert auf einer minimalen, aber zentralen Fehlorientierung. Sie geht nämlich davon aus, dass der Schlaf etwas rein Biologisches sei, während wir mit zunehmender philosophischer Praxiserweiterung erkennen, dass es eine menschliche Grundeigenschaft in Ausbeutergesellschaften ist, im Schlaf vergangene Bedrängungen auf Exit abzuprüfen und daraufhin neu durchzuspielen. Aber, und das ist wichtig: Dies geschieht nicht nur im Traum, sondern in Kunst, Religion, Rausch und allen anderen Formen, die dem Bewusstsein so beigeordnet sind, dass es sich überhaupt weiterentwickeln und grundlegende

190 https://www.apotheken-umschau.de/gesund-bleiben/schlaf/schlafen-sie-gut-erholsamer-schlaf-708315.html, 4. November 2019.

Übersicht erlangen kann. Zentral in dieser Frage ist natürlich der Traum (der übrigens auch tagsüber erfolgen kann).

Die *Apotheken Umschau* schreibt: »Träume bleiben ein Rätsel [...] Träume bieten uns Raum, um neue Verhaltensweisen gefahrlos einzuüben, vermuten manche Experten.«[191] Das einzig Richtige an dieser Formulierung ist das Verb »vermuten«. Denn mehr ist es wahrlich nicht. (Wenigstens wird hier keine wissenschaftliche Empirie vorgetäuscht.) In Wahrheit geht es überhaupt nicht um Zukünftiges, nicht um »neue Verhaltensweisen«. Wie sollte dies auch erfolgen? Wie kann ich heute im Traum durchspielen, was mir morgen vielleicht widerfahren könnte? Das ist viel zu umständlich, viel zu hellseherisch und kann von dem Teil des menschlichen Gehirns nicht geleistet werden, der im Schlaf aktiv ist. Es geht vielmehr ausschließlich darum, vergangene Ausweglosigkeiten unter den Umständen eigengewählter Auswege neu nachzustellen, also unter hohen Anteilen der eigenen Regie zu re-inszenieren und zu verarbeiten – was erst auf dieser Basis »nach vorne zielt«. Dies »vermutet« auch der Autor der *Apotheken Umschau*, wenn er fortführt: »Wir können im Traum alles erproben, ohne unser Leben zu riskieren oder uns vor anderen lächerlich zu machen.« Aber dieses »erproben« bezieht sich nicht auf irgendeine religiös horoskopierte Zukunft, sondern auf das Vergangene und Unverdaute, in dem zwar ein wenig Zukunft schlummern dürfte, soweit man diese unter Verzicht auf die für Kognition, Wissen und Bewusstsein zuständigen Teile des Gehirns antizipieren kann. Aber im Wesentlichen geht es nicht um Zukunft, sondern um unbewältigte Vergangenheit, die der fremden Gewalt entzogen und der eigenen Gewalt des Traums, der Vorstellung, der pornographischen Umdrehungen, der Religion, der Kunst unterworfen wird. Insofern greift Schlaf auf eine Technik zurück, die gesellschaftliches Verarbeiten intellektuell ohnehin angelegt hat: »Vermutlich müssen wir von der Außenwelt abgekoppelt sein, sonst könnten bestimmte Schlafprozesse nicht stattfinden, sagt Dr. Martin Dresler (Universitätsschlafforscher in Nimwegen): der Gedächtnisaufbau, die Gehirnsäuberung und das Traumerleben.«[192]

Diese »Abkopplung«, die im Schlaf natürlich perfekt geschieht, geschieht auch in der Trance, einer anderen Form der Geistesabwesenheit tagsüber und in verschiedenen auch suchtbedingten Rauschzuständen und Realitätsabspaltungen sowie in der Kunst. Aber diese Abkopplung ist auch gebunden und zwar daran, dass andere Konditionalität zur Verfügung steht (biologisch etwa im Schlaf), unter

191 *Apotheken Umschau* vom 4.11.2019, S. 14.
192 Ebd.

der vorab Erlebtes neu modifiziert und wieder durchlebt werden kann. Dies ist der eigentliche Kern der Erleichterung und Evasion. Wollen wir konsequent erreichen, einschlafstörende Grübeleien an den Verstandesrand zu schieben, sind ablenkende, aber auch affektstärkere Durchspielungen hilfreich: Tierfilme, historische Dokumentationen, aber auch: verbotene Pornographie detailgetreu vorzustellen. Dies – es könnte ja genauso gut auch eine emotional fesselnde wissenschaftliche oder künstlerische Aufgabenbewältigung sein – ist autogen, aber keine der üblichen Meditationen, sondern eine willkürliche Nutzung von Phantasien, damit eine Hilfestellung, etwas Störendes aus dem Alltagsleben aus der Einschlafphase herauszudrängen. Es muss nur emotional besonders kräftig, nur stärker sein, als der reale Kern der Grübelei. Dass der Kapitalismus in seiner Gründerzeit, Biorhythmen unter Maschinenabläufen knechtend, die Immunabwehr systematisch beschädigt hat, mag vor 200 Jahren noch eine gewisse Plausibilität gehabt haben, besonders da bestimmte Produktionsmittel nicht einfach heruntergefahren werden konnten (Hochöfen und besonders antriebsintensive Maschinen). Dass aber heute, wo alles digital gesteuert wird und demzufolge ein ganz anderes Zeitregime möglich wäre, das Monopolkapital immer noch derart das menschliche Leben, »jede Pore der Gesellschaft« (Marx), durchdringt und das Regime des Monopol- und Extraprofits über Zeit-, Lohn- und Gesundungsverknappungen massenhaft Schlaf- und andere Störungen verursacht, wird mit dem Begriff »Stress« (den wir, blöd wie wir sind, »zu nahe an uns heran lassen«) verharmlost und auf den individuellen Träger umgelenkt. Immerhin kommt die *Apotheken Umschau* nicht umhin, festzustellen, dass in den letzten 20 Jahren »der Anteil der Menschen, die regelmäßig, gelegentlich oder zumindest ab und zu an Schlafstörungen leiden, deutlich zugenommen hat« und zwar von »43,7 auf jetzt 71,7 %«. Sie zitiert eine Studie, wonach »14,5 % der Autofahrer schon einmal am Steuer eingenickt« seien und »eine schlechtere Nachtruhe das Risiko für Depressionen, Schlaganfälle und Demenz erhöht und die Lebenserwartung verkürzt.«[193]

Solche Befunde sind allerdings gesellschaftliche Befunde, die individuell höchstens etwas kuriert, aber nur kollektiv überwunden werden müssen. Diese Literatur unterschlägt diese Tatsache ebenso wie den historischen und nichtindividuellen Ursprung sexueller Störungen oder libidinöser Fehlleistungen. Die Freiheit in der Sexualität bedarf einer freieren Zeitgestaltung, um ihre Übereinkünfte in intimster Unanständigkeit, als ein ganzes Geflecht geheimnisvoller Nischen zu entfalten. Die

193 https://www.apotheke-adhoc.de/nachrichten/detail/panorama/schlafprobleme-jeder-dritte-deutsche-betroffen-gfk-umfrage/

soziale Aufhebung unserer Grundbedürfnisse (Sättigung, Fortpflanzung, Schlaf) wird immer im Gegensatz zu den Machtverhältnissen stehen, unter denen das Individuum seine Arbeits- und Aufarbeitungsbiografie durchläuft.

Der sowjetische Seelenforscher Alexander Luria begründet sein Apodiktum: »Um die Seele zu finden, muß man sie aufgeben« damit, dass die Quellen des Bewusstseins und der Freiheit des Menschen in der Sozialgeschichte gesucht werden müssen.[194] Im Vorwort zur Neuauflage seines Grundlagenwerks schreibt Sève:

> Das ist das Entscheidende in der uns hier beschäftigenden Frage der Psychologie. Seit über hundert Jahren offeriert man uns als wissenschaftliche Psychologie ein Wissen, das die menschliche Persönlichkeit auf eine Ansammlung unpersönlicher psychischer Funktionen reduziert, die in ihrer »umweltbedingten Konditionierung« als naturhaft gelten – als sei für den Menschen seine soziale Lebenswelt nichts anderes als für das Tier seine natürliche Umwelt – und könne aus neuronalen Prozessen erklärt werden.[195]

Bei nichtmenschlichen Lebewesen gibt es eine Psyche nur in Vorstufen. Wenn der nun mehrfach zitierte Fisch Plankton beim Licht an der Wasseroberfläche vermutet, ein Raubtier seine Jagd- und Balzgründe am Uringeruch festmacht, dann sind dies Zeichen, die psychische Konditionierungen auslösen. Sprache ermöglicht dagegen höhere Komplexität. In Wahrheit ist das sogenannte Unterbewusstsein des Menschen etwas gänzlich anderes als der Instinkt beim Tier, denn es hat die Arbeit gleichsam durchlaufen. Neben einer der Produktion zugewandten kognitiven Seite der Hirntätigkeit, gibt es die von der Produktion abgewandte: die des ästhetischen Registrierens. Diese ist offensichtlich auch in unterschiedlichen Hirnhemisphären unterschiedlich beansprucht. Es gibt kein versprachlicht kognitives Erkennen ohne Unversprachlichtes, dem Erkennen dialektisch zugeordnetes Bilderreservoir.

Beide Seiten des Denkens, das Ästhetische und das logisch Versprachlichte, bleiben aber einander dialektisch zugeordnet. Ihre Kommunikation funktioniert über Korrespondenzen, über Grundrisse und Ähnlichkeiten, die beide Hirnhälften synchron aufnehmen und spezifisch verstehen. Die »kleine Korrespondenz« (die zum Beispiel übergroße Angstsituationen vor einem Aggressor in der Simulation angstverminderter Situationen abseits des real übermächtigen Bedrohers

194 Sève (1972), S. 230.
195 Sève (2016), Vorwort.

nachbildet) verläuft noch ziemlich unzivilisiert. (Etwa in der Spielsucht, die als Ablenkung erleichternd wirkt.) Die große Korrespondenz tendiert zu Kunst, Zivilisation in der Wissenschaft usw. Die Sexualität und die geglückte Phantasie im Tag- oder Nachttraum stehen dazwischen und schaffen es, »die Arbeits-Batterien psychisch und so auch körperlich wieder aufzuladen«.

Dabei kommt es auch zu größeren Korrespondenzen zwischen Metaphern untereinander, was für eine andernorts beschriebene und von vielen erahnte Beziehungsform zwischen objektiv vorhandenen Ähnlichkeiten und Grundrissen steht, die sich aber dem logisch geprägten Auge entziehen. Man merkt das, wenn man einen belastenden, kaum lösbaren Autoritätskonflikt mit einem ähnlichen Muster in ein lösbares Feld verlagert und sich so nervliche Entlastung verschafft. Davon profitieren Soap-Operas, Popsongs, Facebook usw.

Somit erklärt sich auch die Spielsucht und überhaupt die soziale Attraktivität von solchem, was man »*Gesellschafts*-Spiel« nennt, auch wenn dies zum Autismus am Computer treibt. Dostojewski baut in seinem »Spieler« um die Roulettetische filigran eine Spiegelhalle für die durch die soziale Stellung des Hauslehrers bedingten Erniedrigungen. Vermeintliche, evasionistische Selbstermächtigung korrespondiert Biografie und deren Intimleben mit der Geschichte, in der die Biologie nur noch in »sexbiologischen Restbeständen« (aus eindringen – eingedrungen bekommen) vorkommt. Der Drang wird aber schließlich sozial von Scham und Schamlosigkeit, Bekleidetheit und Exhibitionismus, Entkleidung und Voyeurismus gesellschaftlich aufgesogen.

Der Reiz der weiblichen Scham ist z. B. Gegenstand großer russischer, männlicher Dichter, wie Puschkin, Dostojewski, Tolstoi, aber auch bei Balzac. Sie wird natürlich auch in ihrer Warenhaftigkeit, die auf das Testosteronvorkommen des getriebenen Gegenübers zielt und finanziell tauschwertig abgegolten sein möchte, höhnisch und sarkastisch literarisiert, aber eben auch liebevoll. Im Wesen der entsprechenden Scham spiegelt sich natürlich auch die Klasse und Schicht. Das junge proletarische Mädchen schämt sich, die erfahrene bürgerliche Frau geniert sich. Je bürgerlicher die Umgebung, desto unverschämter wird Verschämtheit als Lockduft eingesetzt, aber umso weniger, wenn die Scham in proletarischen Umständen spielt. Brechts »Mutter« ist so vielleicht der entschlossenste Gegenentwurf zu »Mademoiselle Blanche« in Dostojewskis »Spieler«. Aber woher sollte Dostojewski auch den entfalteten Typ der Arbeiterfrau kennen? Im Unterschied zu Brecht musste er sich mit dem Frauenbild aus der Landwirtschaft begnügen.

Vielleicht sei an dieser Stelle angemerkt, dass Projektion (und die Scham ist eine antizipierte Projektion) nicht nur Liebe betrifft, sondern auch Feindschaft.

Der Projizierende projiziert jeweils seine eigene Fragmentierung mit auf die Projektionsfläche. So wie in der Religion die gequälte Kreatur ihren Seufzer in der Projektion ausüben kann, geschieht es in Liebe und Feindschaft, somit in Sehnsüchten und Panik. Findet sie nicht zur realistischen Selbstermächtigung, bleibt es bei Omnipotenzerwartung. Wo historisch eine Selbstermächtigung in der Bewegung mit Anderen gehemmt ist, bietet die Projektion im gesellschaftlichen Stillstand der eigenen Umgebung fast notwendigerweise probate Auswege. Die Zänkereien einer Linken, die im Wesentlichen stillsteht und in parlamentarischen Mechaniken und Hamsterrädern bleibt, treiben Projektionen zu Stilblüten. Wut wird in das eigene kleine Kollektiv gezwängt und dringt nicht mehr nach außen. Sie sucht sich außen auch gar keine realistischen Adressaten mehr. Ihre Angriffslüste verkommen zu denen ineinander verbissener Skorpione. Weil sie schließlich jeder Mut vor den kapitaldotierten »Authorities« verlässt, entstehen links quasi autistische Echokammern, in denen sich Niedertracht und Karrierismus übereinanderstapeln und wo das heilsame Erlernen von Solidarität so fremd ist wie Mondgestein. Statt sich gegen die Triebkräfte der mörderischen Monopollogik abzugrenzen, findet Abgrenzung gegen Ander(sdenkend)e in nächster Nähe statt. Erst echte Bewegung kollektiver Selbstermächtigung in nächsten Schritten, die also *wirklich* als Bewegung viele Einzelne bewegt, weil sie Bewegung in die Wirklichkeit bringt, vermag sich von jenen strukturellen Großneurosen los- und freizumachen, die notwendig als Folge jeglicher Entsolidarisierung entstehen.

Die Befreiung der Lüste kratzt an kapitalgesetzten Grenzen

Ein Produkt wird verhüllt (zum Schutz in Warenverpackung oder getarnt als Fetisch) und dann so verkauft (besonders als Geschenk, das erst nach dem Auspacken als angeeignet gilt). Das alles deutet auf Ermächtigung durch Kauf. Der Kauf wird so auch Eindringen in das Produkt; korrespondierend mit der sexuellen Penetration. Dem Mann wird Penetration zur Metapher von Ermächtigung. Die Frau erscheint hier zunächst nur passiv, sogar oft als gekauft gewordene, schließt den Getriebenen ein, muss ihre Mächtigkeit nicht vor sich hertragen. Er zeigt seine Macht, sie genießt die ihre still.

Wo »Geld sinnlich macht«, korrespondiert Kaufkraft mit Potenz, schwingt immer Unterwerfung und Ermächtigung mit, der Kaufakt und sein Eros. Mächtigkeit nährt sich immer *auch* aus biografischer Entmächtigung, kollektiver Ohnmacht und einzelner Erniedrigung. Keine Kampfhandlung für höheren Lohn oder andere materielle Aufwertung ohne Überwindung der Scham; der Kauf*akt* korrespondiert also mit dem Akt. Die Höhe des Lohns korrespondiert mit Eroberung, Kauf, Eindringung, Verpackung wegnehmen. Alles dieses korrespondiert mit der Summe erfahrener Defizite. Erniedrigung versus Erotik des Lohns liefert die Dialektik aus Kaufen und Gekauftwerden. Männer fragen sich immer wieder, warum, wenn doch die meiste Liebe trotz gegenteiligen Scheins käuflich ist, die offen käufliche Liebe per se unmenschlich sei, nur weil die Religion der bürgerlichen oder gar der feudalen Ehe sie verdammt? Wäre sie von ihren barbarischen Sozialverhältnissen wie Zwangsprostitution und Zwangsheirat weitgehend gelöst – was des Sozial- und Rechtsstaats bedarf –, könnte vielleicht sogar offen bezahlte Liebe manches wiederkehrende Problem im Geschlechterkrieg meiden und mildern helfen.

Im Begriff dieses besonderen Korrespondierens müssen wir die produktiven und emanzipatorischen Teile erfassen. Denn zwischen den Mächtigkeitsvarianzen in Arbeit und Intimleben besteht für die individuelle Selbstbehauptung ein enger, aber subkutaner, antipodischer Zusammenhang. Bei Lohnarbeit und im Intimleben ist eine rein individualistische Selbstermächtigung zunächst nämlich schwer bis unmöglich. Beides drängt lösungsintendiert zu gesellschaftlichen, kollektiven Ansätzen. Im Intimleben bliebe ansonsten alles bei Onanie. Auch in der Lohnarbeit geschieht eine rein individualistische Selbstverwirklichung nur durch Erfüllung fremder Aufträge. Der Emanzipationsansatz beginnt also im Intimleben bei dessen Überwindung durch erotische Geselligkeit. Bei der Lohnarbeit wächst die Selbstermächtigung erfolgreicher durch gesellschaftliche Organisiertheit (z. B. in Gewerkschaften) statt durch atomisierte Selbstermächtigung. Zwischen beiden besteht aber insofern auch eine negative Korrespondenz, dass die Einfriedung in den Arbeitsplatz und die Identifikation mit dem »Arbeitgeber« in den individuell wahrnehmbaren Produktionsverhältnissen als Übernahme fremder (= entfremdeter) Muster einen statisch regressiven Lösungsansatz darstellt. Die Übernahme sexueller Muster in der bürgerlichen Fremdbestimmung »ideologischer Staatsapparate« (etwa Prüderie, Askese, im Ideologieapparat der Ehe, die auf Erbschaft und strukturelle Reproduktion des Privateigentums angelegt ist) ist ebenfalls Treibsatz für Untertänigkeit.

Der regressiv statische Lösungsansatz steht dem progressiv dynamischen also gegenüber. Wer den Arbeitsplatz als sein Privileg begreift, wer den Werkplatz übertrieben wie eine zweite Heimat in Ordnung hält, könnte Eindringlinge von außen als besonders störend empfinden. Wer die eigene Ehe und das in ihr produzierte und reproduzierende Besitzverhältnis fremdbestimmt übernimmt: ebenfalls.

Der Freud'sche Ansatz, so wie er auch von marxistischen Freudianern wie Wilhelm Reich vertreten wird, sieht die Korrespondenz zu den Entwicklungen zwischen dem regressiven und dem dynamischen Lösungsansatz leider nicht. Sie ignorieren den »Korrespondenzfokus Arbeit«, engen alles auf Psyche, Sexualität und eine scheinbare Autonomie des Intimlebens ein. Sie überhöhen notwendigerweise die frühkindliche Phase als Produktionsort eines Unterbewusstseins, das alle Selbstermächtigung reduziert. Das ist gerade bei diesen kreativen Wissenschaftlern bedauerlich, denn schon alle simpel positivistische Hirnphysiognomie belegt, dass sich nichts lange im Verhalten hält, was nicht von Zeit zu Zeit von außen, also sozial, neu bestärkt und bestätigt wird. Dennoch finden auch marxistische Freudianer schöne Belege für Untertanengeist in der Abgeschiedenheit des Intimlebens und wer wollte ihnen widersprechen? Aber das Geheimnis der Arbeit als der eigentliche Keimboden der Selbstermächtigung bleibt intim chiffriert, unerschlossen und unbegriffen. Der Fortschritt der Arbeit und des Lohnkampfes auf das Intimleben bleibt unentdeckt. Die meisten Psychoanalysen und Sexualtherapien bleiben daher auf der Strecke und scheitern am Geheimnis des Intimen und dessen Fixpunkt: der erotischen Glücksmehrung durch Lohnkampf und allgemeine Emanzipation der ArbeiterInnenklasse.

Psychoanalytiker und andere Freudianer fördern wertvolles zutage, ohne allerdings damit recht etwas anfangen zu können, was auch ein Zitat von Wilhelm Reich zeigt:

> Nicht nur, daß das reale Sexualerleben selbst als erniedrigend erlebt wird, es kann auch nie zu einem Vollerleben kommen. Die Abwehr des sinnlichen Begehrens muss im Ich-Ideal gefühlsbetonte Vorstellungen von ethischer Reinheit und Vollkommenheit einbauen. Was die gesunde Sinnlichkeit und Befriedigungsfähigkeit an Selbstgefühl vermittelt, ergibt sich beim religiösen und mystischen Menschen aus diesen Abwehrformationen. Wie beim nationalistischen Empfinden wird auch beim religiösen das Selbstgefühl aus diesen Abwehrhaltungen geschöpft. Es unterscheidet sich jedoch vom genital basierten Selbstgefühl schon äußerlich durch seinen zur Schau getragenen Charakter, durch den Mangel an Natürlichkeit im Auftreten, durch die tiefenpsychologisch leicht feststellbare Unterbauung durch ein sexuelles Minderwertigkeitsgefühl, das zur Kompensation mithilfe *entlehnter* tugendvoller Eigenschaften drängt. Das erklärt, warum der christlich oder national »sittlich« erzogene Mensch den Phrasen der politischen Reaktion wie »Ehre, Reinheit« etc. so leicht zugänglich ist.[196]

Was Reich als offensichtlich biologistisch fixierbares »sexuelles Vollerleben« hielt, stellte er viele Jahre nach dieser erfrischenden Schrift vor, einen grotesken, elektronischen Apparat, mit dem er »Orgoneinheiten«, also Orgasmen, physikalisch zu messen suchte (heute eine Leichtigkeit). Hätte er sich von Freud selbst emanzipiert und die enge Korrespondenz zwischen dem defragmentierenden Lösungseffekt des Orgasmus mit der fragmentierenden Grundanlage des entfremdenden Arbeitsprozesses und Zeitregimes systematisch erfasst, wäre jede individuelle Liebestätigkeit ihm in ihrer Letztendlichkeit als »alle bisherige Geschichte als Geschichte der Klassenkämpfe« aufgefallen. Dann wäre ihm auch klar geworden, dass ein Orgasmus durchaus niedrigere elektrolytische Entladung und eine höhere Befriedigung im geselligen Umfeld haben kann, wenn die historische Fragmentierung lustvoller aufgehoben wird. Wobei allerdings zugestanden werden muss, dass der biologisch unterentwickelte Mensch zum höchst messbaren Orgasmus (höher als der aller Primaten) fähig ist, also seine Gesellschaftlichkeit auch den Orgasmus als *ein* Reproduktionspunkt des andernorts bedrängten Lebens und der beschädigten Arbeitskraft fördert und privilegiert. Auch ein »schwächerer« Orgasmus kann beim gesellschaftlichen Wesen mit höherer Lust und Erfüllung einhergehen.

Ausgerechnet der Marxist Reich blendet in seinem Forschungsfeld die »Arbeit« als »sex-prägend« kategorial aus und zäumt das Pferd von hinten auf: Vorrangig

196 Reich (1933): Massenpsychologie des Faschismus, S. 226.

das genitalgestützte individualistische Sexualleben wird da zum Movens von Reaktion oder Fortschritt. Demzufolge empfiehlt Reich Sexualerziehung (was an sich völlig richtig ist). Aber er verkennt die Beziehung zur Arbeit, in der der wahre Kern von Rückschritt und Fortschritt, von Liebesfähigkeit und Entfremdung, verborgen ist, weil hier die wirkliche Kollektivität erlebt oder verweigert wird. Die »analfixierte« (Freud) Reinheit, Reinlichkeit, der Hygienismus, »Blut und Rasse«, die entsprechend nationalistischen »Abwehrformationen«, von denen Reich spricht, müssen sich aber im Wesentlichen im Kampf um die Erhöhung der Bewertung der eigenen Arbeitskraft als der in die Gesellschaft (noch als Ware) getragene Teil der Persönlichkeit ausdrücken. Lenin hat oft von der ungeheuren Persönlichkeitsentfaltung im Streik gesprochen, die alle anderen Bildungsmaßnahmen überrage. Demzufolge ist auch das Sexualleben vom emanzipatorischen Umgang mit der eigenen Arbeitswelt und mit der Organisationsform und Stärke der Arbeit verbunden. *Starker Sex ist weniger von starken Titten und starkem Schwanz abhängig als allgemein angenommen, aber vielmehr von einer starken Gewerkschaft.* In der Organisation der Arbeit liegt der eigentliche Hebel. Wenn hinzu noch eine aufklärerische Sexualerziehung erfolgt, dann ist im Rahmen des Kapitalismus für eine weitergehende Emanzipation der »Persönlichkeitsentfaltung« als Eingriff ins von außen aufgenötigte »Zeitregime« (Sève) gesorgt. »In kapitalistischer Wirtschaft, in der das Arbeitsleben zutiefst entfremdet ist, reduziert sich freie Zeit auf bloß kompensatorische Freizeit.«[197]

Das *was* und *wie* der Mensch das zum Leben Notwendige mithilfe fremder Instrumente (= Produktionsmittel) erwirbt, durchprägt umso effizienter die Intimsphäre, solange diese sich abgeschottet gibt – und wird primär in der ökonomischen Emanzipation auch umso effizienter aufgebrochen. So wie Brecht »Die Mutter« sagen lässt, »über das Fleisch in der Küche wird nicht in der Küche entschieden«, wird über das Glück im Schlafzimmer nicht im Schlafzimmer entschieden. Nochmal Brecht: es ist »die dritte Sache, die zwei Menschen vereint«. Es ist der Kampf der Werktätigen.

197 Sève (2016), S. XLVIII, Fußnote 53.

Vom Irrsinn der Prohibition und anderer Lustverbote

Wo Unterdrückung herrscht, schrieb Brecht in seinem »Lob des Revolutionärs« »und von/ Schicksal die Rede ist/ Wird er die Namen nennen«. Der Angriff gilt der Unterdrückung als herrschender Haltung und will die Notwendigkeit nach vorne stellen, Konkretes zu benennen. Verbote sind – auch die berechtigten – prinzipiell Unterdrückung und verstärken die Haltung des Unterdrücktseins bei den Unterdrückten.

Vielleicht sollte darum im Zusammenhang des »Korrespondierens« auch etwas zu den verschiedenen »Unterdrückungen« gesagt werden. Die Linke neigt nämlich viel zu oft vorschnell zu Verbotsforderungen. Unterdrückung sollte vom Prinzip her keine Grundhaltung, sondern die wohl erwogene Ausnahme bei Linken sein. Die Linke steht – »zur Sonne, zur Freiheit« – für Befreiung. Unterdrückung schleift auf Dauer charakterliche Eigenschaften nachhaltig ein, die sich früher oder später an der Befreiung (z. B. von der allumfassenden Diktatur des strategischen Kapitals) rächen können.

Nun wird sicher eingewendet, dass wir durchaus für die Unterdrückung der dann einstmals Herrschenden und einiger der durch sie eingeschliffenen Gewohnheiten eintreten. Ignorieren wir hier zunächst mal, dass die meisten und auch von Sozialdemokraten, Grünen und zuweilen Kommunisten in ihrer Geschichte geforderten oder sogar rigoros exekutierten Verbote vorwiegend Leute trafen, die sich oft schwer dagegen wehren konnten, sich selten gewehrt haben und dann um eine Erfahrung der Wehrlosigkeit »bereichert« wurden. Berücksichtigen wir hingegen in diesem Zusammenhang, was über »Korrespondieren« festgestellt wurde, so wäre Unterdrückung für Angehörige einer früher herrschenden Klasse eine neuartige Erfahrung. Sie korrespondierte also dort nicht mit Früherem. Insofern ist die Gefahr der strukturellen Einschüchterung nicht so groß wie bei dauerhaft Unterdrückten und gar bei Angehörigen dauerhaft unterdrückter Klassen. Also kann mit dem gewünschten Ziel der Befreiung durchaus eine vormals herrschende Klasse zeitweise unterdrückt werden, ohne das Prinzip der Befreiung dauerhaft zu verletzen. Gleichzeitig korrespondiert bei den vormaligen Untertanen nun eine neue Erfahrung, nämlich die ihrer Befreiung mit der Unterdrückung ihrer bis dato Unterdrücker. Dieses befreiende Moment, das die gesamte französische Gesellschaft seit 1789 bis zum heutigen Tage noch durchatmet, ist mit der prinzipiellen Ablehnung von Unterdrückung durchaus kompatibel.

Brecht rief uns zu: »So übel sie euch auch mitspielen, gebt keinen euresgleichen auf!« Denn von den eigenen Leuten gedemütigt zu werden, gehört zum Verstörendsten! Es ist nun mal etwas anderes, ob Gewohnheiten kapitalbegüteter Eliten unterdrückt werden, oder ob die Unterdrückung kultureller Gewohnheiten der Untertanen Fortsetzung findet und damit historisch nachhaltige Korrespondenzen der Unterdrückung geschaffen werden.

Wenn ein gewisser »Feminismus« vorwiegend werktätige weiße Männer angreift und sich an die Stelle des alten »Hauptwiderspruchdogmas« setzen will, vermag sein Umerziehungsgebahren erfolgreich zur Unterdrückung von Unterdrückten werden. Wenn sein Kampf gegen den sogenannten Sexismus nicht so sehr zur Nachahmung der westdeutschen Nachkriegsprüderie verkommen wäre, würde er sich nämlich mehr Popularität erfreuen. Aber schon alleine der eigene Diskriminierungshabitus bei großer personeller Überschneidung der Akteure, ihrer Drohgebärden und Begriffszerstörungen belegen seine Affinität zu anderen Wahllosigkeiten, etwa beim inflationären Gebrauch der Begriffe »Antisemitismus«, »Xenophobie«, »Antiamerikanismus«, »Virusleugner«, »Europafeindlichkeit« und »Nationalismus«.

Dabei heißt »Sexismus« zunächst laut Wikipedia: »Diskriminierung von Geschlechts wegen«. Antisemitismus ist ähnlich lautend: Diskriminierung, weil jemand Jude ist. Schwulenhass: Benachteiligung, weil jemand schwul ist. Ziganophobie, … weil jemand Sinti ist oder Roma ist. Ausländerhass, … weil jemand »Ausländer« ist. And so on. Also: er sei geizig, sie betrügt, er zerstört andere, er stinkt, weil das und das angeboren sei – das alles ist rassistischer Subtext. Ich darf Netanjahu ablehnen, *obwohl* und wenn er Jude ist, aber nicht *weil* er Jude ist. Selbstverständlich darf ich auch eine Frau beschimpfen, obwohl oder wenn sie eine Frau ist. Aber eben nicht, weil sie es ist. Verbrechen von Frauen stehen ebenso wenig unter Straffreiheit wie von Juden, Behinderten, Schwulen, Sinti etc. Kritik an einzelnen Vertretern hingegen darf ebenso wenig unter Vorverdacht stehen.

Wer wie Sarrazin vom »Judengen« zu fabulieren sucht, bleibt antisemitisch, auch wenn er es philosemitisch zu wenden weiß. Wer als Materialist jegliche »biologische Weitergabe per Blut und Chromosomen« prinzipiell ablehnt, darf dennoch empirisch auffällige Phänomene konstatieren: Dass es unter Jüdinnen und Juden eine bemerkenswert hohe Zahl an Kreativen gibt, dass es einen großartigen »Zigeunerjazz«, eine ganze »Django-Reinhard-Schule« gibt, dass Afro-Amerikaner viel öfter ein starkes Rhythmusgefühl haben u. ä. Wer sich mit jüdischen Märchen, der Tora oder dem fließenden jüdischen Recht (das nicht statisch kanonisiert ist, sondern sich von Urteil zu Urteil fortschreibt) in Geschichte und

Biografien beschäftigt, wird bald ein viel höheres Maß an dialektisch konzipierten Erzählungen finden, die die Kreativität besser schulen, als in vielen anderen Religionen. Gott befiehlt im Alten Testament dem Abraham, seinen geliebten Sohn Isaac zu schächten, sagt das Unternehmen aber in letzter Sekunde ab, weil er ja nur mal rauskriegen wollte, wie weit Abraham für ihn zu gehen bereit wäre. Ein allwissender Gott, ein guter, ein strafender? Eher ein launischer! Lothar Bisky sagte mir dazu einst, Schmunzeln sei die Dialektik der Seele.

Der Umgang mit den Widersprüchen des Guten im Bösen macht kreativer als das »Hell versus Dunkel«. Der Dialektiker Goethe hat uns mit Mephisto einen Teufel hinterlassen, der einem Engel zuweilen verteufelt ähnlich wird und der von Gott sagt, von Zeit zu Zeit sähe er den Alten gerne. Die Romantiker, die Peter Hacks »eine Katastrophe für die Aufklärung« nannte, haben dieses »Komm ins Offene! Freund« (Hölderlin) mit ihrer »mondzerglänzten Zaubernacht« (Novalis) wieder zugeschüttet und der deutschen Reaktion Vorschub geleistet. Die jüdischen Kulturen haben die deutschen hingegen um Dialektik, Witz und Realismus bereichert, Deutschland europäischer gemacht. Was Wunder, dass Berufstätigkeiten, die den Jüdinnen und Juden zugänglich waren (viele waren ihnen verboten), mit Anforderungen an diese schöpferischen Potenziale korrespondieren. Das hat nichts mit Blut, sondern mit Bildung zu tun. Blut oder Hormone sind als »Kulturträger« anachronistisch.

Die Notierungen zu Rassismus und Sexismus bei Wikipedia sind ambivalent und schwankend:

> In diesem Artikel oder Abschnitt fehlen noch folgende wichtige Informationen: Ausmaß, Formen, Beurteilung von Sexismus gegen transsexuelle und intersexuelle Personen, gegen Transgender sowie gegen Männer […] Du kannst Wikipedia helfen, indem du sie recherchierst und einfügst.
>
> Als Sexismus wird die auf das Geschlecht (lat. sexus) bezogene Diskriminierung bezeichnet. Unter dem Begriff werden Geschlechterstereotype, Affekte und Verhaltensweisen gefasst, die einen ungleichen sozialen Status von Frauen und Männern zur Folge haben oder darauf hinwirken. Sexismus ist in vielen westlichen Ländern Gegenstand von Gesetzgebung und Sozialforschung, insbesondere der Gender Studies und der Vorurteilsforschung […]
>
> Der Begriff ist eine aus dem Englischen kommende Parallelbildung zu racism (Rassismus), die als sexism in der US-amerikanischen Frauenbewegung der 1960er-Jahre geprägt wurde. Mit Ausnahmen konzentrierte sich die Forschung auf Sexismus gegenüber Frauen. Mittlerweile wird davon ausgegangen, dass

> Sexismus auch Männer sowie transsexuelle und intersexuelle Personen sowie Transgender betrifft. Als zentrale Dimension des modernen Sexismus wird die bewusste oder unbewusste Nicht-Anerkennung (vgl. Abwehrmechanismus) fortgesetzter Diskriminierung von Frauen verstanden [...]

Soweit Wikipedia aus dem Jahr 2017.

Wo »Sexismus« eine sinnvolle Verallgemeinerung darstellt, an welcher Stelle strafrechtlich relevante Tatbestände von subjektiver Beschimpfung getrennt bleiben, ist ziemlich fließend und öffnet der Willkür einige Türen und Tore. Darum sollte zunächst der Rat ausgesprochen und unterfüttert werden, mit der Endung »-ismus« sparsam umzugehen. Ein »Ismus«-Zusatz verabsolutiert allzumeist einen Gesamtzusammenhang, der zwar relativ autark, aber doch nur Teil anderer, relativ eigenständiger Systeme darstellt. Ein »-Ismus« hebt ihn über andere Zusammenhänge und vermindert dadurch oft seine Nachhaltigkeit – und zwar gerade durch den Dominanzanspruch des »Ismus«. Robert Leicht schrieb am 21. August 2003 in *Die Zeit*, das wäre doch das »wahre Ziel jeder Aufklärung: der Verzicht auf jeden ›Ismus‹. Denn der ›Ismus‹ ist es doch, der eine vernünftige Idee ins Unvernünftige übertreibt.« Der Duden spricht – etwas ungewerteter – vom »Ismus« als einer »Kennzeichnung einer Geisteshaltung oder Handlung«.

Zwischen Leichts emphatischer Warnung und der emotionslosen »Kennzeichnung« des Duden baumelt die Autarkie des vom »Ismus« bezeichneten Zusammenhangs oder Systems merkwürdig in der Luft. Andererseits gibt es derart unterschiedliche Ismen, dass es zunächst realistischer ist, sich dem Einzelnen zuzuwenden. Allerdings haben Ismen bislang eher zu Schimpfwörtern, denn zur Klärung von Sachverhalten beigetragen. Darum sollten wir zuvor jeglichen Ismus nach unten und nach oben beschneiden und damit fokussieren. Denn eine reine einzelne Handlung (Duden) taugt ebenso wenig zu einem Ismus (so gibt es zwar »Sexismus«, aber keinen »Fußballismus«, obwohl in manchen Wohnungen Fußball häufiger auftaucht als Sex), wie vor jedem Ismus kategorisch gewarnt werden muss – denken wir dagegen an »Realismus« oder »Humanismus«, die auch in dieser Verabsolutierung (also über »real« und »human« hinaus) lohnenswerte Ziele markieren.

»Reformismus« hingegen verkörpert zum Beispiel diesen Absolutheitsanspruch und zwar besonders über und *gegen* Bestrebungen solcher Veränderungen, die über Reformen hinauswollen, also primär gegen Revolutionen. Reformismus ist also notwendigerweise konterrevolutionär, was einzelne Reformen und reformerisches Bestreben keinesfalls sind. Reformismus will keine revolutionäre

Ersetzung eines Systems durch ein anderes und widersetzt sich dieser durch das Ausbessernwollen des einen, alten Systems.

»Nationalismus« setzt eine Nation über andere. Er ist also nicht bloß national, sondern verabsolutiert eine Nation als die überlegene, kostbarere. Dazu spricht er oft auch in den Mustern des Rassismus.[198] Der Nationalismus ist tendenziell unvereinbar mit Brechts relativierenden Zeilen aus der Kinderhymne: »… und weil wir dies Land verbessern/ lieben und beschirmen wir's/ und das liebste mag's uns scheinen/ so, wie andern Völkern ihr's.«

»Sexismus« ist ein jüngeres Wort. Vieles ist hier Vermutung und Unterstellung. Die klare Eingrenzung, wie bei »Reformismus«, gibt es bei ihm (noch) nicht. Leider wird »Sexismus« gelegentlich einander derart inflationär vorgeworfen, dass auch eine freie Sexualität darunter zu leiden hat. Anzunehmen ist, dass mit der Kategorie »Sexismus« gemeinhin bestimmte Sichten und Absichten, sexuelle Handlungen und Ausdrucksformen über andere Beziehungen (wahrscheinlich sogar zivilisatorische Standards) gesetzt werden.

Es muss, glaube ich, nicht lange erläutert werden, dass das Knistern bei Sexualität und Erotik unter einer derartigen Verabsolutierung mehr zu leiden hat als bürgerlich braves Benehmen, gegen das sich Sexismus vordergründig zu behaupten sucht, das er ersetzen will und über das er sich aufschwingt, ohne dabei je mehr zu werden als dessen Abart. Warum erstickt »Sexismus« aber letztendlich die Sexualität, wie der Nationalismus die Nation (– als staatliche Identität)? Weil er letztendlich »das andere« in dessen lebendiger Eigengeltung leugnet. Weil er die Beziehungen mit anderen (Sexualitäten, etc.) verabsolutierend ausblendet. Weil hier zu Recht an Robert Leichts Warnung erinnert werden darf: etwas »ins Unvernünftige zu übertreiben.« Weil eine aufgeklärte Sicht auf Sexualität – ebenso wie auf Nation – die soziale Grundlage, also nichtsexuelle Tätigkeitsfelder des handelnden Personals miteinbezieht. Um das Thema Ismus (vorläufig) abzuschließen, noch eine Anmerkung zum »Liberalismus«. Er versucht alles durch Freiheit zu gestalten. Auf diese Problematik aber zielt Lenins Anregung, beim Begriff »Freiheit« immer zu fragen: von was?

Warum soll dennoch vom »Marxismus« gesprochen werden (ohne dies immer zu müssen)? Weil dieser auf derart basalen Erkenntnissen beruht, dass diese mit keiner anderen humanrelevanten Philosophie kollidieren müssen. Der Marxismus ist hegemonial, weil er auch nicht-marxistische Philosophien und Praxen grundlegend neu orientiert und befruchtet. Er ist einerseits als dialektischer und

198 Vgl. Dehm (2021), S. 123ff.

historischer Materialismus durchaus eine eigene Philosophie, aber andererseits als offenes System wie eine Fundgrube, einladend für jedwede Philosophie der Menschlichkeit, und, jawohl, auch dienlich mit Versatzstücken. Nicht weil er so brüchig fragil ist, sondern so dynamisch stabil.

Zum Beispiel:

1. Der Marxismus hilft, geistige sowie praktische Bewegungen am schlauesten und fortschrittlichsten zu organisieren. Dazu mussten aber Handentwicklung zur Hirnentfaltung, Wandlung zur Handlung konsequent weitergetrieben werden. Keine Erkenntnis (bis hin zur Versuchsanordnung bei einem naturwissenschaftlichen Experiment) findet nämlich isoliert und teilnahmslos statt (11. Feuerbachthese). Der Versuchende ist selbst Teil des Versuchs; wer einen Gegenstand und dessen Schwerkraft wiegen will, muss ihn bewegen; wer streikt, erkennt den Wert seiner Arbeitskraft nachhaltiger; wer seine Lage erkannt hat, wie sollte der aufzuhalten sein?

2. Der Marxismus bietet die stärkste Basis für Nächstenliebe, denn er unterscheidet die Menschen nachhaltig nur nach der Art, wie sie das zu ihrem Leben Erforderliche erarbeiten (also nicht nach Pigment, Körpergröße, Haarfarbe, Dialekt, Geschlecht, und schon gar nicht nach »Rasse«!). Stattdessen hilft er weiter bei einer produktiven Klassifizierung: in solche, die im Wesentlichen Arbeitskraft zu verkaufen haben und solche, die über Mehrarbeit und die daraus gespeisten Produktionsmittel verfügen.

3. Der marxistische Kapitalbegriff ist durch und durch logisch, lernfähig in Bewegung. Das strategische größere Kapital muss z. B., um seinen Mehrwert in Krisen stabil zu machen, möglichst viel vom tendenziellen Fall der Durchschnittsprofitrate auf zurückgebliebeneres Kapital umlenken. Horst Heininger nannte darum im DDR-Standardwerk »Der Staatsmonopolistische Kapitalismus« das Monopol »ein ständiges Enteignungsverhältnis«. Lenins zentrales Werk, »Der Imperialismus«, hatte nämlich dem Monopolkapital eine neue Formationsspezifik nachgewiesen, mit dem es auf staatliche Ressourcen zurückgreifen kann. Damit kann es seine Profitraten hochhaltend sogar Krisen und Kriege selber einleiten und gestalten. Marx, Engels, Lenin, Brecht u. a. haben dazu beigetragen, dass wir diese historischen Bewegungen durch die Seele hindurchschimmern sehen.

Bestandsfähige Ismen berechtigen sich also nicht durch diktatorisches Gehabe, sondern durch lernende Demut. Wo Gesetzmäßigkeiten des Kapitals die jeweilige Gesellschaft bis ins intimste Leben seiner Angehörigen bestimmen, darf auch vom »Kapitalismus« gesprochen werden, ohne etwas ins »Unvernünftige zu übertreiben«. Die Gesellschaft, die die Bedeutung des großen Ichs durch die

Sozialität und ihre Fundamente hindurch entwickelt, ohne der Kapitallogik zu gehorchen, darf »Sozialismus« genannt werden.

Kommen wir nun zurück zum Feind eines befriedigenden Liebeslebens: dem »Sexismus«, und diesmal auf dem Hintergrund des bisher Notierten mit einer trivialen Betrachtung der Lüste im Netz, bzw. der Lustlosigkeit. Auf der Plattform *Netdoktor* wird die sexuelle Lustlosigkeit angegangen:

> Die mangelnde Lust bereitet Männern zwar zunehmend Probleme, aber im Gegensatz zu den Frauen wird nur selten darüber gesprochen. Lustlose Frauen ziehen eher Psychologen oder Psychotherapeuten zu Rate. Wenn Männer keine Lust mehr verspüren, schieben sie es häufig auf zu viel Stress am Arbeitsplatz oder den Leistungsdruck. Oft machen Männer auch die »falsche« Partnerin dafür verantwortlich.[199]

Es wird hier zwar eine quantitative Korrelation zwischen Stress am Arbeitsplatz und Lustlosigkeit hergestellt, aber keine qualitativ bedingende Beziehung zwischen Arbeitsplatz und Sexualität. Über das, *was* in der Arbeit geschieht und geändert werden muss, schweigt sich *Netdoktor* aus, außer, dass es halt Stress gibt. Über das, *was* mit der Partnerin geschieht, spekuliert *Netdoktor* nicht mal, außer, dass es die »falsche« sein könnte. Dass aber ein Widerstand gegen Stress am Arbeitsplatz und damit einhergehend eine Diversifikation der Rollen im heimischen Sexualgeschehen stattfinden könnte, bleibt ungenannt. Geglücktes Auflehnen und Arbeiten vermag aber Lust- und Phantasielosigkeit partiell zu überwinden und die Biografien der Partner fokussierter und reizvoller zueinander gestalten. Die Entfremdung in Produktion/Reproduktion und ihre Zurückdrängung wird dagegen wieder einmal nicht in Erwägung gezogen. Solange aber die offizielle Treue zum Arbeitgeber und die offizielle Treue zum Geschlechtspartner einander affirmativ verstärken, wird der inoffizielle Bereich der Intimität nicht neu erschließbar. Der Betrug an der »Altlast Treue« und an der statischen Archaik (Frau als Einhegerin/Mann als Pionier) bleibt kleine Subversivität der Partner gegeneinander und vertieft die anderen Entfremdungen: Man(n) geht dadurch halt fremd usw.

Netdoktor schreibt weiter:

> Wie wird Lustlosigkeit definiert? Von verminderter sexueller Appetenz spricht man, wenn sexuelle Phantasien fehlen und kein Verlangen nach körperlicher

199 *Netdoktor.de*, 5. 6. 2020.

Liebe vorliegt. Man muss allerdings hinterfragen, ob dieses Problem immer vorhanden ist, partner- bzw. situationsabhängig vorkommt oder nur bestimmte Sexpraktiken betrifft. Steigert sich die Lustlosigkeit bis hin zu Ekel oder starker Abneigung gegenüber dem Sexualpartner oder wird jeglicher sexuelle Kontakt vermieden, so spricht man von sexueller Aversion.
Was macht das sexuelle Verlangen aus? Die drei Säulen der sexuellen Lust:
Der Trieb: Dieser körperliche Prozess basiert auf der Wirkung von Hormonen. Durch die Ausschüttung von männlichen Geschlechtshormonen steigt die Erregung, die Aufmerksamkeit gegenüber sexuellen Reizen wird erhöht und die Phantasie angeregt.
Die sexuelle Motivation: Dabei handelt es sich um die psychische Säule. Hier kommt die Partnerbeziehung zum Tragen. Es wird entschieden, ob dem Trieb nachgegeben wird oder nicht.
Der Wunsch: Im Mittelpunkt steht das Umfeld, das die Sexualität steuert. Gesellschaftliche Normen, religiöse Vorstellungen etc. spielen in diesem Zusammenhang eine Rolle.
Die sexuelle Unlust ist vor allem auf die mangelnde Motivation zurückzuführen.[200]

Während der letzte Satz nur ein tautologisches Auf-der-Stelle-Treten darstellt, klingen in den anderen Einschätzungen historische Erkenntnisse zumindest an. Aber wie die Phantasie gegen das historisch gewachsene »Umfeld« plus »Normen« anzuregen und zu entfalten ist, wird der sozialen Phantasielosigkeit eines Eheberaters oder einer Partnertherapeutin überlassen. Das Geheimnis der »Partnerbeziehung« bleibt ungelüftet, weil sie als biografische Zufälligkeit daherkommt, sodass die Antipodik Produktion und Reproduktion ebenso willenlos bestimmt ist.

Um eine eigene Empfehlung zumindest hier kurz anzudeuten: Mit einem 10-Minuten-Quickie lässt sich zwar einiges, aber das Problem der Lustlosigkeit nicht prinzipiell angehen. Es will schon neue zusätzliche Zeit und neue zusätzliche Eigenermächtigung für ein lustvolles Liebesleben organisiert sein. Diese muss aber dem Bestehenden eher abgetrotzt werden. Geschenkt wird hier wenig.

Noch ein kleine Eigenbeobachtung will ich benennen: Wer seine Beziehungen nicht radikal in Frage zu stellen bereit ist, wird seine Beziehungen nicht retten. Wer seinen/ihre Partner/in nicht mit fremden Händen o. a. zu tolerieren und zu erleben in der Lage ist, riskiert die Beweglichkeit der Partnerschaft. Die häufig

200 Ebd.

von Partnern gegeneinander eingeklagte Monogamie (meist mit der Folge noch besser versteckten »Fremdgehens«) beschreibt nur eine biografische Sackgasse der Lustlosigkeit. Wer sich nicht als Objekt durchspielt, steigt auch nicht zum Subjekt, zum Co-Regisseur der vorgefundenen Umstände auf.

Netdoktor fährt biologistisch fort:

> Wie verbreitet ist das Problem Lustmangel? Über Lustmangel klagen rund 15 % der Männer, schätzen Experten. Die männlichen Hauptprobleme sind aber immer noch Erektionsstörungen und vorzeitige Ejakulation – so tritt die fehlende männliche Lust eher in den Hintergrund. Eine Zunahme der Lustlosigkeit bei Männern ist mit fortschreitendem Alter zu beobachten. Bei den 75-Jährigen berichtet mehr als die Hälfte von sexueller Lustlosigkeit.[201]

Dass aber Altersbeschreibungen Chiffres für den Tauschwert der Ware Arbeitskraft sind, ist für *Netdoktor* völlig abseits. Alle Problemlösung bleibt im (Bei) Schlafzimmer eingesperrt. Wie permanent bei Frauen auf das Erschlaffen des Gewebes als passivem Symptom eine erschlaffte Leistungsfähigkeit, Hygienismus versus Alter als eherne Vorgabe projiziert wird, korrespondiert mit der permanenten männlichen Angst vor Erektionsverlust die Angst der sozialen Abgeschriebenheit »gegenüber der Jugend«. Solange es keine reizvollen Techniken gibt, hier einen neuen Solidarpakt der Geschlechter ins Visier zu nehmen, der schamlos und ordinär sein darf, ja meistens sein muss, tobt der Krieg der Jugendlichkeit gegen das Alter als Geschlechterkrieg.

Netdoktor fragt weiter:

> Welche Ursachen hat die Lustlosigkeit? Eine Libido-Störung hat nur selten eine einzige Ursache. Bei den meisten Männern spielen mehrere Gründe zusammen. Wichtig ist es aber, das individuelle Kernproblem zu erfassen […] Körperliche Ursachen: Andere sexuelle Störungen, beispielsweise eine vorzeitige Ejakulation oder Erektionsstörung. Durch Lustlosigkeit wird die Konfrontation mit diesen Problemen vermieden […] Hormonstörungen; Neurologische Störungen; Leber-/Nierenerkrankungen; Chronische Erkrankungen; Angst vor Erkrankungen; Medikamente (z. B. Antidepressiva); Drogen, Alkohol; seelische Ursachen: Zu hohe sexuelle Ansprüche an sich selbst; Unzufriedenheit beim Sex mit der Partnerin; Beziehungsprobleme; Unerfüllte

201 Ebd.

oder nicht erfüllbare sexuelle Wünsche; Ängste und Angststörungen; Depressionen; Psychosen.

Nun tastet sich *Netdoktor* wenigstens etwas aus dem Biologismus heraus:

> Stress; Zeitmangel. Missbrauchserfahrungen; Soziale Faktoren: Lange Arbeitslosigkeit; Berufliche Probleme; Überforderung
> Bei jüngeren Männern (bis 45 Jahre) ist die Appetenzstörung häufig eine Reaktion auf Orgasmus- oder Erektionsstörungen. Ferner kommen unterdrückte Wünsche nach gesellschaftlich verbotenen oder nicht akzeptierten sexuellen Vorlieben, massive Sexualängste oder sexuelle Orientierungskonflikte in Frage. Bei älteren Männern stehen vermehrt körperliche Faktoren im Vordergrund. Allerdings wird der Mangel an Sex gern auf mögliche Erektionsstörungen geschoben, nur selten wird Lustlosigkeit eingestanden.[202]

Die Einfallslosigkeit, mit der im Internet, ob bei *Netdoktor* oder auf anderen Websites, auf sexuelle Lustlosigkeit eingegangen wird, würde einem vorschnellen Blick den bauernschlauen Schluss erlauben, hier seien für die Reparatur der Ware Arbeitskraft noch erhebliche Reservoirs im bestehenden Kapitalismus vorhanden. Man bräuchte nur in den verschiedenen »Schmuddelecken«, auf Parkplätzen oder bei den Fetischkünstlern nachschauen, die es mit allen möglichen Plasten und Lebewesen treiben oder kommerziell anbieten.

Der psychischen Arbeitskraftfragmentierung entsprechende sexuelle »Heilungs«-Angebote würden schon genügend passende pornographische Projektionen geboten. Diese »Heilung per Schmuddel« legt den Schluss nahe, jahrhundertelang habe der Kapitalismus (und Feudalismus) sich um eine freie Sexualität gedrückt und sich damit selber Repertoires zur Heilung seiner Probleme vorenthalten. Die Unterdrückung der Sexualität, exekutiert von katholischer Kirche und anderer parastaatlichen Instanzen sei also durch und durch anachronistisch gewesen und bedürfe jetzt nur von uns aus, von links, eines »neuen Arztes am Krankenbett des Kapitalismus«. (Fritz Tarnows Satz transponiert auf pornographische Defragmentierungspotenziale der vom Kapitalismus verstörten Phantasietätigkeit.)

So wie alle Widersprüche, die sich im Klassenkampf entwickeln, reformistisch oder revolutionär ausgetragen werden können, ist auch das Bedürfnis nach freierer Gestaltung der Zeit, des Raums und der Artikulation für Erotik im Kapitalismus

202 Ebd.

nur zu einem Teil zu befriedigen. Kein Lösungsansatz ist zwingend an marxistische Kenntnisse gebunden. Aber diese erleichtern die Übersicht über die Auswege kolossal.

Forschung und Vernunft können sogar religiöse und nicht religiöse Menschen miteinander betreiben. Irgendwann kommen beide an eine ähnliche Grenze, die sich unüberwindbar darstellt, ähnlich der Forschung im Mittelalter, ob und wie der Mensch fliegen könne. Wenn eine Seite sagt: »Gott ist nicht erforschbar« und die andere: »noch nicht erforschbar«, mag das Verhältnis beider noch produktiv bleiben. Beide können noch miteinander und voneinander empirisch gewinnen. Erst, wenn eineR sagt: »Du musst es als unerforschbar, jenseitig und in Gott begründet ansehen«, während der andere darauf besteht, dass es erforscht oder erforschbar ist, werden Köpfe eingeschlagen, statt sie zu gewinnen. Der dialektische Materialismus ist das den religiösen Sichten am meisten entgegengesetzte, und darum versöhnungsstiftende Denken.

Um unter dem Treibgut und dem Schlick der Killerwellen des Mainstreams zusammengeklebte Vorurteile aufzulösen und darunter andere Zusammenhänge erahnen, beobachten, hervorpulen zu können, sie gegen den Strich zu bürsten und dann gezielte Fragen auch an die Herkunft der Mainstreamwellen zu stellen, muss niemand Marxistin sein. Der Marxismus ist nur eine sehr ergiebige philosophische Draufschau, die am feinsten mit Fragestellungen auf Bruchstellen verklebter Assoziationen zielt und am dichtesten das Begreifen neuer Zusammenhänge ermöglicht. Er ermöglicht dieses Begreifen besonders dort, wo die Ökonomie durch die menschliche Seele schimmert, bei der Biografie, in der Psychologie, bei der Fabel in der Belletristik und den Interessengegensätzen sozialer Streitigkeiten. Gelegentlich kullern einem außergewöhnliche Beobachtungen und Fragestellungen einfach so, ganz ohne philosophische Dichte, vor die Füße. Man muss sie dann nur gegen den Strich alter Zusammenklebungen bürsten. Es geht mir hier also nicht so sehr um das Philosophieren unter Philosophen, sondern um ein »philosophisches Arbeiten« mit dem Alltäglichen.

Der gegenwärtige Zusammenhang konkreter, notwendig pathologisierender Produktionsverhältnisse mit dem sogenannten intimen Leben – und deren Rückwirkung auf die persönliche Belastungsfähigkeit – ist auch einigen bürgerlichen Arbeitstherapeuten längst klar, selbst bis in die Redaktion von *BILD am Sonntag*. Wenn auch bürgerliche Beobachter nicht die Beschaffenheit der beiden korrespondierenden »Enden« – pornographische Vorstellung mit der konkreten Arbeit – bestimmen können. So fragte die *BamS* am 12. 03. 2017 klugerweise mit der Schlagzeile: »Bin ich im Job besser, wenn ich am Vorabend Sex hatte?«

Hernach zitierte sie eine Studie des Arbeitspsychologen Keith Leavitt von der Oregon-State-University, wonach Mitarbeiter motivierter und produktiver seien, wenn sie am Vorabend Sex hatten und dass dieser Effekt bei Männern wie Frauen sogar 24 Stunden anhielte. *BamS*: »Wer auf ein gesundes Liebesleben in der Partnerschaft achtet und dem Sex eine wichtige Stellung einräumt, verarbeitet Stress besser, ist insgesamt mit seinem Arbeitsalltag zufriedener und engagiert sich beruflich mehr.«

Während in der Rockmusik eine vielgesungene Zeile für Sex »I lost my control« lautet, will der *BamS*-Schreiber den Sex unter die Kontrolle der Arbeitsregimes bringen, genauer gesagt noch effizienter zu dessen Reparaturwerkstatt machen. Er schwärmt von einem »gesunden« Liebesleben und von einem höheren Ertrag der Ware Arbeitskraft durch Sex am Vorabend, der irgendein Sex sein kann, hingerotzt, mechanisch, aber irgendwie dem Chef zuliebe. Solange die Ertragssteigerung stimmt, ist dem Autor gleichgültig, ob schlechter Sex vielleicht nur einen sehr eingeschränkten Effekt haben könnte oder auf welche Altersphase diese »Gesundheitsempfehlung für Leistungsfähigkeit« zugeschnitten sei und welche biologischen oder sozialpsychologischen, psychosomatischen Abläufe den gewünschten Effekt erzielten.

Ich hoffe, dass trotz der Groko/Ampel-Umwortungen von NATO-Mission in Friedensmission u. ä. doch noch viel Zeit bis »1984« verstreichen möge, bis der »Sex am Vorabend« Gegenstand von Tarifvereinbarungen geworden sein wird, womöglich noch im Auflagenkatalog für Werktätige mit Punktesystem, bis endgültig unser Alltag von derartigen Fitnessappellen umlagert sein wird (vegan, fettarm, also dreimal so teuer, kein Alkohol, kein Tabak). Pornos, Puff und geile Blicke blieben zwar sanktioniert, aber dreimal die Woche vögeln auf Krankenschein geboten, damit Versicherung und Boss den Delinquenten nicht schassen. Es ist ein elaboriertes Sexmodell der Mittelschichten, an dem die Welt genesen soll.

Die rosagrünliche Verbotsmentalität wird ergänzt durch ausgerechnet jenen Flügel der Linken, der sich »emanzipativ« nennt. Sie erzeugt nachgerade eine Lust, Rauchen in offenen Parks, falsch sitzende Corona-Masken, anzügliche Formulierungen in der Trivialästhetik, ungegenderten Sprachgebrauch etc. in sozialen Medien zu denunzieren und anzuschwärzen. Nachgerade sadistisch wirft sie sich auf das Leben der Werktätigen, das sie unter Berufung auf Freud entfreuden, um auch Sexualität von innen her zu entschärfen. Sie verkörpern nur eine Woge der neuen deutschen Prüderiewelle mit leistungsmotivierendem Sex. In Wahrheit aber handelt es sich um eine bürgerliche, scheinheilige Prüderie, eine Bigotterie zweier Standards, die mit tiefenpsychologisch angelegten Ekelreflexen der vulgären, der werktätigen und subproletarischen Erotik aufgezwungen werden soll. Der mittelständische Narzissmus stößt das Proletarische nicht absichtslos vor den Kopf, er will seine bürgerlichen Freiheitsbegriffe mit Zehen und Klauen gegen werktätige Demokratieanläufe verteidigen!

Roher Sex und andere Unterschichtsphobien

Der eigenwillige Labour-Publizist Owen Jones hat in seinem wichtigen Buch »Prolls. Die Dämonisierung der Arbeiterklasse« von 2011 in der Darstellung zweier Kindesentführungsfälle grandios diesen Ekel aufgespürt und vornan das folgende Zitat von George Orwell (den wir meist aus antikommunistischen Zusammenhängen kennen) gestellt:

> In der Mittelschicht schlummern in jedem Einzelnen Klassen-Vorurteile. Es braucht nicht viel, um sie wach zu rufen. Immer noch denken viele, dass die Arbeiterklasse schrecklich verwöhnt und von Sozialleistungen, dem Rentensystem und kostenlosen Bildungseinrichtungen hoffnungslos verweichlicht ist. Diese Vorstellung gerät dadurch nur ein bisschen unter Druck, dass man jüngst anerkannte, dass es Arbeitslosigkeit gibt.[203]

Jones zitiert in seinem Buch George Bernard Shaw und Warren Buffet mit der These, dass die Linke von Klassenkampf herumkrakeelte, die Kapitalisten ihn hingegen führten – und gewönnen, auch durch aus der Subkutanität des unversprachlichten Bewusstseins heraufbeschworene Ekelelemente. Dazu kontrastiert Jones zwei Kindesentführungen gegeneinander: die eine passierte in gehobener Mittelschicht, was alle Welt zur Anteilnahme aufrief. Von der anderen war die subproletarisierte Unterklasse betroffen: Die kleine Shannon Matthews, Tochter der Karen Matthews, ließ den kollektiven Mittelschichts-Daumen nach unten recken und brachte den Mainstream zu Klassenhasstiraden. Jones sammelte dazu eine Fülle von aggressiv-elitären Zitaten. Zum Beispiel die *Birmingham Mail*: »Karen Matthews, 32, sieht aus wie 60, hat fettige Haare, ein fettiges Gesicht und ist das Produkt einer Gesellschaft, die Nutzlosigkeit belohnt.«

Dann zitiert Jones noch die *Daily Mail*, wonach die Familie des Kindes aus einer Gegend stammt, in der »ein richtiger Vater eine Seltenheit ist und Kinder sich beschimpfen lassen müssen, wenn sie einen haben und wo Jungs zwei, drei, vier Mädchen einfach so schwängern.« Dazu zitiert Jones den konservativen Kommunalpolitiker John Ward, der tatsächlich öffentlich forderte, man sollte wirklich darüber nachdenken, »Leute zu sterilisieren, die zwei oder meinetwegen drei Kinder haben und von staatlicher Unterstützung leben«. Auf Nachfrage antwortete

203 Jones (2012), S. 43.

er, er meinte »professionelle Schmarotzer, die aus Habgier sich fortpflanzen«. Tatsächlich wurde den subproletarisierten Schwangeren Vorwürfe gemacht, die mühelos in die neuere Affront-Querfront gegen das eingereiht werden können, was neuerdings, so wahllos wie inflationiert, »Sexismus« heißt.

Der Kampf gegen den »Sexismus« hat tatsächlich eine so breite Kampffront erwirkt, dass jeder Mann, der immer noch ein Restchen Geilheit verspürt, diese schleunigst in der untersten Schublade der verbliebenen Intimsphäre verstecken sollte (übrigens auch jede Frau, wie nachfolgend zu zeigen sein wird). Damit soll hier keinesfalls die Notwendigkeit der Überwindung sexistischer Rohheit und Brutalität in Abrede gestellt werden, weil Zivilisation darauf gründet, dass jeglicher Terror eines Menschen gegen einen anderen mit der Stärke des Rechts geahndet und verhindert werden muss. »Roher Sex« ist kein Zustand, mit dem sich demokratische Gruppen dauerhaft abfinden sollten. Aber er sollte vor allem im Interesse derjenigen überwunden werden, die rohen Sex für einen reinen Sex halten, Phantasieentfaltung dabei ignorieren und damit regelmäßig in Frustrationsfallen getrieben werden.

In Wahrheit ist die Querfront gegen »Sexismus« als Bündnis so breit, weil sie nicht das Risiko eingeht, die Apologeten des Monopolkapitals anzugreifen und weil sich oben genannte Ziele mit rassistischen gegen die »Bildungsfernen« verbünden, weil ihr Gegenstand, der sogenannte Sexismus, zusammengeklebt ist aus zu überwindenden Praktiken mit ideologischen und pornographischen Widerspiegelungen der jeweiligen sozialen Biografien. Wenn wir die Aufklärer des letzten Jahrhunderts, Fromm, Wittfogel, aber vor allem Wilhelm Reich lesen, hatte dort jedwede Form des Rassismus eine sexuelle Konnotation des Ekels. Stets wurde »von rechts« versucht, einem »rohen Sex« tierische Züge nachzusagen, um ihn mit zärtlicherer, feinsinnigerer Erotik kollidieren zu lassen und dieses Feinsinnigkeitsdiktat nach unten zu pressen – von oben aus, von wo saturierte Mittelschichten mit Schaudern auf das jeweils Auszugrenzende herabblicken und es diskriminieren durften. Der »sexgierige Neger«, der »geile Jude, der unsere blonden Frauen zu besudeln sucht«, der »lateinamerikanische Macho« vor allem aus der Unterschicht. Immer aber auch das »rote Flintenweib«, mit dem eine der wunderbarsten Frauen der Menschheit, Rosa Luxemburg, diffamiert wurde, bevor Freikorps sie mit diesem Bild vor Augen erschlugen.

Was sich von diesem Habitus nicht abwendet, wenn er dämonisierend gegen die weiße Arbeiterklasse gewendet wird, sollte deutlichere antirassistische Gegenwehr von links erfahren. Owen Jones' mutiges Buch gelingt dies, ohne allerdings über Sexualität ausgiebiger zu werden oder pornographische Phantasien näher zu bewerten. Jones stellt aber neue Zusammenhänge her, indem er zum Beispiel ein Zitat der berühmten britischen Fernseh-Kommentatorin Carol Malone aufgreift: Menschen, die in Arbeitersiedlungen wohnen, gehörten »zu einer Unter(menschen)schicht, die es in den fauligsten, dunkelsten Ecken unseres Landes inzwischen gibt. [...] Nutzlose Schmarotzer ohne Moral, ohne Mitgefühl, ohne Verantwortung, ohne Liebe oder Schuldgefühle«. Die *Daily Mail* verwendete am 6. Dezember 2008 dafür den Begriff »verrohte Unterschicht«.[204]

Jones kommentiert: »Man stelle sich vor, Carol Malone würde so über Schwarze, Juden oder einfach nur Schotten sprechen. Aus guten Gründen hätte es einen Riesenaufschrei gegeben« und sie hätte sich vor Gericht verantworten müssen. Die Urtriebhaftigkeit, die im weitesten Sinne unter »Sexismus« rangiert, ist also nicht nur bei männlichen Prolls verbreitet, sondern gerade bei Frauen: Owen zitiert hier einen Anhänger des Neoliberalismus Milton Friedmans, den Tory-Abgeordneten Keith Joseph, der meint,

> »dass ausgerechnet diejenigen Frauen Kinder bekämen, die am wenigsten erziehen könnten. Mütter, die schon als Jugendliche schwanger waren und zu den Gesellschaftsklassen Vier und Fünf gehören. Einige sind wenig intelligent, die meisten ungebildet. [...] Das Gleichgewicht unserer Bevölkerung, unser menschlicher Grundbestand, ist in Gefahr«.[205]

Jones erwähnt aus der *Daily Mail* vom 20. Oktober 2004 ein sogenanntes »A bis Z der Prolls«: »M hieß minderjährig, was jede Prollette beim ersten Sex ist«. Jones dazu: »Die Promiskuität weiblicher Polls ist ein Lieblingsthema der Prollhasser.« Dazu zitiert er noch einige ekelerregende Mittelschichtenwitze über eben diese jungen Mütter und promisken weiblichen Prolls.

Das Buch ist getragen von tiefem Humanismus, der aber von einem proletarischen Standpunkt kommt und sich auch dem Subproletariat gegenüber offen und verständig verhält. Emphatisch vertritt er jene gesellschaftliche Gruppe, die von den Torys und einem progressiv angestrichenen neoliberalen Rassismus besonders gehasst wird, »nämlich die jungen Mütter« ohne gesichertes Auskommen. Deren Not wird von den Rechten auf den Kopf gestellt und als Sozialschmarotzertum diffamiert, da sie Kinder nur deshalb zeugen und austragen würden, um den Staat um die Sozialleistungen zu betrügen. Jones attribuiert dies anders und zitiert aus

204 Ebd., S. 52.
205 Ebd., S. 77.

zwei Studien des Elternverbands »Gingerbread« sowie aus einer Untersuchung im *Guardian* 2010 über diese jungen Mütter:

> … [E]inige haben kaum Aussicht auf eine andere Rolle […] Sie sehnen sich nach einer Aufgabe, nach Sinn in ihrem Leben, sie wollen sich nützlich machen, wollen, dass es auf sie ankommt. […] Vor allem Frauen aus benachteiligten Gruppen, für die sich das Herausschieben der Schwangerschaft nicht lohnt, bietet die frühe Elternschaft die Gelegenheit, Selbstvertrauen zu gewinnen.[206]

Er stellt fest, dass die diskutierten Tatbestände etwas über Schwangerschaften aussagen, nicht aber über die Häufigkeit von Sex: Ein weiblicher Teenager aus »einfachen Verhältnissen« (dieses Schimpfwort fungiert rassistisch allein schon deshalb, weil es Beschädigtheit diskriminiert und mit dem Begriff »einfach« die Komplexität der sozialen Überlebensmühen geleugnet wird) würde mit sehr viel höherer Wahrscheinlichkeit schwanger als ihre Altersgenossen aus der Mittelschicht. Andererseits: Ist der Sex der Mittelschichten, der »Besserverdienenden« oder wie immer man sie auch nennen mag, vielschichtiger und erfüllter, »wert«voller? Wenn eine Frau oder ein Mann mit Mittelschichthalluzinationen von »fantastischem Sex« schwärmt, meinen diese auch einen phantasievolleren? Aber ist der rohere, phantasiearme Sex tatsächlich auch der unmittelbare aus dem Tierreich? Ist er die unverstellte Triebentladung, das »gesunde Liebesleben« (BamS)? Oder ist er nicht eher nur eine rohere Attitüde, die sich gegen geheuchelte Verniedlichung von oben auflehnt? Ähnlich, wie eine Droge Mauerwerk gegen soziale Verpflichtungen baut? Ist also der »phantasielose Sex« nicht auch voller Phantasie, aber eben einer, den die offizielle Gesellschaft noch weniger an die Sexualität heranlassen möchte, als romantische Vorstellungen mittelschichtiger Sexualpartner? Wer der bigotten Anständigkeit seiner persönlichen Diktiertheit und Disharmonie entfliehen will, will keinen Anstand, der ihn auch nur im leisesten an diese Beherrschtheit erinnert. Seine Harmonie ist die vollständige, wenn auch auf Minuten begrenzte punktuell subversive Abseitigkeit vom Anstand einer feindseligen Umgebung.

Das Unterordnen von Sexualverhalten (damals) anderer »Rassen« und (heute): anderer Schichten und Klassen unter ein mittelschichtiges Ideal und Diktat darf als rassistische Gefahr angesehen werden, vor allem, wenn dieses Ideal einen rohen menschlichen Sex dem tierischen Sexualverhalten gleichsetzt.

206 Ebd., S. 249.

Dieser spezifische Rassismus vertauscht von oben oder von der Seite, aber jedenfalls immer von außen, eine Primitivität *vor* der gesellschaftlichen Komplikation mit einer bewussten oder unbewussten Primitivität nach der Komplikation. Es gibt Einfaches *vor* der Komplikation, aber auch die ganz andere, geläuterte Einfachheit danach. Wie Goethes Lied vom »Heideröslein« Züge eines Kinderlieds trägt, aber Ausdruck eines Kenntnisreichtums ästhetischer Komplikationen beinhaltet, ohne dass Goethe dazu zum Kind regredierte, trägt der vermeintlich rohe Sex ein mannigfaltiges Erleben mit sich, das er ins Abseits seiner Abseitigkeit verbannt. Dem Hauptgeschäftsführer in der weißen Schürze, der vor der Domina Pisse aufwischt, bleibt sein sozialer Status erhalten – wenn auch hier für einen festgelegten und kontrolliert kurzen Zeitraum aufgehoben. Dem Hartz IV-Empfänger bleibt immer die Ahnung von seinem postejakulativen Erwachen, aber eben einem bösen, gegen die sich die Pornographie der Verzweiflung verbissen stemmt. Beide sind nach dem Sex da, wo sie waren. Der Sex der »Besserverdienenden« ist nicht reicher an echter Phantasie, sondern phantasievoller mit echtem Reichtum. Indes: Ein materialistischer Humanismus erahnt in jeder Zuckung eines Menschen die Potenziale einer Gesellschaft, entzogen und zum Greifen nah. Keine menschliche Rasse, keine Schicht und keine Klasse ist einem Tier gleichzusetzen, auch wenn die Herrschenden vielerorts meinen, Werktätige erst wie Tiere malträtieren und hernach materiell und als »Bildungsferne« demütigen zu dürfen.

Diese Ablehnung der weißen Arbeiterklasse, der grauen Männer und alternden Frauen entspricht – bei aller mittelschichtiger Unschuldsmiene des multikulturell »besseren« Menschen – einem progressiven Neorassismus. Owen Jones zitiert auf »Prolls«, was eine Yasmin Alibhai-Brown im *Independent* vom 23.08.2006 von sich gab:

> Steuerzahlende Einwanderer verschiedener Generationen ermöglichen es faulen britischen Schmarotzern, Bier trinkend vor dem Fernseher zu sitzen. […] Uns Einwanderer verachten sie, weil wir Gelegenheiten wahrnehmen, die diese Schluffis nicht sehen wollen. […] Kein Mitleid mit der weißen Arbeiterklasse![207]

Ob die neunmalgescheite, migrationshintergründige Autorin mit »Gelegenheiten wahrnehmen« vielleicht auch das Unterlaufen tarifvertraglicher Vereinbarungen gemeint haben könnte, hat kein Journalist ihr abgefordert.

207 Jones (2012), S. 147.

Jones zitiert die linke Journalistin Janet Daley in *The Times* über Eigenarten weißer Prolls, als »Abfall der industriellen Revolution, [...] Soziopathen aus der englischen Arbeiterklasse«, eine Schicht »voller Selbsthass und Selbstzerstörung ohne öffentlichen Anstand«. Worauf Daley die »religiöse, kulturelle Würde und den Familiensinn ethnischer Minderheiten« lobt. Jawohl: den »Familiensinn«! (Sicher waren, was die Familie anbetrifft, selbst Marx und Engels nicht allzu marxistisch in Bezug auf den Familiensinn. Aber das war vor 165 Jahren.[208]) Jones erwähnt ein »millionenfach angesehenes YouTube-Video«, das fordert, »Prolls auf den Mond zu schießen. [...] 4000 Prolls jedes Jahr sterben an billigem Alkohol. Gibt es ein bisschen mehr? Dann folgt ein Smiley.«[209]

Wenige Seiten später unternimmt Owen Jones einen Kurzausflug in die Musikszene. Er stellt fest, seit die Beatles aus Liverpool in aller Offenkundigkeit die Arbeiterklasse in die Szene eingeführt hätten, mit »Oasis« Mitte der Neunziger die letzte Band aus der Arbeiterklasse nach oben gelassen wurde.[210] Dann zitiert er aus der Indie-Hymne der Band »Kaiser Chiefs«:

> Ich wollte nur noch ins Taxi/ jemand im Trainingsanzug attackiert mich/ er sagt, er hat es zuerst gesehen/ will, dass jetzt ein bisschen Blut fließt/ überall Frauen, die nichts anhaben/ wollen sich Geld leihen für ein Kondom/ ohne das Bratfett wären sie schon erfroren/ besonders schlau sind die nicht.
> (»I Predict a Riot«)

Jones weist darauf hin, dass die »britische Unterhaltungsindustrie des frühen 21. Jahrhunderts ein Zerrbild des würdelosen Prollflittchens« als Ekelobjekt entwirft.[211] In ihrem unterschätzten, von Harry-Potter-Erfolgen an die Seite gedrückten Roman »Plötzlicher Todesfall« hat J. K. Rowling diese Gnadenlosigkeit nicht nur spannend ausgemalt, sondern auch politisch als mittelschichtige Drecksarbeit des Großkapitals einzuordnen geholfen.

Die billigende Inkaufnahme dieser Ekelmetaphern, die Marginalisierung der Arbeiterklasse in den Bezugspunkten der Linken macht Jones für den Erfolg der extremen Rechten verantwortlich. Zu ihrem Erfolg trüge »auch die Dämonisierung der Arbeiterklasse bei«.[212] »Es besteht die Gefahr, dass eine neue eloquente

208 Vgl. Scharinger (2017), S. 108ff.
209 Jones (2012), S. 151.
210 Ebd., S. 163.
211 Ebd., S. 164.
212 Ebd., S. 255.

Rechte das Klassen-Thema an sich reißt und reaktionäre Lösungen fordert.«[213] Owen Jones' warnendes Buch ist nun bereits über zehn Jahre alt, hat in die deutsche, amerikanische und westeuropäische Linke und deren »Weiter so!« beim Scharwenzeln mit den antiproletarischen Eliten[214] keinen relevant aufklärenden Einzug gehalten, wovon die Wahlkatastrophen europäischer Linksparteien künden. Sahra Wagenknechts Bestseller »Die Selbstgerechten« weist nicht nur auf die tödlichen Gefahren für die Linke hin, sondern für die gesamte zivilisatorische Moderne. Damit sind wir mitten in den Lebensgefahren für bürgerliche Demokratien. Deren innerster Kern einer rechtsstaatlichen, keynesianischen und kulturellen »Check & Balance« bleibt eine handlungsfähige Arbeiterklasse. Sie war, ist und mehrt sich zum weltweit einzig nachhaltigen Antagon des Imperialismus und seiner psychischen Innenarchitekturen.

Wer imperialistische Politiken aufhalten will, darf nicht nur nicht zur Dämonisierung der Arbeiterklasse und der ihr verbundenen weiblichen und männlichen Reservearmeen beitragen, sondern muss sich auch damit befassen, wo ihre kulturellen Umstände, ihre pornographischen Vorstellungen und ihre erotischen Gepflogenheiten herkommen; und zwar mit derselben schonungslosen Akribie, wie sich eine materialistische Psychologie auch mit den mittelschichtig pornographischen Praktiken und Vorstellungen auseinanderzusetzen hat.

Einen Gesamtzusammenhang hat Jones nämlich kaum behandelt: Das Interesse der Herrschenden innerhalb imperialistischer Metropolen, Mittelschichten und Arbeiterklasse(n) ständig in Kleinkriege zu verstricken und Zwistigkeiten unter den kleinen Leuten zu schüren. Wären Facebook und andere soziale Netzwerke nicht aus ökonomischen Gründen entstanden, die Herrschenden hätten diese zur Herrschaftssicherung längst erfinden müssen. Mit Facebook hätte es eine Friedensbewegung wie in den Achtzigern, die Generationen und Klassen und Schichten zusammenbrachte, nie gegeben.

213 Ebd., S. 276.

214 Ich verwende den Begriff »Eliten« mit Vorbehalt und der Empfehlung, auch hier den Streit mit den Rechten um die Deutungshoheit nicht zu scheuen. Wer sich selbst bewusst als kulturell-hegemoniale, meinungsführende Elite präsentiert, als Schild und Schwert der Staats- und Wirtschaftsmacht, offenbart oft positive Korrespondenz mit den monopolistischen Profitinteressen Ein diffuser, ökonomischen Interessengeflechten fortgenommener »Elite-Begriff« wird stets von rechter Sozialdemagogie gegen angeblich privilegierte Kapitalgegner gewendet. Exakt so, wie die SA die »roten Bonzen« und »die Gewerkschaftsbosse« an den plebejischen Pranger stellte und Goebbels »die jüdisch-bolschewistische Weltverschwörung«. So unerschrocken, wie Aufklärung Theorie braucht, um Verschwörungen auf die Spur zu kommen – vom Sender Gleiwitz bis zu 9/11 – bedarf es des Scharfsinns, die materiellen Privilegien von »Eliten« danach zu gewichten, wie weit sie tatsächlich ausreichen, schwer lösbare Verstrickung mit den herrschenden Interessen definieren zu können. Elite bedarf heute seinem Begriff nach nicht nur einiger Privilegien, sondern einer nachweisbaren Andienung an das imperialistische Kapital. Also ist etwas Vorsicht angeraten beim vorschnellen Gebrauch des Worts »Eliten«, weil es auch ein Einfallstor für Sozialdemagogie markiert.

Dieser Kleinkrieg gedeiht besonders dort, wo Bezugspunkte wie Monopolkapital und Krieg aus dem Feld genommen wurden. Deswegen ist die Einbettung um das Intimleben ein besonders fruchtbarer Acker dafür. Dort entstehen Religionen und Ideologien, die von dort wieder auf soziale Bewertungen zurückgespiegelt werden. Dadurch soll sich der Kleinkrieg zwischen den Geschlechtern, nicht aber zwischen den Klassen entfalten.

Die neueste Equal-Pay-Studie der Bundesregierung führt an, dass Männer 21 % mehr verdienen würden als Frauen. Das erwähnt sie aber nicht etwa mit der Absicht, dass baldmöglichst Frauen entsprechend mehr verdienen müssten, sondern dass Männer mehr für öffentliche Leistungen zu bezahlen hätten, als Frauen. Beiden soll aber nicht etwa der Fahrpreis gesenkt werden. Diese Aufrechnung enthält auch typische, den Kleinkrieg begünstigende, statistische Fehlerquellen: Milliardäre wurden unbereinigt in das Zahlenwerk ein»gepreist«.[215] Der Sozialneid wird von oben befeuert. Er färbt natürlich auch in Phantasiewelten ab, bis in Hassentladungen pornographischer Vorstellungen der Geschlechter von- und gegeneinander.

In den meisten Fällen von Sexismus – und das wissen auch viele Psychologen, behalten das aber wohlfeil für sich – handelt es sich nicht etwa um eine besonders rohe, ungebildete Art von Sexualität, sondern um Kompensation selbst erlittener Übergriffe. Sexueller Missbrauch ist bei geschlechtsreifen Jugendlichen nicht etwa an ein absolutes biologisches Alter gebunden (im Feudalismus durften schon 13-jährige Frauen zu Gebärmaschinen höherer Adelskreise gedrillt werden.). Er ist biologisch relativ, weil der Übergriff auf eine besonders unvorbereitete Haltung, also auf Erfahrungsdefizite trifft. Diese könnten natürlich schulisch und im Elternhaus ausgeglichen werden, auch um Gegenwehr und Argwohn zu stärken. Jedenfalls haben Kinder, die Opfer sexuellen Missbrauchs wurden, grob gerastert drei stereotype Reaktionsmuster: 1. die Kinder ziehen sich in einen inneren Bunker zurück, so dass sie nach außen, zu Eltern und Lehrern, verstockt erscheinen; 2. die Kinder tun sich selbst Gewalt an (Hautritzen, Haare ausreißen etc.), besonders dort, wo sie sich weiterhin als Objekt depravierender Handlungen »angetriggert« empfinden; 3. die Kinder werden selbst sexuell übergriffig oder zumindest verbal sexistisch.

Die abenteuerliche Grundannahme der bürgerlichen Psychotherapeutik besteht nun darin, sexuelle Übergriffe rein aus sexuellem Missbrauchtsein zu folgern. Hier ist ein materialistisch und kulturhistorisch-psychologischer Ansatz wesentlich ergiebiger, denn er lässt besondere Arten von Übergriffen und Missbrauch miteinander korrespondieren, seien diese nun sozialer, familiärer,

215 www.heise.de/tp/features/Ten-Years-Gender-Pay-Gap-Mistake-Ein-Irrtum-wird-zehn-Jahre-alt-36520

staatsinstitutioneller, kapitalbedingter oder eben auch sexueller Art. Aus Übergriff wird Übergriffigkeit beim Opfer, aber nicht unbedingt nur aus einem sexuellen Übergriff heraus. Das ein solches Unglück zu unglücklichen erotischen Vorstellungen und Artikulationen führt, dürfte auf der Hand liegen. Aber ihr Heilungsort ist fortan nicht alleine auf Erotik verengt, sondern basiert auf Mehrung allgemein biografischen Glücks.

Nicht nur Religionen sind »Seufzer der bedrängten Kreatur«, sondern durchaus auch pornographische Vorstellungen, triviale Ästhetik, Tag- und Nachtträume, Drogengenuss, Kaufrausch, Spielsucht etc. Wer proletarische oder subproletarische Bevölkerungsteile als »faul, spießig und schmutzig« darstellt, beteiligt sich an der Unterdrückung des Subjekts wie des Objekts der Aufklärung und grenzt aus, was »lüstern« ist, also sexistisch. Bürgerliches Naserümpfen beginnt mit Ästhetiken, wie den angeblichen Kitsch in der Arbeiterwohnstube, die Pornographie der »kleinen Leute« und mündet in bigotter Unbarmherzigkeit mittelschichtiger AufklärungsexekutorInnen, die sich am Ende auch an den bürgerlichen Errungenschaften bitter rächt. Der linke Sozialdemokrat Owen Jones resümiert: »Nicht nur die Zukunft der Arbeiterklasse steht auf dem Spiel, sondern unser aller Zukunft!«[216]

Auch Teile einer »politisch korrekten« Frauenbewegung, die sich einem rechten, bürgerlichen Feminismus verschrieben haben, sorgen für die Einschränkung bürgerlicher Errungenschaften. Ein essenzieller Unterschied zu Keuschheit und Enthaltsamkeit der Adenauerära (und davor) ist nur darin auszumachen, dass die katholischen Hexenjäger des Mittelalters beim Foltern junger Frauen ein besonders geiles Wetterleuchten in den Augen hatten. Die »aufgeklärten« SexismusjägerInnen rächen sich heute mit ähnlicher Hysterie vorrangig an alten Männern. Das offene Aussprechen erotischer Wünsche insgesamt wird unter Generalverdacht gestellt. Rosagrünliche Verbotsmentalität hat der Dämonisierung »niederer« Instinkte und Kulturtechniken eine zusätzliche Arena zum Lynchen eröffnet.

Mit der »sexuellen Befreiung«, der »Freiheit in den Liebesbeziehungen« bei Saint-Simon, Marie Goegg-Pouchoulin, den Schwestern Woodhall, Alexandra Kollontai, Inès Armand, Rosa Luxemburg, Clara Zetkin, Günter Amendts »Sexfront« und Sabine Kebirs großen Frauenbiografien hat diese Kulturbewegung zur Erzwingung von generalisiert schlechtem Gewissen bei sexuellen Phantasien und Pornographie nichts zu tun. Wo dann auch noch bedeutende Poetik gegendert und von pornographischen Anzüglichkeiten bereinigt werden soll, übernimmt

216 Jones (2011), S. 277.

dieser rosagrünliche Feminismus die Arbeit der früheren rechten Zensoren und Inquisitoren. In Augsburg verhinderte eine kleine Schickeria bereits zum Ende des letzten Jahrhunderts, dass die Universität in seiner Geburtsstadt Augsburg nach Bertolt Brecht benannt wurde. Die Rechten in der bayrischen CSU und in der FDP jubilierten. Mit dem Namen des auf schwarzen CIA-Listen und Adenauer'schen Index festgehaltenen Dichters brauchte die »Alma Mater nicht besudelt zu werden, weil der in seinen Gedichten ein Frauenfeind war« – was Sabine Kebir in vielen Büchern eindrücklich widerlegt hat.

Rassismus und »die alten weißen Männer«

»Der neoliberale Kapitalismus drangsaliert Lohnabhängige, die sich dem Rentenalter nähern«, schreibt Lucien Sève.[217] Die Schickeria bildet – man/frau schaue nur in die ersten Seiten von Owen Jones' »Prolls« – die Büttel und Shitstorm-Abteilungen aus zur Drangsalierung der Werktätigen und zwar nicht nur der männlichen. Sève fragt polemisch, ob diese Älteren »untragbare gesellschaftliche Belastung oder Pioniere einer vollwertigen dritten Lebensphase sind«.[218] Er legt die zweite Antwort nahe. Der Umgang mit der weitgehend verausgabten Arbeitskraft, also den Älteren, ist nämlich mindestens ebenso Visitenkarte der Humanität eines Gemeinwesens wie der Umgang mit Asylsuchenden.

Was aber rechte und konservative PropagandistInnen sich lange schon nicht mehr trauten (z. B. als kollektiv-suizidiär getarnte Schlachtung älterer Menschen in den Hollywoodthrillern »Soylent Green« oder »Logans Run« in den Siebzigern), trauen sich rosagrünliche »Pioniere«. Seit zwei Jahrzehnten liefern sie die Orchestrierung für das kulturelle Abwerten der Älteren, scheinbar nur der älteren Männer. Während die alten Männer wenigstens noch erotischen Anstoß erregen, geraten die älteren Frauen stillschweigend ins allerletzte Glied – wenn man den ästhetischen Folgerungen von Uli Seidls Film »Liebe« nachgehen will. Männer und Frauen sollten sich um Auswege füreinander verbünden, erst recht im Alter. Davon, wie ältere Frauen »einfach nur noch Luft« in einer erotisierenden Umgebung werden, berichtete auch Bascha Mika in einem Interview über ihr Buch »Zum höllischen Spiel mit dem Älterwerden«. Sie spricht von einem »Verschwindefluch«. Wenn ältere Frauen »in einen Raum kommen, schauen immer weniger Männer – und Frauen! – sie an: sie werden unsichtbar.«[219]

Während also Unternehmer wie Maschmeyer und die Allianz für ihr neues Kerngeschäft, die Privatisierung der Renten, die Jungen zum Kampf gegen »Lohnnebenkosten« (damit gegen die generations- und schichtensolidarische Renteneinzahlung) und gegen die »dreisten Alten« zum demografischen Krieg um die schwindenden Rentenressourcen aufzurufen nicht müde wurden, nahm die Ästhetik der Ausgrenzung von Älteren neue Fahrt auf. Leider wurden auch Grüne, SPD- und JugendfunktionärInnen der Linken einer kulturellen »Avantgarde«rolle

217 Sève (2016), Fußnote 52, S. XLVII.
218 Ebd., S. XLVIII.
219 *Berliner Morgenpost*, 13. 02. 2014.

gerecht und lieferten dazu den passenden Altherrenschweißekel und darin die modernden Pornophantasien zum kollektiven Schaudern: rosagrünliche Gentrifizierung einmal anders, nämlich Gentrifizierung werktätiger Kulturen.

Wie bereits beim ersten deutschen Angriffskrieg nach 1945 im Kosovo, bei der Agenda 2010 oder bei der Senkung des Spitzensteuersatzes kamen die »Pioniere« wieder von »links«, um dem Großkapital diese Drecksarbeit abzunehmen. Sie nahmen sich eine größere Volksgruppe vor und feixten – synchron zur Rentenriesterung – für deren Ausgrenzung, allen ihren eigenen anti-xenophoben Vorsätzen zum Trotz, mit denen sie Refugees willkommen heißen, denn wer von den alten weißen Männern kann etwas für sein Geburtsdatum, seinen Geburtsort oder seine Pigmentierung? Ein progressiv getünchter Rassismus feierte fröhliche Urständ. Wenn selbst die blitzgescheite Sylke Tempel letztendlich pro Freihandel schreibt: »Protektionismus ist die moderne Form des Neandertalertums«,[220] dabei aber nicht zwischen Handelsbarrieren armer Völker für einzelne landwirtschaftliche Produkte und imperialistische US-Profitprotektion und Großanlegerschutz differenziert – und dann Männer aus dem Neandertal herhalten müssen. Dabei sind bedauerlicherweise die raffinierten Ausplünderungskriege auf heute, morgen und übermorgen ausgelegt. Auch manche »Refugee-Romantik« preist die jungen Migranten – will aber die Fotos der von geflohenen angehenden Ärzten, Ingenieuren, Architekten oder Amazonboten zurückgelassenen Alten in den Ländern Afrikas nicht sehen. Der Fokus ihrer Finanzschwerpunkte liegt bei Fluchtmotiven, nicht bei Bleibemotiven, also eine umgebaute Wirtschaft für und bei bislang hungernden Völkern.

Auch in Europa klingt durch: Die Alten fräßen den Jungen die Rente weg. Laut Alice Schwarzer & Co haben diese Alten uns auch den Brexit eingebrockt, die Trumps, Wilders und Le Pens, aber vor allem der Kreml, Assad und Castro. Alte weiße Männer hätten dazu noch sehr, sehr problematische pornographische Phantasien, die man/frau besser unter den Teppich kehrt oder an den Medienpranger stellt, als sich damit irgendwie konstruktiv zu befassen. Denn alte weiße Männer passen einfach nicht mehr in die heutige Zeit. Die grüne Europaabgeordnete Terry Reintke sprach folgendes unter großem Beifall auf einem Parteitag: »Wenn ich morgens beim Frühstück die Zeitung aufschlage, sehe ich ein Europa der alten weißen Männer in dunklen Anzügen, die in irgendwelchen Hinterzimmern Verträge unterschreiben. Aber das ist nicht mein Europa.«[221] Frank Jürgen

220 *DLF*, 25.02.2017.

221 Grüne Delegiertenkonferenz 21.11.2015, https://encyclopaedia.fandom.com/de/wiki/Alter_weißer_Mann#cite_note-8

Weise ergänzte Ende 2015 als Chef der Migrationsbehörde und der Arbeitsagentur in der *BILD*: »Flüchtlinge sind eine Bereicherung unserer Gesellschaft, dass da nicht überall ältere graue Herren durch die Gegend laufen und langsam mit dem Auto auf der Autobahn rum fahren.«[222] Eine kaum nennenswerte, aber junge Autorin, die in *Die Zeit* für jüdisches Leben wirbt und erheitert ihren Kosenamen »Mirna Mussolini« preisgibt, fordert in Interviews eine weitere »feministische Terrorgruppe, um alte weiße Männer aus dem Weg zu räumen«, die sich »wie Tiere kurz vor ihrem Tod noch einmal aufbäumen«.[223]

Diese trüben Aussichten für die Mehrheit der Werktätigen am Ende ihres Arbeitslebens ließen sich endlos fortsetzen. Einen intellektuellen Tiefpunkt markierte der »Diskurs« (den Erzeugnisse des Hauses *Springer* und *Zeit* orgiastisch abfeierten) zwischen Armin Nassehi und Peter Sloterdijk, die sich gegenseitig zum Thema »Ressentiments der alten Männer« im Frühjahr 2016 tautologisch aufgeilten und im liberal-konservativen Meinungsmagazin *Einblick* von Roland Tichy das »Feindbild alter, weißer Mann« mit den sarkastischen Worten kommentierten: »Das Mannsbild muss medial bekämpft und ausradiert werden.« Auch Hendrik M. Broder, ansonsten ein David mit Goliath-Orden, schleuderte ausnahmsweise mal ein kantiges Steinchen, als er in der *Welt* polemisch fragte, wer ihn eigentlich vor Altersdiskriminierung schützen würde und zwar anstelle einer »Political Correctness im Dienste gesellschaftlicher Randgruppen, die es geschafft haben, ihre Interessen zum geschützten Interessenbestand der ganzen Gesellschaft zu erklären.«[224]

Nancy Fraser bringt Sozialität in die Debatte ein mit einer Verbindung aus Ökonomie und Kultur und ihrer Beschreibung der Menschen im »Rostgürtel« der verrotteten Maschinen um New Jersey:

> »Was die Deindustrialisierung diesen Teilen der Bevölkerung angetan hat, wird durch die Kränkungen verschlimmert, die ihnen der progressive Moralismus zufügt, wenn er sie routinemäßig als kulturell rückständig abstempelt. Mit ihrer Ablehnung der Globalisierung wandten Trumps Wähler sich auch gegen den mit dieser gleichgesetzten linksliberalen Kosmopolitismus.«[225]

Le Monde Diplomatique brachte die damalige Wahl zwischen Clinton und Trump auf den Nenner: diese sei »zwischen Hochmut und Niedertracht« verlaufen.

222 *BILD*, 13. 12. 2015.
223 *ZEIT online*, 22. 04. 2017; *EditionF.com*, 04. 04. 2017.
224 *WELT*, 05. 06. 2014.
225 *Blätter für deutsche und internationale Politik*, 2/2017, S. 73.

Betrachten wir in diesem Zusammenhang zwei pornographische Details: Warum konnte die von den Clinton-AnhängerInnen in die letzten US-Wahlkampftage eingebrachte Enthüllung eines Jahre zuvor geführten sexistischen Privatgesprächs Donald Trump nichts anhaben? Zumal dieser postwendend an die Einlassungen der beiden Clintons zu der in die Vagina Monica Lewinskis eingeführten Zigarre des damaligen demokratischen US-Präsidenten erinnerte. Zur Beantwortung sollte man beide Vorgänge auf der Matrix des sozialen Gefälles nebeneinanderhalten.

Für viele »unterschichtige« US-Amerikaner war das alles verständlicherweise wieder einmal »typisch linksliberal«. Bill Clinton hatte es getan, lange geleugnet, war dann – »wie ja meistens die da oben« – mit blauen Augen davongekommen und hatte damit, straffrei geblieben, allen demonstriert, was sich ein Vorgesetzter in all seiner geheuchelten Doppelmoral gegenüber einer Abhängigen an Perversion so leisten darf. Das Augenzwinkern war für seinesgleichen implizit, für die Ausgegrenzten eine Verhöhnung.

Trump hingegen hatte privat schwadroniert. Sein Augenzwinkern war artikuliert und durchaus im Konsens mit den meisten Werktätigen. »Schaut her: So ein Superreicher gibt zu, Superreiche dürften schon, grad mal eben so, an irgendeine Muschi greifen.« Der Verblüffungsgrad seines enthüllten Privatgesprächs unterschritt den der eingeführten Clinton-Zigarre und deren Aufdeckung bei weitem. Zumal sich Trump zugutehalten durfte, dass seine höchst private Aussage widerrechtlich aufgezeichnet und erst Jahre später in den Medien instrumentalisiert worden war. Es handelte sich um eine Aussage, die bei Stammtischgesprächen insgeheim zur Folklore gehört. Trump durfte sich demzufolge sicher sein, dass sich von solch illegalen Abhörpraxen manch potenziell Bedrohter mit ihm identifizieren musste. Wie offen, fragten sich viele männliche Werktätige trotzig, darf eigentlich Pornographisches trotz Datenschutz überhaupt noch privat ausgesprochen, ohne an den medialen Pranger getackert zu werden? Ist es wirklich demokratisch, schmutzige Phantasien immer in sich hineinzufressen?

Im Zusammenhang damit steht die Frage nach der Kriminalisierung von Pornographie generell, soweit diese via sozialer Medien und anderer Privatspitzeleien unter der noblen Netikette des feministisch-emanzipatorischen Kampfs gegen Sexismus und Machismus diffamierend genutzt wird, um Individuen ans Kreuz zu nageln. Damit im Zusammenhang entsteht die Frage, ob erotische Phantasien, die anderen weniger goutierbar erscheinen, mehr zum Rückzug ins Private, Abgeschiedene gedrängt, oder ob diese, selbst unter dem Risiko partieller Unappetitlichkeit, kommunikabler und damit diskutabler gemacht werden sollen. Zumal es in allen kommerziellen Räumen eine vordergründige Sexualisierung und Pornographisierung gibt, aber gleichzeitig die gegenwärtig vorherrschende Feminismusreklamation unterm Strich auf eine neue Prüderieoffensive hinausläuft, vor der viele undifferenziert halluzinierende Männer ihre Phantasien nur noch in subversive Sicherheit bringen wollen. So werden den Rechten und dem Darknet die Hasen in die Küche getrieben.

Wenn aber viele Formen von Intoleranz weitere Abschottungen zur Folge haben sowie einen Mangel an Verstehen ausdrücken und bewirken, dann sollte in der Gesellschaft und vor allem in der um Kulturhegemonie ringenden Linken Klarheit darüber entwickelt werden, ob ein Teil der schmutzigen Träumer sich mit dem Volkslied trösten muss: »Die Gedanken sind frei [...] wie nächtliche Schatten« oder ob auch den pornographischen Träumen »problematischerer« Formatierung mit Hölderlin zugerufen werden darf: »Komm ins Offene, Freund!« Längst ist es doch erwiesen, dass dargestellte Gewaltphantasien noch längst nicht Gewaltpraxis nach sich ziehen, es also eine unbelegbare Behauptung sein dürfte, dass die pervers-pornographische Darstellung eine Zunahme von Perversionspraxen automatisch evozieren würde. Aber einige Feministinnen wollen sich im Klein-Klein des Geschlechterkriegs diesen Trumpf nicht nehmen lassen und würden gerne nahezu alle Artikulationen männlicher Pornographie verbieten, weil überall Optionen frauenfeindlicher Perversion von potenziellen Übergriffen angelegt seien. Schließlich: Was ein Übergriff ist, sei subjektive Sache jeder Einzelnen der sich angesprochen Fühlenden, also keinesfalls von Wissenschaft oder Rechtsstaat.

Christian Baron, der im Bestseller »Ein Mann seiner Klasse« Geschichten aus seiner werktätigen Kaiserslauterner Familie erzählte, hatte zuvor, ähnlich wie Owen Jones, den unteren, den subproletarisierten Teil der Arbeiterklasse ins Zentrum pro-proletarischer Polemiken gerückt. So berichtet er vom Auftritt einer linken Punkband in einem Arbeiter-Jugendzentrum in Bielefeld, deren Schlagzeuger mit freiem Oberkörper musizierte. Weil dies Frauen »traumatisch belasten könnte«, wurde der Auftritt der Band mit der Begründung abgebrochen: »Männer, die sich auf diese Weise entblößen, stellten damit ein Sonderrecht zur Schau, feierten so ihre Überlegenheit und reproduzierten sexuelle Gewalt«. Baron bewertet dies als einen »Denkknast, [...] in dem der Kapitalismus schön gemacht werden kann, wenn Männer stets verhüllt umherwandeln, damit der Alltagssexismus verschwindet und der Kapitalismus für uns alle ein gutes Leben garantiert.«[226]

Er führt weitere Episoden an: »... [E]in Beispiel jenseits der Satire ist die Gruppe derer, die heterosexuellen Menschen in der Öffentlichkeit das Küssen

226 Baron (2016), S. 181.

und Händchenhalten verbieten will«, weil dies »Asexuelle, Homosexuelle oder Bisexuelle aus der Mehrheitsgesellschaft ausschließen könnte.«[227] Baron fragt:

> Woher kommt diese Rückkehr der sexualfeindlichen Prüderie ausgerechnet in jenen Kreisen, die sich selbst gerne emanzipatorisch geben? Und warum zur Hölle müssen diese Linken eine Liebesbeziehung als »Paar-Situation« bezeichnen und damit sogar dann in ihrer staubigen Aktenordner-Sprache verharren, wenn sie über das schönste Gefühl reden, zu dem Menschen fähig sind?

In völliger Ignoranz empirischer Untersuchungen sind zunehmend mehr JournalistInnen und PolitikerInnen so aphrodisiert im Vollrausch der vorübergehend gepachteten Meinungsmacht, zu der sie sich mittels der Kriminalisierung pornographischer Äußerungen, eines nicht näher definierten »Sexismus«, vorgeblich bildungsferner Homophobie und Frauenfeindlichkeit selbst aufschwingen können, dass es ein nachdenkendes Innehalten nicht mehr gibt, sondern ohne Rücksicht auf Verluste drauflos geholzt wird. Der kompensatorische Stauraum in der Gesellschaft namens Eros soll gewaltsam gedrosselt werden. Eine Perspektive für die dort Selbstermächtigung Suchenden ist dadurch gekappt. Entfremdung, soziale Erniedrigung und pornographische Vorstellungen, die sich der Hormone und biologischen Anlagen bedient haben und so leicht aus ihrer Haut nicht können, sollen sehen, wo sie bleiben.

Nun könnte der Eindruck entstehen, dass ich hier eine Lanze ausschließlich für delegitimierte männliche Phantasien brechen wollte, von denen wir auch mit leisem Schaudern bei Theweleits »Männerphantasien« lesen konnten. Darum sei hier zusätzlich einmal nach den pornographischen Phantasien »alter weißer« Frauen gefragt – und nach deren Praktikabilität. Die sind nämlich literarisch Mangelware. Um kommunikative Artikulationsräume, die es für Männer wenigstens noch gibt, ist es bei alten Frauen noch trauriger bestellt. Denn das Verstehenwollen von Sexualität, Erotik und Pornographie im Alter ist ein generalisiert gesellschaftliches Tabugebiet, das von einem aggressiven Jugendwahn und damit von Fetischen des Unverbrauchten zähnefletschend bewacht wird. Gegen Männer *und* Frauen und besonders gegen »Diverse« (die schon unter diesem Wort leiden dürften)!

Die Eliminierung von Phantasien der Anderen zielt aber auf das Leben der Anderen und gibt vor, eine Biologie beherrschen zu wollen, ohne die Produktionsverhältnisse als Grundbedingung der Formatierung des Biologischen zügeln zu

227 Ebd., S. 188.

können und zu wollen. Toleranz gegenüber unanständigen Phantasien und deren »politically incorrecter« öffentlicher Artikulation kann auf Dauer nur gedeihen bei gleichzeitiger Intoleranz gegenüber den materiellen Lebensverhältnissen, aus denen sie aufgestiegen sind und täglich weiter aufsteigen. Der reine Kleinkrieg im kulturellen Überbau ist ein Anreiten gegen Windmühlenflügel, das bislang nicht einmal kleine, kurzfristig therapeutische Effekte gezeitigt hat.

Versuchen wir nun einmal, Toleranz zu testen. An uns selber, inwiefern Tolerieren von Verstehen ausgeht (was noch nicht heißt, es auch zu akzeptieren):

Beschreibe, liebe/r Leser/in für einen anderen kooperativen, vertrauensvollen Gesprächspartner deine aktuelle und gewachsene soziale Situation sowie deine pornographischen Phantasien. Er wird dazwischen Verbindungen herstellen, auf die du selbst nie gekommen bist, weil tatsächlich die Verdrängung ein Mechanismus ist, den Freudianer und Materialisten gleichermaßen annehmen; mit Hilfe dessen wir zwar andere diskriminieren, aber uns selbst ausnehmen (Nietzsche: »Wenn du lange in einen Abgrund blickst, blickt der Abgrund auch in dich hinein.« Nur: wer merkt's an sich selber?).

Versuche dir, bei irgendeiner/m anderen, der/die dir gegenübersitzt (in Arbeit, Bahn, Gastwirtschaft), deren/dessen pornographische Phantasien konkret und differenziert abzubilden. Du wirst feststellen, wie sehr du deinen eigenen Abgründen gegenüber toleranter bist, als denen der anderen.

Versuche dir nun vorzustellen, ein Mensch über 50 hätte ähnliche pornographische Vorstellungen wie ein junger Mensch. Die Abwehr dürfte sofort spürbar werden.

Sollten wir über diese Probleme pornographischer Vorstellungen mit anderen offen sprechen, mag es passieren, dass wir einige Aufgeregtheit auslösen, gelegentlich Schweigegebote und Verbote. Dann sollten wir unseren Gegenübern pornographische Phantasien wie Blasen beschreiben, die aufblubbern, während ein Arbeitsprozess oder ein sozialer Engpass verdaut wird. Es sind dies also auch notgedrungen ungehobelte Ausdrucksformen von gesellschaftlichen Verdauungsprozessen von schwer Verdaulichem. MarxistInnen haben dabei einen gewissen Vorteil, der Sache des Arbeitsprozesses, der konkreten Beschaffenheit dieser Blasen und den dialektischen Beziehungen zwischen beidem mit dem Begriff der Entfremdung näher auf die Spur kommen zu können. Aber, weil wir (zumindest vorläufig) zu wenige sind, um empirischer Überprüfung und theoretischer Neubestimmung – ohne nichtmarxistische Zuarbeit aus wissenschaftlichen Apparaten – auf den Leib zu rücken, kommen wir einzelnen Korrespondenzen zwischen Pornographie und sozialer (»Not«)Lage empirisch nur langsam auf die Spur.

Auf jeden Fall sollten wir – auch wenn wir empirisch vorläufig noch nicht ausreichend Erfahrungswerte »finetunen« können – an der historisch-materialistischen Methode festhalten und zwar mithilfe der Dialektik von Spitze und Breite. Dazu holen wir uns besser auch noch einmal die (oben zitierten) Betrachtungen sexueller Übergriffe gegenüber Minderjährigen vor Augen. Besonders da entsprechen Traumata nämlich nur einer besonders eklatanten Entfremdungserfahrung; sind also einerseits einzelgeschichtlicher (= biografischer) Umgang und Umgehen von erlitten terroristischer Entfremdung im einzelnen Bewussten und Nichtbewussten. Sie sind aber andererseits gesamtgeschichtlich ein mit der Breite gesellschaftlicher Entfremdung stets korrespondierendes Herausgehobenes. Das hat den Nachteil, dass ihre Therapierbarkeit nicht den auslösenden Vorfall herausschälen kann, sondern strukturell gegen das gesellschaftliche Ensemble im Individuum angehen muss. Hat aber den Vorteil, dass das auslösende Unglück auch mit neuangelegtem Glück allmählich therapierbar wird, womit sich das Verdrängte wieder ins versprachlichende und ins operationalisierbare Bewusstsein der Einzelnen wenden lässt – nahe, affektivwarme Solidarität vorausgesetzt.

Die überschätzte Hormonwirkung

Wenn ein Politiker die Aussage treffen würde, dass die »Frau am Herd« unter gewissen historischen Umständen durchaus sinnvoll wäre, wäre dessen Karriere schlagartig beendet. Es spielte dann auch keine Rolle mehr, ob er anschließend ergänzen würde: Dank heutiger Technikentwicklung sei solche Geschlechterrollenverteilung zumindest hierzulande widersinnig. Für den ersten Teil seiner Aussage würde er medial frohlockend gelyncht. Auch wenn ihm Wissenschaftlerinnen assistierten, dass ein testosterongesteuerter Muskelaufbau und das östrogenbedingte Behüten solidarisch-komplementär Fehlerquoten verringern würden. Geschlechterrollen in frühen Gesellschaften, Stämmen, Höhlengemeinschaften und Familien würden daher nicht nur aus der Boshaftigkeit von Angehörigen eines Geschlechts herrühren, sondern seien zuweilen den Entwicklungsständen der Produktivkräfte geschuldet.

Also: Ich sage das jetzt besser nicht. Ich verweise nur darauf, wie ideologisch aufgeladen praktisch philosophisch angelegte Fragen kontaminiert sind. Die Zuteilung der Geschlechterrollen, soweit wage ich mich vor, war also menschheitsgeschichtlich nicht immer einer reinen Willkür überlassen. Hormonwirkungen ließen sich also (glücklicherweise?) nicht immer und überall vom eigenen Willen ausradieren. Weil bislang wohl unausrottbar bei den Pornographie-VerbieterInnen die erziehungsdiktatorische Sehnsucht vorherrscht, das einzelne Hirn müsse die eigene Biologie und die Wirkung von deren Hormonen nur disziplinieren, um die niederen Instinkte sexueller Lüsternheit unter eine neunormierende Kontrolle zu kriegen, sollten wir uns kurz den Hormonen zuwenden, auch wenn deren Auswirkungen ganze Systeme von Sozialisierung durchlaufen und von ihnen gesellschaftsadäquat formatiert werden.

Die drei primären Hormone, die mit den beiden Hauptgeschlechtern in Verbindung stehen und deren beider »Produktionsanlagen« im Mutterleib bereits entstehen, unterscheiden früh zwischen heranwachsenden Frauen und Männern. Diese primären, durch hormonelle Effekte pränatal ausgelösten Veränderungen des Gehirns führen in altmodisch angelegten Versuchsanordnungen dazu, dass Mädchen dann im Kleinkindalter tendenziell zu Puppen greifen (müssen) und sich entsprechend kooperative Spielsituationen aussuchen, während Buben eher zu Operativem, Spielzeugbaggern oder Panzern greifen (müssen). Aber dass Mädels und Buben zu Puppe oder Panzer greifen »müssen«, lag meist an einfältigen Versuchsanordnungen.[228] Eine konkurrierende Spielvariante, bei der die Prototypisierung von Babypuppe und Bagger, also das Erinnern an sich selbst (Puppe) und das operativ instrumentelle Einwirken (Bagger) durch ganz andere eher auf Latenzen orientierte Auswahlobjekte ersetzt würden (z. B. verschieden weiche Bälle, konsistente Pflanzen oder Klötzchen), hat bislang noch kein einziger, mir bekannter Versuch an Kleinkindern konsequent ausgewertet. Allerdings gab es stets Versuchsanordnungen, denen eine Überlegenheit biologischer Weichenstellungen über den historischen Kontext nachzuweisen vorgegeben waren.

Die drei dafür stets überinterpretierten Hormone sind: das Testosteron beim Mann, Östrogen bei der Frau und dann Progesteron nach dem Eisprung. Mit Sicherheit sind hier die wesentlichsten individuellen und phylogenetischen Folgen und Beziehungen noch unerforscht. So bemerkenswert wie bedauerlich es ist, dass dann genau dieses Feld des Unerforschten von religiösen Fanatikern und Magiern besetzt wurde.

Als unumstößlich wird behauptet, das Testosteron dränge den Mann zu einem weiten Blick, das Östrogen bei der Frau aber dazu, mehr ein Auge auf die spielenden Kinder um sie herum zu haben. Allerdings habe ich in der Literatur nirgends gefunden, was denn mit dem angeblich durch Testosteron für absolut veranschlagten, weiteren Raumvorstellungsvermögen beim Mann wirklich geschieht, wenn zum Beispiel das Augenlicht Schaden genommen hat. Bleibt es dann untätig? Wie träumt er? Wird der angeblich testosteronbedingt größere Überblick weggesperrt vom Sinn, also zur reinen inneren Vorstellung von Räumlichkeit? Oder musste die unmittelbare Hormonwirkung nicht zuerst die phylogenetische Vermittlung und Entwicklung einer »Jäger- und Treibergesellschaft« mutierend durchlaufen, bevor der Anschub aus dem Testosteron zu einem größeren Erfassungsvermögen weiter Felder wurde? Was geschieht mit dem Sehvermögen von Frauen, die sich ein paar Jahre als Schützen trainiert hatten? Zeigt das Hormon selbst vielleicht doch nur eher eine allgemeine Tendenz, von der aus es soziale Potenziale bestenfalls befördert, die aber mit ihnen nicht gleichgesetzt werden können? Wenn Männer auf mehr Dinge zugehen und sich demzufolge auch von den räumlichen Dingen in einem erotischen Sinne mehr hingezogen fühlen, so ist das ja alles nur sehr ungefähr und mutiert erst mit den durchlaufenen Sozialitäten zu historisch

228 Hierzu eine Anmerkung des Lektors: »Meine Schwester erzählte mir, dass sie und ich als Kinder Familie spielten. Sie versorgte das Kind, ihre Puppe; und sie drängelte mich, dass ich als Mann zur Arbeit zu gehen hätte. Aber bald darauf beendete ich das Spiel mit den Worten: ›Ich will nicht mehr der Vater sein, denn immer muss *ich* zur Arbeit gehen.‹«

festeren Optionen. Beherbergt ein Hormon tatsächlich stringent ein größeres, tieferes, breiteres Raumsehen?

Gleichzeitig wird dem Testosteron in manch feministischer Literatur eine erhöhte »Aggressivität« zugeschrieben. Auch dieses scheint mir überzogen und verabsolutiert. Ich schlage deswegen ein wesentlich indifferenteres Wort vor, nämlich »Offensivität«. Unter gewissen historischen Umständen schlägt diese natürlich leichter in Aggressivität um, könnte aber unter human zivilisierten Bedingungen seine soziale Nützlichkeit erweisen und zu einem Beherzt-auf-Dinge-zugehen und Dinge-anpacken ausgeformt werden. Sogar die *Apotheken Umschau* schreibt, ein hoher Testosteronspiegel mache »großzügiger und fairer, nicht unbedingt aggressiver«. In Wettkampfsituationen, aber auch bei einem Sieg, ginge er nach oben.[229]

Ebenso dialektisch empfehle ich, mit dem Östrogen umzugehen und mit dessen ausbremsenden »Gegenhormon«, dem Progesteron. Ist es denn tatsächlich so, dass das Testosteron sexuelle Offensivität verursacht, und dass Östrogen wie ein physisch passgenauer Gegenpol gleichsam nur die weiblich negative Korrelation zum Testosteron darstellt? Dann müssten ja heterosexuelle Männer zumindest in der Lage sein, die Sexualität heterosexueller Frauen umfassend nachzufühlen, was sie aber letztendlich keinesfalls schaffen und darum dazu stets Literatur oder andere Beratung benötigen. Und umgekehrt.

Sicher legen Genome und Hormone gewisse geistige Bewegungen besonders nahe: bei Männern ein Eindringdrang, der Jagen und Samenabsonderung mit expansiver Tendenz ansteuert. Bei Frauen eine Empfänglichkeit für Empfang, die eher einfriedet (und Entzündungsverläufe verkürzt). Aber viel mehr an Prämissen sollte den Elementen, die aus dem Tierreich auf den Menschen durchschlagen, nicht angedichtet werden, weder um sie zu verteidigen, noch zu beschuldigen.

Während beim Testosteron gewisse Eigenschaften möglicherweise von verschiedenen historischen Etappen der Menschheitsentwicklung und deren sozialen Mutationen entwickelt wurden, sollte auch dem Östrogen die soziale Vermittlung nicht mit biologischer Unmittelbarkeit gleichgesetzt werden. Damit arbeiten zahlreiche empirische Aufzählungen, die als Untersuchungen daherkommen. Sie leiten aus dem Östrogen bei Frauen stringent einen größeren Redefluss ab und begünstigen männliche Vorurteile über die größere »Schwatzlust der Frauen« so wie die verschwiegene Geilheit der Männer.

Vorsichtig geworden mit schnellen Antworten: Wenig sollten wir der Geschlechtlichkeit mechanisch als ewig fixierte Besonderheit zuschreiben. Der

229 *Apotheken Umschau*, 14.10.2020: »Testosteron-Mythen«.

weiblichen Biostruktur sollte zunächst in Bezug auf das angeblich biologisch eingeengte Blickfeld (beim Einparken, haha) keine engere, weil detailfokussierte Radiuserfassung zugeschrieben werden. Die weibliche Biostruktur gemahnt wohl tendenziell eher zu feinsinnigerem, differenzierterem Umgang bei der Aufzucht im eigenen Nestumfeld, zu vielleicht subtilerer und defensiverer Bekundung der Begattungsbereitschaft. Aber dies ist allenfalls angelegt und nicht biologisch determiniert. Ob daraus Scham, Schwatzhaftigkeit oder schlechtes Einparken wird, ist Sache der Gesellschaft und der Biografie, aber nicht Sache der Hormone.

Dass die Tätigkeit als Mutter von mehr Detailfreude des Nächstliegenden profitiert, steht außer Frage. Wie aber diese Tätigkeit sich zu anderen Tätigkeiten verhält, ist wohl kaum Sache der Hormone oder abgrenzbarer Forschungsgegenstand für Biologen. Die empirische Humangenomik jedenfalls muss seit Jahren bei bestimmten, vorschnell geäußerten Annahmen Rückzüge antreten. Denn die Mutation der Chromosomen (und damit das Durchdringen der Biologie durch geschichtliche Prozesse) geschieht in wesentlich kürzeren Abständen, als früher (in Nachfolge Darwins) zunächst angenommen. In einem vordergründigen Widerspruch dazu: Biologische Determinanten erwiesen sich als weniger belastbar, also rezeptiver, passiver und formbarer. Nicht immer so plastisch, wie der französische Naturforscher Lamarck den langen Hals der Giraffe als in Stammzellen »gesickerte« Folge der Streckung nach hohen Blättern vermutete. Neben Chromosomen und primärer Genomik existiert eine Epigenetik, mit der zum Beispiel Mütter bereits via Fruchtwasser durchgestandene Viruserkrankungen als Immunisierung an die nächste und sogar bis in die überübernächste Generation weitergeben können. Die Gene selbst müssen also nicht verändert werden. Um fettreiche Ernährung zu Adipositas der Kinder werden zu lassen, reicht das Umfeld oder die Aktivität der Gene. Auf dem Feld der Epigenetik sind solche Überraschungen nicht auszuschließen, wie sie Peter Spork aufzählt.[230] Nicht einmal alle epigenetischen Marker werden mit der Vereinigung von Eizelle und Samen völlig gelöscht.

Verkürzt ausgedrückt bedeuten diese Erkenntnisse, dass die historischen und gesellschaftlichen Faktoren viel schneller und nachhaltiger – möglicherweise sogar auf eine sekundäre Art – auf das Erbgut einwirken, ohne die basalen Infos der DNA merklich zu verändern. Demzufolge müssen diese sich nach dem ontogenetischen »Wiedereintritt ins tätige Leben« veränderten Umständen gegenüber viel offener und »lernfähiger« verhalten, als das die positivistische Biologie über

230 Spork (2017).

Jahrhunderte angenommen hat. Was also für »angeboren« gehalten wurde, könnte in ihrer stabilen Substanz wie eine Tönung angesehen werden, die im vorgefundenen Geflecht und via Vita ihren konkreten Ausdruck völlig einbüßen kann, auch wenn es potenziell nie ganz verloren geht. Über diese Tönung legt die Sozialität quasi verschiedene Matrizen, die neue Wege in Wirklichkeit und Denken öffnen. Aus dem Testosteron muss keine Aggressivität folgen, sondern kann offensivere Hilfsbereitschaft werden und aus Progesteron nicht Depressivität, sondern eine nachdenklichere Beobachtungsgabe. Welche Potenziale entfaltet werden, zum Beispiel eingeschliffen in einer Kriegsgemeinschaft oder gegen sie rebelliert, geschieht letztendlich nicht organisch, sondern organisiert.

Wer immer noch glaubt, die Urkräfte der Hormone endlich als Beweis gegen die historische Theorie der Psychologie in Stellung bringen zu können, sollte zumindest soziale Wechselwirkungen bedenken. Zum Beispiel: Die Stimmungs»aufhellung« in der Phase bis zum Eisprung, die mit der Zunahme von Östrogen (nachweislich) korreliert, wird mit dem Eisprung gehemmt. Die empirische Forschung meint, eine Verminderung von Euphorie, aber auch Angst verzeichnen zu können. Was aus dieser »Angst«-Tönung wird, wenn überhaupt kein Angstgrund vorliegt, bliebe einer besseren Gesellschaft und ihrer Humanwissenschaft zur Forschung vorbehalten. Die Hormonabhängigkeit von Stimmungsschwankungen, die bei Frauen mit dem Eisprung zusammenhängen, ist beim Always-Ready des Testosterons so nicht gegeben. Demzufolge haben beide Geschlechter eine unterschiedliche kulturelle Herausforderung bei gleichbleibender Arbeitsanforderung.

Der Mann muss zumindest im fremdbestimmten Betrieb mit seiner wohl offensiveren Sexualität haushalten lernen, also »den Umgang mit dem Bremspedal«. Ansonsten setzte er sich pausenlos Kündigungen und Strafverfahren aus. Die junge Frau hat im Arbeitsprozess andere mentale Anforderungen zu verarbeiten, wenn sie nämlich vor ihrem Eisprung in einer anderen Stimmung ist als danach, worauf der vorgegebene Tätigkeitsmodus aber nicht die geringste Rücksicht nimmt. Demzufolge zwingen die beiden Hormone die Frau zu einem »klügeren« Umgang mit diesen Schwankungen und produzieren bei ihr eine kompliziertere, auf den Arbeitsprozess projizierte geistige Selbstermächtigung als das monotone »Bremspedal« beim Mann. Die männlichen Gas- und Bremspedale werden gesellschaftlich begünstigt. Die Schwankungen um Eisprung und Menstruation hingegen finden in der sozialen Umgebung weit weniger Rücksicht. Das ist ein echter Grund, eine Gesellschaft »patriarchalisch« zu nennen. Beide Geschlechter gehen also unterschiedlich beherrscht mit den Grundanlagen ihrer primären Hormone um. Wobei man also stets würdigen muss, dass die Leistung der Frauen einer durch die angelegte Schwankung höheren geistigen Herausforderung entspricht. Von einer höher entfalteten Zivilisation als der bisherigen, kapitaldominierten, darf eine organisierte Rücksichtnahme im Arbeitsprozess erwartet werden, die natürlich nicht ohne Änderung und Reduktion der Zeitregimes im Arbeitsleben zu regeln sein wird – eigentlich bei höherer Bezahlung für Frauen bei gleicher Arbeit.

In der Betrachtung der Hormone sollten wir uns jedoch generell davor hüten, zu schnell Potenziale mit Ewigkeitsdeterminanten anzunehmen. Außerdem sollten wir das Verhältnis der Hormone zu den Arbeitsprozessen und Biografien und damit zur intelligenten, organisierten Umgangsweise der Einzelnen und der Gesellschaften nicht gering einschätzen. Ähnlich, wie heilende Wirkungen nicht durch Kälte (Eisbaden) oder Hitze (Hyperthermie) alleine Wirkung entfalten, sondern die Dynamik zwischen Kälte und Hitze (wie in der schnellen Abkühlung bei Saunagängen Interferon B gegen Infekte und sogar Krebs produziert wird) entscheidend ist, ist eine biologische Disposition immer im Verhältnis zu einer anderen biologischen Disposition und beide nun wieder im Verhältnis zur Gesellschaft und zur Herausforderung an die geistigen und gesellschaftlichen Regulationen und in Handlungen zu bewerten. Jedes isolierte Herausstellen biologischer Faktoren, gar als irreversible Determinanten, entspricht nicht realen Verhältnissen und öffnet religiösem und rassistischem Fanatismus den Weg.

Hormone *begünstigen* in ihrer Unterschiedlichkeit allenfalls bestimmtes gesellschaftlich erwirktes Handeln. Was unser Liebesleben anbetrifft, so ist ein für viele Frauen schwer verständliches Phänomen, dass Testosteron ein vordringendes Empfinden begünstigt. Viele Männer sehen auch in schamverhüllten Körperteilen eine Art »Neuland«. Bei Frauen ist eher Bewahren und Einnehmen angelegt. Wenn Männer dann zur »Neuland-Begehung« zu Seitensprüngen oder Prostituierten neigen, wird das von vielen Frauen oft vorschnell als Bedrohung ihrer Beziehung interpretiert. Sexualtherapeuten raten dann solchen, in die Krise geratenen Zweierbeziehungen (und eigentlich dort zuvörderst den Frauen) sich durch bestimmte Wandlungsfähigkeit gegenseitig »als Neuland« zu präsentieren, sogar zu verkleiden. Das mag eine gewisse vorübergehende Krisenminderung bewirken. Therapeutisch tief greifender aber ist auch hier Brechts »Lob der dritten Sache«. Wenn nämlich beide in politisch relevanten Bewegungen, die sich um *gesellschaftliches* Neuland bemühen, engagiert sind, treten diese durch unterschiedliche Ansichten von »Neuland« angelegten Krisenerscheinungen viel öfter in den Hintergrund als in stinknormalen, bürgerlichen Ehen.

Das »Neue«, das sich »Neuinszenieren« einzig in Zweierbeziehung – und dort meistens auf Kosten von Frauen – zu transponieren, etwa um dem männlichen Fremdgehen eine Alternative zu servieren, ist oft zu kurz gesprungen. Wenn beide sich oft Neues erlauben und gemeinsam um Neues mit anderen streiten, vertieft das die Beziehung, eröffnet echtes Neuland und ist sogar tragfähiger, wenn es tatsächlich zu einem »Seitensprung« (welch eine triviale Bezeichnung!) kommt. Die hormonellen Unterschiede können also auf produktive Weise im Kampf für eine bessere Welt schon jetzt glücksspendend ausgeschöpft werden.

Dieses Kapitel abschließend: Als alter Mann habe ich hier vor allem pro domo geschrieben, aber auch, um mit Lucien Sève dem dritten Lebensabschnitt mehr Gültigkeit zu erstreiten. Darum sei auch ein Ausblick auf die Lebensphase eröffnet, in der bei der Frau die fortpflanzungsbegünstigende Eizellen- und Hormonausschüttung weitgehend minimiert und beim Mann Ähnliches tendenziell rückläufig ist. Da wir die These versuchen, dass der Mensch alle archaisch biologischen Prozesse im Hegel'schen Dreifachsinn in Bildung und Arbeitsmaterial aufgehoben hat, sind die hormonellen Prozesse in so kräftigen Rudimenten aufgehoben, dass die Hormonreduktion das erotische Glück nicht unbedingt mindern muss. Es bleibt in derart dynamischen Gewohnheiten generierbar erhalten, dass die Phantasie den sexuellen Stimulus der Jugend klug und organisiert zu ersetzen weiß. Wir dürfen also aufs Alter hoffen! Und auf eine andere Welt dafür!!

Wollen als Gewolltwerden

In »Psychopathia Sexualis« meint Richard von Krafft-Ebing: »Anders das Weib. Ist es geistig normal entwickelt und wohlerzogen, so ist sein sinnliches Verlangen ein geringes.«. Er schlussfolgert aus dieser These, dass die Aufgabe des galanten Mannes daher sei, sie zu überwältigen. Die Frauen – die zwar nicht selber wollen, aber doch sein Wollen wollen und wollen, gewollt zu werden – würden ihrerseits den sexuellen Drang des Mannes durch ihre scheinbare Abwehr anstacheln. Dieses nun verärgert Mann auf dem sozialen Grundriss, wo er bei Heuchelei z. B. im (Lohn)Konflikt meist den »Kürzeren zog«, und sich von Verweigerung oft zurückgestoßen fühlt. Er will den Vorhang um das Spiel der Geschlechter wegreißen, »zur Sache kommen«, abgestoßen von zu viel Herumgerede im Alltag und dessen geringem Nutzwert für ihn. Aus einer tiefen, heimlichen Kammer souffliert ihm eine Stimme Niederlage, wo wahre Bedürfnisse nicht frei artikuliert wurden.[231]

Frau erlebt ein zügiges »zur Sache kommen« hingegen als Déjà-vu von sich hinweg setzen über sie, ihre Besonderheiten und Wünsche. Das Passivierende ihr dennoch als Passion aufzuprojizieren, ist zumeist männliche Kolonisation. Die Psychoanalytikerin Helene Deutsch, die laut Mithu Sanyal[232] das einflussreichste Buch der 1950er-Jahre über die Psychologie der Frau geschrieben habe, sprach gar vom »Masochismus der Frau, der nicht nur eine Spielart, sondern die Voraussetzung für den erotischen Genuss der Frauen« sei und demzufolge die Vagina aus ihrer totalen Passivität erst durch den Penis erweckt würde. Deutsch: »Dieser Prozess manifestiert sich in der aggressiven Penetration durch den Mann und der Überwältigung der Vagina, die erst dadurch zu einer erogenen Zone wird.« Sanyal wirft darum Deutsch vor, sie habe damals »Millionen von Leserinnen« in die »Kunst der Passivität« eingeführt. Damit wäre ihnen auch eingebläut worden, dass Männer von Frauen, die wüssten, was sie wollten, automatisch abgestoßen würden. Aber wissen Menschen immer, was sie wollen? Sollten sie es heutzutage immer zeigen? Wann dürfen sie es? Sanyal: »Im Gegenzug wird von einem

231 Wir sollten uns nur den Albtraum vors innere Auge rücken, wo das Kapital verzückt am Fenster steht, von oben auf die Werktätigen blickt und lustvoll stöhnt: »Oh, wie diese braven Menschen dort unten zu meinen Maschinen strömen, um dort meine Anerkennung zu erlangen, weil ich die Beine meiner Fabriktore habe spreizen lassen zu den Zaubergrotten, in deren intimsten Zentren meine Maschinen liegen. Oh, ja, oh, ich will so sehr, dass sie wollen!«

232 Mein heimliches Auge, Konkursbuchverlag, Januar 2017, S. 298.

Mann erwartet, daß er stets aktiv ist und immer den ersten Schritt macht, wobei er immer genau wissen muss, ob die Frau nun will oder nicht.«[233]

Sollte nun aber Frau tatsächlich einmal »wollen«, so ist sie gut beraten, nach dem neuen Sexualstrafrecht jede auch noch so kleine Verweigerungsandeutung, die früher das erotische Vorspiel reizvoll machte, zu meiden. Damit Mann sich nicht sofort aus der erflirteten Anbahnung zurückzieht, in der Furcht, juristisch ein winziges »Nein« übersehen zu haben – und darum Jahre später vor dem Kadi Geld und Beruf zu verlieren. Wie der von der *Zeit*-Journalistin Sabine Rückert zitierte Pianist und Musiklehrer Mauser, der für Sexualstraftaten verurteilt worden war, zu denen er sich nicht schuldig bekannte. Das Spekulationslabyrinth der präzivilisatorischen »Nein-heißt-Nein-Kampagne« fasst die stellvertretende Chefredakteurin lakonisch so zusammen: »Was leidenschaftliche Liebesnacht und was Vergewaltigung war, definiert die Frau künftig am Tag danach.«[234]

Sanyal schreibt: »Auch Männer, die sich nicht als Alphamännchen inszenieren, lernen die weichen Teile ihrer Persönlichkeit zu unterdrücken oder gar nicht erst zu entwickeln.«[235] Das ist so wahr, wie die Folkloreweisheit trivialer Hollywoodchargen, dass Männer nicht weinen dürfen. Eine Beziehung dieser Kulturmodule zur Arbeit und der stofflich-sozialen Welt bleibt aber in all diesen zitierten Notizen ausgespart. Ein heulender Bauarbeiter »passt« tatsächlich weniger als eine heulende Schreibkraft.

Wenn man von der einfachen Erkenntnis ausgeht, dass auch »Anstand« dem Klassenunterschied unterliegt und demzufolge der Anstand der Herrschenden der herrschende Anstand ist, die Anständigkeit eines Kämpfers der Werktätigen dagegen ganz andere Tugenden erfordert, dann darf davon ausgegangen werden, dass die menschliche Sexualität von der Organisation der Unanständigkeit (die es in der tierischen Sexualität ja nicht gibt) profitiert. Über die Lust an der Durchbrechung des herrschenden Anstands erarbeitet sich die Sexualität, ähnlich wie die werktätigen Klassen, ihren eigenen, neuen Anstand. Das Anstandsdesign der Warenwelt und des herrschenden Fleißbegriffs produziert die Unanständigkeit seiner Hinterfragung. Irgendwann, wir kennen sie im Einzelnen noch nicht, mag daraus Gegenwelt erstehen.

Die Unanständigkeit wird zum wichtigen kulturellen und erotischen Antrieb. Die auf alleingelassene Mechanik reduzierte sexuelle Betätigung, die den Gegenpol

233 Ebd.
234 Sabine Rückert, *ZEIT*, 30. Juni 2016.
235 Sanyal, S. 299.

zur Unterordnung umgeht, bringt sich – erfahrene Puffgänger wissen das – um das an Lust und Genuss, was die Kaufanbahnung an Erwartung hochgesteigert und aufgegeilt hatte. Bei Männern heute mehr als bei Frauen. Wer sich also mit Ulrich Seidls liebevoll sarkastischer Filmtrilogie »Paradies: »Liebe, Traum, Hoffnung« befasst, kommt zu dem Schluss, dass gekaufter Sex als Unanständigkeit den anständigen Anstrich der Gesellschaft nur sehr kurzzeitig durchbricht und nachhaltig Enttäuschung hinterlässt. Aber der Filmpart 1, unter dem Titel »Liebe«, zeigt auch, wie sehr der Altersrassismus (mehr als alternde Männer) alternde Frauen ums Glück bringt. Dies ist besonders tragisch, wo sie doch zeitlebens auf zumindest feinere Begehrlichkeiten in männlichen Augenwinkeln getrimmt worden waren oder sich selbst konditionierten. Wenn alternde Frauen alten Gewohnheiten folgend mit heftigem Lifting, schrillen Farben, Fettabsaugen oder Dickauftragen des Kosmetischen, Blicke zu erzwingen suchen, gelten diese Frauen noch maximal als ulkige Nudel, aber nicht mehr als Sexualobjekt.

Die Ausgrenzung des alternden Projektionscorpus aus der erotischen Blickfangarena klingt fatal und endgültig, bestenfalls durch solche Ausnahmekunst wie »Die Reifeprüfung« mit Dustin Hoffmann und mit dem herrlichen Song »Mrs. Robinson« von Simon & Garfunkel mit kleinsten Hoffnungsschimmern versehen. Doch sei an dieser Stelle zumindest ein optimistischer Ausblick auf spätere Zeiten eröffnet. Sollte nämlich der hier vertretene theoretische Ansatz stimmen, dann gerieten Ästhetik und Schönheitsstereotypen in furioseren Wandel als bislang psychologisch behauptet. Dann würden alte weiße Männer und ältere Frauen mehr aus sich und her machen. Genau die Eröffnung solcher Perspektiven erfordern Erfahrungen plus Experimentierlust auch mit einer rehabilitierten Pornographie, die heute von durch Jugend geblendete Menschen als ordinär, prollig oder flittchenhaft abgekanzelt wird.

Brechts Liebesgedichte, Materialismus als Therapie versus Dummpornos

Eine Reihe aufreißerischer Bücher versuchten, Geschlechtsangehörige in das gegenüberliegende Erosmysterium einzuweihen. Einen solchen Bestseller hat die Vielschreiberin Nina George, diesmal unter dem Pseudonym »Anne West«, geschrieben: »Warum Männer so schnell kommen und Frauen nur so tun, als ob. Eine Gebrauchsanweisung für das andere Geschlecht.«[236] Unter der Überschrift »Das Vermächtnis der Urgene« schreibt sie:

> Nicht er hat die Wahl. Sie gestattet ihm, sie zu besamen. Er kann sie verletzen, kränken oder die Socken im Bett anlassen – solange er den Nachwuchs behütet oder dafür sorgt, daß sie in Ruhe und Sicherheit diese Aufgabe erfüllen kann, wird er der Erwählte bleiben. [...] Frauen wählen und Männer jagen und sammeln, [...] kuscheln kommt er dann doch.[237]

Ich weiß nicht, in welchem Jahrhundert diese Beobachtungen notiert wurden, aber durch sie rollen Wellen hormonverpeilter Determinismen über den Leser, dass es selbst einem antiquierten Griechen gegraust hätte:

> Biologische Beobachtungen liefern handfeste Beobachtungen. [...] [K]leine Jungen [...] reagieren stärker emotional als Mädchen, [...] trotz all ihrem Nähebedürfnis ziemlich unkommunikativ. [...] Schülerinnen dagegen sprudeln. [...] Männer haben ihr Antischmerz-Hormon Testosteron am Start [...] und so erkranken Männer öfter als Frauen an Krebs, denn wir haben gelernt, auf unseren Körper zu hören, [...] und im letzten Lebensdrittel baut Mann erst recht ab – Eunuchen geht es da besser.[238]

Und so weiter und so weiter. Was aber, wenn der Mann neben ungepflegten Socken auch eine gepflegte Langeweile mit ins Bett bringt? Dies bleibt letztendlich so unbeantwortet, wie die beiden Titelfragen des Buchs. Auch was bei einem Mann »ihre« Langeweile bewirken könnte, denn ganz »schmerzfrei« dürfte ihn auch sein

236 Anne West (2010).
237 Ebd., S. 27.
238 Ebd., S. 31.

Testosteron nicht machen. Oder auch, wie sich Langeweile oder gefühlte Spannung zu den realen Biografien der beiden verhalten. Alles bleibt in ein Rätsel gehüllt, das über 312 Seiten gefleddert wird. Aber wie jeder Dreigroschenroman künstliche Steigerungen braucht, um den Leser bei der, naja … Stange zu halten, öffnet die Autorin sehr viel später ihr Poesiealbum privatissime: »Ich kenne KEINE Frau persönlich, die sich nicht mindestens einer ihrer Phantasien schämt, von denen sie erregt wird.«[239] Schließlich kokettiert sie geheimnisumwittert mit dem männlichen Leser: »Fragt nicht, damit wir nicht lügen müssen, ja?!«

Es folgt, um nicht lügen zu müssen, nicht mal ein einziger Exkurs, in dem weibliche Leser zu mehr Ehrlichkeit ermutigt werden könnten. Nur ein kleines Zugeständnis: »In einer Studie zum Beispiel wurden die körperlichen Reaktionen von Frauen auf Pornos gemessen. Der Körper zeigte eindeutig Erregung, doch sämtliche Frauen meinten, es hätte sie eben nicht angemacht, im Gegenteil.«[240] Von welcher Art Pornos hier die Rede ist und welche Feuchtigkeitsmesser unter Achselhöhlen, Fußsohlen oder im Schritt verwendet wurden, hätte bei Kenntlichmachung dieser »Studie« vielleicht ein wenig aufgehellt. Aber auch hier bleibt die schamhaft geile Andeutung: »Ach, ficken allein – das ist es einfach nicht. Fazit: Das Interesse an Pornos ist auch bei Frauen da, nur das Angebot nicht.« Aha, aber was für ein »Angebot« aus welch geheim gehaltenem Fundus wurde denn für die ominöse »Studie« zuvor geräubert, wodurch Frauenkörper doch Erregung zeigten?

Was Frau will, bleibt also gegenüber Mann auch hier prinzipiell vernebelt. Weil das Testosteron von seiner Einbettung in einer (historisch langen patriarchalen) Enteignung von Arbeitskraft, also Entfremdung im »Sex-Gegenpol: Beruf«, durch die Autorin isoliert wird, ergäbe sich für Frau auch kein anderes sexuelles Wollen, als was das Östrogen hergibt. Mann ärgert sich tendenziell, dass sie nicht will und den Hebel im doppelten Sinn in der Hand behält. Sie ärgert sich, wenn er ihr den Hebel fortnehmen will. Als Beleidigung tönt er dann womöglich herum, obwohl er es oft besser weiß, sie wollte ja nur irgendeinen Schwanz in ihrem Loch, was den Kern der Sexualität ausblendet, denn wie viele Männer wollten nur irgendeine anonyme Vagina über ihren Penis gestülpt bekommen?

Allein schon des Titels wegen sollte das folgende Buch im Kaufregal verrotten: »Warum Männer nicht zuhören und Frauen schlecht einparken« von Allan und Barbara Pease – es ist aber leider doch 2011 bereits in der siebten Auflage

239 Ebd., S. 146.
240 Ebd., S. 151.

erschienen. Dort heißt es (in diesem Winzpunkt so ganz anders als bei Anne Wests Gegenmessungs-»Studie« der Vaginalfeuchtigkeit beim Pornoanblick): »Männer mögen Pornographie, Frauen nicht.«[241] Über die innere Beschaffenheit der Videos wird wieder nichts gesagt, dafür aber:

> Die Dinge, die einen Mann anmachen, werden oft als schmutzig, ekelhaft, ordinär oder pervers empfunden, vor allem von Frauen. [...] [W]as Frauen anmacht, lässt wiederum Männer kalt. [...] Pornographie spricht den natürlichen Sexualtrieb der Männer an, weil ihnen hier weibliche Kurven, Lust und Sex ganz klar und offen vor Augen geführt werden.
> Nach dieser umstürzlerisch neuen Erkenntnis fährt das Autorenpärchen fort: Wohingegen Frauen Pornographie häufig so auffassen, dass unsensible Männer ihre Dominanz über Frauen prahlerisch zur Schau stellen. [...] Es gibt bislang keinen Beweis für einen Zusammenhang zwischen Pornographie und Sexualverbrechen. Pornographie kann jedoch negative Auswirkungen auf die Psyche von Frauen und Männern haben. [...] Pornographie gaukelt einem außerdem vor [...], dass der Geschlechtstrieb einer Frau so stark ist, wie der eines Mannes oder sogar noch stärker ausgeprägt.[242]

Interessante Altersdifferenzierungen bleiben zugunsten folgenden Allerweltsjammers hier ausgespart,

> denn Frauen werden darin wie Sexualobjekte behandelt und mit einem vollkommen unrealistischen Hunger nach Sex dargestellt, was die Selbstachtung einer Frau angreifen kann. [...] Frau von heute hat nicht selten ein Problem damit, wenn ein Mann ihr sagt, dass sie ihm gefalle, wenn sie nackt ist. Dieses Hirngespinst betrifft in der Regel nur moderne Frauen und Männer.[243]

Was ist hier »Hirngespinst«? Dass Männer öfters Frauen nackt bevorzugen? Oder dass Selbstachtung und sogar Gliedkonsistenz auch bei Männern bei bestimmten Pornoerzeugnissen gelegentlich Schiffbruch erleiden könnten? Ebenso wie bei Anne West wird hier kein Detail über die jeweilig an- oder abturnenden Filminhalte auch nur angedeutet. In diesem Text werden auch Untersuchungen zitiert,

241 Pease (2011), S. 336/337.
242 Ebd., S. 337
243 Ebd.

wonach selbst Nackte bevorzugende Männer ein Problem mit bestimmten Pornoerzeugnissen haben: »Es scheint, als ob Männer stärker unter Leistungsdruck stünden und unter ihrer eigenen Erwartungshaltung litten, als Frauen.«[244] Aber dass Leistungsdruck oft an vergangene (Berufs)Ereignisse erinnert, bleibt unbeachtet.

Die männliche Potenz, deren Umsorgung mit der Angst um gesellschaftlich taxierten Leistungsabfall korrespondiert, steht eigentlich nicht für die Fähigkeit zum eigenen Orgasmus, sondern zur Überlegenheit »es der Frau zu besorgen«, wie es so »schön sensibel« heißt. Als ob sich die Frau ein halbes Hähnchen wünscht und der Mann mal eben rüber zum Grillstand läuft, »um es ihr zu besorgen«. Dabei haben ja beide Geschlechter durchaus eine erhebliche Nuance gemeinsam: sich an Amüsement und Höhepunkt des Gegenübers zu weiden. Beide »besorgen« es sich auch, indem sie es dem Gegenüber »besorgen« – und Sorgen vorübergehend vertreiben. Mit der Abschwächung der männlichen Potenz wird dann allerdings oft auch das Ende zumindest der gemeinschaftlichen Sexualität gesetzt. »Das Fressen ist der Sex des Alters«, heißt es dann wie ein vernichtendes Finale. Eine naturnotwendige Abwärtsspirale wird populistisch plausibel. Probleme der Erotik älterer Menschen werden als gegeben beschmunzelt – und damit verschärft.

Wer also für ein neues Liebesglück im Alter streitet, muss dem mädchenhaften Schönheitsdiktat wie dem jungenhaften Ständerfetisch erfinderisch zu Leibe rücken. Und zwar, um beide zu ergänzen! Das heißt vor allem: ihnen philosophisch und politisch beikommen. Von daher sollte auch an der zunächst latenten und dann wachsenden Potenzangst des Mannes angesetzt werden, weil Erektionsschwäche meist als Gradmesser für Spannungsabfall in einer Partnerschaft herhalten muss. Gerade dann, wenn sich bei beiden Partnern – wenn auch oft nur temporär – biologische Zerfallstendenzen einstellen, die sich dann in der psychischen Spiegelung multiplizieren.

Das Einzige, was aber dazu aus der einst eigentlich lustbejahenden Linken zu hören ist, sind Verbotsforderungen mit (un)rechtsstaatlichem Spekulationszuwachs: no is no, jedes gesprochene »Nein« ist wie ein schriftlich dokumentiertes zu werten. Ein Liebesbrief wird von der Empfängerin je nach Stimmungslage definiert: als Stalking oder Glücksmehrung. Jede Sexarbeit ist eigentlich Zwangsarbeit (im Unterschied zum täglich 10-Stunden-Schweinezerteilen bei Tönnies?). Ein unbeholfener Flirtversuch kann schnell § 185 Strafgesetzbuch nach sich ziehen – womit eigentlich über jeder erotischen Vorakquisition bereits ein launisches Damoklesschwert hängt.

244 Ebd.

Es sind hier nur ein paar neue Wege anzusprechen, die in der Kommunikation glücklicher Liebesbeziehungen mit weniger glücklichen Erlebnissen aus der Schweigezone geholt werden können und sollten. Wenn Brecht in »Orges Wunschliste« begehrt, »von den Mädchen, die neuen/ von den Weibern, die ungetreuen/ von den Orgasmen, die ungleichzeitigen«, so meint das ein Auseinanderfallen der Befriedigung beider Partner. Die Lockerung der Beziehung könnte sie also auch festigen. Da kann das Potenzial der Frau und die Potenz des Mannes, soweit beides physisch und psychisch mitspielt, voneinander entkoppelt, günstig beeinflusst werden. Nichts anderes meint Brecht damit. In der althergebrachten Vorstellung wird das ästhetische Potenzial der Frau biologisiert und ihre sexuelle Entrücktheit physisch aus seiner Erektion gefolgert und seine Erektion als Folge ihrer fixiert körperlichen Maße »bemessen«. Zumeist stellen sich bei beiden mit fortlaufender Zeit nagende Zweifel und Gewissensbisse ein, die auch den Wunsch nach Wechsel und Trennung wachrufen, statt den Wechsel in die Beziehung Einzug halten zu lassen. Manche ansonsten intakte Beziehung wäre noch am Leben, wenn die neurotischen Götter über den Köpfen der Partner miteinander zu einem anderen Zusammenspiel fänden, statt den Orgasmus so verknotet zu denken und die Ängste um den Verlust von Potenz und Potenzial wie Skorpione ins eheliche Reagenzglas zu pressen, anstatt sie punktuell und temporär – etwa via Rollenspiel, Gruppensex o. ä. – auseinander zu nehmen.

Peter Hacks hat einst in »Gewisse Geheimnisse« gefragt: »Nützt die unvermittelte Widerspiegelung des Beischlafs dem Beischlaf oder schadet sie ihm?« Darüber disputieren bei ihm szenisch ein Adelbert und ein Viktor ziemlich scharfsinnig – und kommen zu dem unbefriedigenden Ergebnis, dass Pornographie zwar sein muss, aber nicht sein darf. Da beliebt es einer Corinne sich nicht minder gescheit in dieses Dilemma einzumischen: »Gewissen Geheimnissen, und wenn sie offenbar wären, muss man durch Verhüllen und Schweigen Achtung erweisen«, endet sie mit Goethe und begibt sich mit den beiden Männern ins Bett.

Auch sympathische Female-Porno-Produzentinnen, wie die Schwedin Erika Lust und auch die frühere Wiener Opernstarsängerin Adrineh Simonian, haben zu einem Teil die lästige Unterstellung der männlichen Sicht als Schmalhans-Küchenmeister mit Rein-raus-Unterstellung drauf. Als ob Männer nicht auch ihre Lust auf höherem Niveau befriedigen und somit auch der Forderung von Erika Lust zustimmen wollten, wonach Porno »voller Fantasie stecken […] und als Kunst einzufangen« sei.[245]

245 *SPIEGEL online* 29.07.2016.

Die sexbejahende Autorin Camille Emmanuelle sagte in *ZEIT online*:

> Mich haben nordamerikanische Persönlichkeiten beeinflusst, wie die Schauspielerin und Burlesque-Tänzerin Louise de Ville, die sehr mit der Weiblichkeit gespielt oder sie überbetont hat. Ich trage Lippenstift nicht etwa, weil ich den sexistischen Kodex umsetzte, sondern weil ich es so mag und freiwillig entscheide. Genauso ist es mit den Strapsen. Man kann eine freie Frau sein und mit den Gendercodes spielen wie im Karneval.[246]

Freier Umgang mit sexuellen Codes, Klischees und verklemmenden Mustern erschweren übrigens auch Rassismus (und dessen Grundkomponenten Ekelsperre und Neid). In der Heilung können den Patienten sogar Bilder gezeigt werden, die gezielt Unwohlsein hervorrufen sollen. Diese Bilder werden hernach eingehend in Therapiegespräche eingebunden. Die involvierten Ärzte sprechen sogar – wie in der Computersprache – von »Überschreibung vorhandener unbewusster Ängste«. Die Forschung hat anhand von Hirnströmen gemessen, inwieweit dies auch wieder positive somatische Folgen habe, sogar bis in die zusätzliche Synapsenbildung.

Natürlich kennt diese Therapie nicht die marxistische, die historisch-materialistische Methode, Unwohlsein über eine wahrscheinlich angeborene Ekelreaktion in dialektische Beziehung zur sozialen Arbeitswelt zu setzen und so dem Unterbewusstsein neue Kategorien abzugewinnen. Es ist ja vor allem das Alter, das in unserer sozialen Wirklichkeit mit seinen Epiphänomenen (schlaffer Anblick, Gerüche, Gebrechen, also Verbrauchtheit) spontan als deklassiert wahrgenommen wird. Zwischen der herrschenden Logik (Alter und Rente als parasitär »auf Kosten der jungen Generation« darzustellen) und der individuell unwillkürlichen Wahrnehmung und Ekelreaktion bestehen also unterschwellige Beziehungen, die nicht einfach in Diagnose und Therapie ignoriert werden dürfen. Die Auseinandersetzung des einzelnen Patienten mit seiner individuellen Ekelsperre und die Auseinandersetzung großer Patientengruppen in der Bevölkerung mit ihren teilweise rassistisch konnotierten Ekelsperren muss also rational historisch, politisch, aber eben auch ästhetisch, auf Unversprachlichtes zielend, geführt werden.

Die historische Sicht auf die eigene Ekelsperre ist wichtig, um »Regiefähigkeiten« (ein Begriff aus der Schizophrenie- und Borderlineforschung) herauszubilden, also, gleichsam neben sich stehend, selber interventionsfähig zu werden, indem ein »Anfall« erkannt und bewusst abgemildert wird. Die unmittelbare

246 *ZEIT online*, 26. 05. 2016.

ästhetische Konfrontation und Beschäftigung mit ekelerregendem Material im klug angelegten Therapiegespräch kann so auch helfen, den Raum für Fremdartiges – nur Toleranz wäre hier zu wenig – also konklusive Einstellungen auszudehnen. Rassismus ist immer eine Folge von sozialen Prozessen, baut aber auf kindlichen Einstellungen (z. B. »Fremdeln«) auf, die allerdings im Unterschied zum ausgebildeten Rassismus nicht determinierend, sondern ambivalent und nach historisch verschiedenen Seiten offen, interpretierbar und veränderbar bleiben. Beides kann in abgelagerten Aversionen kumulieren. Oder aber aufgelöst werden.

Was liegt hier näher, als die Pornographie therapeutisch zu nutzen? Der positive Bezug zu einer angenehmen Pornographie, die bloß anturnt, scharf macht oder anderweitig eine dem Sozialen entgegengesetzte Idylle vorspiegelt, reicht da nicht. Diese Pornographie verbleibt im Unbeschädigten. Wenn aber abweichende Ansichten mit pluraler Ästhetik hinzukämen, ohne Angst vor unangenehmen psychischen Reaktionen bei Kundinnen, Patienten oder Lernwilligen, kann dies beim »Überschreiben« helfen. Die Pornoproduktion würde aufwendiger, teurer, aber hilfreicher. Zum Beispiel könnten männlich homosexuelle Aktionen gegen Homophobie, oder Pornographie mit alternden Menschen für Jugendfixierte, die Begegnung hübscher junger Menschen mit körperlichen Handicaps sexistische Reinheitsbesessenheit und Pädophilie auflösen helfen o. ä. Auch die soziale Welt und erotische Vorstellungen könnten von viel mehr kreativen Regisseuren (wie Ken Loach, Luis Buñuel) zusammengeführt werden. Um also Pornographie künstlerisch und auch therapeutisch einsetzen zu dürfen, muss sie – neben den zuvor angeführten Gründen – noch beherzter aus der dunklen Schmuddelecke, aus ihrer Tabuzone herausgekämpft werden.

Nehmen wir Meister Brecht als Beispiel! Der zwar die von ihm selbst »pornographisch« genannten Liebesgedichte züchtig als Sonetten tarnte, aber Niedrigkeiten als Warenhaftigkeit in Wahrhaftigkeit brachte. Er sah, dass Entfremdung sich über viele menschliche Beziehungen zu legen in der Lage ist. Sein Unterschied zu der für die jüngere deutsche Aufklärung so fatalen »Frankfurter Schule« war allerdings: Brecht sah die ganze Welt nicht als einen unentrinnbaren Warenkatalog an – und man folgerichtig den am deutschen Faschismus kollektiv mitschuldigen deutschen Werktätigen nur per Bomber Harris falsche Ideologien aus den Hirnschalen herausbrennen müsse, wie gelegentlich von »Antideutschen« eingefordert.

Liebende, die der Langeweile den Kampf ansagen, könnten damit beginnen, sich Brechtgedichte im Bett gegenseitig vorzulesen. Eventuell, um die Atmosphäre für künftige Rollenspiele zu lockern, gerade auch mit Gedichten, die den Kleinkrieg der Geschlechter um Scham und Schamlosigkeit ins Lustvolle holen und mit dem Streit um soziale Sicherheit und Benennung von asozialen Verschämtheiten und Unverschämtheiten in eine antipodische Spiegelung bringen. Attacken des einen Geschlechts gegen das andere, gerade in Lyrik und Songs, helfen dann in Wahrheit, den Geschlechterkleinkrieg entschärfen und so dessen Reize aufzustöbern. Brechts Standpunkt ist dabei nie geheuchelt feminin, sondern männlich. Wenige Dichter haben die weiblichen Kostbarkeiten und Widerständigkeiten schöner herausgearbeitet als er, zum Beispiel in den »Vier Wiegenliedern für eine Arbeitermutter«. Nicht nur, aber besonders die der Mütter.

> Um für dich ein Stück Brot zu erringen/ Das heißt Streikposten stehn/ und große Generäle bezwingen/ und gegen Tanks angehn [...]/ Mein Sohn, darum halte dich an deinesgleichen/ damit ihre Macht wie ein Staub zerstiebt/ Du mein Sohn und ich und alle unsresgleichen/ müssen zusammenstehn und müssen erreichen/ daß es auf dieser Welt nicht mehr zweierlei Menschen gibt.

In Wahrheit ist Untertänigkeit eine weltweit von den Klassenstaaten verbreitete Eigenschaft, bei der im Unterwerfen das Auftrumpfen, im devoten Verneigen der Rachedurst, in Kapitalmachtanpassung der Neid und Ekel, in der Verklemmung das Vorurteil (mit entsprechenden rassistischen Auswuchspotenzialen) und in der Erotikhemmung eine nicht immer glücksorientiert herzustellende Pornographie vorkommen. So richten sich Vorstellungen und ihre Wortfindungen auf die Anstrengung ein, sich böse und unterwürfig, geil und eifersüchtig durch den Slalom erniedrigender Umstände zu schlängeln.

Dass dies auch fürs Kleinbürgertum prägend ist, wo dieses nicht direkt handwerklich arbeitet, sondern als Kleinkapital mit entsprechenden Verträgen der Kapitalabhängigkeit auf reduzierte Renditen gestutzt ist, dürfte auf der Hand liegen. Damit ist die große Mehrheit der Bevölkerung zunächst einmal der Suggestion ausgesetzt, das dem großen privat vorgeschossenen Kapital erwachsende Verhalten sei das einzig mögliche, um mit den vorgefundenen Umständen schlau und perspektivisch umgehen zu können. Wer also folkloristisch sagt, jeder sei seines Glückes Schmied, meint damit nicht nur den Schmied, sondern auch den klugen Umgang mit dem Tatbestand, selbst geschmiedet zu sein. Wer das Gegenüber als vermutlich Fauleren, weniger Kreativen und demzufolge weniger Glücksgeschmiedeten ausnimmt wie eine Weihnachtsgans oder im kleinen Geschacher über den Tisch zieht, hat die große Logik und Schläue des vorgeschossenen Kapitals auf seiner charakterlichen Seite. Diese schlaue Angepasstheit einfach mit linken Postulaten, Appellen oder Verboten den sogenannten kleinen und mittleren Leuten

austreiben zu wollen, ist ohne die geglückte Tat der politischen Befreiung ein so hoffnungsloses wie hilfloses Unterfangen.

Das privat vorgeschossene große Kapital und die Entfremdung sind dabei das psychologische Alpha der modernen Gesellschaften. Aber sein Omega ist der große Widerspruch darin. Wird sich ein einzelner Mensch in der Assoziation mit anderen bewusst, dass er dieses vorgeschossene Kapital wesentlich mitgeschaffen hat? Oder empfindet er es als eine über ihm thronende Instanz, der er sich bis in die kleinsten Schäbigkeiten zu assimilieren hat? Die Frage nach der Aneignung der gesellschaftlichen Mehrarbeit ist also eine entscheidende Frage auch bei einer glücklichen Umdefinition der eigenen psychischen Reaktionsweisen – hierbei wird die psychotherapeutische »Regiefähigkeit« zur produktiven Sache sinnvoller Kollektive als Korrektive.

Damit es nun mögliche Verreißer meines Beitrags nicht ganz so leicht haben, mir vorzuwerfen, ich propagierte nur »billig hergestellte Pornographie« oder wollte »mit Hilfe krudesten Klassenkampfpathos das Bett beleben«, seien zum Schluss noch Brecht-Zeilen angefügt, die lustvoll den Reiz der Korrespondenzen zwischen Scham und Ware, zwischen Sozialität und Abseitigkeit in der Liebe anklingen lassen.

Nachfolgende Empfehlungen, Gedichte usw. in bestimmten Betonungen und damit in verschiedenen Haltungen zu erproben, sollen den lebendigen Entschlüsselungen der Texte dienen. (Betonungszeichen in den Ausdruck einzutragen, kann dazu helfen; aber auswendig zu lernen wäre auch kein Nachteil.) Im ersten Gedicht sollte der Vorleser bei der zweiten Strophe jegliche Lust aus der Stimme nehmen, um in Ernsthaftigkeit und mit zunehmenden Pausen nach jeder zweiten Silbe die Einseitigkeit des Begehrens überzubetonen, den Moment des Vorlesens als den Moment, vollständig und gewollt zu sein und zwar in alle Ewigkeiten, einem winzigen Augenzwinkern auszusetzen. Welches dann den Spott der letzten Strophe eröffnet:

Das fünfte Sonett

So wie man Preise hochtreibt auf dem Markt
Indem man auf die vielen Käufer weist
zeigt manches Weib, wie man sich um sie reißt.
Ich finde es richtig, da man's ihr von ihr verargt
Sie sollte es nicht tun. Sie sollte zeigen
daß sie nicht mehr die Wahl hat. Und gewählt ist.

Wenn nicht mit ihm, dann mit dem Nichts vermählt ist
Als gäb's für sie, wenn er nicht spräch, nur schweigen
Möglich, daß sie ihn durch entweichen hält
doch es verführt ihn mehr, daß sie ihn braucht!
Auch muß sie wissen: wer im Feuer faucht
der macht, daß es sich mehrt und dann erlischt.
Der wünsch ich nur, daß sie nicht Durst befällt
die da so im betrübten Wasser fischt!

In exakt dieser zuletzt eingenommenen Haltung wird die dialogisch wechselnde Ansprache des folgenden Gedichts erschlossen. Wer Recht behält, bleibt hier deswegen offen, weil beide die Legitimität ihrer Möglichkeiten abgleichen. Womit das Gedicht hilft, die Gesellschaft in ihrer entlehnten Gegenwelt zu erfassen.

Weil aber dieser ganze Beitrag streitbar und provozierend für das von Lucien Sève eingeforderte (andersgewordene) Glück »eines vollgültigen dritten Lebensabschnitts« wirbt, bringe ich zu guter Letzt ein Gedicht, das eine durch und durch humane Korrespondenz zwischen verbrauchter Arbeitskraft, gesunkenem Hormonspiegel und alternder Liebe anklingen lässt. Es sollte ohne jegliche Betonung vorgelesen werden. Aber auch die Schlussdevise klingt dann nicht mehr wörtlich so achselzuckend resignativ, sondern wird Ausgangsbasis für einen geläuterten Neustart:

Auch das Beschädigte

Auch das Beschädigte
Nimm es in Kauf
Dies nicht Bestätigte
Schnell, gib es auf!
Dulde den mindern
Liebreiz der Wang
Siehe, der Hintern
Gleicht sich noch lang.
Der du's versiebt hast
Halt, was verblieb
Du, der geliebt hast
Nimm jetzt vorlieb!

Literaturliste

Amendt, Günter (1979): Das Sex-Buch, Weltkreis-Verlag.

Baron, Christian (2016): Proleten, Pöbel, Parasiten. Warum die Linken die Arbeiter verachten, Verlag Das Neue Berlin.

Brecht, Bert: Über Deutschland. Bertolt Brecht, Gesammelte Werke 9.

Brownmiller, Susan (1975): Against our will. Men, Women and Rape, New York.

Dehm, Diether (1984): Ästhetik und politisches Bewusstsein, Peter Hammer Verlag.

Dehm, Diether (2021): Wie völkisch muss Faschismus sein? in: Marxistische Blätter Heft 5/2021, S. 123–127.

Echols, Alice (1985): Der neue Yin-Yang-Feminismus, Rotbuch.

Engels, Friedrich (1876): Anteil der Arbeit an der Menschwerdung des Affen, in: MEW Bd. 20, Dietz Verlag Berlin 1975, S. 444–455.

Freud, Sigmund (1940): Jenseits des Lustprinzips, in: gesammelte Werke Band 13, imago publishing.

Gottschalch, Holm (1981): Bedürfnisse und Motive der Produzenten, Campus.

Heisenberg, Werner (1973): Der Teil und das Ganze. Gespräche im Umkreis der Atomphysik, dtv.

Heller, Ágnes (1980): Theorie der Gefühle, VSA Verlag.

Holzkamp, Klaus (1978): Historischer Materialismus und menschliche Natur – Rezension des Buches von Georg Rückriem (Hg.), Pahl-Rugenstein, Köln 1978, in: Held, Josef/Weber, Klaus (Hrsg.), Menschenbild, Argument Verlag 2021, S. 216–243.

Holzkamp, Klaus (1979): Zur kritisch-psychologischen Theorie der Subjektivität 1: Das Verhältnis von Subjektivität und Gesellschaftlichkeit in der traditionellen Sozialwissenschaft und im Wissenschaftlichen Sozialismus, Argument Sonderband AS 34, 10–54.

Institut für Gesellschaftswissenschaftlichen beim ZK der SED (1971): Der Imperialismus der BRD, Dietz Verlag Berlin.

Jantzen, Wolfgang (2017): Grenzerfahrungen. Gastprofessor in Leipzig/DDR. Vorträge und Aufsätze über materialistische Psychologie, Psychotherapie, Humanismus und Demokratisierung, Neue Impulse Verlag.

Kaplan (1991): Weibliche Perversionen – Von befleckter Unschuld und verweigerter Unterwerfung, Hoffmann und Campe.

Karsten, Gunther (2004): Erfolgsgedächtnis. Wie Sie sich Zahlen, Namen, Fakten, Vokabeln einfach besser merken, Goldmann.

Lakoff, George/Johnson, Mark (1997): Leben in Metaphern. Konstruktion und Gebrauch von Sprachbildern, Carl Auer Verlag.

Lakoff, George/Wehling, Elisabeth: Auf leisen Sohlen ins Gehirn. Politische Sprache und ihre heimliche Macht, Carl Auer Verlag.

Lenin, Wladimir Iljitsch: Werke, Bd. 38, Dietz Verlag Berlin 1964.

Leontjew, Aleksej (1973): Tätigkeit, Bewußtsein, Persönlichkeit, Verlag Volk und Wissen.

Jones, Owen (2012): Prolls. Die Dämonisierung der Arbeiterklasse, VAT Mainz.

Lukács, Georg (1954): Beiträge zur Geschichte der Ästhetik, Aufbau Verlag.

Lukács, Georg (1977): Kunst und objektive Wahrheit, Reclam.

Mausfeld, Reiner (2016): Die Angst der Machteliten vor dem Volk. Demokratie-Management durch Soft Power-Techniken, Vortrag an der Uni Kiel, 19. 2. 2017. Siehe auch: https://www.nachdenkseiten.de/upload/pdf/170220_Mausfeld_Die-Angst-der-Machteliten-vor-dem-Volk.pdf, S. 13.

Marx, Karl/Engels, Friedrich (1846): Die deutsche Ideologie. Kritik der neuesten deutschen Philosophie in ihren Repräsentanten Feuerbach, B. Bauer und Stirner, und des deutschen Sozialismus in seinen verschiedenen Propheten, in MEW Bd. 3, Dietz Verlag Berlin 1978.

Marx, Karl (1844): Ökonomisch-philosophische Manuskripte aus dem Jahre 1844, in: MEW Bd. 40, Dietz Verlag Berlin 1968, S. 465–590.

Marx, Karl (1857): Grundrisse der Kritik der politischen Ökonomie, in: MEW Bd. 42, Dietz Verlag Berlin 1983.
Metscher, Thomas (2016a): Ideologie und Kultur, in: Hahn, Erich/Metscher, Thomas/Seppmann, Werner: Kritik des gesellschaftlichen Bewusstseins. Über Marxismus und Ideologie, Hamburg LAIKA Verlag, S. 151–290.
Metscher, Thomas (2016b): Der Marxismus James Connollys. 100 Jahre nach seiner Hinrichtung am 12. Mai 1916, Marxistische Blätter Heft 3/2016, S. 90–99.
Miller, Alice (1980): Am Anfang war Erziehung, Frankfurt/M., Suhrkamp.
Neruda, Pablo (1974): Ich bekenne, ich habe gelebt, Luchterhand.
Oevermann, Ulrich (1972): Sprache und soziale Herkunft, edition suhrkamp.
Pease Allan & Barbara (2011): Warum Männer nicht zuhören und Frauen schlecht einparken, 7. Auflage.
Reich, Wilhelm (1933): Massenpsychologie des Faschismus. Zur Sexualökonomie der politischen Reaktion und zur proletarischen Sexualpolitik, Verlag für Sexualpolitik 1933.
Sanyal, Mithu (2017): Mein heimliches Auge, Konkursbuchverlag, Januar 2017.
Scharinger, Manfred (2017): Geschlechterverhältnisse bei Marx und Engels. Eine kritische Auseinandersetzung (Teil 1), Marxistische Blätter Heft 2/2017, S. 108–114.
Sève, Lucien (1972): Marxismus und Theorie der Persönlichkeit, Verlag Marxistische Blätter, 3. Auflage 1977.
Sève, Lucien (2016): Die Welt ändern das Leben ändern, Neuausgabe des Klassikers Marxismus und Theorie der Persönlichkeit, Argument Verlag.
Spork, Peter (2017): Gesundheit ist kein Zufall, DVA.
Suchodolski, Bogdan (1972): Einführung in die marxistische Erziehungstheorie, Pahl-Rugenstein.
Uhrig, Bernhard (1979): Zur Besonderheit menschlicher Sexualität. Natur und Gesellschaft in der Auffassung der Bedürfnisse bei H.-Osterkamp. Argument Sonderband AS 34., S. 170–186.
Vellay, Claudius (2022): Philosophische Grundlagen marxistischer Wissenschaftsauffassung, Marxistische Blätter Heft 1/2022, S. 27–39.
Wagenknecht, Sahra (2016): Reichtum ohne Gier. Wie wir uns vor dem Kapitalismus retten, Campus.
Weber, Klaus (2016): Adolf Hitler nach-gedacht. Psychologie, Person, Faschismus (= Texte kritische Psychologie 5), Argument-Verlag.
West, Anne (2010): Warum Männer so schnell kommen und Frauen nur so tun als ob. Eine Gebrauchsanweisung für das andere Geschlecht, Knaur.
Wygotski, Lew Semjonowitsch (1971): Denken und Sprechen, Fischer Verlag.
Wygotski, Lew Semjonowitsch: Ausgewählte Schriften, Band 15.